道路交通事故责任探究

傅卫卫　著

东北大学出版社

·沈　阳·

ⓒ 傅卫卫 2017

图书在版编目（CIP）数据

道路交通事故责任探究 ／ 傅卫卫著. — 沈阳：东
北大学出版社，2017.7
ISBN 978-7-5517-1641-3

Ⅰ．①道… Ⅱ．①傅… Ⅲ．①公路运输－交通运输事
故－案例－中国 Ⅳ．①D922.145

中国版本图书馆 CIP 数据核字（2017）第 176773 号

────────────────────

出 版 者：东北大学出版社
　　　　　地址：沈阳市和平区文化路三号巷 11 号
　　　　　邮编：110819
　　　　　电话：024－83683655（总编室）　83687331（营销部）
　　　　　传真：024－83687332（总编室）　83680180（营销部）
　　　　　网址：http://www.neupress.com
　　　　　E-mail: neuph@neupress.com
印 刷 者：沈阳航空发动机研究所印刷厂
发 行 者：东北大学出版社
幅面尺寸：170mm×240mm
印　　张：21.25
字　　数：411 千字
出版时间：2017 年 7 月第 1 版
印刷时间：2017 年 7 月第 1 次印刷
责任编辑：潘佳宁　　　　　　　　　　　责任校对：图　图
封面设计：潘正一　　　　　　　　　　　责任出版：唐敏志

ISBN 978-7-5517-1641-3　　　　　　　　定　　价：60.00 元

序

在读书与工作期间，自己针对专业问题零零星星写过一些议论文字，经过悉心保存，终于收集付梓，甚感欣喜。即便是有些文章中探讨的问题经过时间的沉淀，早有定论，但以今日之眼光、今日之视角仍觉有留存、探讨和研究的意义。

道路交通事故责任千头万绪，理论上横跨刑事、民事、行政执法、保险等诸多领域，实践中往往主体不清、责任不明、行政转刑事或民事纠纷复杂都是学界与实务中的热点问题。本书努力从实务热点上对不同的交通事故责任厘清权益、聚焦热点，在解释不同的责任类型过程中，一方面通过解读、阐释机动车与交通事故相关疑难及焦点问题处理的若干规则，将司法实践中常见疑难问题分门别类，呈现交通事故责任类型的解决途径或视角；另一方面又附带法规部分，从法律、行政法规到司法解释、部门规章，至地方司法性文件、地方规范性文件，甚至司法上针对某一具体案件提出处理意见，尽力做到先理论，后实践，言之有理论，论之有实务。

由于时间仓促，加之才疏学浅，书中难免有不当之处，请读者同行不吝指正。

傅卫卫

2017 年 01 月 08 日

目　录

第一编　道路交通事故综述

第二编　非典型交通事故责任

第三编　交通事故责任取舍与保险求偿

第 一 编

道路交通事故综述

第一章

我国道路交通事故现状

2016 年上半年我国机动车和驾驶人高速增长，截至 6 月底，全国新登记汽车 1328 万辆，新领证驾驶人 1611 万。据公安部交管局统计，随着我国汽车市场潜力持续释放，汽车保有量持续快速增长，仅 2016 年上半年汽车保有量就净增 1135 万辆。截至 2016 年 6 月底，全国机动车保有量达 2.85 亿辆，其中汽车 1.84 亿辆；机动车驾驶人达 3.42 亿人，其中汽车驾驶人 2.96 亿人。与机动车保有量快速增长相适应，我国机动车驾驶人数量也持续走高。

截至 2016 年上半年，全国机动车驾驶人总量超过 3.4 亿人，其中汽车驾驶人 2.96 亿人，占驾驶人总量的 86.55%；新领证机动车驾驶人 1611 万人，其中新领证汽车驾驶人 1500 万人。我国在正式进入一个"家家有车辆，人人是司机"的年代的同时，也承受着机动车飞速增长带来的副作用，那就是高事故率、高伤亡率。

在交通管理层面上，酒后驾驶屡禁不止；超载穿行；电动车混乱；非机动车不按信号规定通行，闯灯、越线；行人无视红绿灯的存在，不走人行横道、翻越隔离带。据新华社报道：我国 30% 的伤害死亡是由于道路交通伤害导致的，2000 年以来，我国每年道路交通伤害导致的死亡人数在 10 万左右，受伤人数 40 多万，直接经济损失数以 10 亿计。

近 15 年来，按照交通安全主管部门——公安交管局——每年发布的数据，因道路交通事故而死亡的人数是在下降的，降幅还不低。这虽曾多次引发质疑①，但抛开统计数据上的差异，我国交通事故致死率在我国大人口基数上来

---

① 根据公安部每年公布的数据统计，能看到 2003—2007 年，每年的道路交通安全事故下降率分别是 13.7%、22.4%、13.1%、15.9%、13.6%，基本每年下降 15%。然而，卫生部门要统计居民病伤死亡原因，在死亡类别的"损伤"这一项下面，就有"机动车辆交通事故"的小项。按照卫生部门的统计，2012 年死于机动车辆交通事故的有 166906 人，比交管部门的数据多出 107262 人，是 10 年前的两倍多。

看仍然触目惊心。据统计，在欧美一些发达国家，关于交通安全问题提出的一些有效的解决措施，大大地降低了交通事故发生率，使得交通事故发生趋势处于平缓甚至有些下降；而我国的交通事故仍处于上升趋势，每年的交通事故死亡人数高居世界第一。①

①黄莉莉，展靖华. 我国道路交通安全状况的分析［J］. 交通节能与环保，2016（2）：85-87.

第二章

我国道路交通事故责任立法概览

　　道路交通事故中通常会涉及多个主体，机动车驾驶员、乘客、非机动车操控人、行人，但大多数交通事故多直接由机动车驾驶人的过失、第三人的过错或者受害人的故意引起，而其中最重要的事故责任人通常是机动车驾驶人，确定机动车驾驶人的责任有利于处理交通事故损害赔偿，对救济受害人具有重要的作用。正是基于此，本书选取道路交通事故中的机动车驾驶人作为研究主体，附带研究其他交通参加主体。

　　《中华人民共和国道路交通安全法》第七十六条没有直接使用驾驶人这一概念，运用的是机动车一方这一概念，但毫无疑问，机动车驾驶人属于机动车一方。因此，机动车驾驶人侵权责任的认定适用该条对道路交通事故损害赔偿之规定。从该规定可以看出，机动车之间发生交通事故造成损害的，对机动车驾驶人实行过错责任原则，并且谁主张谁举证。但就机动车驾驶人对非机动车驾驶人、行人造成的损害而言，其责任的认定采用的是哪种归责原则，理论上存在争议，主要有无过错责任、过错责任、过错推定责任三种不同的主张。

　　我国立法中，道路交通事故中机动车驾驶人的侵权责任，基本上以《中华人民共和国民法通则》（以下简称《民法通则》）第六章第三节侵权的民事责任之规定、《中华人民共和国侵权责任法》（以下简称《侵权责任法》）第六章之规定及《中华人民共和国道路交通安全法》（以下简称《道路交通安全法》）第七十六条之规定为中心，并涉及共同侵权行为（《民法通则》第一百三十条）、监护人责任（《民法通则》第一百三十三条）、所有人责任（《侵权责任法》第条），受让人责任（《侵权责任法》第条）、盗抢人责任（《侵权责任法》第五十二条）等，形成一个比较完整的交通事故损害赔偿的法律体系。

　　从相关立法历史上来看，由《民法通则》到《中华人民共和国道路交通事故处理办法》，再到修订前后的《道路交通安全法》，在机动车交通事故责任的归责原则方面，我国立法在过错责任与无过错责任之间摇摆，现行法主要体现的是过错责任（含过错推定责任）体系。《道路交通安全法》关于"机动车一方"的表述语焉不详，《侵权责任法》第六章的数个条文均系针对特殊情况下认定"机动车一方"的责任主体的具体规定。

《侵权责任法》第六章对"机动车交通事故责任"作出了规范。该章设有6个条文（第四十八条至第五十三条）。从内容上看，《侵权责任法》第六章既体现了对已有法律规则的承继，同时也引进了一些新的规则，尤其是对《道路交通安全法》第七十六条中"机动车一方"的具体判定给出了恰当的标准。可以说，《侵权责任法》大大完善了我国机动车交通事故损害赔偿制度。

《侵权责任法》第四十八条规定："机动车发生交通事故造成损害的，依照道路交通安全法的有关规定承担赔偿责任。"由此规定可知，关于机动车交通事故损害赔偿的基本规则，《侵权责任法》采取了规范指引的立法技术，将相关规范指向了《道路交通安全法》。

我国法律关于机动车交通事故责任的规范经历了一个发展、完善的过程。分析这一法律演进的过程，可以帮助人更好地理解《侵权责任法》的规定，尤其是作为机动车交通事故责任核心的归责问题。

第一节　《民法通则》

《民法通则》第一百二十三条规定："从事高空、高压、易燃、易爆、剧毒、放射性、高速运输工具等对周围环境有高度危险的作业造成他人损害的，应当承担民事责任；如果能够证明损害是由受害人故意造成的，不承担民事责任。"能否将"机动车"解释为该条所称"高速运输工具"，并进而将机动车交通事故责任纳入高度危险作业的侵权类型，对此有不同的看法。持肯定说者认为："其中所谓高速运输工具造成他人损害，当包含道路交通事故。因此，这一条文是我国人民法院受理并裁判道路交通事故损害赔偿案件的法律依据"。持否定说者则认为，汽车与飞机、火车等相比，危险性比较低，特别是随着汽车普及程度的提高，同等地看待汽车与其他高度危险作业是不恰当的。

在本书看来，随着《道路交通安全法》等特别法的出台，争论机动车交通事故是否《民法通则》第一百二十三条所规定的"高度危险作业"侵权类型已无太大意义，因为在涉及机动车交通事故的损害赔偿问题时，首先会考虑适用专门调整机动车交通事故的特别法。但是，将该条作为观察我国机动车交通事故责任法律规范的起点仍可带来两点启发：

第一，作为《民法通则》第一百二十三条立法基础的"危险责任"理论，对于机动车交通事故责任的归责原则具有一定的解释意义；

第二，无论后来的法律规则如何演进，《民法通则》第一百二十三条所确定的无过错归责原则①始终对机动车交通事故责任的归责产生着影响。

第二节 《中华人民共和国道路交通事故处理办法》

1991 年 9 月 22 日国务院发布的《中华人民共和国道路交通事故处理办法》（以下简称《办法》）已因《道路交通安全法》的出台而失去效力。但是，《办法》中有关交通事故赔偿责任的基本规范曾实施多年，并且，在《道路交通安全法》订出新的规则后，一些人仍以《办法》中的规范精神对《道路交通安全法》的规定提出批评。因此，《办法》的基本规范也值得分析检讨。

《办法》中有关交通事故损害赔偿的主要规范包括如下内容。

（1）交通事故责任分为全部责任、主要责任、同等责任、次要责任（第十八条）。

（2）一方当事人的违章行为造成交通事故的，有违章行为的一方应当负全部责任，其他方不负交通事故责任。两方当事人的违章行为共同造成交通事故的，违章行为在交通事故中作用大的一方负主要责任，另一方负次要责任；违章行为在交通事故中作用基本相当的，两方负同等责任。两方以上当事人的违章行为共同造成交通事故的，根据各自的违章行为在交通事故中的作用大小划分责任（第十九条）。

（3）交通事故责任者应当按照所负交通事故责任承担相应的损害赔偿责任（第三十五条）。机动车与非机动车、行人发生交通事故，造成对方人员死亡或者重伤，机动车一方无过错的，应当分担对方 10% 的经济损失。但按照 10% 计算，赔偿额超过交通事故发生地 10 个月平均生活费的，按十个月的平均生活费支付。前款非机动车、行人一方故意造成自身伤害或者进入高速公路造成损害的除外（第四十四条）。

---

①关于《民法通则》第一百二十三条所规定的高度危险作业侵权责任，学者大多认为应适用无过错责任，参见：王家福. 民法债权［M］. 北京：法律出版社，1991：512；王利明. 民法·侵权行为法［M］. 北京：中国人民大学出版社，1993：441；梁慧星. 民法学说判例与立法研究［M］. 北京：中国政法大学出版社，1993：97.

由前列规定可知，《办法》对于交通事故损害赔偿原则上还是采用了过错责任，即首先考察行为人主观上对于损害后果的发生是否有过错。"一方当事人的违章行为造成交通事故的，有违章行为的一方应当负全部责任，其他方不负交通事故责任"，如果"有违章行为的一方"恰恰是受害人，则对于加害人而言，该款可被解读为"无过失，无责任"，充分体现了过错责任。双方违章的情况实际上构成民法上的"与有过失"，所谓"主要责任"、"同等责任"与"次要责任"均体现了过错责任体系下"过失相抵"规则的运用。《办法》第四十四条的内容普遍被认为具有无过错责任的性质，但正如后文针对修订后的《道路交通安全法》第七十六条所指出的那样，本书认为此种责任不具有无过错责任的性质。

第三节　《道路交通安全法》2003 年版

2003 年 10 月通过的《道路交通安全法》在第七十六条对机动车交通事故的损害赔偿问题作出了如下规定："机动车发生交通事故造成人身伤亡、财产损失的，由保险公司在机动车第三者责任强制保险责任限额范围内予以赔偿。超过责任限额的部分，按照下列方式承担赔偿责任：（一）机动车之间发生交通事故的，由有过错的一方承担责任；双方都有过错的，按照各自过错的比例分担责任。（二）机动车与非机动车驾驶人、行人之间发生交通事故的，由机动车一方承担责任；但是，有证据证明非机动车驾驶人、行人违反道路交通安全法律、法规，机动车驾驶人已经采取必要处置措施的，减轻机动车一方的责任。交通事故的损失是由非机动车驾驶人、行人故意造成的，机动车一方不承担责任。"

与《办法》及其他以往相关规范相比，2003 年《道路交通安全法》第七十六条首先考虑了机动车第三者责任强制保险对于机动车交通事故损害赔偿责任的影响。有人认为，保险公司基于机动车强制保险合同所承担的赔偿责任属于无过错责任。这一观点显然是对侵权法语境下"无过错责任"的误用，因为，保险公司并非侵权行为法律关系的当事人，其之所以承担保险金给付义务，乃是基于保险合同的效力，而与过错问题无涉。

假如赔偿金额超出机动车第三者责任强制保险的限额，或存在保险公司不予赔偿的情形，或机动车未投保第三者责任强制保险，则需要回到侵权法的归责问题上来。在此方面，《道路交通安全法》第七十六条区分两种不同情形，确立了不同的归责原则：

（1）机动车之间发生交通事故的，适用典型的过错责任原则，在此方面，《道路交通安全法》实际上并未改变《办法》所确立的规则。

（2）机动车与非机动车驾驶人、行人之间发生交通事故的，适用无过错责任原则，同时以非机动车驾驶人、行人的过错及机动车驾驶人采取必要处置措施作为责任减轻的事由。这里的第二种情形实质性地改变了《办法》的相关规则，似有回归《民法通则》第一百二十三条的无过错责任之意。

第四节　《道路交通安全法》2007 年修订版

2007 年 12 月，全国人大常委会对《道路交通安全法》作出了修订。修订后的该法第七十六条规定："机动车发生交通事故造成人身伤亡、财产损失的，由保险公司在机动车第三者责任强制保险责任限额范围内予以赔偿。不足的部分，按照下列规定承担：（一）机动车之间发生交通事故的，由有过错的一方承担责任；双方都有过错的，按照各自过错的比例分担责任。（二）机动车与非机动车驾驶人、行人之间发生交通事故，非机动车驾驶人、行人没有过错的，由机动车一方承担赔偿责任；有证据证明非机动车驾驶人、行人有过错的，根据过错程度适当减轻机动车一方的赔偿责任；机动车一方没有过错的，承担不超过百分之十的赔偿责任。交通事故的损失是由非机动车驾驶人、行人故意碰撞机动车造成的，机动车一方不承担赔偿责任。"将修改前后的文本相比较，可以看出：

（1）在新法中，机动车之间的交通事故责任仍采用典型的过错责任原则。

（2）在机动车与非机动车驾驶人、行人发生交通事故的情形，新法弱化甚至基本消除了旧法中的无过错责任，将其改造成了一种以过错推定责任为基础的侵权责任。

对于机动车一方无过错而仍须承担不超过百分之十赔偿责任的规定，有人认为，其性质属于无过错责任。在本书看来，此赔偿责任不属于无过错责任。[①] 作为一种归责原则，无过错责任的实质在于：损害发生后，无须考察行为人主观上是否有过错，只要符合侵权行为的其他构成要件，即可要求行为人承担损害赔偿责任。而就此百分之十的赔偿责任而言，其适用的逻辑前提恰恰

---

①杨立新. 我国道路交通事故责任归责原则研究［J］. 法学，2008（10）：109-118.

是机动车一方证明自己无过错。因此，与其说这一新规定体现了无过错责任，不如说它主要体现了过错推定原则。只不过，与典型的过错推定不同（在典型的过错推定责任下，行为人如能证明自己无过错，即可不承担任何赔偿），此处基于"优者危险负担"及公平的考量，使机动车一方在无过错的情形仍分担受害方的一小部分损失。本书认为，这一责任具有类似《民法通则》第一百三十二条及《侵权责任法》第二十四条所规定之公平责任的性质。可见，修订后的《道路交通安全法》第七十六条改变了旧法的无过错责任立场，似有回归《办法》的过错责任体系之意。

考察我国法律关于机动车交通事故责任之归责原则的演变过程，可以清晰地看到立法在过错责任与无过错责任两个归责体系之间的犹豫不决与摇摆不定。与域外法在此领域的一般发展相比较，我国法律更多地偏向于适用于一般侵权行为的过错责任原则，这或许是因为：

（1）我国理论界未能在机动车交通事故责任的理论基础（如作为德国《道路交通法》第七条第一款立法基础的"危险源"理论）方面达成普遍的共识，从而导致立法政策摇摆于支撑过错责任的"行为自由"理念与支撑无过错责任的"危险负担"理念之间；

（2）我国机动车保险体系尚不健全，还没有足够的风险分散机制为无过错责任提供支持。

第五节　《道路交通安全法》2011 年修订版

2011 年 4 月 22 日，第十一届全国人民代表大会常务委员会第二十次会议通过《全国人民代表大会常务委员会关于修改〈中华人民共和国道路交通安全法〉的决定》，自 2011 年 5 月 1 日起施行。对比 2007 年修订版，本次修订主要改动有两处，分别为：

（1）将第九十一条修改为："饮酒后驾驶机动车的，处暂扣 6 个月机动车驾驶证，并处 1000 元以上 2000 元以下罚款。因饮酒后驾驶机动车被处罚，再次饮酒后驾驶机动车的，处 10 日以下拘留，并处 1000 元以上 2000 元以下罚款，吊销机动车驾驶证。

醉酒驾驶机动车的，由公安机关交通管理部门约束至酒醒，吊销机动车驾驶证，依法追究刑事责任；5 年内不得重新取得机动车驾驶证。

饮酒后驾驶营运机动车的，处 15 日拘留，并处 5000 元罚款，吊销机动车驾驶证，5 年内不得重新取得机动车驾驶证。

醉酒驾驶营运机动车的，由公安机关交通管理部门约束至酒醒，吊销机动车驾驶证，依法追究刑事责任；10 年内不得重新取得机动车驾驶证，重新取得机动车驾驶证后，不得驾驶营运机动车。

饮酒后或者醉酒驾驶机动车发生重大交通事故，构成犯罪的，依法追究刑事责任，并由公安机关交通管理部门吊销机动车驾驶证，终生不得重新取得机动车驾驶证。"

（2）将第九十六条第一款修改为："伪造、变造或者使用伪造、变造的机动车登记证书、号牌、行驶证、驾驶证的，由公安机关交通管理部门予以收缴，扣留该机动车，处 15 日以下拘留，并处 2000 元以上 5000 元以下罚款；构成犯罪的，依法追究刑事责任。

伪造、变造或者使用伪造、变造的检验合格标志、保险标志的，由公安机关交通管理部门予以收缴，扣留该机动车，处 10 日以下拘留，并处 1000 元以上 3000 元以下罚款；构成犯罪的，依法追究刑事责任。

使用其他车辆的机动车登记证书、号牌、行驶证、检验合格标志、保险标志的，由公安机关交通管理部门予以收缴，扣留该机动车，处 2000 元以上 5000 元以下罚款。"

原第九十六条第二款作为第四款保留。

第三章

紧急避险与道路交通事故责任配置

机动车发生交通事故，交警部门作出的交通事故认定书是人民法院确定事故发生的事实、原因并认定事故责任的重要证据。对于交警部门认为事实不清，双方过错无法判明，也无法确定事故责任的，人民法院应当审查现场勘验笔录等交通事故案件的全部相关证据，按照《道路交通安全法》及《中华人民共和国道路交通安全法实施条例》（以下简称《道路交通安全法实施条例》）的相关规定，综合运用逻辑推理和日常生活经验，对交通事故发生的事实及各方当事人有无过错进行判断并作出认定，以确定各方当事人的民事责任。

一、司法过程中适用下列原则来确定当事人的责任有无和大小

1. 优者负担原则

在交通事故侵权纠纷中，如果难以分清双方过错，可以适用"优者危险负担"原则，综合分析车辆冲撞危险性的大小、危险回避能力的程度等因素，判决在速度、硬度及重量等方面存在更大危险性的机动车一方承担主要民事赔偿责任。

2. 过错推定原则

机动车与非机动车驾驶人、行人之间发生交通事故导致责任无法认定时，双方并非没有过错，只是过错无法认定，此情况下并不能适用公平责任原则，应实行举证责任倒置，即过错推定，由机动车一方承担责任，除非有证据证明非机动车驾驶人、行人违反道路交通安全法律法规，机动车驾驶人已经采取必

要处置措施的，减轻机动车一方的责任。

二、在责任认定过程中应当注意以下问题

1. 法院认定

交警部门根据现场勘查所出具的《道路交通事故证明》，虽未认定事故责任，但可结合其他证据作为确认事故责任的依据。

2. 严格责任

从事高速运输工具等对周围环境有高度危险的作业造成他人损害的，应承担民事责任，如能够证明损害是由受害人故意造成的，不承担民事责任。

3. 混合过错

判断混合过错中各方的过错程度标准，可根据注意义务的内容和注意标准来决定，同时考虑行为危险性大小和危险回避能力的优劣来区分过错轻重。

4. 紧急避险

因紧急避险造成的交通事故，可以依照各自责任大小来认定事故责任。

第二节　责任表现及确立依据

一、常见实务类型

甲夜间骑自行车行驶过程中为避免与相向而行的骑摩托车的乙相撞而采取避让行为，两车各自右倾倒地，未发生接触碰撞。甲骨折。交警无法认定事故责任。案发后争议焦点集中在：在本案中能否认定为紧急避险；如何承担责任。

乙骑自行车与甲驾驶摩托车夜间相向而行，双方交会时采取避让行为发生事故，符合紧急避险的三个条件：险情急迫且客观存在、不得已采取躲避行为、避险造成的损害小于必要的限度，故本案属于紧急避险。紧急避险造成的损害，依法应由引起险情发生的人承担民事责任。

二、责任确立的法律依据

1. 法律规定

《道路交通安全法》（2004 年 5 月 1 日实施，2011 年 4 月 22 日修正）第七

十三条："公安机关交通管理部门应当根据交通事故现场勘验、检查、调查情况和有关的检验、鉴定结论，及时制作交通事故认定书，作为处理交通事故的证据。交通事故认定书应当载明交通事故的基本事实、成因和当事人的责任，并送达当事人。"

《侵权责任法》（2010年7月1日）第三十一条："因紧急避险造成损害的，由引起险情发生的人承担责任。如果危险是由自然原因引起的，紧急避险人不承担责任或者给予适当补偿。紧急避险采取措施不当或者超过必要的限度，造成不应有的损害的，紧急避险人应当承担适当的责任。"

《民法通则》（1987年1月1日）第一百零六条："……公民、法人由于过错侵害国家的、集体的财产，侵害他人财产、人身的应当承担民事责任。没有过错，但法律规定应当承担民事责任的，应当承担民事责任。"第一百三十一条："受害人对于损害的发生也有过错的，可以减轻侵害人的民事责任。"第一百三十二条："当事人对造成损害都没有过错的，可以根据实际情况，由当事人分担民事责任。"

2. 行政法规

《道路交通安全法实施条例》（2004年5月1日）第九十一条："公安机关交通管理部门应当根据交通事故当事人的行为对发生交通事故所起的作用以及过错的严重程度，确定当事人的责任。"

3. 司法解释

最高人民法院《关于审理道路交通事故损害赔偿案件适用法律若干问题的解释》（2012年12月21日法释〔2012〕19号）第二十七条："公安机关交通管理部门制作的交通事故认定书，人民法院应依法审查并确认其相应的证明力，但有相反证据推翻的除外。"

最高人民法院《关于贯彻执行〈中华人民共和国民法通则〉若干问题的意见（试行）》（1988年4月2日法（办）发〔1988〕6号）第一百五十六条："因紧急避险造成他人损失的，如果险情是由自然原因引起，行为人采取的措施又无不当，则行为人不承担民事责任。受害人要求补偿的，可以责令受益人适当补偿。"

4. 部门规范性文件

公安部《道路交通事故处理程序规定》（2009年1月1日）第四十六条："公安机关交通管理部门应当根据当事人的行为对发生道路交通事故所起的作用以及过错的严重程度，确定当事人的责任。（一）因一方当事人的过错导致道路交通事故的，承担全部责任；（二）因两方或者两方以上当事人的过错发生道路交通事故的，根据其行为对事故发生的作用以及过错的严重程度，分别承担主要责任、同等责任和次要责任；（三）各方均无导致道路交通事故的过错，属于交通意外事故的，各方均无责任……"

公安部《道路交通事故处理程序规定》（2009 年 1 月 1 日）第五十条："道路交通事故成因无法查清的，公安机关交通管理部门应当出具道路交通事故证明，载明道路交通事故发生的时间、地点、当事人情况及调查得到的事实，分别送达当事人。"

5. 地方司法性文件

上海高院民一庭《道路交通事故纠纷案件疑难问题研讨会会议纪要》（2011 年 12 月 31 日）第 17 条："无事故责任报告的责任认定。机动车与非机动车相撞，交警部门未出具事故责任报告，而仅出具了事故证明的，但在事故证明中明确非机动车方有过错行为的，法院应结合侵权构成要件一并予以认定责任。如无法根据事故证明作出判断的，则原则上按照《道路交通安全法》第 76 条的规定，即应由机动车一方证明非机动车是否有过错，如无法证明的，则认定由机动车一方承担全部责任。"

安徽宣城中院《关于审理道路交通事故赔偿案件若干问题的意见（试行）》（2011 年 4 月）第 35 条："公安机关认定的道路交通事故责任与人民法院认定的民事侵权赔偿责任并非同一概念，不可简单等同。机动车之间发生交通事故的，由保险公司在交强险责任限额内予以赔偿，不足部分由过错方承担赔偿责任，双方都有过错的，按照各自的过错比例承担责任，其比例可按照下列意见承担：……（七）事故责任无法确定的，一般可由双方各承担 50%的赔偿责任。非机动车之间发生碰撞，造成人身损害和财产损失的，其赔偿比例可以参照前款意见执行。"

山东淄博中院民三庭《关于审理道路交通事故损害赔偿案件若干问题的指导意见》（2011 年 1 月 1 日）第 26 条："交警部门无法认定事故责任的，人民法院也无法认定当事人过错的，如事故发生在机动车之间，认定双方负同等责任，同时可根据双方车辆状况、受损害的程度，在 10%范围内予以适当调整；如事故发生在机动车与非机动车、行人之间，机动车应承担 60%至 70%的责任。"

河南郑州中院《审理交通事故损害赔偿案件指导意见》（2010 年 8 月 20 日郑中法〔2010〕120 号）第 7 条："机动车之间发生交通事故的，由保险公司在交强险责任限额内予以赔偿，不足部分由过错一方承担赔偿责任，双方都有过错的，按照各自过错的比例分担责任。其比例可按下列意见承担：……（七）事故责任无法认定的，原则上可由双方各承担 50%的赔偿责任。"

江西南昌中院《关于审理道路交通事故人身损害赔偿纠纷案件的处理意见（试行）》（2010 年 2 月 1 日）第 28 条："机动车发生交通事故造成人身伤亡、财产损失的，由保险公司在机动车第三者责任强制保险责任限额范围内予以赔偿。超出责任限额的部分，按照下列方式承担赔偿责任：（1）机动车之间发生交通事故的，由机动车各方所投保的保险公司在机动车交通事故责任强制保险责任限额范围内予以赔偿；机动车未参加机动车交通事故责任强制保险的，由机动车所有人或管理人在相当于相应的强制保险责任限额范围内予以赔偿。依法应当赔偿的数额超出机动车交通事故责任强制保险责任限额的部分，由有过错的一方承担赔偿责任；双方都有过错的，按照各自过错的比例分担责任；不能认定事故责任的，双方各承担50%的赔偿责任……"

安徽合肥中院民一庭《关于审理道路交通事故损害赔偿案件适用法律若干问题的指导意见》（2009年11月16日）第30条："道路交通事故致人损害，难以认定各方交通事故责任的，按照以下情形确定赔偿责任：

（一）机动车之间或非机动车之间发生道路交通事故的，一般由各方当事人承担同等赔偿责任，其中一方在危险控制、风险承受能力等方面明显居于优势地位的，也可承担主要赔偿责任；

（二）机动车与非机动车驾驶人、行人之间发生道路交通事故的，由机动车方承担全部赔偿责任；

（三）非机动车与行人之间发生道路交通事故的，由非机动车方承担主要赔偿责任。机动车方依法投保交通事故责任强制保险的，由机动车方在机动车交通事故责任强制保险责任范围外承担前款规定的赔偿责任。"

江西九江中院《关于印发〈九江市中级人民法院关于审理道路交通事故人身损害赔偿案件若干问题的意见（试行）〉的通知》（2009年10月1日九中法〔2009〕97号）第2条："公安机关交通管理部门对于道路交通事故因客观原因无法作出交通事故责任认定结论的，人民法院经审理也不能查明事故责任的，在机动车交通事故责任强制保险范围外，可以按照以下规则认定当事人的赔偿责任：对机动车之间或非机动车之间的事故，推定各负同等责任；对机动车与非机动车、行人之间的事故，推定机动车负主要责任；非机动车与行人之间的事故，由非机动车方承担主要责任，行人承担次要责任。"

陕西高院《关于审理道路交通事故损害赔偿案件若干问题的指导意见（试行）》（2008年1月1日陕高法〔2008〕258号）第17条："因道路交通事故导致损害，根据当事人提供的证据难以认定交通事故责任或者当事人过错的，在机动车交通事故责任强制保险范围外，可以按照以下规则认定当事人的赔偿责任：（一）机动车与机动车发生交通事故的，由各方当事人承担同等赔偿责任；（二）机动车与非机动车驾驶人、行人发生交通事故的，由机动车方承担主要赔偿责任。"

北京高院《北京市法院道路交通事故损害赔偿法律问题研讨会会议纪要》（2007年12月4日）第3条："……在机动车之间发生交通事故而公安机关交

通管理部门不定责的情况下，法院如何处理的问题。与会人员一致认为：交通管理部门对交通事故未认定责任的，各方当事人均应就对方当事人存在过错承担举证责任。双方当事人均不能证明对方当事人有过错的，可以推定事故各方对事故的发生均有过错，并酌情确定各方的过错责任大小。"

湖北武汉中院《关于审理交通事故损害赔偿案件的若干指导意见》（2007年5月1日）第10条："机动车发生道路交通事故造成人身伤亡、财产损失，当事人有条件报案、保护现场但没有报案、保护现场，致使事故基本事实无法查清的，由保险公司在机动车第三者责任强制保险范围内先行赔偿，超出责任限额的部分，按照下列标准承担赔偿责任：（一）机动车之间发生交通事故，一方当事人有上述行为的，承担全部责任；两方或两方以上当事人均有上述行为的，平均分担责任；（二）机动车与非机动车、行人发生交通事故，机动车一方有上述行为，又没有证据证明非机动车、行人有交通安全违法行为以及机动车驾驶人采取了必要处置措施的，由机动车一方承担赔偿责任。（三）非机动车与非机动车、非机动车与行人发生交通事故，一方当事人有条件报案、保护现场但没有报案、保护现场，致使事故基本事实无法查清的，承担全部赔偿责任；两方或者两方以上当事人均有前述行为的，平均分担赔偿责任。"

重庆高院《关于审理道路交通事故损害赔偿案件适用法律若干问题的指导意见》（2006年11月1日）第22条："因道路交通事故致人损害，难以认定各方交通事故责任的，按照以下情形处理：（一）机动车之间或者非机动车之间发生道路交通事故的，由各方当事人承担同等赔偿责任；（二）机动车与非机动车驾驶人、行人之间发生道路交通事故的，由机动车方承担全部赔偿责任；（三）非机动车与行人之间发生道路交通事故的，由非机动车方承担主要赔偿责任，行人承担次要赔偿责任。机动车方依法投保交通事故责任强制保险的，由机动车方在机动车交通事故责任强制保险责任范围外承担前款规定的赔偿责任。"

江西赣州中院《关于审理道路交通事故人身损害赔偿案件的指导性意见》（2006年6月9日）第25条："发生交通事故致人损害，当事人有条件报案、保护现场但没有报案、保护现场，致使事故基本事实无法查清的，按照不同情形确定赔偿责任：（1）机动车之间发生交通事故，一方当事人有上述行为的，承担全部责任；当事人均有上述行为，平均分担责任。（2）机动车与非机动车、行人发生交通事故，机动车一方有上述行为的，由机动车一方承担责任；双方均有上述行为的，由机动车方承担主要责任。"

第26条："交警部门因客观原因无法作出交通事故责任认定结论，人民法院经审理也不能查明事故责任的，对机动车之间的事故，推定各负同等责任；对机动车与非机动车、行人之间的事故，推定机动车负全部责任。"

贵州高院、省公安厅《关于处理道路交通事故案件若干问题的指导意见（一）》（2006年5月1日）第5条："在道路交通事故发生后，公安机关交通管理部门应依照有关规定尽快查明事故原因，确定当事人的责任，并在将扣留的机动车返还前作出交通事故认定书，送达各方当事人（含机动车所有人、实际支配人）。经调查，确实无法确定交通事故事实的，公安机关交通管理部门应在将扣留的机动车返还给当事人前，依据《交通事故处理程序规定》的相关规定制作交通事故认定书，送达各方当事人。"

第6条："因交通事故当事人处于抢救或昏迷状态无法取证，而现有证据不足以判明案件事实等特殊原因，经上一级公安机关交通管理部门批准，中止交通事故认定，提交《交通事故调查报告书》的时间相应顺延，但中止的时间最长不超过两个月。中止原因消除后，应及时提交《交通事故调查报告书》，并依法作出交通事故认定；中止时间期满后当事人仍然昏迷的，公安机关交通管理部门可参照本意见第5条的规定处理。"

第28条："交通事故认定书未对事故责任作出认定，或已有证据难以认定交通事故责任或当事人的过错的，人民法院可按如下规则确定当事人的民事责任：（1）机动车之间或者非机动车之间发生交通事故的，由事故各方承担同等民事责任；（2）机动车与非机动车驾驶人、行人发生交通事故的，由机动车方承担全部民事责任；（3）非机动车与行人之间发生交通事故的，由非机动车一方承担不低于60%的民事责任。"

江苏常州中院《关于印发〈常州市中级人民法院关于审理交通事故损害赔偿案件若干问题的意见〉的通知》（2005年9月13日常中法〔2005〕第67号）第8条："机动车因翻车、撞树（墙）、急刹车、轮胎爆炸等自身原因而导致其同乘人员受到伤、亡的，应按一般人身损害赔偿或其他法律关系处理。同乘人员要求机动车方、保险公司按《道路交通安全法》第七十六条规定承担赔偿责任的，不予支持。"

江苏高院《关于审理交通事故损害赔偿案件适用法律若干问题的意见（一）》（2005年2月24日）第11条："对于超过机动车第三者责任保险限额的赔偿部分，由交通事故当事人根据《道路交通安全法》第七十六条第一款、《省道路交通安全条例》第五十二条的规定，按照下列方式承担赔偿责任：（一）对于机动车之间发生交通事故的，由有过错的一方承担赔偿责任；双方都有过错的，按照各自过错的比例分担责任。除经过质证认定不能作为证据使用的情形以外，一般可根据公安机关交通部门的交通事故责任认定来确定交通事故当事人的赔偿责任，并参照下列比例承担：……（6）属于交通意外事故、各方均无责任的，应根据《民法通则》和《人身损害赔偿司法解释》的规定，视具体情形确定双方的赔偿责任；（7）属于不能认定事故责任的，双方各承担 50%的赔偿责任。（二）对于机动车与非机动车、行人之间发生交通事故的，由机动车方承担赔偿责任；但是，有证据证明非机动车驾驶人、行人违反道路交通安全法律、法规，机动车驾驶人已经采取必要处置措施的，应当按照下列比例减轻机动车方的赔偿责任：……属于交通意外事故、各方均无责任的或不能认定事故责任的，由机动车方承担全部赔偿责任。"

广东高院、省公安厅《关于〈道路交通安全法〉施行后处理道路交通事故案件若干问题的意见》（2004 年 12 月 17 日粤高法发〔2004〕34 号）第 20条："根据当事人提供的证据难以认定交通事故责任或当事人的过错的，人民法院可按如下规则确定当事人的民事责任：

（1）机动车与机动车发生交通事故的，由事故各方承担同等民事责任；

（2）机动车与非机动车驾驶人、行人发生交通事故的，由机动车方承担全部民事责任；

（3）非机动车之间、非机动车与行人之间发生交通事故的，由事故各方承担同等民事责任。"

吉林高院《关于印发〈关于审理道路交通事故损害赔偿案件若干问题的会议纪要〉的通知》（2003 年 7 月 25 日吉高法〔2003〕61 号）第 1 条："人民法院受理道路交通事故损害赔偿案件，经公安机关处理的，除应当符合《民诉法》第一百零八条的规定外，原告还应当向人民法院提交公安机关出具的事故赔偿调解书、调解终结书或该事故不属于任何一方当事人违章行为造成的结论。因客观原因公安机关对道路交通事故未作现场勘查，且对事故责任未作出认定，但已经书面通知当事人终结处理程序的，符合民事诉讼法第一百零八条规定的，人民法院应当予以受理。"

内蒙古高院《全区法院交通肇事损害赔偿案件审判实务研讨会会议纪要》（2002 年 2 月）第 13 条："公安机关作出的《交通事故责任认定书》是对交通事故当事人行政违章责任的划分，不应作为确认当事人过失程度、承担民事责任大小的唯一依据。人民法院在适用过失相抵规则时，经审查认为公安机关作出的责任认定确属不妥，则不予采信，由人民法院以审理认定的案件事实确定当事人的过失程度。"

第 14 条："在适用过失相抵规则判断交通事故当事人过失程度及赔偿责任比例时，对公安机关作出的《交通事故责任认定书》的证据效力按以下原则掌握：（1）机动车辆之间发生的交通事故，可以将公安机关认定的事故责任比例作为判断双方过失比例的依据。（2）机动车辆与行人或非机动车之间发生的交通事故中，不能将公安机关认定的事故责任比例作为双方过失比例相抵的惟一依据，而应结合侵权行为的具体情形，按照优者负担、照顾弱者的原则合理相抵，相应减轻加害方的责任。受害人如年满 70 周岁，或不满 10 周岁，或系残疾人，不能适用过失相抵规则。"

山东高院《关于审理人身损害赔偿案件若干问题的意见》（2001 年 2 月 22 日）第 10 条："因道路交通事故引起的人身损害纠纷，经公安机关调查不能确认是任何一方当事人的违章行为造成的，受害人可以不经交通管理部门调解，直接向人民法院起诉，法院应予受理，不得以未经交通管理部门调解为由拒绝受理。但当事人必须提交交通管理部门作出的该事故不属于任何一方当事人违章行为造成的结论。"

河南高院《关于审理道路交通事故损害赔偿案件若干问题的意见》（1997 年 1 月 1 日豫高法〔1997〕78 号）第 21 条："机动车之间发生交通事故，如果能够证明双方均无过错，可依照《民法通则》第 132 条的规定，适用公平原则，根据实际情况，由双方公平地分担民事责任。"

第 22 条："如果公安机关经调查不能确认交通事故是任何一方当事人的违章行为造成，当事人向人民法院提起损害赔偿的民事诉讼后，人民法院也不能查明事故责任的，可按照无过错责任原则和公平原则来确定民事责任的承担。（1）机动车与非机动车、行人发生道路交通事故，可以按照无过错责任原则让机动车一方承担赔偿责任。（2）机动车之间、非机动车之间、非机动车与行人之间发生道路交通事故，可以推定双方均无过错，适用公平原则来解决当事人之间的纠纷。"

6. 地方规范性文件

北京市《实施〈道路交通安全法〉办法》（2010 年 12 月 23 日修正）第 73 条："机动车发生道路交通事故造成人身伤亡、财产损失，当事人有条件报案、保护现场但没有依法报案、保护现场，致使事故基本事实无法查清的，由保险公司在机动车第三者责任强制保险责任限额范围内先行赔偿。超出责任限额的部分，按照下列规定承担赔偿责任：（一）机动车之间发生交通事故，一方当事人有上述行为的，承担全部赔偿责任；两方或者两方以上当事人均有上述行为的，平均分担赔偿责任；（二）机动车与非机动车、行人发生交通事故，机动车一方有上述行为，又没有证据证明非机动车、行人有交通安全违法行为以及机动车驾驶人已经采取必要处置措施的，由机动车一方承担赔偿责任。非机动车与非机动车、非机动车与行人发生交通事故，一方当事人有条件报案、保护现场但没有依法报案、保护现场，致使事故基本事实无法查清的，承担全部赔偿责任；两方或者两方以上当事人均有前述行为的，平均分担赔偿责任。"

天津市《道路交通事故过错责任认定标准》（2008 年 12 月 31 日）第 4.3 条："对无法查证交通事故事实的，公安机关交通管理部门在制作交通事故认定书时，载明交通事故发生的时间、地点、当事人情况及调查得到的事实，不认定当事人事故过错责任。"

上海市公安局《关于印发〈关于道路交通事故责任认定的若干规定〉的批复》（2006 年 7 月 8 日沪公发〔2007〕261 号）第 10 条："对无法查证道路交通事故定责主要事实的，公安机关交通管理部门制作道路交通事故认定书，载明道路交通事故发生的时间、地点、当事人情况及调查得到的事实，但对事故责任不作认定。"

7. 最高人民法院审判业务意见

（1）在没有交通事故责任认定书的情形下，人民法院如何判定各方的民事赔偿责任？

最高人民法院民一庭意见："在没有交通事故责任认定书的情形下，人民法院应根据事故发生时，事故双方的车辆性能、造成危险局面的成因、危害回避能力的大小、造成损害后果的原因等具体情况，判定各方的民事赔偿责任。"

（2）交警部门未能作出交通事故责任认定的，如何确定各方当事人的民事责任？

最高人民法院民一庭意见："机动车发生交通事故，交警部门作出的交通事故认定书是人民法院确定事故发生的事实、原因并认定事故责任的重要证据。对于交警部门认为事实不清，双方的过错无法判明，也无法确定事故责任的，人民法院应当审查现场勘验笔录等交通事故案件的全部相关证据，按照《道路交通安全法》以及《道路交通安全法实施条例》的相关规定，综合运用逻辑推理和日常生活经验，对交通事故发生的事实以及各方当事人有无过错进行判断并作出认定，以确定各方当事人的民事责任。"

（3）交警部门作出不能确定是任何一方当事人的违章行为造成交通事故的结论，可否视为作出了交通事故责任认定？当事人持该结论向法院起诉的应如何处理？

最高人民法院民一庭《民事审判实务问答》编写组："人民法院在审理道路交通事故损害赔偿案件时，应将公安机关交通管理部门制作的交通事故认定书作为确定交通事故责任的证据材料之一。对交警部门作出的上述结论不能视为作出了责任认定。在交警部门没有作出责任认定书的情况下，人民法院应综合全案双方当事人举证的证据材料，根据构成道路交通事故损害赔偿责任的要件要求，综合认定道路交通事故当事人的行为对发生交通事故所起的作用以及过错程度，确定当事人的责任。"

第三节　法理分析

紧急避险，是指为了国家、公共利益、本人或者他人的人身、财产和其他权利免受正发生的危险，不得已而采取的损害另一较小合法权益的行为。①

一、紧急避险的构成要件

一是只有在公共利益、本人或者他人的人身或其他权利受到危险时才能实施紧急避险。

二是必须是为了避免正在发生的危险，这时危险已迫在眉睫，对法律所保护的权益已直接发生了威胁，这种危险必须是实际的，不是假想的。

三是必须是在迫不得已没有其他办法可以避免的情况下，方容许紧急避险。如果用其他方法可以不造成事故损害，则此项行为不能认为是紧急避险。

二、机动车紧急避险的认定

（一）是否享有路权

路权是指车辆、行人在法定通行的道路上依法享有通行的权利。享有路权者在使用道路时，他人必须依法避让，以确保交通安全和道路畅通。不享有路权一方行为人的交通违章行为危及享有路权一方行为人安全使用路面时，不享有路权一方行为人是引起险情的行为人。

（二）是否有优先通行权

《道路交通管理条例》第七条规定："车辆行人必须各行其道，借道路通行的车辆或行人，应当让在其本道上行驶的车辆或行人优先通行。"因此，优先通行权就是道路使用人优先使用道路的权利，而限制他方同时使用道路或者要求该他方承担避让义务。当各方当事人都享有路权时，没有优先通行权的当事人违章行为危及享有优先通行权的一方正常行驶时，没有优先通行权一方行为人是引起险情当事人。

---

①参见《中华人民共和国刑法》第二十一条。

（三）是否遵守安全原则

交通管理法规、规章中有关遵守标志、速度、超车、跟车、会车、停车、装载、车辆技术要求等规定，是安全原则的具体表现。当违反安全原则一方的行为危及另一方行为人全通行时，违反安全原则的一方是引起险情的行为人。

（1）行为人主观上无过错。引起险情发生的行为人的行为可能会导致险情对他人发生或对自己发生，如果险情对他人发生，行为人会因此成为受害人或有第三人成为受害人，而面临险情的人由于紧急避险而成为受益人，在这种情况下受益人的利益是由于行为人的无过错行为及受害人的损害承担而获得的，出于法益权衡的考虑，应由受益人和行为人公平分担受害人的一定损害，即都承担一定的民事责任；如果险情对自己发生则由于紧急避险行为人成为受益人，行为人需承担一定的民事责任，分担受害人的损害。

（2）行为人主观上有过错。如果行为人主观上有过错构成了民法上的一般侵权行为或刑法上的犯罪，则行为人需就受害人的损害承担全部的赔偿责任，除此之外，行为人还须就自己行为承担侵权责任或刑事责任，当然这就属于紧急避险制度调整以外了。

三、机动车紧急避险引发交通事故的责任分配

紧急避险引发的交通事故属于民法意义上的侵权损害赔偿范畴，又不同于一般侵权损害赔偿案件，具有特殊性，因而除依照一般侵权损害赔偿案件的原则外，还应考虑其特殊性。

第一，对于造成交通损害者来说，如果紧急避险采取措施不当或者超过必要的限度，即不是迫不得已采取的或保全的利益不是大于受损害利益的，则失去了紧急避险的意义，紧急避险不能构成免责事由，而且由于其所造成的不应有的损害，具有一定的社会危害性，当事人仍需按其过错程度承担相应的民事责任。

第二，对于造成交通损害者来说，迫不得已采取的或保全的利益大于受损害利益的，若车辆驾驶员采取紧急避险是由于对方引起的险情所致，紧急避险行为人无违章行为或虽有违章行为，但其行为与交通事故无因果联系的，则由引起险情的行为人对损害后果承担全部民事赔偿责任，采取紧急避险措施的行为人不承担民事责任；若驾驶员是由于自己违章行为而导致或部分导致险情，然后再采取紧急避险行为所造成的损失，由自己承担全部或部分赔偿责任。

第三，如紧急避险的险情是由第二人引起的，紧急避险又符合上列要件要求，则构成避险人免责事由，而由第三人负担民事责任。

第四，如紧急避险的险情是由自然原因引起的，紧急避险又符合上列要件要求，原则上应构成免责事由，但根据情况，也不排除避险人按公平原则负担适当的民事责任。

第四章

交通事故认定书的法律定位分析

第一节　交通事故认定书的法律性质

交通事故认定书是一种行政确认行为，且符合具体行政行为特征：交通事故认定的主体是道路交通管理的公安交管部门，故交通事故认定是公安交管部门的单方行为，符合行政权运行的特征；交通事故认定是针对涉及交通事故的公民、法人或者其他组织做出的，其行使对象具有特定性；交通事故认定是做出有关特定公民、法人或者其他组织的权利义务的行为，这是内容要素。因此，通过交通事故认定后制作的认定书具有具体行政行为性质。

第二节　交通事故认定的可诉性

根据现行的《道路交通安全法》，交通事故认定书是公安交管部门针对特定交通事故当事人做出的涉及其重大利益的具体行政行为，理应具有可诉性。

从行政诉讼法的规定及立法精神来看，交通事故认定行为应当属于行政诉讼受案范围，《中华人民共和国行政诉讼法》（以下简称《行政诉讼法》）第二条规定了公民提起行政诉讼的条件，只要行政相对人认为行政机关的具体行政行为侵犯了其合法权益就可以提起行政诉讼。

第十二条列举了不属于行政诉讼受案范围的事项，并没有把交通事故认定列入其中。

该法第十一条对行政诉讼受案范围采取了列举加概括的规定方式，且交通事故认定行为没有被明确列举，但该条第一款第八项规定了法院受理对认为行政机关侵犯其人身权、财产权的具体行政行为的诉讼。《行政诉讼法》既没有明确肯定交通事故认定行为的可诉性，也没有把该行为放在不可诉之列，但是，根据该法第二条的规定，从立法精神上来看，交通事故认定书具有可诉性是毫无疑问的。在当下，交通事故认定不属行政复议及诉讼的受案范围是不合法治精神的。

第三节　交通事故认定书的证据效力

一、裁判依据

1. 法律规定

《道路交通安全法》（2004 年 5 月 1 日实施，2011 年 4 月 22 日修正）第七十三条："公安机关交通管理部门应当根据交通事故现场勘验、检查、调查情况和有关的检验、鉴定结论，及时制作交通事故认定书，作为处理交通事故的证据。交通事故认定书应当载明交通事故的基本事实、成因和当事人的责任，并送达当事人。"

第七十四条："对交通事故损害赔偿的争议，当事人可以请求公安机关交通管理部门调解，也可以直接向人民法院提起民事诉讼。经公安机关交通管理部门调解，当事人未达成协议或者调解书生效后不履行的，当事人可以向人民法院提起民事诉讼。"

《中华人民共和国保险法》（以下简称《保险法》）（2009 年 10 月 1 日实施，2014 年 8 月 31 日修正）第二十二条："保险事故发生后，按照保险合同请求保险人赔偿或者给付保险金时，投保人、被保险人或者受益人应当向保险人提供其所能提供的与确认保险事故的性质、原因、损失程度等有关的证明和资料。保险人按照合同的约定，认为有关的证明和资料不完整的，应当及时一次性通知投保人、被保险人或者受益人补充提供。"

2. 行政法规

《道路交通安全法实施条例》（2004 年 5 月 1 日）第九十一条："公安机关交通管理部门应当根据交通事故当事人的行为对发生交通事故所起的作用以及过错的严重程度，确定当事人的责任。"

第九十三条："公安机关交通管理部门对经过勘验、检查现场的交通事故应当在勘查现场之日起 10 日内制作交通事故认定书。对需要进行检验、鉴定的，应当在检验、鉴定结果确定之日起 5 日内制作交通事故认定书。"

3. 最高人民法院司法解释及其他司法性文件

最高人民法院《关于审理道路交通事故损害赔偿案件适用法律若干问题的解释》（2012 年 12 月 21 日法释〔2012〕19 号）第二十七条："公安机关交通管理部门制作的交通事故认定书，人民法院应依法审查并确认其相应的证明力，但有相反证据推翻的除外。"

最高人民法院民一庭负责人《在全国高级人民法院民一庭庭长座谈会上的总结讲话》（2012 年 2 月 17 日）第二条："……一般而言，交警部门做出的交通事故认定书，载明了案件的基本事实，并对各方应承担的责任做出了认定，这是交警部门通过现场勘查、调查取证后做出的认定，该证据的效力较高，在庭审质证中，除非对此提出异议的当事人举出足够充分的证据，一般应当作为据以定案的证据。但是，对于确实存在疑点的案件，我们也不能仅简单凭交警部门的有关鉴定就草率下结论，而是要正确运用证据规则，对包括公安机关出具的鉴定在内的有关鉴定结论，综合案件的具体情况，充分运用各种技术手段判定是否可以采信。"

最高人民法院《关于审理铁路运输人身损害赔偿纠纷案件适用法律若干问题的解释》（2010 年 3 月 16 日法释〔2010〕5 号）第十四条："有权做出事故认定的组织依照《铁路交通事故应急救援和调查处理条例》等有关规定制作的事故认定书，经庭审质证，对于事故认定书所认定的事实，当事人没有相反证据和理由足以推翻的，人民法院应当作为认定事实的根据。"

最高人民法院行政审判庭负责人《在全国法院行政审判工作座谈会暨先进集体先进个人表彰会上的总结讲话》（2004 年 11 月 12 日）："……奚副院长在讲话中对交通事故责任认定案件是否受理问题，讲得已经很清楚了，这也是最高法院研究室征求全国人大法工委的意见。这类案件的受理问题几年来一直存在分歧意见，为了解决这个问题，最高法院行政庭作了大量工作，多次与有关部门沟通，召开研讨会进行论证，许多法院和行政审判人员也做出了很大的努力。从法律和法理上分析，法院作为行政案件受理是有一定根据的。但是由于意见难以统一，实践中的阻力很大，客观上给许多法院受理、审理案件造成很多困难。另外，有的法院受理有的法院不受理，也严重影响了法治的统一和司法的严肃性。特别是《道路交通安全法》出台以后，问题就更加复杂。在这种情况下，与其强调有条件的受理没有条件的不受理，使法院处于被动地位，还不如暂不受理为宜。何况全国人大法工委已有了明确意见。在这个问题上，我们要有一个正确的认识和统一的说法，不能认为这是一种倒退，只是对此类问题的一个规范。"

最高人民法院副院长奚晓明《在全国法院行政审判工作座谈会上的讲话之全面提高行政审判司法能力为党的执政能力建设提供有力的司法保障》（2004年11月10日）："……关于交通事故责任认定案件的受理问题。近几年来，不少法院受理和审理了一批不服交通事故责任认定行为提起诉讼的行政案件。应该说，法院受理这类案件是有一定根据的，但是认识不一致，实践中有的法院受理，有的法院不受理，很不严肃。

2004年5月1日起施行的《道路交通安全法》中第七十三条明确规定，公安机关交通管理部门制作的交通事故认定书，作为处理交通事故的证据。据此，我们认为对于一项证据是否成立、合法问题，完全没有必要通过一个独立的诉讼案件来解决。最高人民法院正在就此问题研究制定相关的司法解释，在司法解释正式出台之前，对此类案件以暂不受理为宜。对于已经受理的应当尽快审结，已经判决的仍然有效。"

最高人民法院、公安部《关于处理道路交通事故案件有关问题的通知》（1992年12月1日法发〔1992〕39号）第一条："自1992年1月1日《办法》（指《道路交通事故处理办法》，已被于2004年5月1日实施的《道路交通安全法实施条例》废止，下同之。编者注）实施后，当事人因道路交通事故损害赔偿问题提起民事诉讼时，除诉状外，还应提交公安机关制作的调解书、调解终结书或者该事故不属于任何一方当事人违章行为造成的结论。人民法院对于符合民事诉讼法第一百零八条规定的起诉，应予受理。1992年1月1日以前发生的道路交通事故，仍按各省、自治区、直辖市原有规定处理。"

第四条："当事人仅就公安机关做出的道路交通事故责任认定和伤残评定不服，向人民法院提起行政诉讼或民事诉讼的，人民法院不予受理。当事人对做出的行政处罚不服提起行政诉讼或就损害赔偿问题提起民事诉讼的，以及人民法院审理交通肇事刑事案件时，人民法院经审查认为公安机关所做出的责任认定、伤残评定确属不妥，则不予采信，以人民法院审理认定的案件事实作为定案的依据。"

4. 部门规章

公安部《道路交通事故处理程序规定》（2009年1月1日）第十六条："交通警察适用简易程序处理道路交通事故时，应当在固定现场证据后，责令当事人撤离现场，恢复交通。拒不撤离现场的，予以强制撤离；对当事人不能自行移动车辆的，交通警察应当将车辆移至不妨碍交通的地点。具有本规定第八条第一款第六项、第七项情形之一的，按照《道路交通安全法实施条例》第一百零四条规定处理。撤离现场后，交通警察应当根据现场固定的证据和当事人、证人叙述等，认定并记录道路交通事故发生的时间、地点、天气、当事人姓名、机动车驾驶证号、联系方式、机动车种类和号牌、保险凭证号、交通事故形态、碰撞部位等，并根据当事人的行为对发生道路交通事故所起的作用以及过错的严重程度，确定当事人的责任，制作道路交通事故认定书，由当事人签名。"

第四十六条："公安机关交通管理部门应当根据当事人的行为对发生道路交通事故所起的作用以及过错的严重程度，确定当事人的责任。（一）因一方当事人的过错导致道路交通事故的，承担全部责任；（二）因两方或者两方以上当事人的过错发生道路交通事故的，根据其行为对事故发生的作用以及过错的严重程度，分别承担主要责任、同等责任和次要责任；（三）各方均无导致道路交通事故的过错，属于交通意外事故的，各方均无责任。一方当事人故意造成道路交通事故的，他方无责任。省级公安机关可以根据有关法律、法规制定具体的道路交通事故责任确定细则或者标准。"

第四十七条："公安机关交通管理部门应当自现场调查之日起十日内制作道路交通事故认定书。交通肇事逃逸案件在查获交通肇事车辆和驾驶人后十日内制作道路交通事故认定书。对需要进行检验、鉴定的，应当在检验、鉴定结论确定之日起五日内制作道路交通事故认定书。发生死亡事故，公安机关交通管理部门应当在制作道路交通事故认定书前，召集各方当事人到场，公开调查取得证据。证人要求保密或者涉及国家秘密、商业秘密以及个人隐私的证据不得公开。当事人不到场的，公安机关交通管理部门应当予以记录。"

第四十八条："道路交通事故认定书应当载明以下内容：（一）道路交通事故当事人、车辆、道路和交通环境等基本情况；（二）道路交通事故发生经过；（三）道路交通事故证据及事故形成原因的分析；（四）当事人导致道路交通事故的过错及责任或者意外原因；（五）做出道路交通事故认定的公安机关交通管理部门名称和日期。道路交通事故认定书应当由办案民警签名或者盖章，加盖公安机关交通管理部门道路交通事故处理专用章，分别送达当事人，并告知当事人向公安机关交通管理部门申请复核、调解和直接向人民法院提起民事诉讼的权利、期限。"

第五十一条："当事人对道路交通事故认定有异议的，可以自道路交通事故认定书送达之日起三日内，向上一级公安机关交通管理部门提出书面复核申请。复核申请应当载明复核请求及其理由和主要证据。"

第五十六条："上一级公安机关交通管理部门做出责令重新认定的复核结论后，原办案单位应当在十日内依照本规定重新调查，重新制作道路交通事故认定书，撤销原道路交通事故认定书。重新调查需要检验、鉴定的，原办案单位应当在检验、鉴定结论确定之日起五日内，重新制作道路交通事故认定书，撤销原道路交通事故认定书。重新制作道路交通事故认定书的，原办案单位应当送达各方当事人，并书面报上一级公安机关交通管理部门备案。"

第八十条："除涉及国家秘密、商业秘密或者个人隐私，以及应当事人、证人要求保密的内容外，当事人及其代理人收到道路交通事故认定书后，可以查阅、复制、摘录公安机关交通管理部门处理道路交通事故的证据材料。公安机关交通管理部门对当事人复制的证据材料应当加盖公安机关交通管理部门事故处理专用章。"

公安部《关于印发〈道路交通事故处理工作规范〉的通知》（2009 年 1 月 1 日公交管〔2008〕277 号）第六十一条："道路交通事故调查报告经审批后，交通警察应当根据审批意见制作道路交通事故认定书。"

第六十二条："发生死亡交通事故，公安机关交通管理部门应当在制作道路交通事故认定书前，召集各方当事人到场，公开调查取得的证据。证据公开的过程及各方当事人的意见应当予以记录。当事人无故不到场的，视为对证据没有异议。证人要求保密或者涉及国家秘密、商业秘密以及个人隐私的证据不得公开。在证据公开过程中当事人提供新的证据的，交通警察报经公安机关交通管理部门负责人批准后，应当按照本规范有关要求开展补充调查。"

第六十五条："当事人及其代理人收到道路交通事故认定书后，要求查阅道路交通事故证据材料的，应当提交书面的查阅申请，明确查阅、复制、摘录的具体内容，除涉及国家秘密、商业秘密或者个人隐私，以及应当事人、证人要求保密的内容外，公安机关交通管理部门应当安排其在指定的地点按规定查阅。当事人及其代理人可以自费复制证据材料，公安机关交通管理部门应当在当事人复制的材料上注明复制时间，并加盖交通事故处理专用章。"

公安部《关于对地方政府法制机构可否受理对交通事故责任认定的复议申请的批复》（2000 年 1 月 15 日）："交通事故责任认定是公安机关在查明交通事故事实后，根据当事人的违章行为与交通事故之间的因果关系，以及违章行为在交通事故中的作用所做出的鉴定结论。在公安机关处理道路交通事故中起的是证据作用，其本身并不确定当事人之间的权利义务，不属于具体行政行为。最高人民法院、公安部《关于处理道路交通事故案件有关问题的通知》（法发〔1992〕39 号）第四条对此已予明确。如果当事人对交通事故责任认定不服，根据《道路交通事故处理办法》第二十二条的规定，可以在接到交通事故责任认定书后 15 日内，向上一级公安机关申请重新认定。因此，地方人民政府法制机构受理交通事故责任认定的复议没有法律依据。"

5. 地方司法性文件

广东深圳中院《关于道路交通事故损害赔偿纠纷案件的裁判指引》（2014年 8 月 14 日深中法发〔2014〕3 号）第 7 条："道路交通事故中交通事故肇事人弃车逃逸，经公安交通管理部门调查并公告，无法找到交通肇事逃逸人，公安交通管理部门应受害人的要求出具交通事故认定，赔偿权利人以此交通事故认定书中列明的'车驾驶人'、'无名氏'为被告提起诉讼的，人民法院不予受理。"

第 8 条："人民法院认为公安交通管理部门做出的交通事故认定不准确，书面征求做出事故认定的公安交通管理部门的上级部门的意见，有关公安交通管理部门在收到书面征求意见的函件之日起 15 天内未做出书面回复的，不影响案件的审理。"

安徽高院《关于审理道路交通事故损害赔偿纠纷案件若干问题的指导意见》（2014 年 1 月 1 日皖高法〔2013〕487 号）第 4 条："认定驾驶人事故后逃逸、逃离事故现场、伪造现场、酒后驾驶、无证驾驶、证驾不符等商业三者险合同约定的免责情形的，应以《道路交通事故认定书》为依据，但有相反证据推翻事故认定书的除外。公安交警部门没有做出事故认定书，或者事故认定书未认定驾驶人存在上述情形的，由保险公司承担举证责任。"

第 17 条："《道路交通事故认定书》认定的事故责任一般作为划分当事人交通事故侵权责任比例的依据，但不能将侵权责任与事故责任直接等同。"

第 18 条："无《道路交通事故认定书》或者事故责任认定不当，保险公司要求按被保险人无事故责任赔偿的，除有充分证据证明机动车一方确无事故责任外，人民法院不予支持。交强险赔偿不足部分，当事人按照以下原则承担责任：（一）机动车之间发生的道路交通事故，按照过错大小承担责任；过错大小无法认定的，机动车各方平均承担责任。（二）机动车与行人、非机动车之间发生的道路交通事故，机动车方承担赔偿责任；机动车方能够举证证明行人、非机动车驾驶人对事故发生有过错的，可以减轻或者免除其相应的赔偿责任。"

广东高院《关于审理保险合同纠纷案件若干问题的指导意见》（2011 年 9 月 2 日粤高法发〔2011〕44 号）第 21 条："被保险人与保险人在诉讼中对保险事故原因或损失有争议的，如保险合同约定或者保险事故发生后双方同意由相应保险公估机构或其他中介机构对保险事故原因进行鉴定或损失评估，该保险公估机构或中介机构做出的鉴定结论应作为法院确定事故原因和损失的依据。双方对鉴定机构没有约定的，人民法院在诉讼中指定的鉴定机构所做出的鉴定结论应作为确定事故原因和损失的依据。"

江苏南通中院《关于处理交通事故损害赔偿案件中有关问题的座谈纪要》（2011 年 6 月 1 日通中法〔2011〕85 号）第 21 条："公安机关交通管理部门制作的交通事故责任认定书应作为人民法院审理案件的依据，但当事人提供证据足以证明该责任认定与事实不符的，人民法院可根据查明的事实认定责任。"

江西鹰潭中院《关于审理道路交通事故损害赔偿纠纷案件的指导意见》

（2011 年 1 月 1 日鹰中法〔2011〕143 号）第 11 条："人民法院认为公安交通管理做出的交通事故认定不准确的，书面征求做出交通事故认定的公安交通管理部门的上级部门的意见，有关公安交通管理部门在收到书面征求意见的函件之日起 15 个工作日内未做出书面回复的，不影响案件的审理。"

山东淄博中院民三庭《关于审理道路交通事故损害赔偿案件若干问题的指导意见》（2011 年 1 月 1 日）第 25 条："交警部门对交通事故做出的责任认定结论是确定当事人赔偿责任的重要证据，但有充分证据证明交通事故责任认定结论与事实不符的，可以根据查明的事实确定当事人的赔偿责任。"

山东东营中院《关于印发道路交通事故处理工作座谈会纪要的通知》（2010 年 6 月 2 日）第 1 条："交通事故认定书系交警部门依据法定程序所做出，具有很强的证明力，除非一方或者双方当事人有充分的反驳证据外，应当作为人民法院认定交通事故损害赔偿案件基本事实及因果关系的重要证据。如果当事人对交通事故认定书有异议，并提供充分证据证明交通事故认定书认定事实可能有误，人民法院需调取交警部门的卷宗，并可依职权调查搜集其他相关证据，在此基础上组织当事人对相关证据进行充分质证，以确定案件的基本事实。"

第 7 条："交警部门交通事故卷宗中的证据是人民法院审理案件的重要证据，交通事故卷宗中的事故情况、现场照片、勘验笔录、询问笔录、车辆检验报告、事故认定等证据，是交警部门依照法定程序所做出的，对于人民法院查明案件事实、正确处理案件具有很强的证明力。审判人员持人民法院调卷函及工作证到交警部门调取事故卷宗，交警部门的内勤或承办案件的民警应协助办理有关调卷手续。人民法院在案件审结后，应于 15 日内将卷宗退还交警部门。"

江西南昌中院《关于审理道路交通事故人身损害赔偿纠纷案件的处理意见（试行）》（2010 年 2 月 1 日）第 16 条："公安交通管理部门做出的交通事故认定书，属于道路交通事故人身损害赔偿纠纷案件中的证据。公安交通管理部门未出具交通事故责任认定书，或者责任认定不符合《道路交通安全法》等法律规定，或者当事人有充分的证据证明交通事故责任认定书不符合客观情况的，人民法院可以根据审查认定的事实直接确定双方当事人在交通事故中应承担的民事责任。"

山东临沂中院《民事审判工作座谈会纪要》（2009 年 11 月 10 日临中法〔2009〕109 号）第 1 条："……（二）关于道路交通事故认定书的证据效力及异议审查问题。根据多年来的司法实践及相关司法共识，道路交通事故认定书仅具有民事证据效力。但是，交警作为相关行政专业部门，其认定结论具有较强的技术优势，人民法院原则上应予尊重，作为有效证据采纳，但个别明显不合理的事故认定除外。"

根据公安部《道路交通事故处理程序规定》（2009 年 1 月 1 日起施行）第五十二条的规定："对于道路交通事故认定书不服的，可以申请上级公安机关复核，但人民法院已经受理案件的除外，故在人民法院受理道路交通事故案件期间，当事人对道路交通事故认定书提出异议的，原则上不予支持。但如当事人向上级公安机关申请复核，为慎重起见，可以暂时停止但不要书面或口头裁定中止案件审理，等待该上级公安机关的处理结果。如该上级机关否认原事故认定书，可参照行政前置程序的原则，等待新的事故认定书确定后，再行认定处理。"

云南高院《关于审理人身损害赔偿案件若干问题的会议纪要》（2009 年 8 月 1 日）第 2 条："……交警部门的事故认定书是公安交通管理机关依据法定程序做出的现场认定，是证明道路交通事故发生的基本证据，在审理交通事故损害赔偿案件时一般应根据事故认定书确定案件的因果关系和责任比例。但有充分证据足以证明交警部门做出的交通事故认定与事实不符的，人民法院可以根据查明的事实对交通事故的因果关系和责任重新认定。"

辽宁大连中院《当前民事审判（一庭）中一些具体问题的理解与认识》（2008 年 12 月 5 日大中法〔2008〕17 号）第 25 条："如何采信公安部门出具的责任认定书？《道路交通安全法》第七十三条规定了交通事故认定书作为证据的性质，该认定书是法院处理交通事故损害赔偿案件、确定当事人责任的重要依据。从效力上看，认定书仅是民事诉讼证据的一种，还应当在诉讼中进行审查。法院对认定书不予采信的条件当严格掌握。在实践中可以这样把握：当事人对认定书有如下异议的，并提出相关证据证明，法院对此可以不予采信（主体有误；制作、送达程序严重违法；其所依据的证据材料采集违法或明显证据不足的；当事人有足够的证据和理由推翻该认定书）。"

江苏宜兴法院《关于审理交通事故损害赔偿案件若干问题的意见》（2008 年 1 月 28 日宜法〔2008〕7 号）第 49 条："交通事故认定书，是对交通事故原因、事实的确认，一般可作为认定当事人造成交通事故后果的过错责任大小的重要证据材料，但当事人有证据足以证明其过错和违章行为与损害结果之间没有因果关系，或者其过错和违章行为对损害大小的影响程度较弱，可以另行做出过错责任认定，但改变交通事故责任认定的，须经分管院长参加的集体讨论会讨论通过。"

陕西高院《关于审理道路交通事故损害赔偿案件若干问题的指导意见（试行）》（2008 年 1 月 1 日陕高法〔2008〕258 号）第 21 条："公安交通管理部门制作的交通事故责任认定书应作为人民法院审理案件的依据，但当事人提供证据足以证明该责任认定与事实不符的，人民法院可根据查明的事实认定责任。"

湖北武汉中院《关于审理交通事故损害赔偿案件的若干指导意见》(2007年5月1日)第1条："交通事故发生后，经过公安交通管理部门处理制作交通事故认定书（或事故认定书）或者就交通事故损害赔偿达成协议的，当事人应当提交交通事故认定书（或事故认定书）或协议书。"

第2条："公安交通管理部门制作的交通事故认定书（或事故认定书）一般应作为人民法院审理案件的依据。人民法院有充分证据足以证明公安交通管理部门做出的交通事故认定与事实不符的，可以根据查明的事实对交通事故的赔偿比例进行划分。"

江西高院民一庭《关于审理道路交通事故人身损害赔偿案件适用法律若干问题的解答》(2006年12月31日)第26条："根据《中华人民共和国道路交通安全法》第七十三条的规定，交通事故认定书是处理交通事故的证据。如果案件在起诉到人民法院后，在法庭辩论终结前，公安机关交通管理部门仍未出具交通事故责任认定书，或者内容不符合该法的规定，或者当事人有直接的证据证明交通事故责任认定书不符合客观情况的，人民法院可以根据当事人提供的证据直接确定双方当事人在交通事故中应当承担的民事责任。"

江苏溧阳法院《关于审理交通事故损害赔偿案件若干问题的意见》(2006年11月20日)第6条："《常州中院事故纪要》第一条规定'提起诉讼的，除符合《民诉法》第一百零八条规定的起诉条件外，一般应提供公安机关交通管理部门制作的交通事故认定书（或事故认定书），或无法查清事实的通知书'，但发生交通事故未报案而起诉到法院的，则不能以当事人未提供认定书或通知书为由驳回起诉，可直接做出事故认定而实体下判。"

江西赣州中院《关于审理道路交通事故人身损害赔偿案件的指导性意见》(2006年6月9日)第24条："交警部门对交通事故做出的责任认定结论是确定当事人赔偿责任的重要证据。但有充分证据证明交通事故责任认定结论与事实不符的，可以根据查明的事实确定当事人的赔偿责任。"

贵州高院、省公安厅《关于处理道路交通事故案件若干问题的指导意见（一）》(2006年5月1日)第2条："公安机关交通管理部门适用一般程序处理交通事故时，应当按照规定查明机动车所有人、实际支配人、驾驶人的姓名、住所或实际居住地、联系方式以及机动车保险等有关详细情况，并依法及时扣留肇事机动车。机动车所有人、实际支配人、驾驶人书面申请缴纳事故责任保证金的，可予准许。在其缴纳了相当于承担全部责任时的损害赔偿数额的保证金后，公安机关交通管理部门可将检验、鉴定完毕后的机动车予以返还，但无牌证、拼装、达到报废标准等无合法来源的机动车除外。"

第3条："投保第三者责任强制保险的机动车发生交通事故造成人员伤亡，

需支付抢救或尸体处理费用的，由公安机关交通管理部门应依照《道路交通安全法》第七十五条、《道路交通安全法实施条例》第九十条等有关规定通知相关保险公司或社会救助基金管理机构垫付，也可通知机动车一方垫付。保险公司、社会救助基金管理机构、机动车一方不在规定的时间内垫付的，公安机关交通管理部门应及时制作交通事故认定书送达当事人，并告知其可向人民法院起诉并申请先予执行。人民法院应依法及时立案，并裁定先予执行。"

第5条："在道路交通事故发生后，公安机关交通管理部门应依照有关规定尽快查明事故原因，确定当事人的责任，并在将扣留的机动车返还前做出交通事故认定书，送达各方当事人（含机动车所有人、实际支配人）。经调查，确实无法确定交通事故事实的，公安机关交通管理部门应在将扣留的机动车返还给当事人前，依据《交通事故处理程序规定》的相关规定制作交通事故认定书，送达各方当事人。"

第6条："因交通事故当事人处于抢救或昏迷状态无法取证，而现有证据不足以判明案件事实等特殊原因，经上一级公安机关交通管理部门批准，中止交通事故认定，提交《交通事故调查报告书》的时间相应顺延，但中止的时间最长不超过两个月。中止原因消除后，应及时提交《交通事故调查报告书》，并依法做出交通事故认定；中止时间期满后当事人仍然昏迷的，公安机关交通管理部门可参照本意见第5条的规定处理。"

第14条："当事人仅就公安机关做出的道路交通事故认定书不服，向人民法院提出诉讼的，人民法院不予受理。"

第27条："道路交通事故认定书是处理道路交通事故民事损害赔偿案件的重要证据材料。各方当事人对交通事故认定书责任划分未提出异议的，人民法院在审理案件时一般应当采用。当事人对交通事故认定书提出异议的，人民法院应根据庭审调查情况和已有的证据进行综合分析审查后，确定当事各方的责任划分。相关公安机关交通管理部门应积极配合人民法院的庭审调查工作。"

山东高院《2008年民事审判工作会议纪要》（2008年9月）第2条："……（四）关于交通事故认定书的效力问题。根据《道路交通安全法》的规定，公安交通管理部门出具交通事故认定书的行为不是具体行政行为，只是人民法院处理道路交通事故损害赔偿案件的重要证据之一，如当事人一方或者双方无相反的证据或者足以推翻其结论的理由，交通事故认定书应当成为人民法院认定案件事实的依据。当事人一方或者双方对交通事故认定书提出异议的，应当提供相关的证据或者说明理由，并承担结果意义上的举证责任。"

山东高院《关于印发〈全省民事审判工作座谈会纪要〉的通知》（2005年11月23日鲁高法〔2005〕201号）第3条："……（十）关于道路交通事故认定书的性质问题。交通事故认定书是公安交通管理机关依据法定程序做出的，是证明道路交通事故发生的基本证据，具有较强的证明力，在没有充分反驳证据的情况下，应当根据认定书确定案件事实及因果关系。交通事故认定书对于事故原因、责任等无法做出认定的，人民法院应当根据双方的举证情况确定具体的赔偿责任。"

广东深圳罗湖区法院《处理道路交通事故赔偿纠纷案件实施意见》（2005年10月14日）第3条："对交警部门做出的《道路交通事故责任认定书》中的责任认定，认为合理的，依照该责任认定确认当事人的过错程度，给受害方计算赔偿；认为不准确的，法院可不予采信，以法院审查认定的事实作为定案依据，在决定不予采信之前应征求交警部门意见，妥善处理。对交警部门做出的伤残评定，也按上述原则处理。"

广东深圳中院《道路交通事故损害赔偿案件研讨会纪要》（2005年9月26日）第8条："人民法院认为公安交通管理部门做出的交通事故认定不准确，书面征求做出事故认定的公安交通管理部门的上级部门的意见，有关公安交通管理部门在收到书面征求意见的函件之日起15天内未做出书面回复的，不影响案件的审理。"

江苏常州中院《关于印发〈常州市中级人民法院关于审理交通事故损害赔偿案件若干问题的意见〉的通知》（2005年9月13日常中法〔2005〕67号）第1条："当事人因2004年5月1日以后发生的道路交通事故（包括公安机关接到报案的非道路交通事故，下同）引起的人身损害赔偿纠纷提起民事诉讼的，除需符合《民事诉讼法》第一百零八条规定的起诉条件外，一般应提供公安机关交通管理部门（以下简称交警部门）制作的交通事故认定书（或事故认定书），或无法查清事实的通知书。人民法院受理交通事故损害赔偿案件后，可以向处理该案的交警部门发出调卷函或由承办法官持函调阅交警部门处理该案的全部案卷。"

第10条："交警部门是处理交通事故的专业部门，对交警部门做出的事故责任认定书，人民法院在审理交通事故赔偿案件时应作为重要的民事证据在民事诉讼中审查使用。审理中如无足够的相反证据，一般应认定其效力。对事故责任认定确有错误的，可与交警部门进行必要的联系听取意见后，依法重新确定各方的责任。"

江苏高院、省公安厅《关于处理交通事故损害赔偿案件有关问题的指导意见》（2005年9月1日苏高法〔2005〕282号）第12条："交通事故发生后，公安机关交通管理部门应当依照有关规定查明事故原因，确定当事人的责任，及时做出交通事故认定书送达各方当事人。"

第13条："因交通事故当事人处于抢救或昏迷状态的特殊原因，无法收集当事人的证据、且无其他证据佐证交通事故事实时，经上一级公安机关交通管理部门批准，交通事故认定的时限可中止计算，但中止的时间最长不超过 2 个月。"

第 14 条："公安机关交通管理部门制作的交通事故认定书是人民法院认定当事人承担民事赔偿责任或者确定受害人一方也有过失的重要证据材料。人民法院经审查认为交通事故认定确属不妥，则不予采信，以人民法院审理认定的案件事实作为定案的依据。"

浙江杭州中院《关于审理道路交通事故损害赔偿纠纷案件问题解答》（2005 年 5 月）第 3 条："如果当事人对公安机关事故责任认定有异议，是让其进行行政诉讼还是由人民法院按《道路交通安全法》的相关规定，通过审查证据直接改变？人民法院在审理道路交通事故损害赔偿案件中，若根据当事人提交的证据，有充分依据，可以不按照公安机关的事故责任认定来确定双方的责任比例。即，把公安机关的事故责任认定和民事损害赔偿责任比例分开。公安机关的事故责任认定是行政处罚的依据，而民事赔偿责任的确定还需要考虑优者危险负担原则，两者并非完全等同。"

上海高院《关于贯彻实施〈上海市机动车道路交通事故赔偿责任若干规定〉的意见》（2005 年 4 月 1 日沪高法民一庭〔2005〕4 号）第 5 条："机动车之间因交通事故损害赔偿致讼的，法院可以参照公安机关交通管理部门出具的交通事故认定书中认定的事故责任，确定双方的过错大小，并据此确定双方的责任比例。"

江苏高院《关于审理交通事故损害赔偿案件适用法律若干问题的意见（一）》（2005 年 2 月 24 日）第 11 条："对于超过机动车第三者责任保险限额的赔偿部分，由交通事故当事人根据《道路交通安全法》第七十六条第一款、《省道路交通安全条例》第五十二条的规定，按照下列方式承担赔偿责任：（一）对于机动车之间发生交通事故的，由有过错的一方承担赔偿责任；双方都有过错的，按照各自过错的比例分担责任。除经过质证认定不能作为证据使用的情形以外，一般可根据公安机关交通部门的交通事故责任认定来确定交通事故当事人的赔偿责任，并参照下列比例承担……"

广东高院、省公安厅《关于〈道路交通安全法〉施行后处理道路交通事故案件若干问题的意见》（2004 年 12 月 17 日粤高法发〔2004〕34 号）第 7 条："在道路交通事故发生后，公安交通管理部门应依照有关规定查明事故原因，确定当事人的责任，并在将扣留的车辆返还给机动车所有人或实际支配人前做出交通事故认定书，送达各方当事人（含机动车所有人、实际支配人）。经调查，确实无法确定交通事故事实的，公安交通管理部门应在将扣留的车辆返还给当事人前，依据《交通事故处理程序规定》的相关规定制作交通事故认定书，送达各方当事人。"

第 18 条："当事人对于交通事故认定争议较大的，人民法院在审理案件时，可要求做出交通事故认定的公安交通管理部门做出书面说明或派员出席法庭作证。人民法院认为公安交通管理部门做出的交通事故认定不准确的，应书面征求做出事故认定的公安交通管理部门的上级部门的意见，有关公安交通管理部门应在收到书面征求意见的函件之日起 15 天内做出书面回复。"

广东高院立案庭、行政庭《关于行政案件立案受理有关问题的意见（试行）》（2004 年 12 月 16 日粤高法立字〔2004〕24 号）第 8 条："当事人对公安机关做出的道路交通事故责任认定不服起诉的，暂不予受理。"

山东高院《关于审理道路交通事故损害赔偿案件的若干意见》（2004 年 5 月 1 日）第 1 条："自 2004 年 5 月 1 日起，当事人因道路交通事故损害赔偿纠纷向人民法院提起民事诉讼的，人民法院不再以道路交通管理部门做出交通事故认定书和调解终结书作为受理案件的前置条件，但一方当事人起诉时应当附有发生道路交通事故的基本证据，经审查当事人起诉符合《民事诉讼法》第一百零八条规定条件的，人民法院应予受理。"

第 2 条："道路交通管理部门出具的交通事故认定书作为法定证据，是法定职能部门依据法定程序做出的，具有较强的证明力，除一方或者双方有充分的反驳证据外，应当作为人民法院认定交通事故损害赔偿案件基本事实、因果关系以及划分当事人责任的基本依据。"

吉林高院《关于印发〈关于审理道路交通事故损害赔偿案件若干问题的会议纪要〉的通知》（2003 年 7 月 25 日吉高法〔2003〕61 号）第 2 条："当事人仅就公安机关做出的道路交通事故责任认定和伤残评定不服，向人民法院提起民事诉讼的，人民法院不予受理。"

第 31 条："人民法院审理因道路交通事故提起的损害赔偿案件，应将公安机关就该事故做出的责任认定书及伤残评定作为定案的证据及赔偿的依据。如果经审查认为该责任认定或伤残评定确属不妥，不予采信的，应以人民法院所查实的为准。"

北京高院《关于在民事审判中正确对待〈交通事故责任认定书〉的通知》（2002 年 7 月 2 日）："鉴于《交通事故责任认定书》系交通管理部门依行政职权对交通事故有关事实与责任做出的综合确认，同时交通事故责任确认关联到刑事责任、行政责任与民事责任三类责任的认定，为规范民事审判中对《交通事故责任认定书》的运用，明确司法与行政的职责划分，避免受害人一方以民事判决书的责任认定为依据要求追究交通事故肇事人的刑事责任，现提出以下两点处理原则：一、在民事审判中应将《交通事故责任认定书》作为重要证据材料使用，经审查后确定能否作为认定案件事实的依据。二、在民事判决书中不宜直接对交通事故责任予以认定，而应立足民事责任的认定，即依据民事责任归责原则将交通事故责任认定转化为民事责任认定。审判中如认为《交通事故责任认定书》认定结论不当，或者涉及案件属于依据《道路交通事故处理办法》第四十五条不具体认定交通事故责任的案件，应根据当事人的过错或法律的特别规定确定民事赔偿责任。对交通管理部门针对非道路交通纠纷形成的《事故成因分析意见》应予参考，并应根据损害发生的原因确定当事人各方应当承担的民事赔偿责任。"

内蒙古高院《全区法院交通肇事损害赔偿案件审判实务研讨会会议纪要》（2002 年 2 月）第 13 条："公安机关做出的《交通事故责任认定书》是对交通事故当事人行政违章责任的划分，不应作为确认当事人过失程度、承担民事责任大小的唯一依据。人民法院在适用过失相抵规则时，经审查认为公安机关做出的责任认定确属不妥，则不予采信，由人民法院以审理认定的案件事实确定当事人的过失程度。"

第 14 条："在适用过失相抵规则判断交通事故当事人过失程度及赔偿责任比例时，对公安机关做出的《交通事故责任认定书》的证据效力按以下原则掌握：（1）机动车辆之间发生的交通事故，可以将公安机关认定的事故责任比例作为判断双方过失比例的依据。（2）机动车辆与行人或非机动车之间发生的交通事故中，不能将公安机关认定的事故责任比例作为双方过失比例相抵的唯一依据，而应结合侵权行为的具体情形，按照优者负担、照顾弱者的原则合理相抵，相应减轻加害方的责任。受害人如年满 70 周岁，或不满 10 周岁，或系残疾人，不能适用过失相抵规则。"

北京高院《关于办理各类案件有关证据问题的规定（试行）》（2001 年 10 月 1 日京高法发〔2001〕219 号）第 83 条："道路交通事故赔偿纠纷案件，如果当事人有相反证据能够证明公安机关做出的道路交通事故责任认定和伤残评定是不正确的，该责任认定和伤残评定不能作为认定案件事实的证据。"

河南高院《关于审理道路交通事故损害赔偿案件若干问题的意见》（1997 年 1 月 1 日豫高法〔1997〕78 号）第 2 条："当事人仅就公安机关做出的道路交通事故责任认定和伤残评定不服，向人民法院提起民事诉讼的，人民法院不予受理。"

第 19 条："人民法院审理因道路交通事故提起的赔偿案件，一般情况下，应当将公安机关就该事故做出的责任认定及伤残评定作为定案的证据及赔偿的依据。如果经审查认为该责任认定或伤残评定确属不妥，则不予采信，而以人民法院所查实的为准。"

广东高院、省公安厅《关于处理道路交通事故案件若干具体问题的通知》（1996 年 7 月 13 日粤高法发〔1996〕15 号）第 5 条："道路交通事故发生后，公安交通管理部门应依照《办法》和《道路交通事故处理程序规定》等有关规定，查明事故原因，在规定的期限内做出责任认定，制作《道路交通事故责任认定书》（以下简称事故责任认定书），对不属于任何一方当事人违章行为造成的事故，及时做出书面结论，并将事故责任认定书或者书面结论及时送交各方当事人。"

第 6 条："人民法院在审理案件时认为公安交通管理部门做出的交通事故责任认定不准确的，在决定不予采信之前，应征求公安交通管理部门的意见，妥善处理。"

6. 最高人民法院审判业务意见

（1）对交通事故形成原因的举证责任应由谁来承担？

最高人民法院民一庭意见："公安交通管理部门出具的《交通事故认定书》是人民法院处理交通事故损害赔偿案件的重要证据之一，如当事人一方或者双方无相反的证据或者足以推翻其结论的理由，《交通事故认定书》应当成为人民法院认定案件事实的依据。在因交通事故引发的损害赔偿案件中，当事人应当根据《道路交通安全法》的规定，对各自的主张分别承担举证责任，公安交通管理部门对交通事故中待证事实的真伪不承担举证责任。当事人一方或者双方在民事诉讼中对《交通事故认定书》提出异议的，应当提供相反的证据或理由，并承担结果意义上的举证责任。"

（2）交警部门对交通事故责任认定有误，法院能否直接重新划分责任？

最高人民法院民一庭《民事审判实务问答》编写组："关于人民法院在审理因道路交通事故引起的民事赔偿案件中，发现公安机关做出的道路交通事故责任认定有误，能否根据查明的事实予以认定问题，1992 年 12 月 1 日最高人民法院、公安部《关于处理道路交通事故案件有关问题的通知》第四条中做出了明确的答复：'当事人对做出的行政处罚不服提起行政诉讼或就损害赔偿问题提起民事诉讼的，以及人民法院审理交通肇事刑事案件时，人民法院经审查认为公安机关所做出的责任认定、伤残评定确有不妥，则不予采信，以人民法院审理认定的案件事实作为定案的依据'。联合通知的上述规定符合民事诉讼法基本原则。根据《民事诉讼法》第六条、第七条规定的精神，民事案件的审判权由人民法院行使。人民法院依照法律规定对民事案件独立进行审判，认定案件事实，确定当事人的责任是人民法院民事审判中不可缺少的重要部分，是正确适用法律、保护当事人合法权益的前提条件。如果人民法院在审理民事案件中，不能独立地认定案件事实，确定当事人之间的责任分担，而要以其他部门确认的责任作为事实依据，就违反了民事案件审判权由人民法院独立行使这一民事诉讼法的基本原则，也不利于维护当事人的合法权益。公安机关所做出的责任认定书属于案件证据材料之一，人民法院经审查认为确属不妥的则不予采信，以人民法院审理认定的案件事实作为定案的依据。人民法院在审理案件时认为公安交通管理部门做出的交通事故责任认定不准确的，在决定不予采信之前，可征求公安交通管理部门的意见，妥善处理。"

第四节 交通事故认定书的定位分析

公安交管部门制作的事故认定书是法院审理道路交通事故损害赔偿案、确定交通事故各方当事人所应承担责任比例的重要依据。作为证据的一种形式，人民法院应在综合分析交通管理部门依法制作的交通事故认定书、交通事故现场照片、鉴定结论、勘查笔录、影像数据及其他证据的基础上，根据机动车交通事故各方当事人的过错及原因等因素认定各自的损害赔偿责任。法院在审理中如有充分证据证实该认定书所采信的事实有疏漏或责任认定明显不当，可予纠正。

交警部门做出的道路交通事故认定书是证据的一种，人民法院在处理道路交通事故类案件时应对道路交通事故认定书进行审查。目前在司法实践中，对交通事故责任认定时进行附带司法审查。附带性审查是对具体行政行为予以采信或拒绝采纳的一种方式，但不能对具体行政行为撤销、变更。附带性审查交通事故认定在民事审判中，并非专门确定交通事故认定是否合法有效。

交通事故认定书作为处理交通事故的证据，是允许当事人在道路交通事故损害赔偿调解或诉讼中，可就其作为证据的真实性、可靠性和科学性质疑，如有其他证据可推翻，法院不应采用该认定书作为证据。

公安机关出具的交通事故认定书认定的事故原因和法院结合本案全部证据推断的事故原因不一致，应认定该交通事故认定书存在瑕疵，不能作为认定事实的依据。

第五章

道路交通事故责任与赔偿责任的异同

第一节　概　述

如前章所述，交警部门做出的道路交通事故认定书是证据的一种，人民法院在处理道路交通事故类案件时应对道路交通事故认定书进行审查。而确定道路交通事故行政责任的依据确实应为事故责任认定书，但至民事赔偿一环，则要具体分析、辩证看待事故责任认定书的诉讼价值。

第二节　区分表现及依据

一、典型事例及法律分析

2004 年，刘某乘坐陈某经营的客车，中途下车查看车顶货物时，被郭某驾驶的机动车碰撞死亡，交警认定该起交通事故中，刘某和郭某负事故的同等责任，陈某无责任。争议焦点：陈某事故中无责任，是否承担民事赔偿责任？

交警虽未对陈某作出责任认定，但损害结果发生即刘某的死亡与陈某的不作为、郭某及刘某的作为行为均有原因力。该三人应根据其过失大小或原因力比例各自承担相应赔偿责任。道路交通事故责任认定是一种事故成因分析，交通事故责任认定中"责任"并不等同于民事责任中指称"责任"内涵。本案中，交警部门的交通事故责任认定只是就郭某、刘某二人的行为与事故损害后果之间的因果关系进行了认定，而未涉及陈某的不作为行为与郭某、刘某的作为行为相互结合与刘某死亡之间的因果关系，故审理本案既有赖于交通事故责任认定，又不能将该认定作为确定被告承担民事责任唯一依据。

此次交通事故中，陈某对运输途中的乘客没有尽到安全保障义务，其有一定的过错，应承担相应的民事责任（10%）。郭某是该起交通事故的直接侵权责任人，应承担民事责任比例45%，余下45%责任由原告自负。①

二、裁判依据

1. 法律规定

《侵权责任法》（2010年7月1日）第六条："行为人因过错侵害他人民事权益，应当承担侵权责任。根据法律规定推定行为人有过错，行为人不能证明自己没有过错的，应当承担侵权责任。"

《道路交通安全法》（2004年5月1日实施，2011年4月22日修正）第七十三条："公安机关交通管理部门应当根据交通事故现场勘验、检查、调查情况和有关的检验、鉴定结论，及时制作交通事故认定书，作为处理交通事故的证据。交通事故认定书应当载明交通事故的基本事实、成因和当事人的责任，并送达当事人。"

第七十六条："机动车发生交通事故造成人身伤亡、财产损失的，由保险公司在机动车第三者责任强制保险责任限额范围内予以赔偿；不足的部分，按照下列规定承担赔偿责任：（一）机动车之间发生交通事故的，由有过错的一方承担赔偿责任；双方都有过错的，按照各自过错的比例分担责任。（二）机动车与非机动车驾驶人、行人之间发生交通事故，非机动车驾驶人、行人没有过错的，由机动车一方承担赔偿责任；有证据证明非机动车驾驶人、行人有过错的，根据过错程度适当减轻机动车一方的赔偿责任；机动车一方没有过错的，承担不超过百分之十的赔偿责任。交通事故的损失是由非机动车驾驶人、行人故意碰撞机动车造成的，机动车一方不承担赔偿责任。"

《合同法》（1999年10月1日）第三百零二条："承运人应当对运输过程中旅客的伤亡承担损害赔偿责任，但伤亡是旅客自身健康原因造成的或者承运人证明伤亡是旅客故意、重大过失造成的除外。"

《民法通则》（1987年1月1日）第一百二十三条："从事高空、高压、易燃、易爆、剧毒、放射性、高速运输工具等对周围环境有高度危险的作业造成

---

① 案件引自《事故无责与民事赔偿——事故无责任，侵权亦当赔？》，http://lawyer.9ask.cn/lvshi/sunxuetao/blog_1458323.html。

他人损害的，应当承担民事责任；如果能够证明损害是由受害人故意造成的，不承担民事责任。"

第一百三十一条："受害人对于损害的发生也有过错的，可以减轻侵害人的民事责任。"

第一百三十二条："当事人对造成损害都没有过错的，可以根据实际情况，由当事人分担民事责任。"

2. 行政法规

《道路交通安全法实施条例》（2004 年 5 月 1 日）第九十一条："公安机关交通管理部门应当根据交通事故当事人的行为对发生交通事故所起的作用以及过错的严重程度，确定当事人的责任。"

3. 司法解释

最高人民法院《关于审理道路交通事故损害赔偿案件适用法律若干问题的解释》（2012 年 12 月 21 日法释〔2012〕19 号）第二十七条："公安机关交通管理部门制作的交通事故认定书，人民法院应依法审查并确认其相应的证明力，但有相反证据推翻的除外。"

最高人民法院《关于高长林等六人与河南高速公路发展有限责任公司违约赔偿纠纷一案的函复》（2003 年 6 月 25 日〔2002〕民一他字第 6 号）："……本案交通事故发生的直接原因在于肇事车辆违章调头，交通事故责任方应当承担侵权的民事责任。河南高速公路发展有限公司（以下简称河南高速公司），为修建高速公路服务区施工方便，在禁止货车通行期间，允许为其运送沙子的货车驶入高速公路，应当预见到该货车通过高速公路中间隔离带开口处就近驶入在建服务区的潜在危险。因此，河南高速公司未尽必要的安全保障义务，其不作为行为亦是事故发生的原因，应当承担相应的民事责任。具体处理时可先由肇事车辆方承担赔偿责任，不足部分由河南高速公司承担补充赔偿责任。"

4. 部门规范性文件

公安部《道路交通事故处理程序规定》（2009 年 1 月 1 日）第四十六条："公安机关交通管理部门应当根据当事人的行为对发生道路交通事故所起的作用以及过错的严重程度，确定当事人的责任。

（一）因一方当事人的过错导致道路交通事故的，承担全部责任；

（二）因两方或者两方以上当事人的过错发生道路交通事故的，根据其行为对事故发生的作用以及过错的严重程度，分别承担主要责任、同等责任和次要责任；

（三）各方均无导致道路交通事故的过错，属于交通意外事故的，各方均无责任。一方当事人故意造成道路交通事故的，他方无责任。省级公安机关可以根据有关法律、法规制定具体的道路交通事故责任确定细则或者标准。"

5. 地方司法性文件

安徽宣城中院《关于审理道路交通事故赔偿案件若干问题的意见（试行）》（2011 年 4 月）第 35 条："公安机关认定的道路交通事故责任与人民法院认定的民事侵权赔偿责任并非同一概念，不可简单等同。机动车之间发生交通事故的，由保险公司在交强险责任限额内予以赔偿，不足部分由过错方承担赔偿责任，双方都有过错的，按照各自的过错比例承担责任，其比例可按照下列意见承担：（一）负全部责任的，承担 100% 的赔偿责任；（二）负主要责任的，可以在 60% 至 90% 之间确定，一般以 70% 赔偿；（三）负次要责任的，可在 10% 至 40% 之间确定，一般以 30% 为宜；（四）负同等责任的，各承担 50% 的责任；（五）不负事故责任的，不承担赔偿责任；（六）属于交通意外事故，各方均无责任的，其赔偿责任视具体情况确定；（七）事故责任无法确定的，一般可由双方各承担 50% 的赔偿责任。非机动车之间发生碰撞，造成人身损害和财产损失的，其赔偿比例可以参照前款意见执行。"

河南郑州中院《审理交通事故损害赔偿案件指导意见》（2010 年 8 月 20 日郑中法〔2010〕120 号）第 1 条："在审理道路交通事故案件时，要坚持优先保护人身权、交强险优先赔偿、优者危险负担，适度平衡赔偿权利人和赔偿义务人利益等原则。"

安徽合肥中院民一庭《关于审理道路交通事故损害赔偿案件适用法律若干问题的指导意见》（2009 年 11 月 16 日）第 28 条："公安机关认定的道路交通事故责任与人民法院认定的民事侵权赔偿责任并非同一概念，不可简单等同。机动车与非机动车驾驶人、行人之间发生交通事故的损失超出交通事故责任强制保险责任限额的部分，机动车一方有事故责任的，由机动车一方按照下列规定承担赔偿责任：（一）机动车一方在交通事故中负全部责任的，承担 100% 的赔偿责任；（二）机动车一方在交通事故中负主要责任的，承担 80% 的赔偿责任；（三）机动车一方在交通事故中负同等责任的，承担 60% 的赔偿责任；（四）机动车一方在交通事故中负次要责任的，承担 40% 的赔偿责任。"

江西赣州中院《关于审理道路交通事故人身损害赔偿案件的指导性意见》（2006 年 6 月 9 日）第 20 条："机动车、非机动车、行人与处于静止状态的机动车发生交通事故，处于静止状态的机动车一方无过错的，不承担赔偿责任。"

浙江杭州中院《关于审理道路交通事故损害赔偿纠纷案件问题解答》（2005 年 5 月）第 4 条："……根据《道路交通安全法》第七十六条的规定，机动车之间发生交通事故的，适用过错责任原则，机动车与非机动车、行人之间发生交通事故的，适用无过错责任原则。而《道路交通安全法实施条例》第九十二条规定：'发生交通事故后当事人逃逸的，逃逸的当事人承担全部责任。但是，有证据证明对方当事人也有过错的，可以减轻责任。'如发生事故后，驾驶员逃逸，公安机关未适用上述实施条例第九十二条的推定原则，而认定逃逸者负次要责任。而受害人要求逃逸者承担全部责任的，应如何处理？在民事赔偿中'逃逸'只是一个情节，不是判定责任的依据。如果是机动车之间相撞，民事责任适用过错原则，机动车与非机动车或行人相撞，适用无过错原则；再考虑是否存在过失相抵的情形。在受害人对公安机关的事故责任认定有异议时，人民法院应审查公安机关的事故责任认定是否符合法律规定。若该事故责任认定并无不当，则人民法院应根据公安机关的事故责任认定和各方过错决定各方的民事赔偿责任。"

内蒙古高院《全区法院交通肇事损害赔偿案件审判实务研讨会会议纪要》（2002 年 2 月）第 12 条："认定道路交通事故损害赔偿责任必须严格遵循《中华人民共和国民法通则》第一百二十三条规定的无过错责任原则。有证据证明损害是由受害人故意造成的，加害方不承担民事责任。依照《中华人民共和国民法通则》第一百三十一条规定的过失相抵规则，有证据证明受害人对于损害的发生有重大过失的，相应减轻加害方的赔偿责任。"

第 14 条："在适用过失相抵规则判断交通事故当事人过失程度及赔偿责任比例时，对公安机关作出的《交通事故责任认定书》的证据效力按以下原则掌握：（1）机动车辆之间发生的交通事故，可以将公安机关认定的事故责任比例作为判断双方过失比例的依据。（2）机动车辆与行人或非机动车之间发生的交通事故中，不能将公安机关认定的事故责任比例作为双方过失比例相抵的唯一依据，而应结合侵权行为的具体情形，按照优者负担、照顾弱者的原则合理相抵，相应减轻加害方的责任。受害人如年满 70 周岁，或不满 10 周岁，或系残疾人，不能适用过失相抵规则。"

6. 地方规范性文件

四川省《道路交通事故责任确定规则（试行）》（2010 年 1 月 1 日）第 8 条："确定当事人的行为与事故发生的因果关系应当从以下方面进行分析评判：（一）当事人的行为具有以下特征：1. 当事人的行为侵犯了其他当事人的通行权利；2. 当事人的行为具有突变性；3. 当事人未履行注意义务；4. 当事人在危险出现时，未采取适当的避险措施；5. 当事人明知危及交通安全的险情出现后，未履行法定义务。（二）车辆具有影响行车安全的隐患。（三）道路、环境具有影响安全通行的重大隐患。具有以上特征之一的，应当确定该行为与事故发生有因果关系。"

第三节　法理分析

交通事故认定书是公安交通管理部门依据专业技术对交通事故成因作出的一种技术鉴定，属于民事证据的一种，在诉讼中并不能当然地作为确定各方当事人权利义务关系的依据。确定民事赔偿责任的承担，应综合考虑各方当事人依法律规定和合同约定所确定的权利义务的承担、在事故发生过程中存在的过错及该过错与损害后果的因果联系等情形。

其中，交通事故责任认定中的"责任"并不等同于民事责任中指称的"责任"内涵。无意思联络的数人侵权，间接结合发生同一损害后果的，加害人承担与各自的过失大小或者原因力比例相适应的按份责任，而非连带责任。对于机动车驾驶员违反注意义务，对损害后果应当预见因疏忽大意而未预见，对事故发生存在过错，不属于意外交通事故。

在乘车人在明知超载极具风险情况下，仍乘坐机动车，对可能出现的风险采取放任态度，对损害发生存在过错，依法可减轻侵害人的民事责任。如果双方均无过错，属于交通意外，双方均不负事故责任，但事故一方仍应分担本起事故造成的事故另一方的财产损失的民事责任。

第 二 编

非典型交通事故责任

第六章

无车碰撞的交通事故责任分配

第一节　概　述

实践操作中很多人有认识误区，即交通事故都是在机动车和机动车之间发生、或者在机动车和非机动车之间发生的，但不少人通常忽视另一种情况，即非机动车和非机动车之间发生的交通事故，因为根据《道路交通安全法》的规定，第一百一十九条第二项对于"车辆"的定义，是指"机动车和非机动车"，而交通事故的发生只要满足道路、车辆、当事人一方存在过错并造成了损害后果的构成要件，即可以构成交通事故。

基于以上这点，如发生在非机动车与非机动车之间的道路交通事故，并且事故责任无法认定的同样适用《道路交通安全法》及《民法通则》的相关规定，首先，如果任何一方当事人能够举证另一方存在过错的，就可以减轻己方的责任，如果能进一步举证对方故意造成交通事故的，己方可以不承担责任。至于双方都无法证明对方存在过错的，那么同样的，也应当按照公平责任，分担赔偿责任。

第二节　责任表现及裁判依据

一、实务表现

2008 年 12 月，张某骑自行车与邓某驾驶的电动车相撞，致张某 9 级伤残，双方均未报案。关于赔偿费用，张某出院后自行治疗花去医疗费 100 元及鉴定费 1300 元，双方有争议。争议焦点在于责任如何划分及医疗费及鉴定费如何赔偿？

张某自行车带筐并加装网兜，给其他车辆正常行驶带来不便；邓某电动车行速高于自行车，在其行驶的过程中应当顾及同向行驶中的车辆，注意道路交通安全，但其疏忽大意，对前方观察不周，超越张某时发生交通事故，造成对方受伤，故此次事故的责任划分应按我国民法中的混合过错原则，邓某负事故主要责任，赔偿张某各项物质经济损失的 60%，张某负此事故的次要责任，自负损失 40%。

张某出院后为治疗与受伤伤情有关的医疗费应由邓某负担；张某自行支付的鉴定费，系用于自己所受伤残程度的鉴定，故应作为其受损失的一部分由邓某按责任比例赔偿。①

本案发生的道路交通事故双方均为非机动车，不适用我国《道路交通安全法》，只能适用《民法通则》有关一般民事过错责任的规定。

二、裁判依据或参考

1. 法律规定

《道路交通安全法》（2004 年 5 月 1 日实施，2011 年 4 月 22 日修正）第三十五条："机动车、非机动车实行右侧通行。"

第三十六条："根据道路条件和通行需要，道路划分为机动车道、非机动车道和人行道的，机动车、非机动车、行人实行分道通行。没有划分机动车道、非机动车道和人行道的，机动车在道路中间通行，非机动车和行人在道路两侧通行。"第三十七条："道路划设专用车道的，在专用车道内，只准许规定的车辆通行，其他车辆不得进入专用车道内行驶。"

第三十八条："车辆、行人应当按照交通信号通行；遇有交通警察现场指挥时，应当按照交通警察的指挥通行；在没有交通信号的道路上，应当在确保安全、畅通的原则下通行。"

第五十七条："驾驶非机动车在道路上行驶应当遵守有关交通安全的规定。非机动车应当在非机动车道内行驶；在没有非机动车道的道路上，应当靠车行道的右侧行驶。"

第五十八条："残疾人机动轮椅车、电动自行车在非机动车道内行驶时，最高时速不得超过十五公里。"

---

①案件引自《非机动车与行人碰撞：均非机动车，损害如何赔？》，http://www.jtsg.org/2016-07-26/3275.html。

第五十九条："非机动车应当在规定地点停放。未设停放地点的，非机动车停放不得妨碍其他车辆和行人通行。"

第六十条："驾驭畜力车，应当使用驯服的牲畜；驾驭畜力车横过道路时，驾驭人应当下车牵引牲畜；驾驭人离开车辆时，应当拴系牲畜。"第六十一条："行人应当在人行道内行走，没有人行道的靠路边行走。"

第六十二条："行人通过路口或者横过道路，应当走人行横道或者过街设施；通过有交通信号灯的人行横道，应当按照交通信号灯指示通行；通过没有交通信号灯、人行横道的路口，或者在没有过街设施的路段横过道路，应当在确认安全后通过。"

第六十三条："行人不得跨越、倚坐道路隔离设施，不得扒车、强行拦车或者实施妨碍道路交通安全的其他行为。"

第六十四条："学龄前儿童以及不能辨认或者不能控制自己行为的精神疾病患者、智力障碍者在道路上通行，应当由其监护人、监护人委托的人或者对其负有管理、保护职责的人带领。盲人在道路上通行，应当使用盲杖或者采取其他导盲手段，车辆应当避让盲人。"

第一百一十九条："本法中下列用语的含义：……（三）'机动车'，是指以动力装置驱动或者牵引，上道路行驶的供人员乘用或者用于运送物品以及进行工程专项作业的轮式车辆。（四）'非机动车'，是指以人力或者畜力驱动，上道路行驶的交通工具，以及虽有动力装置驱动但设计最高时速、空车质量、外形尺寸符合有关国家标准的残疾人机动轮椅车、电动自行车等交通工具。（五）'交通事故'，是指车辆在道路上因过错或者意外造成的人身伤亡或者财产损失的事件。"

《侵权责任法》（2010 年 7 月 1 日）第六条："行为人因过错侵害他人民事权益，应当承担侵权责任。"

第十六条："侵害他人造成人身损害的，应当赔偿医疗费、护理费、交通费等为治疗和康复支出的合理费用，以及因误工减少的收入。造成残疾的，还应当赔偿残疾生活辅助具费和残疾赔偿金。造成死亡的，还应当赔偿丧葬费和死亡赔偿金。"

第二十六条："被侵权人对损害的发生也有过错的，可以减轻侵权人的责任。"

《民法通则》（1987 年 1 月 1 日）第一百零六条："公民、法人违反合同或者不履行其他义务的，应当承担民事责任。公民、法人由于过错侵害国家的、集体的财产，侵害他人财产、人身的应当承担民事责任。"

2. 行政法规

国务院《道路交通安全法实施条例》（2004 年 5 月 1 日）第七十条："驾

驶自行车、电动自行车、三轮车在路段上横过机动车道，应当下车推行，有人行横道或者行人过街设施的，应当从人行横道或者行人过街设施通过；没有人行横道、没有行人过街设施或者不便使用行人过街设施的，在确认安全后直行通过。因非机动车道被占用无法在本车道内行驶的非机动车，可以在受阻的路段借用相邻的机动车道行驶，并在驶过被占用路段后迅速驶回非机动车道。机动车遇此情况应当减速让行。"

第七十五条："行人横过机动车道，应当从行人过街设施通过；没有行人过街设施的，应当从人行横道通过；没有人行横道的，应当观察来往车辆的情况，确认安全后直行通过，不得在车辆临近时突然加速横穿或者中途倒退、折返。"

第八十七条："非机动车与非机动车或者行人在道路上发生交通事故，未造成人身伤亡，且基本事实及成因清楚的，当事人应当先撤离现场，再自行协商处理损害赔偿事宜。当事人对交通事故事实及成因有争议的，应当迅速报警。"

3. 司法解释

最高人民法院《关于审理人身损害赔偿案件适用法律若干问题的解释》（2004年5月1日法释〔2003〕20号）第二条："受害人对同一损害的发生或者扩大有故意、过失的，依照民法通则第一百三十一条的规定，可以减轻或者免除赔偿义务人的赔偿责任。但侵权人因故意或者重大过失致人损害，受害人只有一般过失的，不减轻赔偿义务人的赔偿责任。适用民法通则第一百零六条第三款规定确定赔偿义务人的赔偿责任时，受害人有重大过失的，可以减轻赔偿义务人的赔偿责任。"

4. 部门规范性文件

公安部《道路交通事故处理程序规定》（2009年1月1日）第十三条："机动车与机动车、机动车与非机动车发生财产损失事故，当事人对事实及成因无争议的，可以自行协商处理损害赔偿事宜。车辆可以移动的，当事人应当在确保安全的原则下对现场拍照或者标划事故车辆现场位置后，立即撤离现场，将车辆移至不妨碍交通的地点，再进行协商。非机动车与非机动车或者行人发生财产损失事故，基本事实及成因清楚的，当事人应当先撤离现场，再协商处理损害赔偿事宜。"

第四十六条："公安机关交通管理部门应当根据当事人的行为对发生道路交通事故所起的作用以及过错的严重程度，确定当事人的责任。（一）因一方当事人的过错导致道路交通事故的，承担全部责任；（二）因两方或者两方以上当事人的过错发生道路交通事故的，根据其行为对事故发生的作用以及过错的严重程度，分别承担主要责任、同等责任和次要责任；（三）各方均无导致道路交通事故的过错，属于交通意外事故的，各方均无责任。一方当事人故意造成道路交通事故的，他方无责任。省级公安机关可以根据有关法律、法规制定具体的道路交通事故责任确定细则或者标准。"

5. 地方司法性文件

安徽高院《关于审理道路交通事故损害赔偿纠纷案件若干问题的指导意见》（2014 年 1 月 1 日皖高法〔2013〕487 号）第 19 条："非机动车与行人之间发生的道路交通事故，按照过错大小承担赔偿责任；过错大小无法认定的，非机动驾驶人承担主要赔偿责任。"

山东淄博中院民三庭《关于审理道路交通事故损害赔偿案件若干问题的指导意见》（2011 年 1 月 1 日）第 28 条："非机动车之间、非机动车与行人之间在道路上发生事故的，按照各自的过错程度承担赔偿责任。"

河南郑州中院《审理交通事故损害赔偿案件指导意见》（2010 年 8 月 20 日郑中法〔2010〕120 号）第 8 条："非机动车之间发生碰撞，造成人身损害和财产损失的，其赔偿比例可参照本意见第 7 条执行。"

江苏宜兴法院《关于审理交通事故损害赔偿案件若干问题的意见》（2008 年 1 月 28 日宜法〔2008〕第 7 号）第 52 条："电瓶三轮车按机动车处理。"

陕西高院《关于审理道路交通事故损害赔偿案件若干问题的指导意见（试行）》（2008 年 1 月 1 日陕高法〔2008〕258 号）第 15 条："机动车之间发生交通事故的，超出第三者责任强制保险限额的部分，按照下列规定承担赔偿责任：（一）负全部责任者承担 100%；（二）负主要责任者承担 70% 至 80%；（三）负同等责任者承担 50%；（四）负次要责任者承担 20% 至 30%；（五）无责任者不承担。非机动车之间、非机动车与行人之间发生交通事故的，参照前款规定承担赔偿责任。"

湖北武汉中院《关于审理交通事故损害赔偿案件的若干指导意见》（2007 年 5 月 1 日）第 8 条："审理交通事故损害赔偿案件，区别以下情形适用归责原则：机动车之间实行过错责任，非机动车之间实行过错责任，非机动车与行人之间实行过错责任，机动车对行人、非机动车实行无过错责任。机动车与行人、非机动车发生交通事故，行人、非机动车驾驶人有过错的，实行过失相抵，可以相应减轻机动车的赔偿责任。"

重庆高院《关于审理道路交通事故损害赔偿案件适用法律若干问题的指导意见》（2006 年 11 月 1 日）第 22 条："因道路交通事故致人损害，难以认定各方交通事故责任的，按照以下情形处理：（一）机动车之间或者非机动车之间发生道路交通事故的，由各方当事人承担同等赔偿责任；（二）机动车与非机动车驾驶人、行人之间发生道路交通事故的，由机动车方承担全部赔偿责任；（三）非机动车与行人之间发生道路交通事故的，由非机动车方承担主要赔偿责任，行人承担次要赔偿责任。机动车方依法投保交通事故责任强制保险的，由机动车方在机动车交通事故责任强制保险责任范围外承担前款规定的赔偿责任。"

江西赣州中院《关于审理道路交通事故人身损害赔偿案件的指导性意见》（2006年6月9日）第23条："非机动车之间、非机动车与行人在道路上发生事故致人损害的；根据《民法通则》的相关规定，按照各自的过错程度确定赔偿责任。"

广东高院、省公安厅《关于〈道路交通安全法〉施行后处理道路交通事故案件若干问题的意见》（2004年12月11日粤高法发〔2004〕34号）第20条："根据当事人提供的证据难以认定交通事故责任或当事人的过错的，人民法院可按如下规则确定当事人的民事责任：（1）机动车与机动车发生交通事故的，由事故各方承担同等民事责任；（2）机动车与非机动车驾驶人、行人发生交通事故的，由机动车方承担全部民事责任；（3）非机动车之间、非机动车与行人之间发生交通事故的，由事故各方承担同等民事责任。"

内蒙古高院《内蒙古自治区道路交通事故损害赔偿项目和计算办法》（2004年12月10日〔2004〕内民一通字第11号）第4条："……非机动车之间、非机动车与行人之间发生交通事故造成人身伤亡、财产损失的，按照《交通事故认定书》或者《事故认定书》认定的各方当事人的责任，按比例分别承担损害赔偿责任。"

河南高院《关于审理道路交通事故损害赔偿案件若干问题的意见》（1997年1月1日豫高法〔1997〕78号）第22条："……机动车之间、非机动车之间、非机动车与行人之间发生道路交通事故，可以推定双方均无过错，适用公平原则来解决当事人之间的纠纷。"

6. 地方规范性文件

云南省昆明市《道路交通安全条例》（2012年7月1日）第49条："非机动车之间、非机动车与行人之间发生交通事故的，由有过错的一方承担赔偿责任；各方都有过错的，按照各自过错的比例分担赔偿责任。"

甘肃省《道路交通安全条例》（2012年1月1日）第69条："非机动车之间、非机动车与行人之间发生交通事故造成人身伤亡、财产损失的，由有过错的一方承担赔偿责任；双方都有过错的，按照各自过错的比例承担赔偿责任。"

湖北省《实施〈道路交通安全法〉办法》（2012年1月1日修改）第49条："非机动车之间、非机动车与行人之间发生交通事故造成人身伤亡、财产损失的，由有过错的一方承担赔偿责任；双方都有过错的，按照各自过错的比例承担赔偿责任；无法确定双方当事人过错的，按照公平原则承担赔偿责任。"

青海省《实施〈道路交通安全法〉办法》（2012年1月1日修改）第53

条："机动车之间发生交通事故，损失超出机动车交通事故强制保险责任限额部分，按照各自过错比例分担损害赔偿责任；非机动车之间、非机动车与行人之间发生交通事故造成人身伤亡、财产损失的，按照各自过错比例承担赔偿责任。"

北京市《实施〈道路交通安全法〉办法》（2010年12月23日修正）第73条："……非机动车与非机动车、非机动车与行人发生交通事故，一方当事人有条件报案、保护现场但没有依法报案、保护现场，致使事故基本事实无法查清的，承担全部赔偿责任；两方或者两方以上当事人均有前述行为的，平均分担赔偿责任。"

河南省郑州市《城市道路交通安全管理条例》（2009年1月1日）第48条："非机动车之间、非机动车与行人之间发生交通事故的损害赔偿责任，依各方当事人的过错程度承担。无法确认各方当事人的过错的，由各方当事人共同承担。"

第49条："交通事故损害赔偿争议，当事人可以自行协商解决，也可以共同请求市公安机关交通管理部门进行调解，或者向人民法院提起民事诉讼。"

黑龙江省《道路交通安全条例》（2007年7月1日）第93条："……非机动车与非机动车、非机动车与行人发生交通事故，一方当事人有条件报案、保护现场但没有依法报案、保护现场，致使事故基本事实无法查清的，承担全部赔偿责任；两方或者两方以上当事人均有前述行为的，平均分担赔偿责任。"

贵州省《道路交通安全条例》（2007年7月1日）第52条："非机动车之间、非机动车与行人之间发生交通事故造成人身伤亡、财产损失的，由有过错的一方承担赔偿责任；双方都有过错的，按照各自过错大小的比例承担赔偿责任；无法确定双方当事人过错的，同等承担赔偿责任。"

河北省《实施〈道路交通安全法〉办法》（2007年3月1日）第59条："非机动车之间、非机动车与行人之间发生交通事故造成人身伤亡、财产损失的，由有过错的一方承担赔偿责任；双方都有过错的，按照各自过错的比例承担赔偿责任；当事人对造成损害都没有过错的，可以根据实际情况，由当事人分担赔偿责任。"

宁夏回族自治区《道路交通安全条例》（2006年6月1日）第77条："非机动车之间、非机动车与行人之间发生交通事故造成人员伤亡、财产损失的，由有过错的一方承担赔偿责任；各方都有过错的，按照各自过错的比例承担赔偿责任；无法确定各方当事人责任的，平均分担赔偿责任。"

陕西省《实施〈道路交通安全法〉办法》（2005年10月1日）第56条："机动车之间发生交通事故的，超出第三者责任强制保险限额的部分，按照下列规定承担赔偿责任：（一）负全部责任者承担100%；（二）负主要责任者承担 70% 至 80%；（三）负同等责任者承担 50%；（四）负次要责任者承担 20% 至 30%；（五）无责任者不承担。非机动车之间、非机动车与行人之间发生交通事故的，参照前款规定承担赔偿责任。"

第三节　法理分析

　　非机动车之间、非机动车与行人之间发生交通事故造成人身伤亡、财产损失的，由有过错的一方承担赔偿责任；各方都有过错的，按照各自过错的比例承担赔偿责任；无法确定各方当事人过错的，平均分担赔偿责任。

　　在归责问题上，要注意道路交通事故发生在非机动车之间时，其归责原则不适用《道路交通安全法》的规定，应适用《民法通则》有关一般民事过错责任的规定。事故双方都有过错的，其责任划分应按我国民法中的混合过错原则。对于事故认定书，公安交通管理部门根据交通事故现场勘验、检查、调查情况及有关的检验、鉴定结论依法制作的交通事故认定书在双方当事人均无确凿证据予以反驳的情况下，可作为处理交通事故的合法证据，具有证明效力。同时非机动车之间、非机动车与行人之间发生交通事故造成人身伤亡、财产损失的，由有过错的一方承担赔偿责任；各方都有过错的，按照各自过错的比例承担赔偿责任。

第七章

交通事故主次责任与赔偿比例探析

第一节　概　述

一、交通事故主次责任的确定

在交通事故处理中，经常会看到交警的事故认定书上认定一方负主要责任。但主次最终要体现在多少比例上才有意义。如果你认为主要责任是指90%，我认为主要责任是指51%，到底主要责任是指百分之多少呢？如果没有法律规定，会让当事人无所适从。实践中，有些保险合同条款中，规定了所谓主要责任、次要责任的比例，但是也不绝对一样，有规定主要责任是60%，也有规定是70%。

目前对于责任具体的比例划分，并没有明确的法律依据。但在司法实践中，大家约定俗成、反复使用，就形成了一种惯例。从这个意义上说，确定责任比例，实际上成了一种法官酌情确定的情形，从55%至90%，都是有可能的。目前，在司法实践中，大部分的判决还是以70%和30%确定主次责任的承担比例。

二、实务总结得出的交通事故主次责任赔偿比例

1. 机动车与非机动车驾驶人、行人之间发生交通事故

机动车与非机动车驾驶人、行人发生交通事故造成人身伤亡、财产损失的，由保险公司在机动车第三者责任强制保险责任限额范围内予以赔偿。对超过责任限额的部分，由机动车一方承担责任；但是，有证据证明非机动车驾驶

人、行人违反道路交通安全法律、法规，机动车驾驶人已经采取必要处置措施的，机动车一方按照以下规定承担赔偿责任：

① 机动车一方在交通事故中负全部责任的，承担 100%的赔偿责任；

② 机动车一方在交通事故中负主要责任的，承担 80%的赔偿责任；

③ 机动车一方在交通事故中负同等责任的，承担 60%的赔偿责任；

④ 机动车一方在交通事故中负次要责任的，承担 40%的赔偿责任；

⑤ 机动车一方无责任的，承担 10%的赔偿责任；

⑥ 非机动车驾驶人、行人在禁止非机动车和行人通行的城市快速路、高速公路发生交通事故，机动车一方无责任的，承担 5%的赔偿责任。

交通事故的损失是由非机动车驾驶人、行人故意造成的，机动车一方不承担责任。

非机动车驾驶人、行人与处于静止状态的机动车发生交通事故，机动车一方无交通事故责任的，不承担赔偿责任。

未参加机动车第三者责任强制保险的，由机动车方在该车应当投保的最低保险责任限额内予以赔偿，对超过最低保险责任限额的部分，按照第一款的规定赔偿。

2. 机动车与机动车之间发生交通事故

机动车与机动车之间发生交通事故，由保险公司在机动车第三者责任强制保险责任限额范围内予以赔偿。超过责任限额的部分，按照下列方式承担赔偿责任：

① 负事故全部责任的，承担 100%的赔偿责任；

② 负主要责任的，承担 70%的赔偿责任；

③ 负同等责任的，承担 50%的赔偿责任；

④ 负次要责任的，承担 30%的赔偿责任；

⑤ 无责任的，不承担赔偿责任；

⑥ 属于交通事故意外事故，各方均无责任的，应根据《民法通则》和《人身损害赔偿司法解释》的规定，视具体情况确定双方的赔偿责任；

⑦ 属于不能认定事故责任的，双方各承担 50%的赔偿责任。①

---

① 以上内容部分并非来自法条，而是源于各诉讼主体在道路交通事故民事赔偿中，依各自地区规范性法规，尤其是司法解释中相关条款的概括总结。

第二节　责任表现及裁判依据

一、实务表现

2000年，卢某驾车与驾驶摩托车的许某相撞，交警认定许某负主要责任，卢某负次要责任，但交警对卢某实际驾驶车型与准驾车型未作认定，许某提出复议，依然被维持。该省地方法规规定交通事故主要责任应承担70%～90%的赔偿比例。本案争议焦点：

（1）事故责任如何认定？

（2）赔偿责任比例如何确定？[①]

二、裁判依据

1. 法律规定

《道路交通安全法》（2004年5月1日实施，2011年4月22日修正）第七十六条："机动车发生交通事故造成人身伤亡、财产损失的，由保险公司在机动车第三者责任强制保险责任限额范围内予以赔偿；不足的部分，按照下列规定承担赔偿责任：（一）机动车之间发生交通事故的，由有过错的一方承担赔偿责任；双方都有过错的，按照各自过错的比例分担责任。（二）机动车与非机动车驾驶人、行人之间发生交通事故，非机动车驾驶人、行人没有过错的，由机动车一方承担赔偿责任；有证据证明非机动车驾驶人、行人有过错的，根据过错程度适当减轻机动车一方的赔偿责任；机动车一方没有过错的，承担不超过百分之十的赔偿责任。交通事故的损失是由非机动车驾驶人、行人故意碰撞机动车造成的，机动车一方不承担赔偿责任。"

2. 行政法规

国务院《工伤保险条例》（2011年1月1日）第十四条："职工有下列情形之一的，应当认定为工伤："……（六）在上下班途中，受到非本人主要责任的交通事故或者城市轨道交通、客运轮渡、火车事故伤害的……"

《道路交通安全法实施条例》（2004年5月1日）第九十一条："公安机关

---

①案件引自《事故主次责任与赔偿：责任分主次，赔偿何比例？》，http://www.jtsg.org/2016−07−26/3319.html。

交通管理部门应当根据交通事故当事人的行为对发生交通事故所起的作用以及过错的严重程度，确定当事人的责任。"

第93条："公安机关交通管理部门对经过勘验、检查现场的交通事故应当在勘查现场之日起10日内制作交通事故认定书。对需要进行检验、鉴定的，应当在检验、鉴定结果确定之日起5日内制作交通事故认定书。"

3. 司法解释

最高人民法院《关于审理道路交通事故损害赔偿案件适用法律若干问题的解释》（2012年12月21日法释〔2012〕19号）第二十七条："公安机关交通管理部门制作的交通事故认定书，人民法院应依法审查并确认其相应的证明力，但有相反证据推翻的除外。"

最高人民法院《关于审理交通肇事刑事案件具体应用法律若干问题的解释》（2000年1月21日法释〔2000〕33号）第二条："交通肇事具有下列情形之一的，处三年以下有期徒刑或者拘役：（一）死亡一人或者重伤三人以上，负事故全部或者主要责任的……（三）造成公共财产或者他人财产直接损失，负事故全部或者主要责任，无能力赔偿数额在三十万元以上的。交通肇事致一人以上重伤，负事故全部或者主要责任，并具有下列情形之一的，以交通肇事罪定罪处罚：（一）酒后、吸食毒品后驾驶机动车辆的；（二）无驾驶资格驾驶机动车辆的；（三）明知是安全装置不全或者安全机件失灵的机动车辆而驾驶的；（四）明知是无牌证或者已报废的机动车辆而驾驶的；（五）严重超载驾驶的；（六）为逃避法律追究逃离事故现场的。"

4. 部门规范性文件

人力资源和社会保障部办公厅《关于工伤保险有关规定处理意见的函》（2011年6月23日人社厅函〔2011〕339号）第三条："'非本人主要责任'事故认定应以公安机关交通管理、交通运输、铁道等部门或司法机关，以及法律、行政法规授权组织出具的相关法律文书为依据。"

公安部《道路交通事故处理程序规定》（2009年1月1日）第四十六条："公安机关交通管理部门应当根据当事人的行为对发生道路交通事故所起的作用以及过错的严重程度，确定当事人的责任。（一）因一方当事人的过错导致道路交通事故的，承担全部责任；（二）因两方或者两方以上当事人的过错发生道路交通事故的，根据其行为对事故发生的作用以及过错的严重程度，分别承担主要责任、同等责任和次要责任；（三）各方均无导致道路交通事故的过错，属于交通意外事故的，各方均无责任。一方当事人故意造成道路交通事故的，他方无责任。省级公安机关可以根据有关法律、法规制定具体的道路交通事故责任确定细则或者标准。"

公安部交管局《关于在高速公路行车道上正常行驶的车辆超过了超车道上

的车辆是否属于违章的答复》（1996 年 9 月 4 日公交管〔1996〕162 号）："……车辆在高速公路行车道上未超过最高时速限制行驶，超过了超车道上的车辆不属于违章行为。超车道上的车辆驶回行车道，与该行车道上的车辆发生事故，应当根据法规和具体情况认定交通事故责任。"

公安部交管局《关于车行道边缘线有关问题的答复》（1992 年 12 月 10 日公交管〔1992〕187 号）："……车道中心线（包括隔离带、隔离设施等）两侧所划的车行道边缘线，是为了保证车辆高速行驶的安全和保护道路设施，两条边缘线之间的区域，禁止行人和车辆通行。违者按交通违章论处；造成交通事故的，应当根据当事人的违章行为与交通事故之间的因果关系，以及违章行为在交通事故中的作用，认定当事人的交通事故责任。"

公安部交管局《关于交叉路口如何认定等问题的答复》（1991 年 2 月 27 日公交管〔1991〕17 号）第二条："关于在机动车混行的道路上，机动车因超车向左驶离原车道，后方机动车可否跟上被超车的问题。我们认为，在这种情况下，后方机动车跟上被超车辆行驶一般不会发生问题，但如能待前车超车行为完成后再向前跟进更好。鉴于《道路交通管理条例》没有规定，目前应允许后方机动车紧跟被超车辆行驶。"

公安部交管局《关于黄灯闪烁时路口通行问题的答复》（1990 年 6 月 4 日〔1990〕公交管第 73 号）："……黄灯闪烁通常是夜间单独设立在路口，用以提醒各方向的车辆驾驶人员和行人注意交叉路口的信号，它不具有控制交通先行和让行的作用。因此，设有黄灯闪烁信号的路口，不同于红绿灯变换控制的路口，应视为没有交通信号控制的交叉路口。车辆、行人通过设有黄灯闪烁信号的路口，既要遵守《道路交通管理条例》第十条第（五）项的规定，即'须在确保安全的原则下通行'，也要执行《条例》第四十三条关于'车辆通过没有交通信号或交通标志控制的交叉路口'的规定。"

5. 地方司法性文件

安徽宣城中院《关于审理道路交通事故赔偿案件若干问题的意见（试行）》（2011 年 4 月）第 35 条："公安机关认定的道路交通事故责任与人民法院认定的民事侵权赔偿责任并非同一概念，不可简单等同。机动车之间发生交通事故的，由保险公司在交强险责任限额内予以赔偿，不足部分由过错方承担赔偿责任，双方都有过错的，按照各自的过错比例承担责任，其比例可按照下列意见承担：（一）负全部责任的，承担 100% 的赔偿责任；（二）负主要责任的，可以在 60% 至 90% 之间确定，一般以 70% 赔偿；（三）负次要责任的，可在 10% 至 40% 之间确定，一般以 30% 为宜；（四）负同等责任的，各承担 50% 的责任；（五）不负事故责任的，不承担赔偿责任……"

第 36 条："机动车与非机动车驾驶人、行人之间发生交通事故的，由保险公司在交强险责任限额内予以赔偿，不足部分可以按照下列意见分担……
（二）机动车一方负次要责任的，承担40%左右的赔偿责任；（三）机动车一方负主要责任的，承担80%左右的赔偿责任……"

山东淄博中院民三庭《关于审理道路交通事故损害赔偿案件若干问题的指导意见》（2011年1月1日）第27条："机动车与非机动车、行人之间发生交通事故的，由机动车方承担赔偿责任；但是，有证据证明非机动车驾驶人、行人违反道路交通安全法律、法规，机动车驾驶人已经采取必要处置措施的，应当按照下列比例减轻机动车方的赔偿责任……非机动车、行人负事故主要责任的，减轻60%至70%赔偿责任……非机动车、行人负事故次要责任的，减轻10%至20%赔偿责任。"

河南郑州中院《审理交通事故损害赔偿案件指导意见》（2010年8月20日郑中法〔2010〕120号）第7条："机动车之间发生交通事故的，由保险公司在交强险责任限额内予以赔偿，不足部分由过错一方承担赔偿责任，双方都有过错的，按照各自过错的比例分担责任。其比例可按下列意见承担：（一）负全部责任的，承担100%的赔偿责任；（二）负主要责任的，可在90%至60%之间确定，原则以70%为宜；（三）负次要责任的，可在10%至40%之间确定，原则以30%为宜；（四）负同等责任的，各承担50%的赔偿责任……"

第9条："机动车与非机动车驾驶人、行人之间发生交通事故的，由保险公司在交强险责任限额内予以赔偿，不足部分可按下列意见分担……（二）机动车一方负次要责任的，承担40%左右的赔偿责任；（三）机动车一方负主要责任的，承担80%左右的赔偿责任……"

江西南昌中院《关于审理道路交通事故人身损害赔偿纠纷案件的处理意见（试行）》（2010年2月1日）第25条："优者危险负担原则。在交通事故中，在证据分析和事实认定、责任比例的划定等方面应当以车辆冲撞在物理上危险性的大小及危险回避能力的优劣，来分配危险责任。机动车比非机动车为优，非机动车比行人为优，机动车之间，速度、硬度、重量和体积超过对方者为优。"

第28条："……非机动车驾驶人、行人一方负次要责任的，机动车一方承担70%至80%的赔偿责任……非机动车驾驶人、行人一方负主要责任的，机动车一方承担30%至40%的赔偿责任……"

安徽合肥中院民一庭《关于审理道路交通事故损害赔偿案件适用法律若干问题的指导意见》（2009年11月16日）第28条："公安机关认定的道路交通事故责任与人民法院认定的民事侵权赔偿责任并非同一概念，不可简单等同。机动车与非机动车驾驶人、行人之间发生交通事故的损失超出交通事故责任强制保险责任限额的部分，机动车一方有事故责任的，由机动车一方按照下列规定承担赔偿责任：（一）机动车一方在交通事故中负全部责任的，承担 100% 的赔偿责任；（二）机动车一方在交通事故中负主要责任的，承担 80% 的赔偿……"

江西九江中院《关于印发〈九江市中级人民法院关于审理道路交通事故人身损害赔偿案件若干问题的意见（试行）〉的通知》（2009 年 10 月 1 日九中法〔2009〕97 号）第 1 条："……非机动车驾驶人、行人负次要责任的，机动车一方承担 70% 至 80% 的赔偿责任；（二）非机动车驾驶人、行人负同等责任的，机动车一方承担 60% 的赔偿责任；（三）非机动车驾驶人、行人负主要责任的，机动车一方承担 30% 至 40% 的赔偿责任……"

云南高院《关于审理人身损害赔偿案件若干问题的会议纪要》（2009 年 8 月 1 日）第 2 条："……非机动车或行人一方对交通事故承担主要责任的，减轻机动车一方 60% 至 70% 的责任……非机动车或行人一方对交通事故承担次要责任的，减轻机动车一方 20% 至 30% 的责任……"

陕西高院《关于审理道路交通事故损害赔偿案件若干问题的指导意见（试行）》（2008 年 1 月 1 日陕高法〔2008〕258 号）第 16 条："机动车与非机动车、行人发生交通事故，依据《道路交通安全法》第七十六条的规定，需要减轻机动车方赔偿责任的，可以按照下列规定由机动车方承担赔偿责任：（一）主要责任承担 90%……次要责任承担 40%……"

湖北十堰中院《关于审理机动车损害赔偿案件适用法律若干问题的意见（试行）》（2007 年 11 月 20 日）第 1 条："机动车之间因交通事故而产生的损害赔偿责任适用过错责任原则。即机动车之间发生交通事故，造成人身、财产损失的，由保险公司在机动车第三者责任强制保险责任限额内予以赔偿。超过责任限额的部分，由有过错的一方承担赔偿责任，双方都有过错的，按照各自过错的比例，参照下列比例分担责任：（1）负全部责任的，承担 100% 的赔偿责任；（2）负同等责任的，承担 50% 的赔偿责任；（3）负次要责任的，承担 30% 的赔偿责任；（4）无责任的，不承担赔偿责任。"

第 2 条："……非机动车驾驶人、行人一方负事故主要责任的，机动车一方承担 40% 的赔偿责任……非机动车驾驶人、行人一方负事故次要责任的，机动车一方承担 80% 的赔偿责任。"

江西赣州中院《关于审理道路交通事故人身损害赔偿案件的指导性意见》（2006 年 6 月 9 日）第 21 条："机动车之间发生交通事故致人损害，根据各自的过错程度，按照下列情形确定赔偿责任：（1）负全部责任的，承担 100% 的赔偿责任；（2）负主要责任的，承担 60% 至 90% 的赔偿责任；（3）负同等责任的，承担 50% 的赔偿责任；（4）负次要责任的，承担 10% 至 40% 的赔偿责任；（5）无责任的，不承担赔偿责任。"

浙江杭州中院《关于审理道路交通事故损害赔偿纠纷案件问题解答》（2005年5月）第5条："根据公安机关作出的事故责任认定，如受害人应得到的赔偿少于加害人已经预付的金额时，加害人以不当得利起诉受害人返还多付款时，是否多付涉及责任分担比例、受害人的全部损失的确定等实体问题，如果受害人不配合举证或不应诉，人民法院能否在该案中对此问题直接作出裁判？能否支持原告的诉讼请求要视其是否尽到举证责任而定。受害人的实际损害、双方的责任分担比例、加害人已经承担的责任等事实的举证责任，都应由原告（加害人）承担，因为被告是否存有不当得利的事实的证明责任在原告。但是，不当得利纠纷案件的审理不应直接变成道路交通事故人身损害赔偿案件的审理，若原告无相关证据证明该事故已经处理完毕，不能证明被告的损失、双方的责任比例已经清楚，则人民法院不能在不当得利纠纷案件的审理过程中直接对道路交通事故的损害后果、双方的责任比例作出认定，而应告知原告先提出确认之诉，由人民法院确定其在事故中应赔偿的数额。不当得利纠纷案件中止审理，待确认之诉判决生效后再恢复审理。需要说明的是，确认之诉并非不当得利返还之诉必经的前置程序，只是原告在不当得利之诉中承担证明责任的一种方式，若其有相应证据能够证明上述待证事实，则无需另行提起确认之诉。"

内蒙古高院《内蒙古自治区道路交通事故损害赔偿项目和计算办法》（2004年12月10日〔2004〕内民一通字第11号）第4条："当事人应承担的损害赔偿责任，按照交通事故认定书认定的当事人责任以及《中华人民共和国道路交通安全法》第七十六条的规定予以确定。机动车发生交通事故造成人身伤亡、财产损失，机动车参加第三者责任强制保险的，由保险公司承担在机动车第三者责任强制保险责任限额范围内的损害赔偿责任；机动车未参加第三者责任强制保险的，由该机动车方按照本车应当投保的最低保险责任限额范围的金额承担损害赔偿责任；超过责任限额范围的部分，按照下列方式承担损害赔偿责任：（一）机动车之间发生交通事故的，按照《交通事故认定书》或者《事故认定书》认定的各方当事人的责任，按比例分别承担损害赔偿责任。（二）机动车与非机动车、行人之间发生交通事故的，由机动车一方承担损害赔偿责任；但是，有证据证明非机动车驾驶人、行人违反道路交通安全法律、法规，机动车驾驶人已经采取必要处置措施的，减轻机动车一方的损害赔偿责任。减轻机动车损害赔偿责任的比例按照下列规定执行：1. 非机动车、行人负事故全部责任的，减轻80%至90%的损害赔偿责任；2. 非机动车、行人负事故主要责任的，减轻60%至70%的损害赔偿责任；3. 非机动车、行人负事故同等责任的，减轻40%至50%的损害赔偿责任；4. 非机动车、行人负事故次要责任的，减轻20%至30%的损害赔偿责任。"

6. 地方规范性文件

安徽省《实施〈道路交通安全法〉办法》（2012 年 10 月 19 日修正）第 54 条："机动车与非机动车驾驶人、行人之间发生交通事故的损失超出第三者责任强制保险责任限额的部分，机动车一方有事故责任的，由机动车一方按照下列规定承担赔偿责任……机动车一方在交通事故中负主要责任的，承担百分之八十的赔偿责任……机动车一方在交通事故中负次要责任的，承担百分之四十的赔偿责任。"

江苏省《道路交通安全条例》（2012 年 1 月 12 日修正）第 52 条："……机动车与非机动车驾驶人、行人之间发生交通事故，非机动车驾驶人、行人没有过错的，由机动车一方承担赔偿责任；有证据证明非机动车驾驶人、行人有过错的，按照以下规定减轻机动车一方的赔偿责任……非机动车驾驶人、行人负事故主要责任的，减轻百分之六十至百分之七十……非机动车驾驶人、行人负事故次要责任的，减轻百分之二十至百分之三十。"

甘肃省《道路交通安全条例》（2012 年 1 月 1 日）第 69 条："非机动车之间、非机动车与行人之间发生交通事故造成人身伤亡、财产损失的，由有过错的一方承担赔偿责任；双方都有过错的，按照各自过错的比例承担赔偿责任。"

甘肃省《道路交通安全条例》（2012 年 1 月 1 日）第 68 条："机动车与非机动车、行人发生交通事故造成人身伤亡、财产损失，超过机动车交通事故责任强制保险责任限额的部分，非机动车、行人没有过错的，由机动车一方承担赔偿责任；有证据证明非机动车驾驶人、行人有过错的，机动车一方按照以下规定承担赔偿责任……机动车一方负次要责任的，承担百分之四十至百分之五十的赔偿责任……（五）机动车一方负主要责任的，承担百分之七十至百分之九十的赔偿责任……"

广东省《道路交通安全条例》（2011 年 10 月 1 日修订）第 46 条："机动车与非机动车驾驶人、行人之间发生交通事故，造成人身伤亡、财产损失的，由保险公司在机动车第三者责任强制保险责任限额范围内予以赔偿。不足的部分，按照下列规定承担赔偿责任……非机动车驾驶人、行人负事故次要责任的，由机动车一方承担百分之八十的赔偿责任……非机动车驾驶人、行人负事故主要责任的，由机动车一方承担百分之四十的赔偿责任……"

四川省《道路交通事故责任确定规则（试行）》（2010 年 1 月 1 日）第 11 条："交通事故当事人有下列违法行为之一的，应当确定为次要责任；如其行为与事故发生有因果关系的，应当确定为主要或者全部责任。（一）当事人无驾驶资格、饮酒后、吸食或者注射毒品、服用国家管制的精神药品或麻醉药品驾驶机动车，醉酒后驾驶非机动车的。（二）车辆严重超载、严重超速或者车辆机械存在严重安全隐患的。（三）驾驶车辆违反交通信号灯、交通警察指挥手势通行的。（四）驾驶机动车逆行或者越过道路中心分道线、隔离设施与其他正常行驶车辆发生交通事故的。（五）驾驶机动车在人行道、人行横道或其他行人通行范围内刮撞行人，在非机动车道或其他非机动车通行范围内刮撞非机动车的。（六）驾驶非机动车在非机动车道逆行或在人行道行驶，与正常行驶的非机动车或行人发生交通事故的。"

第 13 条："当事人在事故中具有过错行为，但在交通事故中所起的作用较小，是引发事故的次要原因，确定为次要责任。"

山东省《道路交通事故责任确定规则（试行）》（2010 年 1 月 1 日）第 6 条："根据当事人的过错行为在道路交通事故中的主动型、被动型、隐患型的形态特征，确定当事人严重过错行为和一般过错行为：（一）主动型行为是指与对方临近时突然改变运动状态或者主动逼近对方，造成对方难以避让的过错行为，属于严重过错行为。（二）被动型行为是指处于持续稳定运动或者静止状态，对方能够采取措施避让的过错行为。容易被对方及时发现的属于一般过错行为；难以被对方及时发现的属于严重过错行为。（三）隐患型行为是指人、车、路存在安全隐患的过错行为。应当避免的道路交通事故未能避免的，属于严重过错行为；可以避免的道路交通事故未能避免的，属于一般过错行为。"

第 7 条："公安机关交通管理部门应当根据当事人的过错行为，按照下列规定确定当事人的责任：（一）因一方当事人的过错行为导致道路交通事故的，确定为全部责任。（二）因两方当事人的过错行为导致道路交通事故的：1. 一方当事人具有严重过错行为的，另一方当事人仅有一般过错行为，有严重过错行为的一方当事人承担主要责任，另一方当事人承担次要责任。2. 两方当事人同时具有严重过错行为的，严重过错行为数量多的一方当事人承担主要责任，另一方当事人承担次要责任。严重过错行为数量相同的，一般过错行为数量多的一方当事人承担主要责任，另一方当事人承担次要责任。3. 两方当事人只有一般过错行为的，一般过错行为数量多的一方当事人承担主要责任，另一方当事人承担次要责任。4. 两方当事人具有相同程度和数量的过错行为的，承担同等责任。"

7. 最高人民法院审判业务意见

主次责任承担的责任比例如何确定？

最高人民法院民一庭《民事审判实务问答》编写组："这类问题可根据案件的具体情况来确定，属于法官行使自由裁量权的范围。一般来说，主次责任之分还可以进一步细分：负主要责任的一方如具有故意或重大过失，负次要责任的一方只有轻微过失，双方的过错责任比例为 10% 至 20% 上下；负主责的一方如具有故意或重大过失，负次要责任的一方有一般过失，双方的过错责任比例为20%至30%左右；负主要责任的一方如具有较大过失，负次要责任的一方也具有明显的过失，双方的过错责任比例为30%至40%。"

第三节　法理分析

机动车通行属高度危险作业，这种高度危险作业对周围环境造成的危害在一定程度上难以避免，故需要采取司法审查变更责任认定。

从保护弱者方面考虑，在损失分担比例上可适当偏向受害方。当双方均未投保交强险的两机动车相撞致第三者受伤，交警认定受害人负主要责任、机动车共同负次要责任的，应首先由机动车方在未投保交强险责任限额范围内承担交强险赔付责任，超过部分再按次要责任比例承担。

第八章

同等责任的交通事故赔偿责任分析

第一节　概　述

道路交通事故认定中的"同等责任"与刑法中交通肇事罪中的"同等责任"并非同一概念，需要根据具体案情，将被告人的具体责任形态进行重新认定。

《最高人民法院〈关于审理交通肇事刑事案件具体应用法律若干问题的解释〉》第二条规定："交通肇事具有下列情形之一的，处三年以下有期徒刑或者拘役：……（二）死亡三人以上，负事故同等责任的……"第四条规定："交通肇事具有下列情形之一的，属于'有其他特别恶劣情节'，处三年以上七年以下有期徒刑：（一）死亡二人以上或者重伤五人以上，负事故全部或者主要责任的；（二）死亡六人以上，负事故同等责任的……"

而公安部《道路交通事故处理程序规定》第四十六条规定：公安机关交通管理部门应当根据当事人的行为对发生道路交通事故所起的作用以及过错的严重程度，确定当事人的责任……（二）因两方或者两方以上当事人的过错发生道路交通事故的，根据其行为对事故发生的作用以及过错的严重程度，分别承担主要责任、同等责任和次要责任……一方当事人故意造成道路交通事故的，他方无责任。"

由于规定中的"同等责任"与交通肇事司法解释中的"同等责任"的理解不同，因此，在判决类似案件中，法院不会以道路交通事故认定书中的"同等责任"来认定被告人的刑事责任。

第二节　责任表现及裁判依据

一、常见实务类型

2006 年 12 月，谢某超速驾车与叶某驾驶的超载校车碰撞，造成叶某车上的学生章某死亡，交警认定叶某、谢某同等责任。争议焦点：

（1）事故责任认定？

（2）民事赔偿责任？

叶某、谢某内部的民事赔偿责任，按 2∶8 比例确定。因叶某、谢某违章驾驶，其共同过失行为致叶某车上乘客章某死亡，构成共同侵权，应对损害结果承担连带赔偿责任。

在侵权民事损害赔偿案件中，是否承担责任及应当赔偿多少损失，主要取决于当事人的过错，侵权民事责任中的"过错"不能等同于"违章"。"注意义务"的违反才是过错的判断标准，而"违章"只是"注意义务"违反的一种表现。故人民法院应当依据民事诉讼证据认定规则，对包括交通事故认定在内的多种证据进行综合分析后才能确认当事人的过错和责任。[①]

二、裁判依据

1. 法律规定

《道路交通安全法》（2004 年 5 月 1 日实施，2011 年 4 月 22 日修正）第七十六条："机动车发生交通事故造成人身伤亡、财产损失的，由保险公司在机动车第三者责任强制保险责任限额范围内予以赔偿；不足的部分，按照下列规定承担赔偿责任：（一）机动车之间发生交通事故的，由有过错的一方承担赔偿责任；双方都有过错的，按照各自过错的比例分担责任。（二）机动车与非机动车驾驶人、行人之间发生交通事故，非机动车驾驶人、行人没有过错的，由机动车一方承担赔偿责任；有证据证明非机动车驾驶人、行人有过错的，根据过错程度适当减轻机动车一方的赔偿责任；机动车一方没有过错的，承担不超过百分之十的赔偿责任。交通事故的损失是由非机动车驾驶人、行人故意碰

---

①案件引自《同等责任与事故赔偿：事故同等责，赔偿各一半？》，http://www.jtsg.org/2016-07-26/3293.html。

撞机动车造成的，机动车一方不承担赔偿责任。"

2. 行政法规

《道路交通安全法实施条例》（2004 年 5 月 1 日）第九十一条："公安机关交通管理部门应当根据交通事故当事人的行为对发生交通事故所起的作用以及过错的严重程度，确定当事人的责任。"

第九十三条："公安机关交通管理部门对经过勘验、检查现场的交通事故应当在勘查现场之日起 10 日内制作交通事故认定书。对需要进行检验、鉴定的，应当在检验、鉴定结果确定之日起 5 日内制作交通事故认定书。"

3. 司法解释

最高人民法院《关于审理道路交通事故损害赔偿案件适用法律若干问题的解释》（2012 年 12 月 21 日法释〔2012〕19 号）第二十七条："公安机关交通管理部门制作的交通事故认定书，人民法院应依法审查并确认其相应的证明力，但有相反证据推翻的除外。"

最高人民法院《关于审理交通肇事刑事案件具体应用法律若干问题的解释》（2000 年 11 月 21 日法释〔2000〕33 号）第二条："交通肇事具有下列情形之一的，处三年以下有期徒刑或者拘役：（一）死亡一人或者重伤三人以上，负事故全部或者主要责任的；（二）死亡三人以上，负事故同等责任的……"

4. 部门规范性文件

公安部《道路交通事故处理程序规定》（2009 年 1 月 1 日）第四十六条："公安机关交通管理部门应当根据当事人的行为对发生道路交通事故所起的作用以及过错的严重程度，确定当事人的责任。（一）因一方当事人的过错导致道路交通事故的，承担全部责任；（二）因两方或者两方以上当事人的过错发生道路交通事故的，根据其行为对事故发生的作用以及过错的严重程度，分别承担主要责任、同等责任和次要责任；（三）各方均无导致道路交通事故的过错，属于交通意外事故的，各方均无责任。一方当事人故意造成道路交通事故的，他方无责任。省级公安机关可以根据有关法律、法规制定具体的道路交通事故责任确定细则或者标准。"

5. 地方司法性文件

安徽宣城中院《关于审理道路交通事故赔偿案件若干问题的意见（试行）》（2011 年 4 月）第 35 条："公安机关认定的道路交通事故责任与人民法院认定的民事侵权赔偿责任并非同一概念，不可简单等同。机动车之间发生交通事故的，由保险公司在交强险责任限额内予以赔偿，不足部分由过错方承担赔偿责任，双方都有过错的，按照各自的过错比例承担责任，其比例可按照下列意见承担：（一）负全部责任的，承担 100% 的赔偿责任；（二）负主要责任的，可以在 60% 至 90% 之间确定，一般以 70% 赔偿；（三）负次要责任的，可在 10% 至 40% 之间确定，一般以 30% 为宜；（四）负同等责任的，各承担 50% 的责任；（五）不负事故责任的，不承担赔偿责任……"

第 36 条："机动车与非机动车驾驶人、行人之间发生交通事故的，由保险公司在交强险责任限额内予以赔偿，不足部分可以按照下列意见分担：……（五）机动车一方负同等责任，承担 60% 左右的赔偿责任；（六）事故责任无法认定的，可根据具体条件，机动车一方承担 50% 以上的赔偿责任。"

山东淄博中院民三庭《关于审理道路交通事故损害赔偿案件若干问题的指导意见》（2011 年 1 月 1 日）第 26 条："交警部门无法认定事故责任的，人民法院也无法认定当事人过错的，如事故发生在机动车之间，认定双方负同等责任，同时可根据双方车辆状况、受损害的程度，在 10% 范围内予以适当调整；如事故发生在机动车与非机动车、行人之间，机动车应承担 60% 至 70% 的责任。"

第 27 条："机动车与非机动车、行人之间发生交通事故的，由机动车方承担赔偿责任；但是，有证据证明非机动车驾驶人、行人违反道路交通安全法律、法规，机动车驾驶人已经采取必要处置措施的，应当按照下列比例减轻机动车方的赔偿责任……非机动车、行人负事故同等责任的，减轻 30% 至 40% 赔偿责任……"

河南郑州中院《审理交通事故损害赔偿案件指导意见》（2010 年 8 月 20 日郑中法〔2010〕120 号）第 7 条："机动车之间发生交通事故的，由保险公司在交强险责任限额内予以赔偿，不足部分由过错一方承担赔偿责任，双方都有过错的，按照各自过错的比例分担责任。其比例可按下列意见承担……（四）负同等责任的，各承担 50% 的赔偿责任……"

第 9 条："机动车与非机动车驾驶人、行人之间发生交通事故的，由保险公司在交强险责任限额内予以赔偿，不足部分可按下列意见分担……机动车一方负同等责任的，承担 60% 左右的赔偿责任……"

江西南昌中院《关于审理道路交通事故人身损害赔偿纠纷案件的处理意见（试行）》（2010 年 2 月 1 日）第 25 条："优者危险负担原则。在交通事故中，在证据分析和事实认定、责任比例的划定等方面应当以车辆冲撞在物理上危险性的大小及危险回避能力的优劣，来分配危险责任。机动车比非机动车为优，非机动车比行人为优，机动车之间，速度、硬度、重量和体积超过对方者为优。"

第 28 条："……非机动车驾驶人、行人没有过错的，由机动车一方承担赔偿责任。但有证据证明非机动车驾驶人、行人有过错的，按照下列规定适当减轻机动车一方的赔偿责任……非机动车驾驶人、行人一方负同等责任的，机动车一方承担60%的赔偿责任……"

安徽合肥中院民一庭《关于审理道路交通事故损害赔偿案件适用法律若干问题的指导意见》（2009年11月16日）第28条："公安机关认定的道路交通事故责任与人民法院认定的民事侵权赔偿责任并非同一概念，不可简单等同。机动车与非机动车驾驶人、行人之间发生交通事故的损失超出交通事故责任强制保险责任限额的部分，机动车一方有事故责任的，由机动车一方按照下列规定承担赔偿责任……机动车一方在交通事故中负同等责任的，承担60%的赔偿责任……"

江西九江中院《关于印发〈九江市中级人民法院关于审理道路交通事故人身损害赔偿案件若干问题的意见（试行）〉的通知》（2009年10月1日九中法〔2009〕97号）第1条："……机动车与非机动车、行人发生交通事故，由机动车一方承担责任，但有证据证明非机动车驾驶人、行人有过错的，应当按照下列规定适当减轻机动车一方的赔偿责任……非机动车驾驶人、行人负同等责任的，机动车一方承担60%的赔偿责任……"

云南高院《关于审理人身损害赔偿案件若干问题的会议纪要》（2009年8月1日）第2条："……非机动车或行人一方对交通事故承担同等责任的，减轻机动车一方30%至40%的责任……"

辽宁大连中院《当前民事审判（一庭）中一些具体问题的理解与认识》（2008年12月5日大中法〔2008〕17号）第26条："怎样确立交通肇事处理的基本原则及赔偿比例？（1）优者危险负担原则。优者危险负担，其含义是在交通事故中，以车辆冲撞在物理上危险性的大小及危险回避能力的优劣来分配危险责任，机动车比非机动车为优，非机动车比行人为优，机动车之间速度、硬度、重量和体积超过对方者为优。采取这一原则，将赔偿责任更多地让优者来负担，以最大限度地实现公平。具体标准：10%至20%的比例上下浮动。（2）优先保护人身权的原则。在审理机动车致非机动车乙方人员伤亡的案件时，应当贯彻以人为本，尊重人的生命价值的原则。在一起事故中，有多个受害人，且侵权人履行赔偿义务的能力不足的情况下，在损失认定、责任承担、优先受偿的问题上，要选择人身权优于财产权受到保护的处理方案。（3）适度平衡受害人和赔偿义务人利益的原则也应重视双方利益的大致平衡。特别是在伤残等级较高所形成的一次性支付的护理费等大额损失的认定时，要综合双方过错、受害人康复的可能、赔偿义务人持续赔偿能力、双方经济状况对比等情况作出相对科学的符合情理的判决。"

第27条："……（2）机动车之间归责原则。A.对于机动车之间发生的交通事故，由有过错的一方承担赔偿责任；双方都有过错的，按照各自过错的比例分担责任。B.属于交通意外事故，各方均无责任的，视具体情况确定双方的赔偿责任。C. 不能认定事故责任的，通常可由双方各自承担 50% 的赔偿责任。但也可根据具体情况，考虑优者危险负担原则，对比例作出适当的调整。"

陕西高院《关于审理道路交通事故损害赔偿案件若干问题的指导意见（试行）》（2008 年 1 月 1 日陕高法〔2008〕258 号）第 16 条："机动车与非机动车、行人发生交通事故，依据《道路交通安全法》第七十六条的规定，需要减轻机动车方赔偿责任的，可以按照下列规定由机动车方承担赔偿责任……同等责任承担 60%……"

湖北十堰中院《关于审理机动车损害赔偿案件适用法律若干问题的意见（试行）》（2007 年 11 月 20 日）第 1 条："机动车之间因交通事故而产生的损害赔偿责任适用过错责任原则。即机动车之间发生交通事故，造成人身、财产损失的，由保险公司在机动车第三者责任强制保险责任限额内予以赔偿。超过责任限额的部分，由有过错的一方承担赔偿责任，双方都有过错的，按照各自过错的比例，参照下列比例分担责任：（1）负全部责任的，承担 100% 的赔偿责任；（2）负同等责任的，承担 50% 的赔偿责任；（3）负次要责任的，承担 30% 的赔偿责任；（4）无责任的，不承担赔偿责任。"第 2 条："……非机动车驾驶人、行人负事故同等责任的，机动车一方承担 60% 的赔偿责任……"

湖北武汉中院《关于审理交通事故损害赔偿案件的若干指导意见》（2007 年 5 月 1 日）第 2 条："……机动车与非机动车、行人发生交通事故，由机动车一方承担责任，但有证据证明非机动车驾驶人、行人违反道路交通安全法律、法规，机动车驾驶人已经采取必要处置措施的，应当按照以下规定减轻机动车一方的赔偿责任……非机动车、行人负事故同等责任的，减轻百分之三十至百分之四十……"

贵州高院、省公安厅《关于处理道路交通事故案件若干问题的指导意见（一）》（2006 年 5 月 1 日）第 29 条："机动车与非机动车驾驶人、行人发生交通事故，依据《道路交通安全法》第七十六条第一款第（二）项的规定，损失超出强制保险责任限额的部分，由机动车一方按照下列规定承担赔偿责任……机动车一方在交通事故中负同等责任的，承担不低于 60% 的赔偿责任……"

6. 地方规范性文件

安徽省《实施〈道路交通安全法〉办法》（2012 年 10 月 19 日修正）第 54 条："机动车与非机动车驾驶人、行人之间发生交通事故的损失超出第三者责任强制保险责任限额的部分，机动车一方有事故责任的，由机动车一方按照下列规定承担赔偿责任……机动车一方在交通事故中负同等责任的，承担百分之六十的赔偿责任……"

江苏省《道路交通安全条例》（2012年1月12日修正）第52条："……机动车与非机动车驾驶人、行人之间发生交通事故，非机动车驾驶人、行人没有过错的，由机动车一方承担赔偿责任；有证据证明非机动车驾驶人、行人有过错的，按照以下规定减轻机动车一方的赔偿责任……非机动车驾驶人、行人负事故同等责任的，减轻百分之三十至百分之四十。"

甘肃省《道路交通安全条例》（2012年1月1日）第68条："机动车与非机动车、行人发生交通事故造成人身伤亡、财产损失，超过机动车交通事故责任强制保险责任限额的部分，非机动车、行人没有过错的，由机动车一方承担赔偿责任；有证据证明非机动车驾驶人、行人有过错的，机动车一方按照以下规定承担赔偿责任……机动车一方负同等责任的，承担百分之五十至百分之七十的赔偿责任……"

广东省《道路交通安全条例》（2011年10月1日修订）第46条："机动车与非机动车驾驶人、行人之间发生交通事故，造成人身伤亡、财产损失的，由保险公司在机动车第三者责任强制保险责任限额范围内予以赔偿。不足的部分，按照下列规定承担赔偿责任……非机动车驾驶人、行人负事故同等责任的，由机动车一方承担百分之六十的赔偿责任……"

四川省《道路交通事故责任确定规则（试行）》（2010年1月1日）第12条："因两方（或两方以上）当事人的行为共同导致交通事故的，其行为在事故中作用相当的，确定为同等责任。"

第三节　法理分析

交通事故责任与事故损害赔偿责任二者在性质、内容上存在本质区别，不能以交警部门的事故责任认定来简单代替法院对民事赔偿责任的确定。在侵权民事损害赔偿案件中，是否承担责任及应当赔偿多少损失，主要取决于当事人的过错，侵权民事责任中的"过错"不能等同于"违章"，"注意义务"的违反才是过错的判断标准，而"违章"只是"注意义务"的违反的一种表现。

机动车与非机动车发生事故，在事故中负同等责任，机动车一方依法应承担的赔偿责任比例相应增加，在该赔偿责任相应增加的范围内，该机动车一方有权要求保险公司按照道路交通事故人身损害赔偿案中所确定的责任比例承担赔付义务。保险合同约定保险公司按事故责任比例承担相应的赔偿责任，不应根据行政机关认定的事故责任比例分担，而应是投保人实际所负的责任。

第九章

行人违章的交通事故责任比例分析

第一节　概　述

在道路交通法律关系中，最容易受损的主体，也是最难有预测性的主体就是非机动车方，尤其是行人，在我国目前行人交通意识普遍不高的前提下，如何科学公正地确定行人在交通事故中的责任，关乎个案正义，同样也影响着社会和谐。

第二节　责任表现及裁判依据

一、常见实务类型

2009 年 10 月，许某驾驶未投保交强险的机动车遇正跨道路隔离护栏的王某，后王某倒地受伤致 8 级伤残。王某称被许某的车撞伤，许某称系停车救人。司法痕迹鉴定意见为："小客车未发现接触痕迹，因此，不具备比对检验条件，不能确定小客车与人体接触部位"，并进一步说明："不能确定小客车与行人身体有接触，也不能排除小客车与行人没有接触。"

二审期间司法鉴定意见："小客车在事发路段的位置符合该车在紧急情况下向左避让并制动形成的状态，可以排除该车平缓制动停车的可能性；小客车发动机舱盖的泥灰擦拭痕迹，其右边缘界限明显，形成时间较短，具有与软性物体（如人体）碰擦形成的特征；行人右膝部的损伤特征符合较大钝性外力作用所致，单纯摔跌难以形成上述骨关节及初带的广泛损伤；住院病案记载显示左胸部和右膝部损伤单纯摔跌一次外力作用难以形成；行人体表检查得到的右下肢损伤高度与车辆检查测量得到的前保险杠防撞条的高度在车辆制动状态下相吻合。王某右膝部损伤符合较大钝性外力直接作用所致，该损伤单纯摔跌难以形成，遭受车辆撞击可能形成。"

争议焦点：① 事故责任如何认定？② 赔偿责任如何认定？

诉讼期间，许某一直主张看到王某跨越护栏时摔倒受伤，从未辩称事发当时还有任何第三方致伤可能；同时，从王某尚能从容跨越护栏的行为分析，可排除王某在跨越护栏前已被撞受伤的可能。故鉴定结论与事故现场图、照片、勘验笔录、当事人述称等证据可形成完整的证据链，足以认定王某腿伤系许某驾车行为所导致，许某的驾车行为与王某的损害之间存在因果关系。

机动车属于高速运输工具，机动车驾驶人在驾车行驶时应承担高度谨慎的安全注意义务。根据《道路交通安全法》第七十六条规定：机动车与行人之间发生交通事故，行人没有过错的，由机动车一方承担全部赔偿责任；有证据证明行人有过错的，根据过错程度适当减轻机动车一方的赔偿责任。本案中，王某横穿马路，跨越中心隔离护栏，且不注意往来的车辆，以致发生交通事故受伤，王某的行为违反了《道路交通安全法》中"行人不得跨越、倚坐道路隔离设施"的规定，是引发此次交通事故的主要原因。许某驾车发现王某时，未能及时采取有效措施、迅速处理前方出现的紧急情况，故许某对于交通事故发生也负有一定责任。根据双方过错，确定许某与王某责任比例为4∶6。

许某驾驶未及时投保交强险的车辆上路行驶，应依法在交强险责任限额内赔偿王某损失 10.7 万余元，其余损失 3700 余元，由许某按其事故责任比例承担 40% 即 1400 余元的赔偿责任。故判决许某赔偿王某 10.8 万余元。[①]

二、裁判依据或参考

1. 法律规定

《道路交通安全法》（2004 年 5 月 1 日实施，2011 年 4 月 22 日修正）第三十六条："根据道路条件和通行需要，道路划分为机动车道、非机动车道和人行道的，机动车、非机动车、行人实行分道通行。没有划分机动车道、非机动车道和人行道的，机动车在道路中间通行，非机动车和行人在道路两侧通行。"

---

① 案件引自《交通事故系列——行人有违章，责任如何分？》，http://blog.sina.com.cn/s/blog_49b3979c0102veul.html。

第三十八条："车辆、行人应当按照交通信号通行；遇有交通警察现场指挥时，应当按照交通警察的指挥通行；在没有交通信号的道路上，应当在确保安全、畅通的原则下通行。"

第四十七条："机动车行经人行横道时，应当减速行驶；遇人正在通过人行横道，应当停车让行。机动车行经没有交通信号的道路时，遇行人横过道路，应当避让。"

第六十一条："行人应当在人行道内行走，没有人行道的靠路边走。"

第六十二条："行人通过路口或者横过道路，应当走人行横道或者过街设施；通过有交通信号灯的人行横道，应当按照交通信号灯指示通行；通过没有交通信号灯、人行横道的路口，或者在没有过街设施的路段横过道路，应当在确认安全后通过。"

第六十三条："行人不得跨越、倚坐道路隔离设施，不得扒车、强行拦车或者实施妨碍道路交通安全的其他行为。"

第七十六条："机动车发生交通事故造成人身伤亡、财产损失的，由保险公司在机动车第三者责任强制保险责任限额范围内予以赔偿；不足的部分，按照下列规定承担赔偿责任：（一）机动车之间发生交通事故的，由有过错的一方承担赔偿责任；双方都有过错的，按照各自过错的比例分担责任。（二）机动车与非机动车驾驶人、行人之间发生交通事故，非机动车驾驶人、行人没有过错的，由机动车一方承担赔偿责任；有证据证明非机动车驾驶人、行人有过错的，根据过错程度适当减轻机动车一方的赔偿责任；机动车一方没有过错的，承担不超过百分之十的赔偿责任。交通事故的损失是由非机动车驾驶人、行人故意碰撞机动车造成的，机动车一方不承担赔偿责任。"

2. 司法解释

最高人民法院《关于审理道路交通事故损害赔偿案件适用法律若干问题的解释》（2012 年 12 月 21 日法释〔2012〕19 号）第二十七条："公安机关交通管理部门制作的交通事故认定书，人民法院应依法审查并确认其相应的证明力，但有相反证据推翻的除外。"

3. 部门规范性文件

公安部《道路交通事故处理程序规定》（2009 年 1 月 1 日）第四十六条："公安机关交通管理部门应当根据当事人的行为对发生道路交通事故所起的作用以及过错的严重程度，确定当事人的责任。（一）因一方当事人的过错导致道路交通事故的，承担全部责任；（二）因两方或者两方以上当事人的过错发生道路交通事故的，根据其行为对事故发生的作用以及过错的严重程度，分别承担主要责任、同等责任和次要责任；（三）各方均无导致道路交通事故的过错，属于交通意外事故的，各方均无责任。一方当事人故意造成道路交通事故的，他方无责任。省级公安机关可以根据有关法律、法规制定具体的道路交通事故责任确定细则或者标准。"

公安部交管局《关于交通护栏等设施法律效力的答复》（1995年12月27日公交管〔1995〕231号）："……行人横过车行道，需走人行横道；凡设置交通护栏、隔离墩、绿篱等设施的道路，除留有人行横道外，禁止行人穿（跨）越。公共电、汽车站台设置在机动车与非机动车隔离设施中的，不论有无中心隔离设施，只允许乘车人通过非机动车道进、出站台，禁止横穿机动车道。"

公安部交管局《关于车行道边缘线有关问题的答复》（1992年12月10日公交管〔1992〕187号）："……车道中心线（包括隔离带、隔离设施等）两侧所划的车行道边缘线，是为了保证车辆高速行驶的安全和保护道路设施，两条边缘线之间的区域，禁止行人和车辆通行。违者按交通违章论处；造成交通事故的，应当根据当事人的违章行为与交通事故之间的因果关系，以及违章行为在交通事故中的作用，认定当事人的交通事故责任。"

公安部交管局《关于黄灯闪烁时路口通行问题的答复》（1990年6月4日〔1990〕公交管第73号）："……黄灯闪烁通常是夜间单独设立在路口，用以提醒各方向的车辆驾驶人员和行人注意交叉路口的信号，它不具有控制交通先行和让行的作用。因此，设有黄灯闪烁信号的路口，不同于红绿灯变换控制的路口，应视为没有交通信号控制的交叉路口。车辆、行人通过设有黄灯闪烁信号的路口，既要遵守《道路交通管理条例》第十条第（五）项的规定，即'须在确保安全的原则下通行'，也要执行《条例》第四十三条关于'车辆通过没有交通信号或交通标志控制的交叉路口'的规定。"

4. 地方司法性文件

江苏南通中院《关于处理交通事故损害赔偿案件中有关问题的座谈纪要》（2011年6月1日通中法〔2011〕85号）第22条："机动车一方与非机动车驾驶人、行人对交通事故的发生均有责任，互相抵销赔偿数额的，机动车一方要求非机动车驾驶人、行人赔偿其损失的，应视非机动车驾驶人、行人的过错程度等具体情况，减轻、免除其赔偿责任。"

安徽宣城中院《关于审理道路交通事故赔偿案件若干问题的意见（试行）》（2011年4月）第36条："机动车与非机动车驾驶人、行人之间发生交通事故的，由保险公司在交强险责任限额内予以赔偿，不足部分可以按照下列意见分担：（一）在高速公路、高架道路以及其他封闭道路上发生交通事故的，无责承担5%；在其他道路上发生交通事故的，无责承担10%；（二）机动车一方负次要责任的，承担40%左右的赔偿责任；（三）机动车一方负主要责任的，承担80%左右的赔偿责任；（四）机动车一方负全部责任的，承担100%的赔偿责任；（五）机动车一方负同等责任，承担60%左右的赔偿责任；

（六）事故责任无法认定的，可根据具体条件，机动车一方承担 50% 以上的赔偿责任。"

山东淄博中院民三庭《关于审理道路交通事故损害赔偿案件若干问题的指导意见》（2011 年 1 月 1 日）第 27 条："机动车与非机动车、行人之间发生交通事故的，由机动车方承担赔偿责任；但是，有证据证明非机动车驾驶人、行人违反道路交通安全法律、法规，机动车驾驶人已经采取必要处置措施的，应当按照下列比例减轻机动车方的赔偿责任：1. 非机动车、行人负事故全部责任的，减轻 90% 赔偿责任；2. 非机动车、行人负事故主要责任的，减轻 60% 至 70% 赔偿责任；3. 非机动车、行人负事故同等责任的，减轻 30% 至 40% 赔偿责任；4. 非机动车、行人负事故次要责任的，减轻 10% 至 20% 赔偿责任。"

河南郑州中院《审理交通事故损害赔偿案件指导意见》（2010 年 8 月 20 日郑中法〔2010〕120 号）第 9 条："机动车与非机动车驾驶人、行人之间发生交通事故的，由保险公司在交强险责任限额内予以赔偿，不足部分可按下列意见分担：（一）机动车一方没有过错、无责任的，承担不超过 10% 的赔偿责任；（二）机动车一方负次要责任的，承担 40% 左右的赔偿责任；（三）机动车一方负主要责任的，承担 80% 左右的赔偿责任；（四）机动车一方负全部责任的，承担 100% 的赔偿责任；（五）机动车一方负同等责任的，承担 60% 左右的赔偿责任；（六）事故责任无法认定的，可根据具体案情，机动车一方承担 50% 以上的赔偿责任。"

江西南昌中院《关于审理道路交通事故人身损害赔偿纠纷案件的处理意见（试行）》（2010 年 2 月 1 日）第 25 条："优者危险负担原则。在交通事故中，在证据分析和事实认定、责任比例的划定等方面应当以车辆冲撞在物理上危险性的大小及危险回避能力的优劣，来分配危险责任。机动车比非机动车为优，非机动车比行人为优，机动车之间，速度、硬度、重量和体积超过对方者为优。"

第 28 条："机动车发生交通事故造成人身伤亡、财产损失的，由保险公司在机动车第三者责任强制保险责任限额范围内予以赔偿。超出责任限额的部分，按照下列方式承担赔偿责任：……（2）机动车与非机动车驾驶人、行人之间发生交通事故造成人身伤亡、财产损失的，由机动车所投保的保险公司在机动车交通事故责任强制保险责任限额范围内予以赔偿；机动车未参加机动车交通事故责任强制保险的，由机动车一方在相当于相应的强制保险责任限额范围内予以赔偿。非机动车驾驶人、行人没有过错的，由机动车一方承担赔偿责任。但有证据证明非机动车驾驶人、行人有过错的，按照下列规定适当减轻机动车一方的赔偿责任：① 非机动车驾驶人、行人一方负次要责任的，机动车一方承担 70% 至 80% 的赔偿责任；② 非机动车驾驶人、行人一方负同等责任的，机动车一方承担 60% 的赔偿责任；③ 非机动车驾驶人、行人一方负主要责任的，机动车一方承担 30% 至 40% 的赔偿责任；④ 非机动车驾驶人、行人一方负全部责任的，在禁止非机动车和行人通行的高速公路、城市快速路上发生交通事故，机动车一方承担不超过 5% 的赔偿责任；在其他道路上发生交通事故，机动车一方承担不超过 10% 的赔偿责任。"

安徽合肥中院民一庭《关于审理道路交通事故损害赔偿案件适用法律若干问题的指导意见》（2009 年 11 月 16 日）第 28 条："公安机关认定的道路交通事故责任与人民法院认定的民事侵权赔偿责任并非同一概念，不可简单等同。机动车与非机动车驾驶人、行人之间发生交通事故的损失超出交通事故责任强制保险责任限额的部分，机动车一方有事故责任的，由机动车一方按照下列规定承担赔偿责任：（一）机动车一方在交通事故中负全部责任的，承担 100% 的赔偿责任；（二）机动车一方在交通事故中负主要责任的，承担 80% 的赔偿责任；（三）机动车一方在交通事故中负同等责任的，承担 60% 的赔偿责任；（四）机动车一方在交通事故中负次要责任的，承担 40% 的赔偿责任。"

江西九江中院《关于印发〈九江市中级人民法院关于审理道路交通事故人身损害赔偿案件若干问题的意见（试行）〉的通知》（2009 年 10 月 1 日九中法〔2009〕97 号）第 1 条："……机动车与非机动车、行人发生交通事故，由机动车一方承担责任，但有证据证明非机动车驾驶人、行人有过错的，应当按照下列规定适当减轻机动车一方的赔偿责任：（一）非机动车驾驶人、行人负次要责任的，机动车一方承担 70% 至 80% 的赔偿责任；（二）非机动车驾驶人、行人负同等责任的，机动车一方承担 60% 的赔偿责任；（三）非机动车驾驶人、行人负主要责任的，机动车一方承担 30% 至 40% 的赔偿责任；（四）非机动车驾驶人、行人负全部责任的，在禁止非机动车和行人通行的高速公路、城市快速路上发生交通事故，机动车一方承担不超过 5% 的赔偿责任；其他道路上发生交通事故，机动车一方承担不超过 10% 的赔偿责任。"

云南高院《关于审理人身损害赔偿案件若干问题的会议纪要》（2009 年 8 月 1 日）第 2 条："……机动车与行人、非机动车发生交通事故，机动车一方应承担严格责任，但有证据证明非机动车驾驶人、行人违反道路交通安全法律、法规，机动车驾驶人已经采取必要处置措施的，可以相应减轻机动车的赔偿责任。非机动车或行人一方对交通事故承担全部责任的，减轻机动车一方 80% 至 90% 的责任；非机动车或行人一方对交通事故承担主要责任的，减轻机动车一方 60% 至 70% 的责任；非机动车或行人一方对交通事故承担同等责任的，减轻机动车一方 30% 至 40% 的责任；非机动车或行人一方对交通事故承担次要责任的，减轻机动车一方 20% 至 30% 的责任；行人、非机动车一方对于交通事故的造成具有故意的，机动车一方不承担责任。"

辽宁大连中院《当前民事审判（一庭）中一些具体问题的理解与认识》（2008 年 12 月 5 日大中法〔2008〕17 号）第 26 条："怎样确立交通肇事处理的基本原则及赔偿比例？（1）优者危险负担原则。优者危险负担，其含义是在交通事故中，以车辆冲撞在物理上危险性的大小及危险回避能力的优劣来分配危险责任，机动车比非机动车为优，非机动车比行人为优，机动车之间速度、硬度、重量和体积超过对方者为优。采取这一原则，将赔偿责任更多地让优者来负担，以最大限度地实现公平。具体标准：10% 至 20% 的比例上下浮动。（2）优先保护人身权的原则。在审理机动车致非机动车乙方人员伤亡的案件时，应当贯彻以人为本，尊重人的生命价值的原则。在一起事故中，有多个受害人，且侵权人履行赔偿义务的能力不足的情况下，在损失认定、责任承担、优先受偿的问题上，要选择人身权优于财产权受到保护的处理方案。（3）适度平衡受害人和赔偿义务人利益的原则也应重视双方利益的大致衡平。特别是在伤残等级较高所形成的次性支付的护理费等大额损失的认定时，要综合双方过错、受害人康复的可能、赔偿义务人持续赔偿能力、双方经济状况对比等情况作出相对科学的符合情理的判决。"

第 27 条："……（4）过失相抵原则在道路交通事故责任适用。A. 机动车一方没有过错，交通事故完全是因为非机动车驾驶员、行人的责任造成的，目前对其掌握的比例为不超过 10%。B. 非机动车、行人对交通事故负有主要责任，而机动车一方负次要责任，机动车一方承担的责任以事故损失的 40% 左右为宜。C. 机动车对事故负主要责任，而非机动车、行人负次要责任，机动车一方承担的责任以事故损失的 80% 左右为宜。D. 机动车与非机动车、行人负同等责任，机动车承担损失的 60% 左右责任比例为宜。"

杭州中院《关于道路交通事故损害赔偿纠纷案件相关问题的处理意见》（2008 年 6 月 19 日）第 3 条："……（五）受害人存在过错情形下的交强险赔付问题。受害人存在过错的，应当在交强险份额内赔付后，再对交强险不足赔偿部分依据双方过错大小进行责任分配。交强险以保障受害人获得及时救助为宗旨，采用的是无过错赔偿原则，不论被保险人是否有过错，均由保险公司在《交强险条例》规定的范围内对受害人进行赔付；不足部分，再按照侵权过错责任原则进行责任分配。"

江苏宜兴法院《关于审理交通事故损害赔偿案件若干问题的意见》（2008 年 1 月 28 日宜法〔2008〕7 号）第 15 条："机动车一方与非机动车驾驶人、行人对交通事故的发生均有责任的，互相抵销赔偿数额后，机动车一方再要求非机动车驾驶人、行人赔偿损失的，不予支持。"

陕西高院《关于审理道路交通事故损害赔偿案件若干问题的指导意见（试行）》（2008 年 1 月 1 日陕高法〔2008〕258 号）第 16 条："机动车与非

机动车、行人发生交通事故，依据《道路交通安全法》第七十六条的规定，需要减轻机动车方赔偿责任的，可以按照下列规定由机动车方承担赔偿责任：（一）主要责任承担90%；（二）同等责任承担60%；（三）次要责任承担40%；（四）在高速公路、全封闭汽车专用公路等封闭道路上发生交通事故的，无责任承担5%，但赔偿金额最高不超过50000元；在其他道路上发生交通事故的，无责任承担10%，赔偿金额最高不超过1万元。"

湖北十堰中院《关于审理机动车损害赔偿案件适用法律若干问题的意见（试行）》（2007年11月20日）第2条："机动车与非机动车驾驶人、行人之间发生交通事故而产生的损害赔偿责任适用过错推定原则。即机动车与非机动车驾驶人、行人之间发生交通事故，造成人身、财产损失的，由保险公司在机动车第三者责任强制保险责任限额内予以赔偿。超过责任限额的部分，由机动车一方承担赔偿责任，但是，有证据证明非机动车驾驶人、行人有过错的，按照下列比例减轻机动车一方的赔偿责任：（1）非机动车驾驶人、行人一方负事故全部责任的，机动车一方承担不超过10%的赔偿责任；（2）非机动车驾驶人、行人一方负事故主要责任的，机动车一方承担40%的赔偿责任；（3）非机动车驾驶人、行人负事故同等责任的，机动车一方承担60%的赔偿责任；（4）非机动车驾驶人、行人一方负事故次要责任的，机动车一方承担80%的赔偿责任。"

湖北武汉中院《关于审理交通事故损害赔偿案件的若干指导意见》（2007年5月1日）第8条："审理交通事故损害赔偿案件，区别以下情形适用归责原则：机动车之间实行过错责任，非机动车之间实行过错责任，非机动车与行人之间实行过错责任，机动车对行人、非机动车实行无过错责任。机动车与行人、非机动车发生交通事故，行人、非机动车驾驶人有过错的，实行过失相抵，可以相应减轻机动车的赔偿责任。"

第2条："机动车发生交通事故造成人身伤亡、财产损失的，由保险公司在机动车第三者责任强制保险责任限额范围内予以赔偿。未参加机动车第三者责任强制保险的，由机动车方按照该车应当投保的最低保险责任限额予以赔偿。对超过责任赔偿限额的部分，机动车与机动车之间发生交通事故的，按照各自过错的比例分担损害赔偿责任；机动车与非机动车、行人发生交通事故，由机动车一方承担责任，但有证据证明非机动车驾驶人、行人违反道路交通安全法律、法规，机动车驾驶人已经采取必要处置措施的，应当按照以下规定减轻机动车一方的赔偿责任：（一）非机动车、行人负事故全部责任的，减轻百分之八十至百分之九十；（二）非机动车、行人负事故主要责任的，减轻百分之六十至百分之七十；（三）非机动车、行人负事故同等责任的，减轻百分之三十至百分之四十；（四）非机动车、行人负事故次要责任的，减轻百分之二十至百分之三十。"

江西赣州中院《关于审理道路交通事故人身损害赔偿案件的指导性意见》（2006 年 6 月 9 日）第 22 条："机动车致非机动车、行人损害的，由机动车方承担责任。但有证据证明非机动车驾驶人、行人违反道路交通安全法律、法规，机动车驾驶人已经采取必要处置措施的，减轻机动车方的责任。在前款情形下，损失超过强制责任保险限额部分，按照下列比例减轻机动车方的赔偿责任：（1）非机动车、行人负事故全部责任的，减轻 80% 至 90%；（2）非机动车、行人负事故主要责任的，减轻 60% 至 70%；（3）非机动车、行人负事故同等责任的，减轻 30% 至 40%；（4）非机动车、行人负事故次要责任的，减轻 20% 至 30%。"

贵州高院、省公安厅《关于处理道路交通事故案件若干问题的指导意见（一）》（2006 年 5 月 1 日）第 29 条："机动车与非机动车驾驶人、行人发生交通事故，依据《道路交通安全法》第七十六条第一款第（二）项的规定，损失超出强制保险责任限额的部分，由机动车一方按照下列规定承担赔偿责任：（1）机动车一方在交通事故中负全部责任的，承担 100% 的赔偿责任；（2）机动车一方在交通事故中负主要责任的，承担不低于 80% 的赔偿责任；（3）机动车一方在交通事故中负同等责任的，承担不低于 60% 的赔偿责任；（4）机动车一方在交通事故中负次要责任的，承担不低于 40% 的赔偿责任；（5）机动车一方无事故责任的，有证据证明非机动车驾驶人、行人违反道路交通安全法律、法规，机动车驾驶人已经采取必要处置措施的，承担不低于 20% 的赔偿责任。但非机动车驾驶人、行人在高等级公路、高速公路等禁止非机动车和行人通行的全封闭路段内发生交通事故，并承担事故全部责任的，机动车一方承担不低于 10% 的赔偿责任。"

山东高院《关于印发〈全省民事审判工作座谈会纪要〉的通知》（2005 年 11 月 23 日鲁高法〔2005〕201 号）第 3 条："……（八）关于机动车与非机动车驾驶人、行人之间发生交通事故的责任承担问题。在机动车驾驶人有证据证明非机动车驾驶人、行人违反道路交通安全法律、法规，且机动车驾驶人已经采取必要处置措施的情形下，应减轻机动车一方的责任。非机动车一方、行人对交通事故承担全部责任的，减轻机动车一方 70% 至 80% 的赔偿责任；非机动车一方、行人对交通事故承担主要责任的，减轻机动车一方 50% 至 60% 的赔偿责任；非机动车一方、行人与机动车一方对交通事故负有同等责任的，减轻机动车一方 30% 至 40% 的赔偿责任；非机动车一方、行人对交通事故负有次要责任的，减轻机动车一方 10% 至 20% 的赔偿责任。"

浙江杭州中院《关于审理道路交通事故损害赔偿纠纷案件问题解答》（2005 年 5 月）第 4 条："……机动车与行人或非机动车发生交通事故以无过

错责任为归责原则确定机动车方的民事赔偿责任，在适用减轻责任时，如何把握减轻的比例？在确立无过错责任为归责原则的前提下，考虑过失相抵原则、优者危险负担原则，合理界定损害赔偿民事责任。根据《道路交通安全法》第七十六条、《民法通则》第一百三十一条、《人身损害赔偿解释》第二条的规定，结合杭州地区的实际情况来处理。一般可按照以下原则减轻机动车方的赔偿责任：（1）非机动车驾驶人、行人在事故中负次要责任的，减轻比例不超过20%；（2）非机动车驾驶人、行人在事故中负同等责任的，减轻30%至40%；（3）非机动车驾驶人、行人在事故中负主要责任的（考虑到该主要责任的范围从50%以上到100%以下，幅度较大），减轻40%至60%；（4）非机动车驾驶人、行人在事故中负全部责任的，减轻80%至90%，但是，在高速公路、高架道路以及其他禁止非机动车和行人通行的封闭道路上发生交通事故的，在有证据证明非机动车驾驶人、行人违反道路交通安全法律、法规，机动车驾驶人已经采取必要处置措施的情形下，机动车方承担5%的赔偿责任，但对每一受害人的赔偿金额最高不超过1万元……4. 机动车与非机动车、行人相碰撞后，根据《道路交通安全法》第七十六条的规定可以减轻机动车方赔偿责任的情形下，机动车方因该事故所致的损失是否可以向非机动车、行人方要求赔偿？可以作为反诉要求非机动车方或者行人方根据双方对损害发生的过错程度承担赔偿责任。"

上海高院《关于贯彻实施〈上海市机动车道路交通事故赔偿责任若干规定〉的意见》（2005年4月1日沪高法民一庭〔2005〕4号）第6条："机动车与非机动车驾驶人、行人之间发生交通事故的损失超出强制保险责任限额的部分，机动车一方有事故责任的，由机动车一方按照下列规定承担赔偿责任：（一）机动车一方在交通事故中负全部责任的，承担100%的赔偿责任；（二）机动车一方在交通事故中负主要责任的，承担80%的赔偿责任；（三）机动车一方在交通事故中负同等责任的，承担60%的赔偿责任；（四）机动车一方在交通事故中负次要责任的，承担40%的赔偿责任。"

第7条："机动车与非机动车驾驶人、行人发生交通事故的损失超出强制保险责任限额的部分，在有证据证明非机动车驾驶人、行人违反道路交通安全法律、法规，机动车驾驶人已经采取必要处置措施的情形下，按照下列规定减轻机动车一方的赔偿责任：（一）在高速公路、高架道路以及其他封闭道路上发生交通事故的，机动车一方按5%的赔偿责任给予赔偿，但赔偿金额最高不超过1万元；（二）在其他道路上发生交通事故的，机动车一方按10%的赔偿责任给予赔偿，但赔偿金额最高不超过5万元。"

江苏高院《关于审理交通事故损害赔偿案件适用法律若干问题的意见（一）》（2005年2月24日）第11条："……（二）对于机动车与非机动车、

行人之间发生交通事故的，由机动车方承担赔偿责任；但是，有证据证明非机动车驾驶人、行人违反道路交通安全法律、法规，机动车驾驶人已经采取必要处置措施的，应当按照下列比例减轻机动车方的赔偿责任：（1）非机动车、行人负事故全部责任的，减轻80%至90%；（2）非机动车、行人负事故主要责任的，减轻60%至70%；（3）非机动车、行人负事故同等责任的，减轻30%至40%；（4）非机动车、行人负事故次要责任的，减轻20%至30%。属于交通意外事故、各方均无责任的或不能认定事故责任的，由机动车方承担全部赔偿责任。"

广东高院、省公安厅《关于〈道路交通安全法〉施行后处理道路交通事故案件若干问题的意见》（2004年12月17日粤高法发〔2004〕34号）第19条："机动车与非机动车驾驶人、行人发生交通事故，依据《道路交通安全法》第七十六条的规定需要减轻机动车方赔偿责任的，一般按照以下原则减轻责任：（1）非机动车驾驶人、行人在事故中负次要责任的，减轻比例不超过20%；（2）非机动车驾驶人、行人在事故中负同等责任的，减轻比例不超过40%；（3）非机动车驾驶人、行人在事故中负主要责任的，减轻比例不超过60%；（4）非机动车驾驶人、行人在事故中负全部责任的，减轻比例不超过80%。但非机动车驾驶人、行人在禁止非机动车和行人通行的城市快速路、高速公路发生交通事故，承担事故全部责任的，机动车方的减轻比例不超过90%。"

湖北高院《民事审判若干问题研讨会纪要》（2004年11月）第3条："……关于道路交通事故人身损害赔偿案件归责原则的适用问题。机动车与非机动车或行人之间发生道路交通事故，致人人身损害的，机动车一方承担无过错责任。但在判令机动车一方承担无过错责任的同时，并不排除过失相抵原则和优者危险负担原则的适用。"

山东高院《关于审理道路交通事故损害赔偿案件的若干意见》（2004年5月1日）第4条："依照《道路交通安全法》第七十六条的规定，机动车与非机动车驾驶人、行人发生交通事故的，由机动车一方承担责任；但机动车一方如果有证据能够证明非机动车驾驶人、行人有法律规定的过错的，应减轻机动车一方的民事责任，减轻的比例一般控制在赔偿总额的50%以下，但不得低于10%。机动车驾驶人与非机动车驾驶人、行人发生交通事故的，机动车一方应就非机动车驾驶人、行人是否存在违章行为，其是否采取了必要的处置措施承担举证责任。机动车之间发生交通事故造成非机动车驾驶人、行人伤害的，按照各自的过错程度确定赔偿责任，但如果责任难以划分的，可以由发生交通事故的机动车之间承担连带责任。"

内蒙古高院《全区法院交通肇事损害赔偿案件审判实务研讨会会议纪要》

（2002 年 2 月）第 14 条："在适用过失相抵规则判断交通事故当事人过失程度及赔偿责任比例时，对公安机关作出的《交通事故责任认定书》的证据效力按以下原则掌握：（1）机动车辆之间发生的交通事故，可以将公安机关认定的事故责任比例作为判断双方过失比例的依据。（2）机动车辆与行人或非机动车之间发生的交通事故中，不能将公安机关认定的事故责任比例作为双方过失比例相抵的唯一依据，而应结合侵权行为的具体情形，按照优者负担、照顾弱者的原则合理相抵，相应减轻加害方的责任。受害人如年满 70 周岁，或不满 10 周岁，或系残疾人，不能适用过失相抵规则。"

5. 地方规范性文件

安徽省《实施〈道路交通安全法〉办法》（2012 年 10 月 19 日修正）第 54 条："机动车与非机动车驾驶人、行人之间发生交通事故的损失超出第三者责任强制保险责任限额的部分，机动车一方有事故责任的，由机动车一方按照下列规定承担赔偿责任：（一）机动车一方在交通事故中负全部责任的，承担百分之一百的赔偿责任；（二）机动车一方在交通事故中负主要责任的，承担百分之八十的赔偿责任；（三）机动车一方在交通事故中负同等责任的，承担百分之六十的赔偿责任；（四）机动车一方在交通事故中负次要责任的，承担百分之四十的赔偿责任。"

第 55 条："机动车与非机动车驾驶人、行人之间发生交通事故的损失超出第三者责任强制保险责任限额的部分，有证据证明交通事故是由非机动车驾驶人、行人违反道路交通安全法律、法规造成，机动车驾驶人无事故责任，且已经采取必要处置措施的，按照下列规定承担赔偿责任：（一）在高速公路、高架道路以及其他封闭道路上发生交通事故的，机动车一方承担百分之五的赔偿责任；（二）在其他道路上发生交通事故的，机动车一方承担百分之十的赔偿责任。"

江苏省《道路交通安全条例》（2012 年 1 月 12 日修正）第 37 条："车辆进出道路，应当让在道路内正常行驶的车辆、行人优先通行。机动车进出非机动车道、人行道，不得妨碍非机动车、行人正常通行。车辆进出停车场（库）或者道路停车泊位，不得妨碍其他车辆、行人正常通行。"

第 38 条："借道通行或者变更车道，应当遵守下列规定：（一）让所借道路内行驶的车辆、行人优先通行；（二）不得妨碍其他车辆、行人正常通行……"

第 52 条："……机动车与非机动车驾驶人、行人之间发生交通事故，非机动车驾驶人、行人没有过错的，由机动车一方承担赔偿责任；有证据证明非机动车驾驶人、行人有过错的，按照以下规定减轻机动车一方的赔偿责任：1. 非机动车驾驶人、行人负事故全部责任的，减轻百分之九十以上；2. 非机动车驾驶人、行人负事故主要责任的，减轻百分之六十至百分之七十；3. 非机动车驾驶人、行人负事故同等责任的，减轻百分之三十至百分之四十；4. 非机动车驾驶人、行人负事故次要责任的，减轻百分之二十至百分之三十。"

甘肃省《道路交通安全条例》（2012年1月1日）第68条："机动车与非机动车、行人发生交通事故造成人身伤亡、财产损失，超过机动车交通事故责任强制保险责任限额的部分，非机动车、行人没有过错的，由机动车一方承担赔偿责任；有证据证明非机动车驾驶人、行人有过错的，机动车一方按照以下规定承担赔偿责任：（一）在禁止非机动车、行人通行的道路上发生交通事故，机动车一方无过错的，承担不超过百分之五的赔偿责任；（二）在本条第一项规定以外的道路上发生交通事故，机动车一方无过错的，承担不超过百分之十的赔偿责任；（三）机动车一方负次要责任的，承担百分之四十至百分之五十的赔偿责任；（四）机动车一方负同等责任的，承担百分之五十至百分之七十的赔偿责任；（五）机动车一方负主要责任的，承担百分之七十至百分之九十的赔偿责任。交通事故由非机动车驾驶人、行人故意碰撞机动车造成的，机动车一方不承担赔偿责任。"

广东省《道路交通安全条例》（2011年10月1日修订）第46条："机动车与非机动车驾驶人、行人之间发生交通事故，造成人身伤亡、财产损失的，由保险公司在机动车第三者责任强制保险责任限额范围内予以赔偿。不足的部分，按照下列规定承担赔偿责任：（一）非机动车驾驶人、行人无事故责任的，由机动车一方承担赔偿责任；（二）非机动车驾驶人、行人负事故次要责任的，由机动车一方承担百分之八十的赔偿责任；（三）非机动车驾驶人、行人负事故同等责任的，由机动车一方承担百分之六十的赔偿责任；（四）非机动车驾驶人、行人负事故主要责任的，由机动车一方承担百分之四十的赔偿责任；（五）非机动车驾驶人、行人负事故全部责任的，由机动车一方承担不超过百分之十的赔偿责任。交通事故的损失是由非机动车驾驶人、行人故意造成的，机动车一方不承担责任。非机动车驾驶人、行人与处于静止状态的机动车发生交通事故，机动车一方无交通事故责任的，不承担赔偿责任。未参加机动车第三者责任强制保险的，由机动车方在该车应当投保的最低保险责任限额内予以赔偿，对超过最低保险责任限额的部分，按照第一款的规定赔偿。"

北京市《实施〈道路交通安全法〉办法》（2010年12月23日修正）第35条："车辆变更车道不得影响其他车辆、行人的正常通行，并应当遵守下列规定：（一）让所借车道内行驶的车辆或者行人先行；（二）按顺序依次行驶，不得频繁变更机动车道；（三）不得一次连续变更二条以上机动车道；（四）左右两侧车道的车辆向同一车道变更时，左侧车道的车辆让右侧车道的车辆先行。"

第57条："行人和乘车人应当遵守下列规定：（一）行人应当在人行道上行走，没有人行道的，应当在距离道路右侧边缘线向左1米的范围内行走；（二）行人不得进入高速公路、城市快速路或者其他封闭的机动车专用道；（三）行人不得在车行道上行走或者兜售、发送物品；（四）不得在车行道上等候车辆或者招呼营运车辆；（五）遇有交通信号放行机动车时，未被放行的行人不得进入路口；（六）乘坐公共汽车、电车和长途汽车，在停靠站或者指定地点依次候车，待车停稳后，先下后上；（七）乘坐机动车不得影响驾驶人安全驾驶；（八）明知驾驶人无驾驶证、饮酒或者身体疲劳不宜驾驶的，不得乘坐；（九）乘坐货运机动车时，不得站立或者坐在车厢栏板上；（十）乘坐二轮摩托车时，只准在后座正向骑坐；（十一）不得搭乘电动自行车、人力货运三轮车、轻便摩托车；不得违反规定搭乘自行车、残疾人机动轮椅车。"

第72条："机动车与非机动车、行人之间发生交通事故造成人身伤亡、财产损失的，由保险公司在机动车第三者责任强制保险责任限额范围内先行赔偿。超过责任限额的部分，由机动车一方承担赔偿责任；但是，有证据证明非机动车驾驶人、行人违反道路交通安全法律、法规，机动车驾驶人在驾驶中履行了交通安全注意义务并已经采取了适当的避免交通事故的处置措施，机动车一方无过错的，按照国家规定的最低比例、额度承担赔偿责任。机动车一方有过错的，按照过错程度承担赔偿责任。"

第三节　法理分析

在道路交通事故中，机动车操作人造成非机动车一方人员伤亡的，除非出于受害人自杀、行为人难以控制的情形，行为人无论是否有过错，均应承担损害赔偿责任。

鉴于事故系机动车碰撞行人并造成行人死亡，虽认定同等责任，但按《道路交通安全法》规定，机动车一方承担民事责任应比行人责任大，调解协议约定由机动车一方按65%赔偿行人一方并不违反法律规定。

机动车与行人是否发生碰撞虽无直接证据证明，但并不意味着，该争议事实真伪不明从而应由承担举证责任一方承担不利后果。可以依靠各种间接证据也能证明机动车一方与行人是否发生碰撞。当行人在没有过街设施的路段横过道路时，未在确认安全后通过，其行为违反了《道路交通安全法》第六十二条的规定，与交通事故发生具有一定的因果关系，应减轻机动车一方的赔偿责任。

第十章

行人全责的道路交通事故赔偿责任探析

第一节　概　述

非机动车与机动车在速度、可能受损后的损失上对比，有着天然劣势，因此无论理论上还是实务操作层面，过错一定的情况下，将二者的责任比重加以调节，使其更能体现实质上的公平，是一个既现实又复杂的探索、实践过程。

第二节　责任表现及裁判依据

一、常见实务类型

2004年6月，张某驾驶出租车在三环辅路上，将醉酒骑自行车逆行进入机动车道的毋某撞倒致死。交警认定毋某全责。

争议焦点：（1）事故责任认定是否正确？（2）是否"撞了白撞"？

在此事故中，毋某醉酒骑车逆行进入机动车道的过错行为，直接导致该事故的发生，造成毋某死亡，而作为事故的另一方机动车驾驶员张某已尽到了注意义务，并已采取了必要的措施，但仍未能避免事故的发生，故交管部门根据上述情况认定毋某应承担事故全部责任，张某不需要承担事故责任。①

二、裁判依据或参考

1. 法律规定或其他立法文件

《道路交通安全法》（2004 年 5 月 1 日实施，2011 年 4 月 22 日修正）第六十一条："行人应当在人行道内行走，没有人行道的靠路边行走。"

第六十二条："行人通过路口或者横过道路，应当走人行横道或者过街设施；通过有交通信号灯的人行横道，应当按照交通信号灯指示通行；通过没有交通信号灯、人行横道的路口，或者在没有过街设施的路段横过道路，应当在确认安全后通过。"

第六十三条："行人不得跨越、倚坐道路隔离设施，不得扒车、强行拦车或者实施妨碍道路交通安全的其他行为。"

第七十六条："机动车发生交通事故造成人身伤亡、财产损失的，由保险公司在机动车第三者责任强制保险责任限额范围内予以赔偿；不足的部分，按照下列规定承担赔偿责任：……（二）机动车与非机动车驾驶人、行人之间发生交通事故……机动车一方没有过错的，承担不超过百分之十的赔偿责任。交通事故的损失是由非机动车驾驶人、行人故意碰撞机动车造成的，机动车一方不承担赔偿责任。"

全国人大法律委员会负责人《全国人大法律委员会关于〈中华人民共和国道路交通安全法修正案（草案）〉审议结果的报告》（2007 年 12 月 23 日）第三条："草案规定：'非机动车驾驶人、行人一方负全部责任的，机动车一方承担不超过 10% 的赔偿责任。'有的常委委员认为，《民法通则》规定，高速运输工具在行驶中具有高度危险性，造成他人损害的，应当承担民事责任。草案上述规定体现了以人为本、关爱生命的精神，是恰当的。有的常委委员认为，机动车一方没有过错，承担 10% 的赔偿责任过高。法律委员会经同内务司法委员会和国务院法制办、公安部研究，认为需要说明：机动车一方没有过错的，都是先由保险公司在机动车第三者责任强制保险限额范围内予以赔偿，不足的部分才由机动车一方承担不超过 10% 的赔偿责任。草案上述规定与 1991 年国务院颁布的《道路交通事故处理办法》确定的赔偿原则是一致的，也是多年来公安机关处理交通事故的实际做法，执行中基本可行。据此，法律委员会建议维持草案这一规定。"

---

① 案件引自《行人全责与赔偿义务：行人负全责，撞了算白撞?》，http://www.jtsg.org/2016－07－26/3147.html。

2. 行政法规

国务院《道路交通安全法实施条例》（2004 年 5 月 1 日）第七十五条："行人横过机动车道，应当从行人过街设施通过；没有行人过街设施的，应当从人行横道通过；没有人行横道的，应当观察来往车辆的情况，确认安全后直行通过，不得在车辆临近时突然加速横穿或者中途倒退、折返。"

3. 司法解释

最高人民法院《关于审理道路交通事故损害赔偿案件适用法律若干问题的解释》（2012 年 12 月 21 日法释〔2012〕19 号）第二十七条："公安机关交通管理部门制作的交通事故认定书，人民法院应依法审查并确认其相应的证明力，但有相反证据推翻的除外。"

4. 部门规范性文件

公安部《道路交通事故处理程序规定》（2009 年 1 月 1 日）第四十六条："公安机关交通管理部门应当根据当事人的行为对发生道路交通事故所起的作用以及过错的严重程度，确定当事人的责任。（一）因一方当事人的过错导致道路交通事故的，承担全部责任；（二）因两方或者两方以上当事人的过错发生道路交通事故的，根据其行为对事故发生的作用以及过错的严重程度，分别承担主要责任、同等责任和次要责任；（三）各方均无导致道路交通事故的过错，属于交通意外事故的，各方均无责任。一方当事人故意造成道路交通事故的，他方无责任。省级公安机关可以根据有关法律、法规制定具体的道路交通事故责任确定细则或者标准。"

公安部交管局《关于交通护栏等设施法律效力的答复》（1995 年 12 月 27 日公交管〔1995〕231 号）："……行人横过车行道，需走人行横道；凡设置交通护栏、隔离墩、绿篱等设施的道路，除留有人行横道外，禁止行人穿（跨）越。公共电、汽车站台设置在机动车与非机动车隔离设施中的，不论有无中心隔离设施，只允许乘车人通过非机动车道进、出站台，禁止横穿机动车道。"

公安部交管局《关于车行道边缘线有关问题的答复》（1992 年 12 月 10 日公交管〔1992〕187 号）："……车道中心线（包括隔离带、隔离设施等）两侧所划的车行道边缘线，是为了保证车辆高速行驶的安全和保护道路设施，两条边缘线之间的区域，禁止行人和车辆通行。违者按交通违章论处；造成交通事故的，应当根据当事人的违章行为与交通事故之间的因果关系，以及违章行为在交通事故中的作用，认定当事人的交通事故责任。"

5. 地方司法性文件

安徽宣城中院《关于审理道路交通事故赔偿案件若干问题的意见（试行）》（2011 年 4 月）第 36 条："机动车与非机动车驾驶人、行人之间发生交通事故的，由保险公司在交强险责任限额内予以赔偿，不足部分可以按照下列意见分担：（一）在高速公路、高架道路以及其他封闭道路上发生交通事故的，无责承担5%；在其他道路上发生交通事故的，无责承担10%……"

山东淄博中院民三庭《关于审理道路交通事故损害赔偿案件若干问题的指导意见》（2011年1月1日）第27条："机动车与非机动车、行人之间发生交通事故的，由机动车方承担赔偿责任；但是，有证据证明非机动车驾驶人、行人违反道路交通安全法律、法规，机动车驾驶人已经采取必要处置措施的，应当按照下列比例减轻机动车方的赔偿责任：1.非机动车、行人负事故全部责任的，减轻90%赔偿责任……"

河南郑州中院《审理交通事故损害赔偿案件指导意见》（2010年8月20日郑中法〔2010〕120号）第9条："机动车与非机动车驾驶人、行人之间发生交通事故的，由保险公司在交强险责任限额内予以赔偿，不足部分可按下列意见分担：（一）机动车一方没有过错、无责任的，承担不超过10%的赔偿责任……"

山东东营中院《关于印发道路交通事故处理工作座谈会纪要的通知》（2010年6月2日）第M条："机动车与非机动车、行人发生交通事故造成人身伤亡、财产损失，机动车一方没有过错的，由保险公司在机动车第三者责任强制保险责任限额范围内予以赔偿。不足的部分，由机动车一方承担不超过不足部分的百分之十的赔偿责任。"

江西南昌中院《关于审理道路交通事故人身损害赔偿纠纷案件的处理意见（试行）》（2010年2月1日）第28条："机动车发生交通事故造成人身伤亡、财产损失的，由保险公司在机动车第三者责任强制保险责任限额范围内予以赔偿。超出责任限额的部分，按照下列方式承担赔偿责任：……（2）机动车与非机动车驾驶人、行人之间发生交通事故造成人身伤亡、财产损失的，由机动车所投保的保险公司在机动车交通事故责任强制保险责任限额范围内予以赔偿；机动车未参加机动车交通事故责任强制保险的，由机动车一方在相当于相应的强制保险责任限额范围内予以赔偿。非机动车驾驶人、行人没有过错的，由机动车一方承担赔偿责任。但有证据证明非机动车驾驶人、行人有过错的，按照下列规定适当减轻机动车一方的赔偿责任：……④非机动车驾驶人、行人一方负全部责任的，在禁止非机动车和行人通行的高速公路、城市快速路上发生交通事故，机动车一方承担不超过5%的赔偿责任；在其他道路上发生交通事故，机动车一方承担不超过10%的赔偿责任。"

安徽合肥中院民一庭《关于审理道路交通事故损害赔偿案件适用法律若干问题的指导意见》（2009年11月16日）第29条："机动车与非机动车驾驶人、行人之间发生交通事故的损失超出交通事故责任强制保险责任限额的部分，有证据证明交通事故是由非机动车驾驶人、行人违反道路交通安全法律、法规造成，机动车驾驶人无事故责任的，按照下列规定承担赔偿责任：（一）在高速公路、高架道路以及其他封闭道路上发生交通事故的，机动车一方承担5%的赔偿责任；（二）在其他道路上发生交通事故的，机动车一方承担10%的赔偿责任。"

第36条："受害人对道路交通事故负全部责任的，受害人或者赔偿权利人请求精神损害赔偿的，不予支持；受害人对道路交通事故负主要责任的，一般不予支持。"

江西九江中院《关于印发〈九江市中级人民法院关于审理道路交通事故人身损害赔偿案件若干问题的意见（试行）〉的通知》（2009年10月1日九中法〔2009〕97号）第1条："机动车与非机动车、行人发生交通事故，由机动车一方承担责任，但有证据证明非机动车驾驶人、行人有过错的，应当按照下列规定适当减轻机动车一方的赔偿责任：……（四）非机动车驾驶人、行人负全部责任的，在禁止非机动车和行人通行的高速公路、城市快速路上发生交通事故，机动车一方承担不超过5%的赔偿责任；其他道路上发生交通事故，机动车一方承担不超过10%的赔偿责任。"

云南高院《关于审理人身损害赔偿案件若干问题的会议纪要》（2009年8月1日）第2条："……机动车与行人、非机动车发生交通事故，机动车一方应承担严格责任，但有证据证明非机动车驾驶人、行人违反道路交通安全法律、法规，机动车驾驶人已经采取必要处置措施的，可以相应减轻机动车的赔偿责任。非机动车或行人一方对交通事故承担全部责任的，减轻机动车一方80%至90%的责任……行人、非机动车一方对于交通事故的造成具有故意的，机动车一方不承担责任。"

辽宁大连中院《当前民事审判（一庭）中一些具体问题的理解与认识》（2008年12月5日大中法〔2008〕17号）第27条："……（4）过失相抵原则在道路交通事故责任适用。A．机动车一方没有过错，交通事故完全是因为非机动车驾驶员、行人的责任造成的，目前对其掌握的比例为不超过10%……"

北京高院《北京市法院道路交通事故损害赔偿法律问题研讨会会议纪要》（2007年12月4日）第3条："……关于机动车一方在事故中无责任时的赔偿处理原则问题。与会人员一致认为：在机动车一方无责的情况下，在由保险公司对于受害人一方的损失承担赔偿责任后，超过限额的部分，视案件是机动车之间发生的交通事故还是机动车与非机动车、行人之间发生的交通事故而定。若为机动车之间发生的交通事故，应适用过错责任原则，无责的机动车一方不再承担赔偿责任。若为机动车与非机动车、行人之间发生的交通事故，则机动车一方当事人仍应视事故情况，承担非机动车、行人损失5%至20%的赔偿责任。"

湖北十堰中院《关于审理机动车损害赔偿案件适用法律若干问题的意见（试行）》（2007年11月20日）第2条："机动车与非机动车驾驶人、行人之间发生交通事故而产生的损害赔偿责任适用过错推定原则。即机动车与非机动车驾驶人、行人之间发生交通事故，造成人身、财产损失的，由保险公司在机动车第三者责任强制保险责任限额内予以赔偿。超过责任限额的部分，由机动车一方承担赔偿责任，但是，有证据证明非机动车驾驶人、行人有过错的，按照下列比例减轻机动车一方的赔偿责任：（1）非机动车驾驶人、行人一方负事故全部责任的，机动车一方承担不超过10%的赔偿责任……"

贵州高院、省公安厅《关于处理道路交通事故案件若干问题的指导意见（一）》（2006年5月1日）第29条："机动车与非机动车驾驶人、行人发生交通事故，依据《道路交通安全法》第七十六条第一款第（二）项的规定，损失超出强制保险责任限额的部分，由机动车一方按照下列规定承担赔偿责任：……（5）机动车一方无事故责任的，有证据证明非机动车驾驶人、行人违反道路交通安全法律、法规，机动车驾驶人已经采取必要处置措施的，承担不低于20%的赔偿责任。但非机动车驾驶人、行人在高等级公路、高速公路等禁止非机动车和行人通行的全封闭路段内发生交通事故，并承担事故全部责任的，机动车一方承担不低于10%的赔偿责任。"

上海高院《关于贯彻实施〈上海市机动车道路交通事故赔偿责任若干规定〉的意见》（2005年4月1日沪高法民一庭〔2005〕4号）第7条："机动车与非机动车驾驶人、行人发生交通事故的损失超出强制保险责任限额的部分，在有证据证明非机动车驾驶人、行人违反道路交通安全法律、法规，机动车驾驶人已经采取必要处置措施的情形下，按照下列规定减轻机动车一方的赔偿责任：（一）在高速公路、高架道路以及其他封闭道路上发生交通事故的，机动车一方按5%的赔偿责任给予赔偿，但赔偿金额最高不超过1万元；（二）在其他道路上发生交通事故的，机动车一方按10%的赔偿责任给予赔偿，但赔偿金额最高不超过5万元。"

江苏高院《关于审理交通事故损害赔偿案件适用法律若干问题的意见（一）》（2005年2月24日）第11条："……（二）对于机动车与非机动车、行人之间发生交通事故的，由机动车方承担赔偿责任；但是，有证据证明非机动车驾驶人、行人违反道路交通安全法律、法规，机动车驾驶人已经采取必要处置措施的，应当按照下列比例减轻机动车方的赔偿责任：（1）非机动车、行人负事故全部责任的，减轻80%至90%……"

广东高院、省公安厅《关于〈道路交通安全法〉施行后处理道路交通事故案件若干问题的意见》（2004年12月17日粤高法发〔2004〕34号）第19

条："机动车与非机动车驾驶人、行人发生交通事故，依据《道路交通安全法》第七十六条的规定需要减轻机动车方赔偿责任的，一般按照以下原则减轻责任：……非机动车驾驶人、行人在事故中负全部责任的，减轻比例不超过80%。但非机动车驾驶人、行人在禁止非机动车和行人通行的城市快速路、高速公路发生交通事故，承担事故全部责任的，机动车方的减轻比例不超过90%。"

山东高院《关于审理道路交通事故损害赔偿案件的若干意见》（2004年5月1日）第11条："非机动车驾驶人、行人违反《道路交通安全法》的规定，擅自进入高速公路发生交通事故的，属于危险自负行为，可以按照《道路交通安全法》第七十六条第二款的规定处理，但受害人有证据证明机动车驾驶人应当采取必要处置措施而未采取的，机动车驾驶人应适当承担相应的赔偿责任。"

内蒙古高院《全区法院交通肇事损害赔偿案件审判实务研讨会会议纪要》（2002年2月）第12条："认定道路交通事故损害赔偿责任必须严格遵循《中华人民共和国民法通则》第一百二十三条规定的无过错责任原则。有证据证明损害是由受害人故意造成的，加害方不承担民事责任。依照《中华人民共和国民法通则》第一百三十一条规定的过失相抵规则，有证据证明受害人对于损害的发生有重大过失的，相应减轻加害方的赔偿责任。"

第14条："在适用过失相抵规则判断交通事故当事人过失程度及赔偿责任比例时，对公安机关作出的《交通事故责任认定书》的证据效力按以下原则掌握：（1）机动车辆之间发生的交通事故，可以将公安机关认定的事故责任比例作为判断双方过失比例的依据。（2）机动车辆与行人或非机动车之间发生的交通事故中，不能将公安机关认定的事故责任比例作为双方过失比例相抵的唯一依据，而应结合侵权行为的具体情形，按照优者负担、照顾弱者的原则合理相抵，相应减轻加害方的责任。受害人如年满70周岁，或不满10周岁，或系残疾人，不能适用过失相抵规则。"

6. 地方规范性文件

安徽省《实施〈道路交通安全法〉办法》（2012年10月19日修正）第55条："机动车与非机动车驾驶人、行人之间发生交通事故的损失超出第三者责任强制保险责任限额的部分，有证据证明交通事故是由非机动车驾驶人、行人违反道路交通安全法律、法规造成，机动车驾驶人无事故责任，且已经采取必要处置措施的，按照下列规定承担赔偿责任：（一）在高速公路、高架道路以及其他封闭道路上发生交通事故的，机动车一方承担百分之五的赔偿责任；（二）在其他道路上发生交通事故的，机动车一方承担百分之十的赔偿责任。"

江苏省《道路交通安全条例》（2012年1月12日修正）第52条："……机动车与非机动车驾驶人、行人之间发生交通事故，非机动车驾驶人、行人没有过错的，由机动车一方承担赔偿责任；有证据证明非机动车驾驶人、行人有过错的，按照以下规定减轻机动车一方的赔偿责任：1. 非机动车驾驶人、行人负事故全部责任的，减轻百分之九十以上。"

甘肃省《道路交通安全条例》（2012 年 1 月 1 日）第 68 条："机动车与非机动车、行人发生交通事故造成人身伤亡、财产损失，超过机动车交通事故责任强制保险责任限额的部分，非机动车、行人没有过错的，由机动车一方承担赔偿责任；有证据证明非机动车驾驶人、行人有过错的，机动车一方按照以下规定承担赔偿责任：（一）在禁止非机动车、行人通行的道路上发生交通事故，机动车一方无过错的，承担不超过百分之五的赔偿责任……"

广东省《道路交通安全条例》（2011 年 10 月 1 日修订）第 46 条："机动车与非机动车驾驶人、行人之间发生交通事故，造成人身伤亡、财产损失的，由保险公司在机动车第三者责任强制保险责任限额范围内予以赔偿。不足的部分，按照下列规定承担赔偿责任：……（五）非机动车驾驶人、行人负事故全部责任的，由机动车一方承担不超过百分之十的赔偿责任。交通事故的损失是由非机动车驾驶人、行人故意造成的，机动车一方不承担责任。非机动车驾驶人、行人与处于静止状态的机动车发生交通事故，机动车一方无交通事故责任的，不承担赔偿责任。未参加机动车第三者责任强制保险的，由机动车方在该车应当投保的最低保险责任限额内予以赔偿，对超过最低保险责任限额的部分，按照第一款的规定赔偿。"

北京市《实施〈道路交通安全法〉办法》（2010 年 12 月 23 日修正）第 72 条："机动车与非机动车、行人之间发生交通事故造成人身伤亡、财产损失的，由保险公司在机动车第三者责任强制保险责任限额范围内先行赔偿。超过责任限额的部分，由机动车一方承担赔偿责任；但是，有证据证明非机动车驾驶人、行人违反道路交通安全法律、法规，机动车驾驶人在驾驶中履行了交通安全注意义务并已经采取了适当的避免交通事故的处置措施，机动车一方无过错的，按照国家规定的最低比例、额度承担赔偿责任。机动车一方有过错的，按照过错程度承担赔偿责任。"

7. 最高人民法院审判业务意见

无责机动车一方是否仍需负担全责非机动车一方伤亡损失？

最高人民法院民一庭《民事审判实务问答》编写组："这就是媒体一度称为'撞了白撞'的问题。《道路交通事故处理办法》第四十四条规定：'机动车与非机动车、行人发生交通事故，造成对方人员死亡或者重伤，机动车一方无过错，应当分担对方 10% 的经济损失。但按照 10% 计算，赔偿额超过交通事故发生地十个月平均生活费的，按十个月的平均生活费支付。前款非机动车、行人故意造成自身伤害或者进入高速公路造成损害的除外'。可见，根据该规定，机动车方在一定情况下须作适当补偿。但是，《道路交通安全法》及其《实施条例》施行的同时，废止了该办法，代之以新的责任承担方式。该法第七十六条规定：'机动车发生交通事故造成人身伤亡、财产损失的，由保险公司在机动车第三者责任强制保险责任限额范围内予以赔偿。超过责任限额的部分，按照下列方式承担赔偿责任：（一）机动车之间发生交通事故的，由有过错的一方承担责任；双方都有过错的，按照各自过错的比例分担责任。（二）机动车与非机动车驾驶人、行人之间发生交通事故的，由机动车一方承担责任；但是，有证据证明非机动车驾驶人、行人违反道路交通安全法律、法规，机动车驾驶人已经采取必要处置措施的，减轻机动车一方的责任'，'交通事故的损失是由非机动车驾驶人、行人故意造成的，机动车一方不承担责任'。因此，对机动车一方是否需负担非机动车一方伤亡的一定损失，应结合案件的具体情况，适用上述规定确定当事人应承担的民事责任。"

第三节　法理分析

机动车与非机动车驾驶人之间发生交通事故的，由机动车一方承担责任；但有证据证明非机动车驾驶人违反道路交通安全法律、法规，机动车驾驶人已经采取必要处理措施的，减轻机动车一方的责任。

机动车与非机动车驾驶人、行人之间发生交通事故造成人身伤亡、财产损失的，由保险公司在交强险责任限额范围内予以赔偿。不足部分，有证据证明非机动车驾驶人、行人有过错，机动车一方没有过错的，机动车一方承担不超过百分之十的赔偿责任。交通事故的损失是由非机动车驾驶人、行人故意碰撞机动车造成的，机动车一方不承担赔偿责任。

行人违反道路交通安全法律、法规，机动车驾驶人已经采取必要处置措施的，减轻机动车一方的赔偿责任。如果行人醉酒骑车逆行进入机动车道导致事故发生并造成死亡后果，机动车一方驾驶员已尽到注意义务，并已采取必要措施，但仍未避免事故发生，在确定行人承担事故全部责任的情况下，机动车一方应承担一定的民事赔偿责任。

第十一章

有偿代驾交通事故之关系厘清与责任归结

第一节　概　述

在机动车有偿代驾已成为一种新型的商业模式的前提下，关于代驾人（代驾公司）与被代驾人（请代驾人）之间关系的性质，学者们的认识并不一致。但也无外乎认为它是一种雇佣合同关系，抑或委托合同关系，再或者是一种承揽合同关系。

从法律上看，把代驾人（公司）与被代驾人之间的关系界定为承揽合同最接近代驾合同的案型，但如果把它认定为承揽合同，其社会效果必然不同于雇佣合同，因为雇佣合同存在着雇主和雇员的连带责任，而承揽合同则没有这种责任类型。如果把代驾人与被代驾人之间的关系界定为雇佣关系的话，那么，在代驾法律关系中，就会出现双重雇佣关系架构，其结果适用雇主责任原则。这种安排对代驾驾驶员来说是最好的一种安排，但它却加重了代驾公司的责任，但这种制度安排又符合现代法上对弱者保护的精神。①

第二节　责任表现及裁判依据

1. 法律规定

《道路交通安全法》（2004 年 5 月 1 日实施，2011 年 4 月 22 日修正）第七

---

①李清伟. 有偿代驾交通事故之关系厘清与责任归结［J］. 人民司法（案例），2016（2）：11-16.

十六条："机动车发生交通事故造成人身伤亡、财产损失的，由保险公司在机动车第三者责任强制保险责任限额范围内予以赔偿；不足的部分，按照下列规定承担赔偿责任：……"

《侵权责任法》（2010 年 7 月 1 日）第六条："行为人因过错侵害他人民事权益，应当承担侵权责任。根据法律规定推定行为人有过错，行为人不能证明自己没有过错的，应当承担侵权责任。"

第二十四条："受害人和行为人对损害的发生都没有过错的，可以根据实际情况，由双方分担损失。"

第二十六条："被侵权人对损害的发生也有过错的，可以减轻侵权人的责任。"

第四十九条："因租赁、借用等情形机动车所有人与使用人不是同一人时，发生交通事故后属于该机动车一方责任的，由保险公司在机动车强制保险责任限额范围内予以赔偿。不足部分，由机动车使用人承担赔偿责任；机动车所有人对损害的发生有过错的，承担相应的赔偿责任。"

《民法通则》（1987 年 1 月 1 日）第一百零六条："……公民、法人由于过错侵害国家的、集体的财产，侵害他人财产、人身的应当承担民事责任。"

第一百三十一条："受害人对于损害的发生也有过错的，可以减轻侵害人的民事责任。"

第一百三十二条："当事人对造成损害都没有过错的，可以根据实际情况，由当事人分担民事责任。"

2. 司法解释

最高人民法院《关于审理道路交通事故损害赔偿案件适用法律若干问题的解释》（2012 年 12 月 21 日法释〔2012〕19 号）第一条："机动车发生交通事故造成损害，机动车所有人或者管理人有下列情形之一，人民法院应当认定其对损害的发生有过错，并适用《侵权责任法》第四十九条的规定确定其相应的赔偿责任：（一）知道或者应当知道机动车存在缺陷，且该缺陷是交通事故发生原因之一的；（二）知道或者应当知道驾驶人无驾驶资格或者未取得相应驾驶资格的；（三）知道或者应当知道驾驶人因饮酒、服用国家管制的精神药品或者麻醉药品，或者患有妨碍安全驾驶机动车的疾病等依法不能驾驶机动车的；（四）其他应当认定机动车所有人或者管理人有过错的。"

最高人民法院《关于审理人身损害赔偿案件适用法律若干问题的解释》（2004 年 5 月 1 日法释〔2003〕20 号）第十三条："为他人无偿提供劳务的帮工人，在从事帮工活动中致人损害的，被帮工人应当承担赔偿责任。被帮工人明确拒绝帮工的，不承担赔偿责任。帮工人存在故意或者重大过失，赔偿权利人请求帮工人和被帮工人承担连带责任的，人民法院应予支持。"

第十四条："帮工人因帮工活动遭受人身损害的，被帮工人应当承担赔偿责任。被帮工人明确拒绝帮工的，不承担赔偿责任；但可以在受益范围内予以适当补偿。帮工人因第三人侵权遭受人身损害的，由第三人承担赔偿责任。第三人不能确定或者没有赔偿能力的，可以由被帮工人予以适当补偿。"

3. 地方司法性文件

新疆高院《关于印发〈关于审理道路交通事故损害赔偿案件若干问题的指导意见（试行）〉的通知》（2011 年 9 月 29 日新高法〔2011〕155 号）第16 条："提供泊车、代驾等服务过程中发生交通事故造成损害的，由提供服务方对超出机动车交强险责任限额之外的损害承担赔偿责任；机动车所有人有过错的，承担相应的赔偿责任。"

山东淄博中院民三庭《关于审理道路交通事故损害赔偿案件若干问题的指导意见》（2011 年 1 月 1 日）第 23 条："因个人之间有偿代驾出现交通事故造成第三人损害的，由车主承担赔偿责任；代驾人存在故意或重大过失的，应承担连带赔偿责任，车主在承担赔偿责任后可以向其追偿；交通事故造成车主或代驾人损害的，可以按照双方各自的过错承担责任。"

第 24 条："因个人之间无偿代驾出现交通事故的，视为帮工，按照最高人民法院《关于审理人身损害赔偿案件适用法律若干问题的解释》第十三条与第十四条的规定处理；代驾人有重大过错或故意的，按照最高人民法院《关于审理人身损害赔偿案件适用法律若干问题的解释》第二条的规定处理。代驾公司或酒店提供代驾服务，出现交通事故造成第三人或车主损害的，应由代驾公司或酒店承担赔偿责任；造成代驾人损害的，应按照工伤处理原则，由代驾公司或酒店承担赔偿责任。"

河南郑州中院《审理交通事故损害赔偿案件指导意见》（2010 年 8 月 20日郑中法〔2010〕120 号）第 33 条："代驾车辆在代驾过程中发生交通事故的，由驾驶人员或安排代驾的人承担赔偿责任。原驾驶人有过错的，应承担与其过错相应的赔偿责任。"

浙江高院民一庭《关于审理道路交通事故损害赔偿纠纷案件若干问题的意见（试行）》（2010 年 7 月 1 日）第 9 条："为机动车使用人提供泊车、代驾等服务过程中发生道路交通事故致人损害的，由保险公司在机动车强制保险责任限额范围内予以赔偿。不足部分，由提供服务方承担赔偿责任；接受服务方确有过错的，承担相应的赔偿责任。"

辽宁大连中院《当前民事审判（一庭）中一些具体问题的理解与认识》（2008 年 12 月 5 日大中法〔2008〕17 号）第 28 条："交通事故损害赔偿责任主体的具体认定问题。交通事故中赔偿义务人确定的基本原则：由机动车的所有人或实际占有人（实际使用人）承担赔偿责任。处理原则是所有人和实际占有人不一致的，根据运行支配（支配和控制）和运行利益（与机动车运行有关的经济利益）原则确定赔偿义务人。为保证受害人的利益，在诉讼中当行使必要的释明权，告知当事人尽可能将与肇事车有关人员追加为共同被告，对原告在释明后所作出的选择，法院应作好记录……（9）酒后代驾情形，针对某些单位和个人推出了有某种利益的代驾服务，车主与代驾人连带承担赔偿责任。"

江西高院民一庭《关于审理道路交通事故人身损害赔偿案件适用法律若干问题的解答》（2006 年 12 月 31 日）第 24 条："酒店、宾馆等服务场所在提供代客泊车时，其员工驾驶车辆发生交通事故致人身损害的，由酒店、宾馆等服务企业承担赔偿责任，赔偿权利人同时起诉车辆所有人的，由二者承担连带赔偿责任，车辆所有人承担责任后，可以向酒店、宾馆等服务企业追偿。"

4. 地方规范性文件

广东深圳市《道路交通安全管理条例》（2012 年 1 月 1 日）第 49 条："餐饮、娱乐场所等服务单位，指派或者聘请取得机动车驾驶证的人员为其服务对象提供机动车代理驾驶服务的，应当签订代驾协议，登记代驾人和服务对象相关个人资料、目的地及车辆资料。代驾人应当谨慎驾驶，将服务对象安全送达目的地。代驾人在代驾期间有道路交通安全违法行为或者造成道路交通事故的，代驾人和服务单位应当依据代驾协议和法律规定承担相应责任。"

第 117 条："餐饮、娱乐场所等服务单位违反本条例第四十九条第一款规定，未签订代驾协议或者未登记代驾人和服务对象相关个人资料、目的地及车辆资料的，由市公安机关交通管理部门处二千元罚款。"

第三节　法理分析

个人之间代驾发生交通事故，如代驾系有偿的，可参照按雇佣关系处理；无偿代驾的按帮工处理。代驾公司或酒店提供代驾服务，出现交通事故造成第三人或车主损害的，由提供服务方对超出机动车交强险责任限额之外的损害承担赔偿责任；机动车所有人有过错的，承担相应的赔偿责任。

第十二章

承租车辆的道路交通事故赔偿责任主体探析

第一节　概　述

租赁机动车发生交通事故造成损害，机动车所有人或者管理人有下列情形之一，人民法院应当认定其对损害的发生有过错，并适用《侵权责任法》第四十九条的规定确定其相应的赔偿责任：

"（一）知道或者应当知道机动车存在缺陷，且该缺陷是交通事故发生原因之一的；

（二）知道或者应当知道驾驶人无驾驶资格或者未取得相应驾驶资格的；

（三）知道或者应当知道驾驶人因饮酒、服用国家管制的精神药品或者麻醉药品，或者患有妨碍安全驾驶机动车的疾病等依法不能驾驶机动车的；

（四）其他应当认定机动车所有人或者管理人有过错的。"

第二节　责任表现及裁判依据

一、常见实务类型

2009 年 2 月，赵某将其投保的家庭自用轿车以每月 4500 元租借给李某，李某将该车借给王某使用期间肇事，发生保险车辆损、三责车辆损、拖车费，扣除交强险理赔的 2000 元，赵某就余下 2 万余元损失向保险公司索赔时，被保险公司以有偿租赁改变车辆使用性质，增加车辆危险程度为由拒赔。

争议焦点：（1）有偿使用是否改变车辆使用性质？（2）保险公司应否理赔？

赵某未为被保险车辆办理营运手续，其将车辆租借给特定人使用，而王某作为合格的驾驶人，与车主本人使用无本质区别。

投保人在投保时并未指定驾驶人，出险时被保险车辆的实际使用人王某并未从事商业营运。故赵某将其车辆租借给李某使用，李某又将车借给王某的行为，不能证明赵某的租赁行为增加了车辆的危险程度。对该次保险事故，保险公司应予理赔。①

二、裁判依据或参考

1. 法律规定

《侵权责任法》（2010 年 7 月 1 日）第四十九条："因租赁、借用等情形机动车所有人与使用人不是同一人时，发生交通事故后属于该机动车一方责任的，由保险公司在机动车强制保险责任限额范围内予以赔偿。不足部分，由机动车使用人承担赔偿责任；机动车所有人对损害的发生有过错的，承担相应的赔偿责任。"

2. 行政法规

《机动车交通事故责任强制保险条例》（2013 年 3 月 1 日修改施行）第四十二条："本条例下列用语的含义：（一）投保人，是指与保险公司订立机动车交通事故责任强制保险合同，并按照合同负有支付保险费义务的机动车的所有人、管理人。（二）被保险人，是指投保人及其允许的合法驾驶人。"

3. 司法解释

最高人民法院《关于审理道路交通事故损害赔偿案件适用法律若干问题的解释》（2012 年 12 月 21 日法释〔2012〕19 号）第一条："机动车发生交通事故造成损害，机动车所有人或者管理人有下列情形之一，人民法院应当认定其对损害的发生有过错，并适用侵权责任法第四十九条的规定确定其相应的赔偿责任：（一）知道或者应当知道机动车存在缺陷，且该缺陷是交通事故发生原因之一的；（二）知道或者应当知道驾驶人无驾驶资格或者未取得相应驾驶资格的；（三）知道或者应当知道驾驶人因饮酒、服用国家管制的精神药品或者麻醉药品，或者患有妨碍安全驾驶机动车的疾病等依法不能驾驶机动车的；

---

①案件引自《承租车辆的赔偿主体：租车出事故，损失如何赔？》，http://www.jtsg.org/2016-07-26/3329.html。

（四）其他应当认定机动车所有人或者管理人有过错的。"

4. 地方司法性文件

广东高院《关于印发〈全省民事审判工作会议纪要〉的通知》（2012 年 6 月 26 日粤高法〔2012〕240 号）第 40 条："因租赁、借用等情形致机动车所有人与使用人不是同一人时，发生交通事故后造成第三人损失的，应根据《侵权责任法》第四十九条的规定，由保险公司在交强险责任限额范围内先予赔偿。不足部分，由机动车使用人依照《道路交通安全法》第七十六条的规定承担赔偿责任；机动车所有人对损害的发生有过错的，应根据过错大小承担相应的赔偿责任。"

江苏南通中院《关于处理交通事故损害赔偿案件中有关问题的座谈纪要》（2011 年 6 月 1 日通中法〔2011〕85 号）第 10 条："租赁、借用他人机动车发生交通事故致人损害的，由机动车使用人承担赔偿责任。机动车所有人对损害的发生有过错的，承担相应的赔偿责任。前述机动车所有人的过错包括但不限于未对借用人、承租人是否具有相应的行为能力、驾驶能力等影响机动车安全驾驶因素的合理审查，或未对机动车适于运行状态进行合理维护等方面。机动车所有人将未投交强险的机动车出租、出借给使用人发生交通事故致人损害的，机动车所有人在交强险限额内承担责任，限额外的损失由使用人按责赔偿。"

安徽宣城中院《关于审理道路交通事故赔偿案件若干问题的意见（试行）》（2011 年 4 月）第 12 条："借用或租赁他人车辆发生交通事故致人损害的，由保险公司在机动车第三者强制责任险范围内予以赔偿，不足部分，由借用人或者租赁人予以赔偿。但有下列情形之一的，出借人或者出租人应当承担相应赔偿责任：（一）出借人或者出租人明知道或者应当知道出借或者出租车辆有安全缺陷，因该安全缺陷导致交通事故发生。（二）借用人或者租赁人没有驾驶资质、酒后要求驾驶或者为限制行为能力人。（三）其他依当时情形借用人或者租赁人明显不能驾驶机动车的。"

山东高院《关于印发审理保险合同纠纷案件若干问题意见（试行）的通知》（2011 年 3 月 17 日）第 12 条："财产保险中，非保险标的所有人基于租借、挂靠、保管等合同对保险标的的享有占有、使用等权利而进行投保的，发生保险事故时，应认定其对保险标的的具有保险利益。"

第 27 条："第三者责任保险中，被保险人允许的合法驾驶人在驾驶被保险车辆时发生交通事故致第三者人身伤亡和财产损失的，在承担损害赔偿责任后，有权要求保险人按照第三者责任保险合同约定赔付。"

江西鹰潭中院《关于审理道路交通事故损害赔偿纠纷案件的指导意见》（2011 年 1 月 1 日鹰中法〔2011〕143 号）第 7 条："机动车发生交通事故造

成人身伤亡、财产损失的，由保险公司在机动车第三者责任强制保险责任限额内予以赔偿。未参加机动车强制保险，发生道路交通事故人身损害的，由机动车所有人在相应的机动车强制保险责任限额范围内先行赔偿，机动车所有人与使用人不是同一人的，对机动车强制保险责任限额范围内的损害赔偿承担连带责任。"

河南郑州中院《审理交通事故损害赔偿案件指导意见》（2010 年 8 月 20 日郑中法〔2010〕120 号）第 25 条："出租人将车辆出租给承租人，承租人在控制、支配该车辆时发生交通事故的，由承租人承担赔偿责任；出租人有过错，而且该过错与损害结果有因果关系的，由出租人和承租人承担连带赔偿责任；出租人与承租人均有过错的，按过错责任大小承担按份责任。"

第 27 条："出租、出借的车辆未投交强险发生交通事故的，出租人、出借人在交强险限额内承担连带赔偿责任。"

河南周口中院《关于侵权责任法实施中若干问题的座谈会纪要》（2010 年 8 月 23 日周中法〔2010〕130 号）第 10 条："在机动车的所有人和使用人不一致的情形下，责任主体的认定及责任方式确定，主要是采用'运行支配'和'运行利益'两个标准综合判断，同时还要结合过错责任来作为补充。在实践中，既要充分体现对受害人的保护，还要注意促进经济发展、保障行为人的行为自由，另外还要兼顾制裁交通违法行为人、遏制交通事故发生、维护交通安全的目的。结合保险法中分散风险、救济受害人等功能，积极稳妥化解故意逃避赔偿责任等形式的道德风险，应当根据下列不同情形，分别确定责任人及责任方式：……3. 机动车在出租、出借期间发生交通事故造成他人损害的，由承租人、借用人承担赔偿责任，出借人或出租人对损害的发生有过错的，承担相应的赔偿责任。出租人或出借人的过错主要有以下情形：（1）出租或出借的车辆达到报废标准、存在安全隐患、没有运行资格等；（2）出租或出借给无驾驶资格或无驾驶能力（醉酒、患病、服精神类药品等）人；（3）没有办理交强险；（4）出借给明显没有经济能力人等。认定出租或出借，需由车辆所有人提供充分证据加以证明，仅凭出租人或出借人与租赁方或借用方的陈述，不能认定。带司机出租或出借时，应当认定车辆的实际支配者仍然是车辆所有人，如果发生交通事故，车辆所有人承担责任。"

浙江高院民一庭《关于审理道路交通事故损害赔偿纠纷案件若干问题的意见（试行）》（2010 年 7 月 1 日）第 5 条："《侵权责任法》第四十九条规定的机动车所有人'承担相应的赔偿责任'，系与其过错相适应的按份责任；证明机动车所有人过错的举证责任应由主张机动车所有人需承担责任的一方当事人负担。机动车所有人知道或应当知道租用人或借用人不具备驾驶资格、酒后驾车或存在其他不利于安全驾车的事由，或者机动车存在安全隐患等情形的，应认定其具有过错。"

第 17 条："未参加机动车强制保险，发生道路交通事故致人损害的，由机动车所有人在相应的机动车强制保险责任限额范围内先行赔偿；机动车所有人与使用人不是同一人的，对机动车强制保险责任限额范围内的损害赔偿承担连带责任。"

山东东营中院《关于印发道路交通事故处理工作座谈会纪要的通知》（2010 年 6 月 2 日）第 27 条："道路交通事故损害赔偿案件的责任主体，一般应根据机动车运行支配权和运行利益归属予以确定。依据上述原则无法确定的，可以根据机动车注册登记的车主予以认定。"

第 28 条："因租赁、借用等情形，机动车所有人与使用人非同一人时，发生交通事故后属于该机动车一方责任的，由保险公司在机动车强制保险责任限额范围内予以赔偿。不足部分，由机动车使用人承担赔偿责任；但出借人、出租人在机动车管理或者对借用人、承租人的选任监督上存在过错的，依其过错程度承担相应的赔偿责任。"

安徽合肥中院民一庭《关于审理道路交通事故损害赔偿案件适用法律若干问题的指导意见》（2009 年 11 月 16 日）第 6 条："借用或租赁他人机动车发生道路交通事故致人损害的，由借用人或租赁人承担赔偿责任。但有下列情形之一的，出借人或出租人应当承担相应赔偿责任：（一）出借人或出租人知道或者应当知道所出借或出租的机动车有安全缺陷，因该安全缺陷发生道路交通事故的；（二）借用人或租赁人没有驾驶资质、酒后要求驾驶或为限制行为能力人的；（三）其他依当时情形借用人或租赁人明显不能驾驶机动车的。"

云南高院《关于审理人身损害赔偿案件若干问题的会议纪要》（2009 年 8 月 1 日）第 2 条："……7. 有营业资质的出租汽车公司出租机动车交付承租人使用并收取租赁费用，承租人使用该租赁机动车发生交通事故致人损害的，按照《道路交通安全法》第七十六条的规定，首先由保险公司在机动车第三者责任强制保险责任限额范围内予以赔偿。超过责任限额的部分由机动车的承租人按照《道路交通安全法》第七十六条第一款第（一）项、第（二）项的规定承担赔偿责任，出租人承担连带赔偿责任。出租人对承租人的驾驶资质尽到审查义务且租赁机动车没有瑕疵的，出租人承担责任后可以向承租人追偿；出租人未尽审查义务或者租赁机动车存在瑕疵的，按照其过错大小及交通事故结果的原因力比例承担相应的民事责任。机动车所有人为个人的，其出租机动车发生交通事故致人损害的，按照上述原则承担民事责任。"

上海高院《关于处理道路交通事故纠纷若干问题的解答》（2009 年 6 月 20 日沪高法民一〔2009〕9 号）第 3 条："借用、租用他人非机动车发生交通事故赔偿责任主体的确定。非机动车发生交通事故时，当事人应当根据各自过错大小承担相应的责任。借用、租用他人非机动车发生交通事故，由事故责任人自己承担责任。非机动车肇事者逃逸后，非机动车车主无法证明另有肇事者或者未提出其他合法免责事由的，应对损害承担相应的赔偿责任。"

四川泸州中院《关于民商审判实践中若干具体问题的座谈纪要（二）》（2009年4月17日泸中法〔2009〕68号）第10条："出租、出借车辆发生交通事故，车主是否应当承担赔偿责任？基本观点：有三种不同的意见。倾向性意见：同意省高院民一庭的观点，即无论是否有过错，车主应当与车辆使用人承担连带责任，仅以使用人为赔偿责任人，一旦使用人逃逸或无力赔偿，可能对受害的第三者保护不周。第二种意见认为，应根据机动车辆运行支配与运行利益归属的原则来确定赔偿责任的责任主体，当车主将车辆合法借用、出租给他人占用时，使用人已成为该机动车实际运行的支配者和运行利益的获得者，造成的交通事故应当由使用人承担赔偿责任，车主不承担赔偿责任。第三种意见认为，车主应当按照过错程度承担相应的赔偿责任。如果出借人出借、出租的车辆存在安全瑕疵或疏于对借用人、出租人有无驾驶资格或有无驾驶技能的审查，则车主应依其过错承担赔偿责任。"

辽宁大连中院《当前民事审判（一庭）中一些具体问题的理解与认识》（2008年12月5日大中法〔2008〕17号）第28条："交通事故损害赔偿责任主体的具体认定问题。交通事故中赔偿义务人确定的基本原则：由机动车的所有人或实际占有人（实际使用人）承担赔偿责任。处理原则是所有人和实际占有人不一致的，根据运行支配（支配和控制）和运行利益（与机动车运行有关的经济利益）原则确定赔偿义务人。为保证受害人的利益，在诉讼中当行使必要的释明权，告知当事人尽可能将与肇事车有关人员追加为共同被告，对原告在释明后所作出的选择，法院应作好记录……（5）租用他人机动车发生交通事故致人损害的，出租人和承租人承担连带赔偿责任。（6）承包经营的机动车发生交通事故致人损害的，承包人和发包人承担连带赔偿责任。"

福建高院民一庭《关于审理人身损害赔偿纠纷案件疑难问题的解答》（2008年8月22日）第6条："问：机动车在出租、承包或者借用期间发生交通事故，应如何确定赔偿责任主体？答：对机动车在出租、承包、借用等车辆所有权与使用权分离的状态下所发生的交通事故，如何确定赔偿责任人问题，目前的法律、法规未作明确规定，审判实践中比较一致的观点认为，应根据两方面事实确定赔偿责任主体：一是发生事故的机动车由谁实际支配？二是谁在机动车运行中获利？机动车的实际支配者和运行利益获得者均应对交通事故承担赔偿责任。机动车出租、承包期间，租用人、承包人不仅是车辆的实际控制者，而且在车辆的运行中获得利益；机动车所有人虽未实际控制车辆，但其通过出租和发包的方式从车辆运行中有获得利益。因此，机动车在出租和承包期间发生交通事故的，应由租用人、承包人承担赔偿责任，出租人和发包人承担连带责任。出租人、发包人承担赔偿责任后，可以依法向租用人、承包人追偿。"

江苏宜兴法院《关于审理交通事故损害赔偿案件若干问题的意见》（2008年1月28日宜法〔2008〕第7号）第4条："车辆所有人将车辆出租给他人使用期间，承租人使用该车辆发生交通事故的，应由出租人与承租人承担连带赔偿责任。"

第9条："车辆被质押期间发生交通事故的，应由质权人承担赔偿责任。但出质人有过错的，应当承担相应的赔偿责任。"

陕西高院《关于审理道路交通事故损害赔偿案件若干问题的指导意见（试行）》（2008年1月1日陕高法〔2008〕258号）第1条："机动车发生道路交通事故致人损害的，应当由该机动车所有权人承担相应的赔偿责任。法律、行政法规及本意见有其他规定的除外。"

第6条："租用他人机动车发生道路交通事故致人损害的，由机动车承租人与出租人承担连带赔偿责任。"

湖北十堰中院《关于审理机动车损害赔偿案件适用法律若干问题的意见（试行）》（2007年11月20日）第6条："机动车的有权占有人的责任按照下列原则确定：……（2）出租、出借、发包机动车在运行中造成他人损害的，机动车所有人与承租人、借用人、承包人承担连带责任。机动车所有人与出租人、出借人、发包人对损害发生没有过错的，向受害人赔偿后，可以向承租人、借用人、承包人追偿……"

上海高院《关于道路交通事故损害赔偿责任主体若干问题的意见》（2007年6月18日沪高法民一庭〔2007〕11号）第8条："借用、租用他人机动车发生交通事故造成第三者损害的，车辆所有人与实际使用人承担连带赔偿责任。借用人、承租人将车辆转借或转租后发生交通事故造成第三人损害的，借用人、承租人与车辆所有人、实际使用人承担连带赔偿责任。车辆所有人按前款承担责任后，可以就机动车交通事故责任强制保险责任限额以外的部分，向实际使用人追偿。"

第9条："车辆所有人向实际使用人追偿纠纷中，应区分以下几种情况处理：（一）车辆所有人无过错的，实际使用人承担全部责任；（二）车辆所有人明知车辆存在安全隐患仍然出借、出租车辆，并因此造成交通事故的，或者明知借用人、承租人没有机动车驾驶资格仍然出借、出租的，应承担相应责任；（三）车辆所有人已将车辆存在安全隐患告知借用人、承租人，借用人、承租人仍然借用、租用该车辆，并因此造成交通事故的，车辆所有人可减轻或者免除责任。"

第 10 条："借用、租用他人机动车发生交通事故造成借用人、承租人本人人身伤亡、财产损害的，借用人、租用人自行承担责任。出借人、出租人明知车辆存在安全隐患，或者明知借用人、承租人没有机动车驾驶资格仍然出借、出租，造成借用人、承租人本人人身伤亡、财产损害的，应承担相应赔偿责任。"

江西高院民一庭《关于审理道路交通事故人身损害赔偿案件适用法律若干问题的解答》（2006 年 12 月 31 日）第 22 条："发包、出租的车辆发生交通事故致人身损害的，赔偿权利人可以选择承包人、租赁人或者发包人、出租人为被告，选择后二者为被告的，对发包人、出租人请求以其与承包人、租赁人之间的合同关系确定承包人、租赁人责任的，人民法院不予支持。赔偿权利人既起诉发包人、出租人，又起诉承包人、租赁人的，判决发包人、出租人承担赔偿责任，对发包人、出租人请求根据合同关系判由承包人、租赁人承担责任的，告知另案处理。"

第 25 条："自有车辆交给汽车租赁公司经营出租业务，租车人驾驶车辆发生交通事故致人损害的，赔偿权利人请求由租车人、汽车租赁公司共同承担赔偿责任的，予以支持。执行租车人、汽车租赁公司财产不足的部分，赔偿权利人还可以向车辆所有人请求补充赔偿。租车人与汽车租赁公司之间、车辆所有人与汽车租赁公司之间责任的承担，分别根据合同确定，但应另案处理。"

重庆高院《关于审理道路交通事故损害赔偿案件适用法律若干问题的指导意见》（2006 年 11 月 1 日）第 1 条："机动车发生道路交通事故致人损害的，一般由对该机动车具有运行支配力的主体与享有运行利益的主体承担相应赔偿责任。"

第 4 条："租赁的机动车发生道路交通事故致人损害的，由承租人与出租人承担连带赔偿责任。"

贵州高院、省公安厅《关于处理道路交通事故案件若干问题的指导意见（一）》（2006 年 5 月 1 日）第 22 条："租赁的机动车发生交通事故的，由出租人与承租人承担连带责任。"

第 42 条："《道路交通安全法》第七十六条所称'机动车一方'指机动车所有人、机动车实际支配人、驾驶人。机动车所有人是指在机动车管理机关注册登记的单位或者个人。实际支配人则包括：机动车买卖中的未办理登记过户的买受人（连环购车未过户的，为最后一次买卖关系的买受人）、挂靠人、承包经营人、租用人、借用人、实行分期付款购买而未办理过户手续的买受人等。"

安徽高院《审理人身损害赔偿案件若干问题的指导意见》（2005 年 12 月 26 日）第 12 条："借用、租用他人机动车发生交通事故造成第三人伤害的，车辆所有人与使用人承担连带责任。借用人、承租人又擅自将车辆出借或出租的，与车辆所有人、实际使用人一并承担连带责任。"

第 13 条："车辆所有人按前条规定承担责任后，向使用人追偿的，区别以下情形处理：（一）车辆所有人无过错的，使用人承担全部责任；（二）车辆所有人明知车辆存在机械行车安全隐患，或者明知借用人、承租人没有机动车驾驶资格仍然出借、出租的，应自行承担不低于 50% 的责任。"

第 14 条："借用、租用他人机动车发生交通事故造成借用人、承租人人身伤亡、财产损失的，借用人、租用人自行承担责任。但出借人、出租人明知车辆存在机械行车安全隐患仍然出借、出租的，应承担赔偿责任。"

山东高院《关于印发〈全省民事审判工作座谈会纪要〉的通知》（2005年 11 月 23 日鲁高法〔2005〕201 号）第 3 条："……（七）关于交通事故损害赔偿责任主体的确定问题。道路交通损害赔偿案件是一类特殊的侵权案件，根据最高人民法院有关司法解释的精神，其责任主体一般应根据对机动车运行支配权与运行利益的归属来确定……对于机动车出借情形下发生道路交通事故的，原则上应由借用人承担赔偿责任，但出借人在出借行为中存在过失的，应根据其过错程度承担适当的赔偿责任；对于机动车实行租赁、承包情形下发生道路交通事故的，原则上应由承租人、承包人与出租人、发包人承担连带损害赔偿责任……"

江苏高院、省公安厅《关于处理交通事故损害赔偿案件有关问题的指导意见》（2005 年 9 月 1 日苏高法〔2005〕282 号）第 34 条："本意见中的'车辆实际支配人'，是指买卖车辆未办理过户手续的买受人，连环购车均未办理过户手续的，为最后一次买卖关系中的买受人、受赠人以及车辆承租人、借用人、挂靠人和承包经营者等。"

浙江杭州中院《关于审理道路交通事故损害赔偿纠纷案件问题解答》（2005 年 5 月）第 2 条："……租用他人机动车造成交通事故的责任主体确定问题。租用他人的机动车造成交通事故的，承租人对受害人承担赔偿责任，出租人作为车辆所有人或处分权人承担连带责任。出租人承担责任后，可按租赁合同约定向承租人追偿。这种思路，一方面是从机动车运行支配与运行利益考虑；另一方面从受害者的角度加以考虑。目前，随着经济的发展，纯粹以营利为目的的汽车租赁行业不断发展，出租人在享受利益的同时，也应当承担一定的风险，但出租人可以通过为车辆投保等方式来转移或减轻自己的风险。"

广东高院、省公安厅《关于〈道路交通安全法〉施行后处理道路交通事故案件若干问题的意见》（2004 年 12 月 17 日粤高法发〔2004〕34 号）第 37条："根据《道路交通安全法》第九条、第十二条的规定，机动车所有人是指机动车在车辆管理机关登记的单位和个人。指导意见所称'车辆实际支配人'

是指在车辆异动中未办理过户手续的买受人（发生多手交易均未过户的，为最后一次买卖关系的买受人）、受赠人、车辆承租人、借用人、挂靠人和承包经营人。"

天津高院《关于审理交通事故赔偿案件有关问题经验总结》（2004 年 5 月 18 日津高法〔2004〕64 号）第 7 条："机动车所有人或租赁公司将机动车出租的，承租人驾驶租赁的机动车造成第三人损害的，由承租人根据事故责任比例向第三人承担赔偿责任，机动车所有人或汽车租赁公司承担连带责任。"

山东济南中院《贯彻落实〈道路交通安全法〉座谈会纪要》（2004 年 5 月 14 日）第 5 条："……1. 机动车被所有人出借或出租给他人的，所有人已经丧失了对机动车的支配能力，该支配能力转归借用人或租用人，所有人对车辆行驶中发生的道路交通事故不承担责任，由借用人或租用人承担责任。借用人或租用人是机动车所有人的职工、雇员或其近亲属的，所有人因其未完全丧失对车辆的支配，仍应承担责任。借用人或租用人不具有使用、驾驶车辆的资格和技能的，所有人因其错误的出借、出租行为应当与借用人、租用人承担连带责任。2. 出租汽车公司将其所有的出租车承包给驾驶员经营并收取管理费用的，因其未完全丧失对机动车的支配，应与承包人承担连带责任。承包人将出租车转包他人从事出租经营的发生事故的，应由车辆驾驶人、转包人和出租汽车公司承担连带责任。"

山东高院《关于审理道路交通事故损害赔偿案件的若干意见》（2004 年 5 月 1 日）第 8 条："道路交通事故损害赔偿案件的责任主体，一般应根据机动车运行支配权利和运行利益归属予以确定；依据上述原则无法确定的，可以根据机动车注册登记的所有权人确定。出借、出租机动车发生交通事故的，由借用人、承租人承担赔偿责任；但出借人、出租人在机动车管理或者对借用人、承租人的选任监督上存在过错的，也要依其过错程度承担赔偿责任……"

内蒙古高院《全区法院交通肇事损害赔偿案件审判实务研讨会会议纪要》（2002 年 2 月）第 6 条："租用他人车辆、借用他人车辆发生交通事故引起损害赔偿诉讼的，车辆的承租人、借用人承担责任。承租人、借用人暂时无力赔偿的，由出租人、出借人负责垫付。但出租人、出借人将车辆出租、出借给无车辆驾驶资格的人员的，应承担连带赔偿责任。"

第 11 条："融资租赁的车辆发生交通事故引起损害赔偿诉讼的，承租人承担责任，出租人、出卖人不承担责任。"

广东高院、省公安厅《关于印发〈关于处理道路交通事故案件若干具体问题的补充意见〉的通知》（2001 年 2 月 24 日粤高法发〔2001〕6 号）第 1 条："公安交通管理部门在处理交通事故过程中，应当准确认定交通事故车辆驾驶人的身份，同时查明交通事故车辆所有人、车辆实际支配人的情况，以及交通事故车辆驾驶人、车辆所有、车辆实际支配人之间的关系。"

广东高院、省公安厅《关于印发〈关于处理道路交通事故案件若干具体问题的补充意见〉的通知》（2001 年 2 月 24 日粤高法发〔2001〕6 号）第 15 条："当事人只起诉车辆驾驶人、车辆所有人或实际支配人中部分主体的，人民法院应当告知其他有关人员的责任。当事人坚持只起诉部分主体的，人民法院应当准许，对不起诉部分，视为放弃权利。车辆所有人主张因车辆异支致使车辆所有人与车辆实际支配人不一致的，应当承担举证责任。不能查明车辆实际支配人的，车辆所有人应承担交通事故损害赔偿责任。"

江苏高院《全省民事审判工作座谈会纪要》（1999 年 11 月 1 日苏高法〔1999〕466 号）第 3 条："……因机动车发生交通事故造成损失的，应区别下列情况予以处理：（1）机动车所有人（包括实际所有人）出借或出租车辆，在借用人或租用人使用期间发生交通事故致人损害，应由借用人或租用人承担损害赔偿责任，机动车所有人不承担赔偿责任。如果借用人或租用人不具备使用车辆的资格和能力，应由机动车所有人与借用人或租用人连带承担赔偿责任。"

河南高院《关于审理道路交通事故损害赔偿案件若干问题的意见》（1997 年 1 月 1 日豫高法〔1997〕78 号）第 11 条："租赁车辆，承租人自己驾驶发生交通事故，或承租人雇佣的人驾驶发生交通事故，应以承租人为被告。"

第 12 条："借用车辆发生道路交通事故的，依照前条规定确认被告。"

第 13 条："出租或出借的车辆发生交通事故，如果出租人或出借人有过错，应将出租人与承租人或出借人与借用人列为共同被告。"

5. 地方规范性文件

辽宁省鞍山市《道路运输条例》（2012 年 11 月 1 日）第 30 条："汽车租赁经营者应当为承租人提供技术良好、装备齐全的车辆，不得将车辆租赁给不具备相应资格的人员驾驶。承租人利用租赁车辆申请从事实行行政许可道路运输的，应当按照本条例规定，办理道路运输经营许可证。"

湖北省武汉市《道路运输管理规定》（2012 年 8 月 1 日）第 30 条："汽车租赁经营者应当与承租人签订租赁合同，约定车辆用途、交接方式、担保方式、维修责任、风险承担等事项，建立车辆技术档案，记载车辆状况、营运轨迹等情况，并配备专人负责租赁车辆动态监控和安全管理。"

浙江省《道路运输条例》（2012 年 7 月 1 日）第 58 条："在车辆租赁期间，因承租人、驾驶人员过错发生交通违法、交通责任事故以及其他因承租人、驾驶人员行为造成租赁车辆被扣押、丢失等后果的，由承租人依法承担责任。法律、行政法规另有规定的，从其规定。"

江苏省苏州市《道路运输条例》（2012 年 1 月 30 日修正）第 29 条："汽车租赁经营者应当与承租人签订租赁合同，在约定时间内将车辆交付承租人使用，收取租赁费用，不提供驾驶劳务。但婚车租赁和为企事业单位提供一年以上汽车租赁的，可以提供驾驶劳务，其驾驶员应当取得客运从业资格。"

西藏自治区《道路运输条例》（2011 年 11 月 28 日修正）第 52 条："汽车租赁经营者应当对所属车辆办理租赁经营手续，未办理租赁经营手续的车辆不得用于租赁经营。车辆租赁经营者应当与承租人签订租赁经营合同，提供技术状况良好、手续齐全的车辆，不得以提供驾驶劳务服务、承运旅客或者货物等方式从事道路运输经营。"

第三节　法理分析

道路交通事故损害赔偿责任的主体，一般应根据机动车运营支配权与运行利益的归属来确定。汽车租赁公司虽系机动车所有人，但其出租车辆后，仅收取租赁费的，应认定其对该车辆不具有支配权和运行利益，只要租赁公司在交付车辆前，审查了承租人的驾驶资格，提供了合格车辆并为车辆办理相关保险，尽到了应尽义务，对事故的发生没有过错，不应对事故损害承担责任。

私家车主将机动车出租给汽车租赁公司，汽车租赁公司又出租给他人，出租人收取租赁费的行为不能简单认定对该事故车辆具有运行支配权及享有运行利益，租赁公司在交付被租赁机动车时审查了承租人的驾驶资格、提供了合格车辆并为车辆办理了相关保险，尽到了应尽义务，对事故发生没有过错，不应承担事故损害赔偿责任。

车辆承租方因第三人交通违法的原因造成违约的，应当向出租方承担违约责任。承租人一方和第三人之间的纠纷，依照法律规定或者按照约定解决。

被保险人将车辆租借给有合格驾驶资格的第三人使用，如不能证明被保险车辆的用途发生了改变，且因此增加了保险标的的危险程度，第三人在使用车辆过程中发生交通事故的，保险公司应予理赔。

车辆承租人虽对被租赁车辆没有所有权，却拥有车辆的使用权，在租赁期间承租人以自己名义对租赁车辆向保险公司投保，当租赁车辆因发生保险事故受到损害时势必会影响到承租人的实际利益，故承租人对租赁车辆具有保险利益，依法享有保险索赔的权利。

车辆租赁合同中的承租人与作为被保险人的出租人应视为利益共同体，保险公司基于车辆损失向出租人赔付后，向承租人主张代位权，不符合被保险人利益，应将承租人排除在可行使保险代位权的第三者之外。

第十三章

驾校学员引发的道路交通事故责任探析

第一节　概　述

根据《道路交通安全法实施条例》规定，学员在学习驾驶中有道路交通安全违法行为或者造成交通事故的，由教练员承担责任。该条文的法理依据在于驾校学员是在教练指导下，在特定的练车场地对车辆进行学习操作的，由于缺乏驾驶经验，很难预见自己的行为将会带来怎样的社会后果，因此就很难认定学员在主观上是否存在过失。而教练作为学员的指导者，事发时若没有及时制止学员的错误操作，则存在过失行为，因此就应该承担相应的责任。

第二节　责任表现及裁判依据

一、常见实务类型

2016 年 4 月 9 日上午 10 时许，石泉县城区发生一起车祸。一辆驾校教练车与一辆陕 A 牌照中型自卸货车发生碰撞，车上驾驶员及后排一名乘员受伤，其他 2 人无大碍。据了解，车内 4 人均为宁陕一驾校学员，事发当天准备去参加科目三考试。事发时教练去附近上厕所，4 名学员练车时发生车祸。

"当日上午 8 点我带着几名学员练车，出事前 10 分钟停下车去上厕所。其间突然听到一声巨响，我赶紧跑到路上查看，发现教练车与一辆工程车相撞。"

据宁陕县驾校教练员刘某回忆，当时坐在后排的吴某受伤严重，驾驶座上的学员杨某也受伤了。

石泉县公安局交警大队民警勘查认为，事故原因有两个，一是当日李某驾驶的货车进出道路时未让道路内正常行驶的车辆正常通行；二是学员杨某未在教练员随车指导下驾驶教练车，且未保持安全车速，临危未采取避让措施。争议焦点：

（1）教练事发不在车上，事故责任如何承担？

（2）保险公司应否理赔？

根据《道路交通安全法实施条例》，学员在学习驾驶中有道路交通安全违法行为或者造成交通事故的，由教练员承担责任。教练离开后学员发生事故，应该由驾校负责，但如果学员存在故意或疏忽大意的过失，也应适当担责。如果教练不在车上，并告知让学得好的学员负责指导其他学员开车，那么驾校肯定要承担全部责任。

教练履行的是职务行为。一旦学员在教练不在场的情况下开车发生事故，应由驾校担责。驾校可在之后通过内部规章制度对教练再作相应处罚。①

二、裁判依据或参考

1. 法律规定

《道路交通安全法》（2004 年 5 月 1 日实施，2011 年 4 月 22 日修正）第二十条："机动车的驾驶培训实行社会化，由交通主管部门对驾驶培训学校、驾驶培训班实行资格管理，其中专门的拖拉机驾驶培训学校、驾驶培训班由农业（农业机械）主管部门实行资格管理。驾驶培训学校、驾驶培训班应当严格按照国家有关规定，对学员进行道路交通安全法律、法规、驾驶技能的培训，确保培训质量。任何国家机关以及驾驶培训和考试主管部门不得举办或者参与举办驾驶培训学校、驾驶培训班。"

第七十六条："机动车发生交通事故造成人身伤亡、财产损失的，由保险公司在机动车第三者责任强制保险责任限额范围内予以赔偿；不足的部分，按照下列规定承担赔偿责任：……"

《侵权责任法》（2010 年 7 月 1 日）第六条："行为人因过错侵害他人民事权益，应当承担侵权责任。根据法律规定推定行为人有过错，行为人不能证明自己没有过错的，应当承担侵权责任。"

---

①案件引自《驾校教练下车上厕所　学员自己练车出车祸死亡》，http://news.sina.com.cn/o/2017-01-12/doc-ifxzqhka2716345.shtml。

第四十九条："因租赁、借用等情形机动车所有人与使用人不是同一人时，发生交通事故后属于该机动车一方责任的，由保险公司在机动车强制保险责任限额范围内予以赔偿。不足部分，由机动车使用人承担赔偿责任；机动车所有人对损害的发生有过错的，承担相应的赔偿责任。"

《合同法》（1999 年 10 月 1 日）第一百零七条："当事人一方不履行合同义务或者履行合同义务不符合约定的，应当承担继续履行、采取补救措施或者赔偿损失等违约责任。"

第一百一十三条："当事人一方不履行合同义务或者履行合同义务不符合约定，给对方造成损失的，损失赔偿额应当相当于因违约所造成的损失，包括合同履行后可以获得的利益，但不得超过违反合同一方订立合同时预见到或者应当预见到的因违反合同可能造成的损失。"

第一百二十一条："当事人一方因第三人的原因造成违约的，应当向对方承担违约责任。当事人一方和第三人之间的纠纷，依照法律规定或者按照约定解决。"

第一百二十二条："因当事人一方的违约行为，侵害对方人身、财产权益的，受损害方有权选择依照本法要求其承担违约责任或者依照其他法律要求其承担侵权责任。"

2. 行政法规

国务院《道路运输条例》（2012 年 11 月 9 日修订）第四十七条："机动车驾驶员培训机构应当按照国务院交通主管部门规定的教学大纲进行培训，确保培训质量。培训结业的，应当向参加培训的人员颁发培训结业证书。"

国务院《道路交通安全法实施条例》（2004 年 5 月 1 日）第二十条："学习机动车驾驶，应当先学习道路交通安全法律、法规和相关知识，考试合格后，再学习机动车驾驶技能。在道路上学习驾驶，应当按照公安机关交通管理部门指定的路线、时间进行。在道路上学习机动车驾驶技能应当使用教练车，在教练员随车指导下进行，与教学无关的人员不得乘坐教练车。学员在学习驾驶中有道路交通安全违法行为或者造成交通事故的，由教练员承担责任。"

第二十二条："机动车驾驶人初次申领机动车驾驶证后的 12 个月为实习期。在实习期内驾驶机动车的，应当在车身后部粘贴或者悬挂统一式样的实习标志。机动车驾驶人在实习期内不得驾驶公共汽车、营运客车或者执行任务的警车、消防车、救护车、工程救险车以及载有爆炸物品、易燃易爆化学物品、剧毒或者放射性等危险物品的机动车；驾驶的机动车不得牵引挂车。"

3. 司法解释

最高人民法院《关于审理道路交通事故损害赔偿案件适用法律若干问题的解释》（2012 年 12 月 21 日法释〔2012〕19 号）第六条："接受机动车驾驶培

训的人员，在培训活动中驾驶机动车发生交通事故造成损害，属于该机动车一方责任，当事人请求驾驶培训单位承担赔偿责任的，人民法院应予支持。"

4. 部门规范性文件

公安部《机动车登记规定》（2012 年 9 月 12 日修正）第六十四条："机动车驾驶人初次申请机动车驾驶证和增加准驾车型后的 12 个月为实习期。新取得大型客车、牵引车、城市公交车、中型客车、大型货车驾驶证的，实习期结束后三十日内应当参加道路交通安全法律法规、交通安全文明驾驶、应急处置等知识考试，并接受不少于半小时的交通事故案例警示教育。在实习期内驾驶机动车的，应当在车身后部粘贴或者悬挂统一式样的实习标志。"

第六十五条："机动车驾驶人在实习期内不得驾驶公共汽车、营运客车或者执行任务的警车、消防车、救护车、工程救险车以及载有爆炸物品、易燃易爆化学物品、剧毒或者放射性等危险物品的机动车；驾驶的机动车不得牵引挂车。驾驶人在实习期内驾驶机动车上高速公路行驶，应当由持相应或者更高准驾车型驾驶证三年以上的驾驶人陪同。其中，驾驶残疾人专用小型自动挡载客汽车的，可以由持有小型自动挡载客汽车以上准驾车型驾驶证的驾驶人陪同。在增加准驾车型后的实习期内，驾驶原准驾车型的机动车时不受上述限制。"

第六十九条："机动车驾驶人在实习期内有记满 12 分记录的，注销其实习的准驾车型驾驶资格。被注销的驾驶资格不属于最高准驾车型的，还应当按照第六十八条第一款规定，注销其最高准驾车型驾驶资格。持有大型客车、牵引车、城市公交车、中型客车、大型货车驾驶证的驾驶人在一年实习期内记 6 分以上但未达到 12 分的，实习期限延长一年。在延长的实习期内再次记 6 分以上但未达到 12 分的，注销其实习的准驾车型驾驶资格。"

交通部《机动车驾驶员培训管理规定》（2006 年 4 月 1 日）第二条："机动车驾驶员培训业务是指以培训学员的机动车驾驶能力或者以培训道路运输驾驶人员的从业能力为教学任务，为社会公众有偿提供驾驶培训服务的活动。包括对初学机动车驾驶人员、增加准驾车型的驾驶人员和道路运输驾驶人员所进行的驾驶培训、继续教育以及机动车驾驶员培训教练场经营等业务。"

第二十五条："教练员从事教学活动时，应当随身携带《教练员证》，不得转让、转借《教练员证》。在道路上学习驾驶时，随车指导的教练员应当持有相应的《教练员证》。"

第四十二条："机动车驾驶员培训机构在道路上进行培训活动，应当遵守公安交通管理部门指定的路线和时间，并在教练员随车指导下进行，与教学无关的人员不得乘坐教学车辆。"

公安部交管局《关于对〈关于驾车人未领取驾驶证驾驶车辆是否属无证驾驶的请示〉的答复》（1998 年 5 月 25 日公交管〔1998〕123 号）："……依

据《中华人民共和国道路交通管理条例》第二十五条的规定，机动车驾驶员必须经过车辆管理机关考试合格，领取驾驶证，方可驾驶车辆。在考试合格后，核发驾驶证期间，不得驾驶车辆。"

公安部交管局《关于驾驶员在学习期内能否在高速公路上驾驶车辆的答复》（1997 年 7 月 18 日公交管〔1997〕152 号）："……《中华人民共和国机动车驾驶证管理办法》取消了'中华人民共和国机动车学习驾驶证'，同时在第七条中规定初次领证的第一年为实习期。驾驶证制度这一改革，既减少了证件种类，免去持证人持实习证换证的环节，又保留了驾驶实习制度。在实习期内的驾驶员即为实习驾驶员，持驾驶证应遵守《高速公路交通管理办法》有关规定不能在高速公路上驾驶车辆。"

5. 地方司法性文件

江苏南通中院《关于处理交通事故损害赔偿案件中有关问题的座谈纪要》（2011 年 6 月 1 日通中法〔2011〕85 号）第 9 条："学习驾驶员在驾驶培训机构学习期间，驾驶学习机动车发生交通事故致人损害的，由驾驶培训机构承担赔偿责任。学习驾驶员擅自驾驶学习机动车发生交通事故致人损害的，驾驶培训机构没有过错的，应由学习驾驶员承担赔偿责任；驾驶培训机构有过错的，承担相应赔偿责任。"

安徽宣城中院《关于审理道路交通事故赔偿案件若干问题的意见（试行）》（2011 年 4 月）第 15 条："学习驾驶人员在驾驶机构学习期间，驾驶学习机动车发生交通事故致人损害的，由保险公司在机动车强制责任险限额内予以赔偿。不足部分，驾驶机构承担赔偿责任。"

山东淄博中院民三庭《关于审理道路交通事故损害赔偿案件若干问题的指导意见》（2011 年 1 月 1 日）第 20 条："学员在驾驶培训机构学习期间，在教学活动中，驾驶教练车发生道路交通事故致人损害的，由驾驶培训机构承担赔偿责任。"

浙江高院民一庭《关于审理道路交通事故损害赔偿纠纷案件若干问题的意见（试行）》（2010 年 7 月 1 日）第 12 条："机动车驾驶受训人员在培训活动中发生道路交通事故致人损害的，由保险公司在机动车强制保险责任限额范围内予以赔偿。不足部分，由培训单位承担赔偿责任。"

第 13 条："机动车陪练过程中发生道路交通事故致人损害的，由保险公司在机动车强制保险责任限额范围内予以赔偿。不足部分，由驾驶人承担赔偿责任；陪练人有过错的，承担相应的赔偿责任。但驾驶人未取得驾驶执照的，由驾驶人与陪练人对超出机动车强制保险责任限额的损害赔偿承担连带责任。"

安徽合肥中院民一庭《关于审理道路交通事故损害赔偿案件适用法律若干问题的指导意见》（2009 年 11 月 16 日）第 11 条："学习驾驶员在驾驶培训机

构学习期间，驾驶学习机动车发生道路交通事故致人损害的，由驾驶培训机构承担赔偿责任。"

云南高院《关于审理人身损害赔偿案件若干问题的会议纪要》（2009 年 8 月 1 日）第 2 条："⋯⋯15. 学习驾驶员在驾驶培训机构学习期间，驾驶学习机动车发生道路交通事故致人损害的，由驾驶培训机构承担赔偿责任。"

陕西高院《关于审理道路交通事故损害赔偿案件若干问题的指导意见（试行）》（2008 年 1 月 1 日陕高法〔2008〕258 号）第 12 条："学习驾驶员在驾驶培训机构学习期间，驾驶学习机动车发生道路交通事故致人损害的，由驾驶培训机构承担赔偿责任。"

重庆高院《关于审理道路交通事故损害赔偿案件适用法律若干问题的指导意见》（2006 年 11 月 1 日）第 14 条："学习驾驶员在驾驶培训机构学习期间，驾驶学习机动车发生道路交通事故致人损害的，由驾驶培训机构承担赔偿责任。"

第 15 条："驾驶人取得机动车驾驶证后，由驾驶培训机构指派教练员陪练，发生道路交通事故致人损害，驾驶人自行提供机动车的，由驾驶人与驾驶培训机构承担同等赔偿责任；驾驶培训机构提供学习机动车的，由驾驶培训机构与驾驶人承担连带赔偿责任。"

江西赣州中院《关于审理道路交通事故人身损害赔偿案件的指导性意见》（2006 年 6 月 9 日）第 2 条："学习驾驶员在学习过程中驾驶机动车致人损害，由培训机构承担赔偿责任。培训机构赔偿后可以向有重大过错的学习驾驶员追偿。"

6. 地方规范性文件

广东省交通运输厅《关于机动车驾驶培训教练员的管理办法》（2013 年 1 月 1 日）第 17 条："教练员不得在未经交通运输主管部门核定的教练场地或使用无 IC 卡道路运输证的教练车从事驾驶培训教学活动。在道路上进行驾驶培训教学的，应当按照公安机关交通管理部门指定的路线、时间进行。教练员应当随车指导，与教学无关的人员不得搭乘教练车。驾培机构不得使用报废的、检测不合格的和其他不符合国家规定的车辆从事驾驶操作训练。"

北京市公安局交管局《关于指定小型客车学习驾驶和考试路线的通告》（2012 年 8 月 8 日）第 2 条："在道路上学习机动车驾驶技能应当使用教练车，在教练员随车指导下进行，与教学无关人员不得乘坐教练车。"

湖北省武汉市《道路运输管理规定》（2012 年 8 月 1 日）第 25 条："机动车驾驶员培训机构应当在运管机构核定的教学场地开展教学活动。鼓励机动车驾驶员培训机构建设综合性训练场或者在专业驾驶员培训基地集中开展教学活动。"

第 27 条："机动车驾驶员培训机构应当与学员签订培训合同，约定培训周期、培训费用、教练员和违约责任等事项，并在约定的培训周期内，根据学员预约的时间提供教学服务，不得在合同约定范围外增加收费项目。"

浙江省《道路运输条例》（2012 年 7 月 1 日）第 52 条："从事机动车驾驶员培训经营的，其场地、设施设备、教学人员配备等应当符合机动车驾驶员培训开业的有关标准。教练车辆应当符合有关技术标准，配备副制动器、副后视镜、灭火器以及培训学时计时管理设备，并取得经公安机关交通管理部门注册登记的教练车辆号牌。"

第 54 条："机动车驾驶员培训经营者应当遵守下列规定：（一）与学员签订机动车驾驶员培训合同，明确双方权利义务；（二）在核定的教学场地和公安机关交通管理部门指定的教练路线、时间进行培训；（三）如实签署培训记录，建立教学日志、学员档案；（四）不得利用非教练车辆从事驾驶培训经营；（五）增减教练车辆的，自增减发生之日起二十日内向市、县道路运输管理机构备案。"

江苏省苏州市《道路运输条例》（2012 年 1 月 30 日修正）第 26 条："从事机动车驾驶员培训经营的，应当依法取得道路运输经营许可证件和教练车道路运输证件。机动车驾驶员培训经营者应当在道路运输管理机构批准的注册地经营，并在核定的教学场地开展教学活动。"

广东省广州市公安局交管局《关于机动车学习驾驶人训练考试路段的通告》（2012 年 1 月 1 日）第 3 条："机动车学习驾驶人训练、考试期间，指定路段的其他车辆、行人不因训练、考试受通行限制。"

江西省《道路运输条例》（2011 年 1 月 1 日）第 68 条："机动车驾驶员培训机构应当在核定的教学场地进行驾驶培训；在道路上进行驾驶培训的，应当按照公安机关交通管理部门指定的路线和时间，并在教练员随车指导下进行。机动车驾驶员培训机构应当使用符合有关标准、取得牌证和具有统一标识的教学车辆从事驾驶培训，为教学车辆安装培训学时记录设备，并保证其正常使用。"

山东省《道路交通事故责任确定规则（试行）》（2010 年 1 月 1 日）第 11 条："学员在教练员陪同下学习驾驶中造成道路交通事故的，由教练员承担事故责任，学员不承担责任。"

上海市公安局《关于印发〈关于道路交通事故责任认定的若干规定〉的批复》（2006 年 7 月 8 日沪公发〔2007〕261 号）第 9 条："学员在教练员陪同下学习驾驶中造成道路交通事故的，由教练员承担相应的当事人责任，学员不承担责任。"

第三节 法理分析

学员与驾校签订的驾驶培训合同合法有效，驾校依法应履行学员在接受教育培训期间的人身安全保障义务。学员在接受教育培训期间遭遇交通事故受伤，驾校应承担赔偿损失的违约责任。

驾校与教练员有法律上的雇佣关系，教练员下班后驾校将教练车交教练员保管使用，系职务授权。诸如教练员驾车外出聚会若与招收学员职务行为有内在联系，其酒后驾驶教练车发生事故后，驾校应承担赔偿责任。

驾校学员在学习驾驶中造成交通事故的，由随车教练员承担责任。驾校投保交强险的，应认定该事故属于保险责任范围，保险公司应予理赔。

学员车不同于普通车辆，需要长期培训无驾驶证的学员驾驶车辆，保险公司在接受驾校投保时也清楚该事实，如学员因无驾驶证驾驶车辆造成的第三者损害赔偿责任其不赔偿保险金，则应在驾校投保时向其明确说明。驾校作为投保人本就应在投保单上盖具印章，其在投保单上投保人声明一栏下方盖具印章的行为并不能证实某保险公司已就免责条款向驾校履行了明确说明义务，因此该免责条款对驾校不产生效力。

第十四章

非道路事故责任探析

第一节　概　述

非道路上发生交通事故引起的损害赔偿案件，原则上参照道路交通事故损害赔偿案件的审判原则处理，承保交强险的保险公司应在交强险限额内承担相应赔偿责任。

第二节　责任表现及裁判依据

一、常见实务类型

2007年，童某骑电瓶三轮车剐蹭集贸市场大门，倒塌的大门砸伤周某致残。

争议焦点：（1）童某和集贸市场责任比例？（2）是否应承担连带责任？

集贸市场系营利的经营服务场所，其在经营过程中负有对场内设施维护、保养及消除安全隐患的义务和责任，对入场的经营者、消费者的人身安全也负有一定的保障义务。集贸市场所有并负责管理的大门防护设施缺失系大门倒下的重要内在因素，该内在缺陷在一定外力作用下随时会出现损害后果的发生，且鉴于市场获取的利益与其承担的责任相对称的原则，市场在本案损害后果中的原因力比例较大，应负主要的赔偿责任。童某不当驾驶三轮车的行为系大门安全隐患发生的直接因素，根据其原因力比例，应负次要责任。

童某和集贸市场对损害后果发生无共同故意或共同过失，因间接结合导致周某损害，应依各自过失大小或原因力比例各自负赔偿责任，判决集贸市场赔偿周某损失的70%即2.8万余元，童某赔偿30%即1.3万余元。①

二、裁判依据或参考

1. 法律规定

《道路交通安全法》（2004年5月1日实施，2011年4月22日修正）第七十七条："车辆在道路以外通行时发生的事故，公安机关交通管理部门接到报案的，参照本法有关规定办理。"

第一百一十九条："本法中下列用语的含义：（一）'道路'，是指公路、城市道路和虽在单位管辖范围但允许社会机动车通行的地方，包括广场、公共停车场等用于公众通行的场所……"

2. 行政法规

《机动车交通事故责任强制保险条例》（2013年3月1日修改施行）第四十三条："机动车在道路以外的地方通行时发生事故，造成人身伤亡、财产损失的赔偿，比照适用本条例。"

《道路交通安全法实施条例》（2004年5月1日）第九十七条："车辆在道路以外发生交通事故，公安机关交通管理部门接到报案的，参照道路交通安全法和本条例的规定处理。车辆、行人与火车发生的交通事故以及在渡口发生的交通事故，依照国家有关规定处理。"

3. 司法解释

最高人民法院《关于审理道路交通事故损害赔偿案件适用法律若干问题的解释》（2012年12月21日法释〔2012〕19号）第二十八条："机动车在道路以外的地方通行时引发的损害赔偿案件，可以参照适用本解释的规定。"

最高人民法院、公安部《关于处理道路交通事故案件有关问题的通知》（1992年12月1日法发〔1992〕39号）第二条："发生在公路、城市街道和胡同（里巷）以及公共广场、公共停车场等专供车辆、行人通行的地方的交通事故，公安机关应当依照《办法》第五条的规定处理。其中公路是指《中华人民共和国公路管理条例》规定的，经公路主管部门验收认定的城间、城乡间、乡间能行驶汽车的公共道路（包括国道、省道、县道和乡道）。当事人就

---

①案件引自《非道路事故责任承担：非道路事故，责任如何定？》，http://www.jtsg.org/2015-11-11/2412.html。

非道路上发生的与车辆、行人有关的事故引起的损害赔偿纠纷起诉，符合民事诉讼法第一百零八条规定的起诉条件的，人民法院应当受理。"

4. 部门规范性文件

财政部、中国保监会、公安部、卫生部、农业部《道路交通事故社会救助基金管理试行办法》（2010 年 1 月 1 日）第三十八条："机动车在道路以外的地方通行时发生事故，造成人身伤亡的，比照适用本办法。"

公安部《道路交通事故处理程序规定》（2009 年 1 月）第五十二条："上一级公安机关交通管理部门收到当事人书面复核申请后五日内，应当作出是否受理决定。有下列情形之一的，复核申请不予受理，并书面通知当事人。（一）任何一方当事人向人民法院提起诉讼并经法院受理的；（二）人民检察院对交通肇事犯罪嫌疑人批准逮捕的；（三）适用简易程序处理的道路交通事故；（四）车辆在道路以外通行时发生的事故。"

第八十三条："车辆在道路以外通行时发生的事故，公安机关交通管理部门接到报案的，参照本规定处理。涉嫌犯罪的，及时移送有关部门。"

公安部《关于对未经验收但已通车的公路发生交通事故如何处理的答复》（2000 年 12 月 18 日公交管〔2000〕259 号）："……在未经统一竣工验收，但已经交工验收合格、剪彩通车的公路上发生的交通事故，应当属于道路交通事故，公安交通管理部门应当根据《道路交通事故处理办法》的有关规定依法办理。根据《最高人民法院、公安部关于处理道路交通事故案件有关问题的通知》（法发〔1992〕39 号）第二条规定：'其中公路是指《中华人民共和国道路交通管理条例》规定的，经公路主管部门验收认定的城间、城乡间、乡间能行驶汽车的公共道路。'对于未经交工验收的新建或改建公路上发生的车辆事故，不属于《道路交通事故处理办法》确定的道路交通事故。如发生此类事故，公安交通管理部门应当立即派员赶赴现场，抢救伤者和财产，勘查现场，收集证据；如果认为当事人的行为已构成犯罪，依法应当追究刑事责任的，应当根据案件性质，依照公安部刑事案件管辖分工规定，移交公安机关有关部门处理。"

公安部交管局《关于林业运材道路归属范围的答复》（1993 年 2 月 11 日公交管〔1993〕16 号）："……为加强对道路交通的统一管理，保障交通安全与畅通，通行社会车辆的林业季节性运材道路应纳入道路交通管理范围，适用统一的交通法规。"

公安部交管局《关于道路外交通事故主管与处理问题的答复》（1991 年 8 月 5 日公交管〔1991〕）："……凡属《道路交通管理条例》所称道路范围以外'乡（镇）村自行修建的道路和自然通车形成的道路以及主宅楼群道路，机关团体单位的内部道路，厂矿企事业的专用道路上发生的车辆事故'，由于不属于道路交通管理的范围，其事故公安机关只能应单位要求比照有关道路交通法规配合单位处理。"

公安部交管局《关于交叉路口如何认定等问题的答复》（1991 年 2 月 27 日公交管〔1991〕17 号）第一条："关于平面交叉路口如何认定的问题。《中华人民共和国道路交通管理条例》第四十三条所称的交叉路口，指平面交叉路口，即两条或两条以上道路在同一平面相交的部位。这里的道路，包括城市街道、胡同、里巷（仅与城市街道两侧人行道平面相交的胡同、里巷除外）和公路。符合该条件的即可视为交叉路口。公路与未列入公路范围的乡村小路的平面交叉点，不属于交叉路口。"

公安部交管局《关于天津港区道路纳入道路交通管理范围的答复》（1989 年 4 月 4 日〔1989〕公交管第 53 号）："……鉴于天津港区道路与城市道路直接相通，通行车辆百分之九十以上是社会车辆，为加强对道路交通的统一管理，保障交通安全与畅通，经研究，我们同意将天津港区道路纳入道路交通管理范围，由天津港公安局交通队按照《道路交通管理条例》及其他道路交通管理法规的规定实施管理。但由于港区道路涉及市政管理问题，建议请市局报告市人民政府同意后执行。"

5. 地方司法性文件

山东淄博中院《全市法院人身损害赔偿案件研讨会纪要》（2012 年 2 月 1 日）第 20 条："……依照《中华人民共和国道路交通安全法》第七十七条，《机动车交通事故责任强制保险条例》第四十三条的规定，机动车在道路以外的地方通行时发生事故，造成人身伤亡、财产损失的，应比照适用以上法律规定处理。因此，如出现上述情况，则保险公司仍应在交强险限额内承担相应赔偿责任。"

江苏南通中院《关于处理交通事故损害赔偿案件中有关问题的座谈纪要》（2011 年 6 月 1 日通中法〔2011〕85 号）第 25 条："非道路上发生交通事故引起的损害赔偿案件，原则上参照道路交通事故损害赔偿案件的审判原则处理。"

山东淄博中院民三庭《关于审理道路交通事故损害赔偿案件若干问题的指导意见》（2011 年 1 月 1 日）第 6 条："机动车在道路以外的地方通行时发生事故，承保交强险的保险公司应在交强险限额内承担相应赔偿责任。"

山东东营中院《关于印发道路交通事故处理工作座谈会纪要的通知》（2010 年 6 月 2 日）第 2 条："交通事故是车辆在道路上因过错或者意外造成人身伤亡或者财产损失的事件。《道路交通安全法》第一百一十九条第一项对'道路'有明确规定，在认定是否构成道路交通事故时应当按此标准。除此之外的交通事故案件，可按照《道路交通安全法》第七十七条的规定参照处理。"

第3条："按照《道路交通安全法》第七十七条规定参照处理的交通事故，由交警部门进行现场勘查、案件调查、责任认定，并依据《道路交通安全法》的有关规定进行处罚。"

第4条："在道路外发生的一般伤害及财产损失的交通事故，其勘查、调查、认定可依前项办理，但是，在发生重伤、死亡等可能涉及当事人犯罪的情况下，由具有管辖权的公安机关办理。"

第5条："按照《道路交通安全法》第七十七条规定参照处理的交通事故案件，事故发生区域包括大型停车场、大型企业内部生产路、农村田间生产路、允许社会车辆通行的学校、公共娱乐场所、居民小区内部道路等。"

江西南昌中院《关于审理道路交通事故人身损害赔偿纠纷案件的处理意见（试行）》（2010 年 2 月 1 日）第 1 条："车辆在道路上进行与交通有关活动，因过错或意外造成的人身伤亡或财产损失而提起诉讼的案件，适用本意见的规定。"

第2条："车辆在道路以外通行时发生的事故所引发的损害赔偿纠纷案件，可比照本意见的相关规定处理。"

广东深圳罗湖区法院《处理道路交通事故赔偿纠纷案件实施意见》（2005 年 10 月 14 日）第 7 条："非道路交通事故案件由法院直接受理，事故责任由法院根据事故具体情况作出认定，赔偿标准参照道路交通事故赔偿标准计算。"

山东高院《关于审理道路交通事故损害赔偿案件的若干意见》（2004 年 5 月 1 日）第 10 条："非道路上发生交通事故引起的损害赔偿案件，原则上参照道路交通事故损害赔偿案件的审判原则处理。"

第12条："《道路交通安全法》规定的'道路交通事故'仅限于机动车辆在道路上造成人身损害和财产损失的事件；虽在道路上发生，但不是机动车辆造成的人身损害和财产损失，不属于交通事故的范围，按照一般损害赔偿案件予以处理。"

第13条："《道路交通安全法》规定的'道路'是指公路、城市道路、属于单位管辖范围但允许社会机动车辆通行的道路、广场、公共停车场。"

吉林高院《关于印发〈关于审理道路交通事故损害赔偿案件若干问题的会议纪要〉的通知》（2003 年 7 月 25 日吉高法〔2003〕61 号）第 10 条："当事人就非道路上发生的与机动车、行人有关的事故引起的损害赔偿纠纷起诉，符合民事诉讼法第一百零八条规定的起诉条件的，人民法院应当参照道路交通事故损害赔偿纠纷予以受理。"

第48条："本规定所指的道路包括公路、城市街道和胡同（里巷）以及公共广场、公共停车场等供机动车、行人通行的地方。公路是指《中华人民共和国公路管理条例》规定的，经公路主管部门验收认定的城间、城乡间、乡间能行驶机动车的公共道路，包括公路的路基、路面、桥梁、涵洞、隧道等，分国道、省道、县道和乡道和专用公路五个等级。城市街道是指城市规划区以内等级较低的公路通道。一般是划、设有人行道、车行道，两侧或一侧有连续建筑群的主、次交通干线。城市胡同（里巷）是指城市规划区内等级较低的公路通道。一般是不划、设人行道、车行道，两侧或一侧有连续建筑群的住宅区（或商业区）内路面较窄的一切交通支线。公共广场是指城市规划在道路用地范围内，专供公共集会、游憩、步行和交通集散的场地。公共停车场是指规划在道路用地范围内专门划、设出供车辆停放的车辆集散场地。专用公路是指专供或主要供厂矿、林区、油田、农场、旅游区、军事要地等与外部联络的公路。"

第49条："在厂区、矿区、林区、农场等单位自建的专用通道、乡间小道、田野机耕道、城市楼房之间的通道，机关、学校、单位大院内的通道不属于本会议纪要所指的道路。在其上发生的事故，不属于道路交通事故。"

内蒙古高院《全区法院交通肇事损害赔偿案件审判实务研讨会会议纪要》（2002年2月）第26条："对在非道路上发生的与车辆、行人有关的事故引起的损害赔偿诉讼，可比照上述意见处理。非道路上发生的与车辆、行人有关的事故是指在《道路交通管理条例》所称的道路范围以外的乡（镇）、村自行修建的道路、自然通车形成的道路、住宅区内的道路、机关团体单位的内部道路以及厂矿企事业单位的专用道路上发生的车辆事故。"

山东高院《关于审理人身损害赔偿案件若干问题的意见》（2001年2月22日）第10条："……在道路维修改造期间，当事人发生的与车辆、行人有关的事故引起的损害赔偿纠纷，向人民法院起诉的，人民法院可以直接受理。当事人就非道路上发生的与车辆、行人有关的事故引起的损害赔偿纠纷，向法院起诉的，法院可直接受理，不适用国务院《道路交通事故处理办法》的规定。"

广东高院、省公安厅《关于处理道路交通事故案件若干具体问题的通知》（1996年7月13日粤高法发〔1996〕15号）第27条："经公安交通管理部门确认属于非道路上发生的交通事故引起的损害赔偿纠纷，当事人向人民法院起诉，符合民事诉讼法第一百零八条规定的起诉条件的，人民法院可以直接受理。对该类事故责任的认定，公安交通管理部门应积极予以协助，在作出非道路交通事故结论的同时，以书面方式提出对事故责任的认定意见，以利于案件的处理。"

6. 地方规范性文件

北京市财政局《关于印发〈北京市道路交通事故社会救助基金财务管理及会计核算暂行办法〉的通知》（2012年11月18日京财金融〔2012〕2462号）第13条："农业机械在道路以外发生交通事故的，农业机械管理部门依照本章相关规定可以向救助基金管理办公室申请相关救助费用。"

江苏省《道路交通安全条例》（2012 年 1 月 12 日修正）第 52 条："有下列情形之一，当事人直接向保险公司报告的，保险公司应当依法理赔：（一）当事人依法自行协商处理的交通事故；（二）仅造成自身车辆损失的单方交通事故；（三）车辆在道路以外通行时发生的事故。"

7. 最高人民法院审判业务意见

车辆在道路以外通行时发生事故的赔偿案件应如何适用法律？

最高人民法院民一庭《民事审判实务问答》编写组："《道路交通安全法》第七十七条规定：'车辆在道路以外通行时发生的事故，公安机关交通管理部门接到报案的，参照本法有关规定办理'。属于非道路上发生的交通事故的损害赔偿纠纷，当事人向人民法院起诉，只要符合《民事诉讼法》规定的起诉条件的，人民法院可以直接受理。审理过程中，对事故责任的认定问题，可以征求公安交警部门对事故责任的认定的意见，以利于案件的处理。处理非道路交通事故赔偿案件，应适用《民法通则》第一百零六条、第一百一十九条、第一百三十二条以及《最高人民法院关于审理人身损害赔偿案件适用法律若干问题的解释》的相关规定。"

第三节　法理分析

车辆在乡镇或村社自行修建的道路和自然通车形成的道路，以及住宅楼群道路、机关团体单位的内部道路、厂矿企事业单位的专用道路上行驶时发生的事故，不属于《道路交通安全法》规定的交通事故。根据《道路交通事故处理办法》的规定，这类事故原则上应作为普通民事侵权行为，由当事人通过诉讼或者单位的调解处理，不属于公安机关交通管理部门的管辖和职责范围，但公安机关可将道路外发生的交通事故参照道路交通事故进行处理。法院也可以依照《道路交通安全法》第七十七条的规定进行裁判。

非道路交通事故的处理，依然要对事故当事人各方的责任作出认定。

机动车与行人之间发生的非道路交通事故赔偿适用特殊侵权归责原则。

多因一果的数人侵权，在间接结合情形，应根据各侵权人过失大小或原因力比例各自承担相应的赔偿责任。依《侵权责任法》规定，若各侵权人行为均足以造成全部损害，侵权人应承担连带责任，能够确认责任大小的，各自承担相应责任；难以确定责任大小的，平均承担赔偿责任。

第十五章

道路通行障碍导致的交通事故责任探析

第一节　概　述

道路因维护、管理瑕疵致人损害的，由道路所有人或管理人承担赔偿责任，但能够证明自己没有过错的除外，受害人有重大过失的，减轻侵权人的赔偿责任。

因路面堆放障碍物所发生的交通事故，行政机关作出的责任认定比例并不等于当事人承担民事责任的比例。

第二节　责任表现及裁判依据

一、常见实务类型

2006 年 6 月，许某无证驾驶无牌摩托车未戴安全帽在交通局负责管理的公路上撞上沙堆酿成事故，4 天后许某伤重死亡。交警无法查清并认定事故责任。争议焦点：

（1）交通局有无责任？

（2）能否过失相抵？

交通局未及时清理公路上堆放的沙堆，对其所维护、管理的道路存在管理瑕疵，造成机动车通行缺乏安全性，该事故的发生与交通局维护管理道路存在瑕疵有事实上的因果关系，故依法应承担相应的赔偿责任。

死者许某无证无牌行车，遇突发事件处置不当，车速过快，是造成损害后果发生的主要原因，尤其是其未戴安全头盔，是造成损害扩大的根本原因，而许某驾驶摩托车时存在上述情形属于具有重大过失，违反了法律的禁止性规定，故许某本人应承担主要责任，应自负事故80%的损害责任。①

二、裁判依据或参考

1. 法律规定

《治安管理处罚法》（2013年1月1日修正实施）第三十七条："有下列行为之一的，处五日以下拘留或者五百元以下罚款；情节严重的，处五日以上十日以下拘留，可以并处五百元以下罚款：……（二）在车辆、行人通行的地方施工，对沟井坎穴不设覆盖物、防围和警示标志的，或者故意损毁、移动覆盖物、防围和警示标志的……"

《道路交通安全法》（2004年5月1日实施，2011年4月22日修正）第二十九条："道路、停车场和道路配套设施的规划、设计、建设，应当符合道路交通安全、畅通的要求，并根据交通需求及时调整。公安机关交通管理部门发现已经投入使用的道路存在交通事故频发路段，或者停车场、道路配套设施存在交通安全严重隐患的，应当及时向当地人民政府报告，并提出防范交通事故、消除隐患的建议，当地人民政府应当及时作出处理决定。"

第三十条："道路出现坍塌、坑漕、水毁、隆起等损毁或者交通信号灯、交通标志、交通标线等交通设施损毁、灭失的，道路、交通设施的养护部门或者管理部门应当设置警示标志并及时修复。公安机关交通管理部门发现前款情形，危及交通安全，尚未设置警示标志的，应当及时采取安全措施，疏导交通，并通知道路、交通设施的养护部门或者管理部门。"

第三十一条："未经许可，任何单位和个人不得占用道路从事非交通活动。"

第三十二条："因工程建设需要占用、挖掘道路，或者跨越、穿越道路架设、增设管线设施，应当事先征得道路主管部门的同意；影响交通安全的，还应当征得公安机关交通管理部门的同意。施工作业单位应当在经批准的路段和时间内施工作业，并在距离施工作业地点来车方向安全距离处设置明显的安全警示标志，采取防护措施；施工作业完毕，应当迅速清除道路上的障碍物，消

---

①案件引自《道路通行障碍致事故：道路障碍物，肇事谁负责?》，http://www.jsbxlss.com/? p = 354。

除安全隐患，经道路主管部门和公安机关交通管理部门验收合格，符合通行要求后，方可恢复通行。对未中断交通的施工作业道路，公安机关交通管理部门应当加强交通安全监督检查，维护道路交通秩序。"

《侵权责任法》（2010 年 7 月 1 日）第八十五条："建筑物、构筑物或者其他设施及其搁置物、悬挂物发生脱落、坠落造成他人损害，所有人、管理人或者使用人不能证明自己没有过错的，应当承担侵权责任。所有人、管理人或者使用人赔偿后，有其他责任人的，有权向其他责任人追偿。"

第八十六条："建筑物、构筑物或者其他设施倒塌造成他人损害的，由建设单位与施工单位承担连带责任。建设单位、施工单位赔偿后，有其他责任人的，有权向其他责任人追偿。因其他责任人的原因，建筑物、构筑物或者其他设施倒塌造成他人损害的，由其他责任人承担侵权责任。"

第八十八条："堆放物倒塌造成他人损害，堆放人不能证明自己没有过错的，应当承担侵权责任。"

第九十一条："在公共场所或者道路上挖坑、修缮安装地下设施等，没有设置明显标志和采取安全措施造成他人损害的，施工人应当承担侵权责任。窨井等地下设施造成他人损害，管理人不能证明尽到管理职责的，应当承担侵权责任。"

《公路法》（2004 年 8 月 28 日）第三十二条："改建公路时，施工单位应当在施工路段两端设置明显的施工标志、安全标志。需要车辆绕行的，应当在绕行路口设置标志；不能绕行的，必须修建临时道路，保证车辆和行人通行。"

第三十五条："公路管理机构应当按照国务院交通主管部门规定的技术规范和操作规程对公路进行养护，保证公路经常处于良好的技术状态。"

第五十条："超过公路、公路桥梁、公路隧道或者汽车渡船的限载、限高、限宽、限长标准的车辆，不得在有限定标准的公路、公路桥梁上或者公路隧道内行驶，不得使用汽车渡船。超过公路或者公路桥梁限载标准确需行驶的，必须经县级以上地方人民政府交通主管部门批准，并按要求采取有效的防护措施；运载不可解体的超限物品的，应当按照指定的时间、路线、时速行驶，并悬挂明显标志。运输单位不能按照前款规定采取防护措施的，由交通主管部门帮助其采取防护措施，所需费用由运输单位承担。"

2. 行政法规

《公路安全保护条例》（2011 年 7 月 1 日）第十六条："禁止将公路作为检验车辆制动性能的试车场地。禁止在公路、公路用地范围内摆摊设点、堆放物品、倾倒垃圾、设置障碍、挖沟引水、打场晒粮、种植作物、放养牲畜、采石、取土、采空作业、焚烧物品、利用公路边沟排放污物或者进行其他损坏、污染公路和影响公路畅通的行为。"

第四十七条："公路管理机构、公路经营企业应当按照国务院交通运输主管部门的规定对公路进行巡查，并制作巡查记录；发现公路坍塌、坑槽、隆起等损毁的，应当及时设置警示标志，并采取措施修复……"

3. 司法解释

最高人民法院《关于审理道路交通事故损害赔偿案件适用法律若干问题的解释》（2012 年 12 月 21 日法释〔2012〕19 号）第九条："因道路管理维护缺陷导致机动车发生交通事故造成损害，当事人请求道路管理者承担相应赔偿责任的，人民法院应予支持，但道路管理者能够证明已按照法律、法规、规章、国家标准、行业标准或者地方标准尽到安全防护、警示等管理维护义务的除外。依法不得进入高速公路的车辆、行人，进入高速公路发生交通事故造成自身损害，当事人请求高速公路管理者承担赔偿责任的，适用《侵权责任法》第七十六条的规定。"

第十条："因在道路上堆放、倾倒、遗撒物品等妨碍通行的行为，导致交通事故造成损害，当事人请求行为人承担赔偿责任的，人民法院应予支持。道路管理者不能证明已按照法律、法规、规章、国家标准、行业标准或者地方标准尽到清理、防护、警示等义务的，应当承担相应的赔偿责任。"

最高人民法院《关于审理人身损害赔偿案件适用法律若干问题的解释》（2004 年 5 月 1 日法释〔2003〕20 号）第十六条："下列情形，适用《民法通则》第一百二十六条的规定，由所有人或者管理人承担赔偿责任，但能够证明自己没有过错的除外：（一）道路、桥梁、隧道等人工建造的构筑物因维护、管理瑕疵致人损害的；（二）堆放物品滚落、滑落或者堆放物倒塌致人损害的；（三）树木倾倒、折断或者果实坠落致人损害的。前款第（一）项情形，因设计、施工缺陷造成损害的，由所有人、管理人与设计、施工者承担连带责任。"

最高人民法院《关于陈贵松等 27 人诉竹山县交通局、竹山县公路段人身损害赔偿纠纷一案受理问题的复函》（2003 年 6 月 19 日〔2003〕民一他字第 9 号）："……政府授权部门对重大事故的调查处理，属于行政处理程序，但不能因此而排除当事人向人民法院提起损害赔偿诉讼的权利。只要当事人提起的民事诉讼，符合《中华人民共和国民事诉讼法》第一百零八条规定，人民法院就应当受理。至于本案所述的灾害事故是否属于《中华人民共和国民法通则》第一百零七条规定的不可抗力，是当事人的抗辩事由，不应当作为案件是否受理的条件。"

4. 部门规范性文件

交通运输部《公路养护技术规范》（2010 年 1 月 1 日）第四条："公路路面养护应贯彻'预防为主，防治结合'的方针，应加强路况日常巡视，随时掌握路面使用状况，根据路面的实际情况制定经常性、预防性和周期性养护工程计划，安排养护工程，使路面经常处于良好技术状态。"

公安部《关于在公路上打场晒粮的行为如何适用法律和管辖问题的批复》（2002年5月23日）："……对在公路上打场、晒粮的行为，公安机关应当按照《条例》的规定和《公安部关于组建公路巡逻民警队在公路上实施统一执法工作的通知》（公通字〔1996〕58号）的精神，由交通管理部门（包括公路巡逻民警支队、队）依法查处。其中，对在乡村公路（《公路法》规定的乡道）上打场、晒粮的行为，省级人民政府公安机关根据本地区的实际情况，可以规定由公安派出所依法查处。"

交通部《关于对〈关于请求明确"公路养护技术规范"有关条款含义的紧急请示〉的答复》（2001年6月5日交公便字〔2001〕66号）："……公路养护单位，要对公路进行定期清扫，定期清扫时的作业标准是清除杂物，做到路面清洁。定期清扫的频率应根据各地关于公路小修保养工作的相关规定执行。另外，该条规定中的'及时'并不等于'随时'，《公路养护技术规范》没有也不可能要求公路养护单位对路面杂物做到随时清除。因此，如果公路养护单位按照规定的频率或有关工作要求做到了定期清扫，即不能认为其'疏于养护'。"

公安部《关于对施工路段路面发生交通事故有关问题的答复》（2000年12月18日公交管〔2000〕258号）："……根据交通部《公路工程竣工验收办法》（交公路发〔1995〕1081号，已被2004年10月1日实施的《公路工程竣（交）工验收办法》废止，编者注）第四条'公路工程验收分为交工验收和竣工验收两个阶段'、第五条'分段完成的路段或单项工程，具有独立使用价值，可分段交工，经交工验收合格后交付使用，全部完成后统一进行竣工验收'和第七条'未经交工验收的工程不得交付使用'的规定，如公路部门允许新建或改建公路车辆通行，应视为该公路已经公路部门交工验收合格。因此，在虽未经竣工验收，但已经交工验收合格的公路上发生的交通事故，应当属于道路交通事故。公路形成交叉时，支、干线的划分，应当由县以上公路部门和公安交通管理部门根据国家公路等级划分标准、各公路的流量、用途等综合情况共同确定。"

公安部《关于对汽车专用公路交通管理有关问题的批复》（1998年2月19日公交管〔1998〕44号）："……汽车专用公路与高速公路均为专供汽车行驶的道路，虽然汽车专用公路适用的管理法规不同于高速公路，且道路安全设施和速度限制方面也存在差异，但造成交通事故的原因、条件基本一致。因此，可结合汽车专用公路的特点，比照《关于加强低能见度气象条件下高速公路交通管理的通告》执行。"

公安部《关于发布〈关于加强低能见度气象条件下高速公路交通管理的通告〉的通知》（1997 年 12 月 26 日交公管〔1997〕312 号）第三条："能见度小于 50 米时，公安机关依照规定可采取局部或全路段封闭高速公路的交通管制措施。实施高速公路交通管制后，除执行任务的警车和高速公路救援专用车辆外，其他机动车禁止驶入高速公路。此时已进入高速公路的机动车辆，驾驶员必须按规定开户雾灯和防眩目近光灯、示廓灯、前后位灯，在保证安全的原则下，驶离雾区、但最高时速不得超过 20 公里。未按国家标准安装雾灯的机动车辆，必须就近驶入紧急停车带或者路肩停车，并按规定开启危险报警闪光灯和设置故障车警告标志。"

5. 地方司法性文件

江苏南通中院《关于处理交通事故损害赔偿案件中有关问题的座谈纪要》（2011 年 6 月 1 日通中法〔2011〕85 号）第 15 条："道路配套设施设置不符合道路安全管理规定，或者当道路出现损毁时，应当及时设置相应警示标志，采取防护措施而未作为，造成道路交通事故致人损害的，由负有相关职责的单位承担相应赔偿责任。若机动车驾驶人对道路交通事故的发生也有可归责事由的，机动车方应当与有关单位按照原因力的大小分别承担赔偿责任。"

安徽宣城中院《关于审理道路交通事故赔偿案件若干问题的意见（试行）》（2011 年 4 月）第 16 条："施工人挖掘道路、占用道路施工，未按规定设置明显标志和采取安全措施，或竣工后未及时清理现场、修复路面，存在安全隐患，造成交通事故致人损害的，由施工人承担相应赔偿责任。"

山东淄博中院民三庭《关于审理道路交通事故损害赔偿案件若干问题的指导意见》（2011 年 1 月 1 日）第 23 条："在公共道路上堆放、倾倒、遗撒妨碍通行的物品造成交通事故，对他人造成损害的，由行为人承担赔偿责任；公路管理人不能证明自己没有过错的，应当承担相应的补充赔偿责任。"

安徽合肥中院民一庭《关于审理道路交通事故损害赔偿案件适用法律若干问题的指导意见》（2009 年 11 月 16 日）第十四条："施工人挖掘道路、占用道路施工，未按规定设置明显标志和采取安全措施，或者竣工后未及时清理现场、修复路面，存在安全隐患，造成道路交通事故致人损害的，由施工人承担相应赔偿责任。"

第十七条："发生本意见第十四条、第十五条、第十六条规定的情形，机动车驾驶人对道路交通事故发生也有可归责事由的，机动车方应当与有关单位或个人按照原因力的大小分别承担赔偿责任。"

四川泸州中院《关于民商审判实践中若干具体问题的座谈纪要（二）》（2009 年 4 月 17 日泸中法〔2009〕68 号）第 15 条："因公路上的障碍物，造成机动车交通事故或者人身损害的，公路管理部门是否承担赔偿责任？基本意见：根据《最高人民法院关于审理人身损害赔偿案件适用法律若干问题的解释》第十六条的规定，道路、桥梁、隧道等人工建造的构筑物因维护、管理瑕疵致人损害的，适用《民法通则》第一百二十六条的规定，由所有人或者管理人承担赔偿责任，但能够证明自己没有过错的除外。因此，如果公路管理部门不能证明自己没有过错，应当承担民事赔偿责任。"

重庆高院《关于审理道路交通事故损害赔偿案件适用法律若干问题的指导意见》（2006 年 11 月 1 日）第十六条："施工人挖掘道路、占用道路施工，未按规定设置明显标志和采取安全措施，或者竣工后未及时清理现场、修复路面，造成道路交通事故致人损害的，由施工人承担相应赔偿责任。"

第十七条："行为人有下列情形之一，造成道路交通事故致人损害的，由行为人承担相应赔偿责任：（一）违法占用道路从事非交通活动，或者破坏道路及道路配套设施的；（二）在道路两侧及隔离带上种植植物或者设置广告牌、管线等，遮挡路灯、交通信号灯、交通标志，妨碍安全视距的；（三）实施其他妨碍道路正常通行行为的。"

第十八条："道路配套设施设置不符合道路安全管理规定，或者当道路出现损毁时，应当及时设置相应警示标志、采取防护措施而未作为，造成道路交通事故致人损害的，由负有相关职责的单位承担相应赔偿责任。"

第十九条："发生本意见第十七条、第十八条、第十九条规定的情形，机动车驾驶人对道路交通事故发生也有可归责事由的，机动车方应当与有关单位或个人按照原因力的大小分别承担赔偿责任。"

山东高院《关于审理人身损害赔偿案件若干问题的意见》（2001 年 2 月 22 日）第 10 条："……在道路维修改造期间，当事人发生的与车辆、行人有关的事故引起的损害赔偿纠纷，向人民法院起诉的，人民法院可以直接受理。"

第 38 条："在道路、通道上的堆放物或防护装置致人损害，道路管理部门未尽到善良管理人的注意义务，可认定道路管理部门具有道路管理的瑕疵责任，应由其承担受害人的损害赔偿责任；但道路管理部门能够证明是因第三人的过错造成损害的，应以第三人为被告承担赔偿责任。"

第 41 条："在公共场所、道旁和通道上挖坑、修缮安装地下设施等实施对周围环境具有危险性的行为，没有设置明显标志和采取安全措施造成他人损害的，应以施工人为被告，由其承担民事赔偿责任，不应由建设单位承担责任；设置的标志和采取的安全措施被第三人破坏的，施工人仍应承担赔偿责任，但可以向第三人追偿。"

第 42 条："在公共场所、道旁和通道上因地下管、线的安全防护设施致人损害的，应以该设施的管理人或所有人为被告承担民事责任。但管理人或所有人能够证明是由第三人的过错造成损害的除外。"

6. 地方规范性文件

山西省《公路条例》（2013 年 1 月 1 日）第 15 条："省公路管理机构所属的驻县（市、区）的公路管理机构负责国道、省道的养护；县（市、区）人民政府交通运输主管部门所属的公路管理机构负责县道的养护；收费公路的养护由公路经营者负责。"

江苏省苏州市《公路条例》（2012 年 11 月 29 日修正）第 24 条："在公路、公路用地范围内设置的各类管线及检查井（孔）等设施，应当符合公路管理的相关规定。因管线及检查井（孔）等设施质量、缺损、移位、下沉等影响公路通行安全的，所有权人应当及时补缺或者修复，并承担由此产生的法律责任。在公路用地、公路建筑控制区范围内，经许可设置的管线、电缆等设施及其他建筑物、构筑物，在公路建设、养护管理需要时，所有权人应当迁移或者加固。"

甘肃省《农村公路条例》（2013 年 1 月 1 日）第 25 条："县（市、区）交通运输主管部门及其公路管理机构负责县道和主要乡道的养护工作，并对乡道、村道的养护和管理工作进行监督和技术指导。乡（镇）人民政府及其公路管理机构负责乡道、村道的养护工作，指导村民委员会组织村民做好村道的日常管护工作。"

广东省《公路条例》（2012 年 7 月 26 日）第 21 条："利用、占用公路和公路用地的下列行为，应当经公路管理机构批准：（一）公路接线设置道口；（二）拆除分隔带；（三）埋设管线、设置电杆、变压器和类似设施；（四）修建跨（穿）越公路的各种桥梁、牌楼、涵洞、渡槽、隧道、管线等设施；（五）履带车、铁轮车及其他有损公路路面的车辆上路行驶；（六）其他利用、占用公路和公路用地的行为。从事前款第（三）项、第（四）项行为，影响交通安全的，还须征得有关公安机关的同意。"

吉林省《公路条例》（2012 年 1 月 1 日）第 28 条："公路管理机构、公路经营企业应当按照国家和省有关技术规范和操作规程养护公路及其附属设施，及时清除路面积雪，保证公路及其附属设施经常处于良好的技术状态。"

北京市《公路条例》（2010 年 12 月 23 日）第 17 条："公路养护作业单位应当按照国家和本市有关标准规范，建立公路养护巡查制度，定时进行养护巡查；建立公路养护维修信息档案，记录养护作业、巡查、检测以及其他相关信息；设立公示牌，公示单位名称、养护路段以及报修和投诉电话。"

第三节 法理分析

几个与损害结果有间接因果关系的行为与一个同损害结果有直接因果关系的行为间接结合导致同一损害结果的发生，应根据各行为人的过失程度或者其行为与损害结果的原因力大小确定其应当承担的责任份额。

作为道路交通管理部门应保证道路畅通与安全，确保任何人包括自身违反相关交通法律的人在此通行不会因道路的潜在危险而受到伤害；否则，即使受害人存在各种严重过错，道路管理人也应承担相应责任。

对乡村公路负有管理责任的乡镇政府因其管理不到位，未能及时巡查清理占用道路所堆放的杂物，对由此造成的交通事故损害后果应承担一定的责任，因其并非直接侵权人，故应承担补充赔偿责任。

第十六章

道路设计缺陷导致的交通事故责任

第一节 概 述

因道路管理维护缺陷导致机动车发生交通事故造成损害，道路管理者除非能够证明已按照法律、法规、规章、国家标准、行业标准或者地方标准尽到安全防护、警示等管理维护义务，否则应承担相应赔偿责任。未按照法律、法规、规章或者国家标准、行业标准、地方标准的强制性规定设计、施工，致使道路存在缺陷并造成交通事故，建设单位与施工单位应承担相应赔偿责任。

第二节 责任表现及裁判依据

一、常见实务类型

2005年7月，刘某驾驶登记车主为牛某的货车操作不当撞上市政处管理的立交桥护栏，护栏的钢管扶手被撞落，砸伤桥下坐在邓某车上的高某并致一级伤残。

争议焦点：（1）市政处应否承担责任？（2）如何承担责任？

市政处在道路养护上并未证明其采取了任何预防扶手坠落的措施，正因其瑕疵作为、消极不作为行为，被撞脱落钢管才会毫无阻碍地砸落在事先未得到任何警示的高某乘坐的车上并致高某受伤，故市政处对于特殊地段的桥梁的维护管理存在一定瑕疵，也未尽合理限度内安全保障义务，由于其未能证明对事故发生不具有过错，建筑物及其他地上物侵权损害成立，市政处应承担赔偿责任。在钢管扶手承撞能力符合设计标准、行业规范对其安全性未有规定情况下，市政处仍负有安全保障义务，市政处的鉴定请求也就不具有意义。

又因货车撞击是钢管扶手坠落并致伤高某的直接、主要原因，而市政处管理维护瑕疵及不作为只是未尽可能的阻止损害结果的发生，本身不会也不可能直接或必然引发高某受伤，属间接偶然结合所致，是间接、次要的原因，二者不存在主观上的意思联络，故不构成共同侵权，应承担按份责任。

二、裁判依据或参考

1. 法律规定

《道路交通安全法》（2004 年 5 月 1 日实施，2011 年 4 月 22 日修正）第二十九条："道路、停车场和道路配套设施的规划、设计、建设，应当符合道路交通安全、畅通的要求，并根据交通需求及时调整。公安机关交通管理部门发现已经投入使用的道路存在交通事故频发路段，或者停车场、道路配套设施存在交通安全严重隐患的，应当及时向当地人民政府报告，并提出防范交通事故、消除隐患的建议，当地人民政府应当及时作出处理决定。"

第三十条："道路出现坍塌、坑漕、水毁、隆起等损毁或者交通信号灯、交通标志、交通标线等交通设施损毁、灭失的，道路、交通设施的养护部门或者管理部门应当设置警示标志并及时修复。公安机关交通管理部门发现前款情形，危及交通安全，尚未设置警示标志的，应当及时采取安全措施，疏导交通，并通知道路、交通设施的养护部门或者管理部门。"

第三十一条："未经许可，任何单位和个人不得占用道路从事非交通活动。"

第三十二条："因工程建设需要占用、挖掘道路，或者跨越、穿越道路架设、增设管线设施，应当事先征得道路主管部门的同意；影响交通安全的，还应当征得公安机关交通管理部门的同意。施工作业单位应当在经批准的路段和时间内施工作业，并在距离施工作业地点来车方向安全距离处设置明显的安全警示标志，采取防护措施；施工作业完毕，应当迅速清除道路上的障碍物，消除安全隐患，经道路主管部门和公安机关交通管理部门验收合格，符合通行要求后，方可恢复通行。对未中断交通的施工作业道路，公安机关交通管理部门应当加强交通安全监督检查，维护道路交通秩序。"

第一百零五条："道路施工作业或者道路出现损毁，未及时设置警示标志、未采取防护措施，或者应当设置交通信号灯、交通标志、交通标线而没有设置或者应当及时变更交通信号灯、交通标志、交通标线而没有及时变更，致使通行的人员、车辆及其他财产遭受损失的，负有相关职责的单位应当依法承担赔偿责任。"

《侵权责任法》（2010 年 7 月 1 日）第八十五条："建筑物、构筑物或者其他设施及其搁置物、悬挂物发生脱落、坠落造成他人损害，所有人、管理人或者使用人不能证明自己没有过错的，应当承担侵权责任。所有人、管理人或者使用人赔偿后，有其他责任人的，有权向其他责任人追偿。"

第八十六条："建筑物、构筑物或者其他设施倒塌造成他人损害的，由建设单位与施工单位承担连带责任。建设单位、施工单位赔偿后，有其他责任人的，有权向其他责任人追偿。因其他责任人的原因，建筑物、构筑物或者其他设施倒塌造成他人损害的，由其他责任人承担侵权责任。"

《公路法》（2004 年 8 月 28 日）第三十二条："改建公路时，施工单位应当在施工路段两端设置明显的施工标志、安全标志。需要车辆绕行的，应当在绕行路口设置标志；不能绕行的，必须修建临时道路，保证车辆和行人通行。"

第三十五条："公路管理机构应当按照国务院交通主管部门规定的技术规范和操作规程对公路进行养护，保证公路经常处于良好的技术状态。"

2. 行政法规

《公路安全保护条例》（2011 年 7 月 1 日）第十三条："在公路建筑控制区内，除公路保护需要外，禁止修建建筑物和地面构筑物；公路建筑控制区划定前已经合法修建的不得扩建，因公路建设或者保障公路运行安全等原因需要拆除的应当依法给予补偿。在公路建筑控制区外修建的建筑物、地面构筑物以及其他设施不得遮挡公路标志，不得妨碍安全视距。"

第四十八条："公路管理机构、公路经营企业应当定期对公路、公路桥梁、公路隧道进行检测和评定，保证其技术状态符合有关技术标准；对经检测发现不符合车辆通行安全要求的，应当进行维修，及时向社会公告，并通知公安机关交通管理部门。"

第四十九条："公路管理机构、公路经营企业应当定期检查公路隧道的排水、通风、照明、监控、报警、消防、救助等设施，保持设施处于完好状态。"

3. 司法解释

最高人民法院《关于审理道路交通事故损害赔偿案件适用法律若干问题的解释》（2012 年 12 月 21 日法释〔2012〕19 号）第九条："因道路管理维护缺陷导致机动车发生交通事故造成损害，当事人请求道路管理者承担相应赔偿责任的，人民法院应予支持，但道路管理者能够证明已按照法律、法规、规章、国家标准、行业标准或者地方标准尽到安全防护、警示等管理维护义务的除外。依法不得进入高速公路的车辆、行人，进入高速公路发生交通事故造成自身损害，当事人请求高速公路管理者承担赔偿责任的，适用《侵权责任法》第七十六条的规定。"

第十一条："未按照法律、法规、规章或者国家标准、行业标准、地方标准的强制性规定设计、施工，致使道路存在缺陷并造成交通事故，当事人请求建设单位与施工单位承担相应赔偿责任的，人民法院应予支持。"

最高人民法院《关于审理人身损害赔偿案件适用法律若干问题的解释》（2004年5月1日法释〔2003〕20号）第十六条："下列情形，适用《民法通则》第一百二十六条的规定，由所有人或者管理人承担赔偿责任，但能够证明自己没有过错的除外：（一）道路、桥梁、隧道等人工建造的构筑物因维护、管理瑕疵致人损害的；（二）堆放物品滚落、滑落或者堆放物倒塌致人损害的；（三）树木倾倒、折断或者果实坠落致人损害的。前款第（一）项情形，因设计、施工缺陷造成损害的，由所有人、管理人与设计、施工者承担连带责任。"

4．地方司法性文件

江苏南通中院《关于处理交通事故损害赔偿案件中有关问题的座谈纪要》（2011年6月1日通中法〔2011〕85号）第15条："道路配套设施设置不符合道路安全管理规定，或者当道路出现损毁时，应当及时设置相应警示标志，采取防护措施而未作为，造成道路交通事故致人损害的，由负有相关职责的单位承担相应赔偿责任。若机动车驾驶人对道路交通事故的发生也有可归责事由的，机动车方应当与有关单位按照原因力的大小分别承担赔偿责任。"

安徽宣城中院《关于审理道路交通事故赔偿案件若干问题的意见（试行）》（2011年4月）第17条："道路配套设施设置不符合道路安全管理规定，或者当道路出现损毁，应当及时设置警示标志，采取防护措施而未作为，造成道路交通事故致人损害的，由负有相关职能的单位承担相应赔偿责任。"

安徽合肥中院民一庭《关于审理道路交通事故损害赔偿案件适用法律若干问题的指导意见》（2009年11月16日）第十六条："道路配套设施设置不符合道路安全管理规定，或者当道路出现损毁时，应当及时设置相应警示标志、采取防护措施而未作为，造成道路交通事故致人损害的，由负有相关职责的单位承担相应赔偿责任。"

第十七条："发生本意见第十四条、第十五条、第十六条规定的情形，机动车驾驶人对道路交通事故发生也有可归责事由的，机动车方应当与有关单位或个人按照原因力的大小分别承担赔偿责任。"

重庆高院《关于审理道路交通事故损害赔偿案件适用法律若干问题的指导意见》（2006年11月1日）第十六条："施工人挖掘道路、占用道路施工，未按规定设置明显标志和采取安全措施，或者竣工后未及时清理现场、修复路面，造成道路交通事故致人损害的，由施工人承担相应赔偿责任。"

第十七条："行为人有下列情形之一，造成道路交通事故致人损害的，由行为人承担相应赔偿责任：（一）违法占用道路从事非交通活动，或者破坏道路及道路配套设施的；（二）在道路两侧及隔离带上种植植物或者设置广告牌、管线等，遮挡路灯、交通信号灯、交通标志，妨碍安全视距的；（三）实施其他妨碍道路正常通行行为的。"

第十八条："道路配套设施设置不符合道路安全管理规定，或者当道路出现损毁时，应当及时设置相应警示标志、采取防护措施而未作为，造成道路交通事故致人损害的，由负有相关职责的单位承担相应赔偿责任。"

第十九条："发生本意见第十七条、第十八条、第十九条规定的情形，机动车驾驶人对道路交通事故发生也有可归责事由的，机动车方应当与有关单位或个人按照原因力的大小分别承担赔偿责任。"

山东高院《关于审理人身损害赔偿案件若干问题的意见》（2001年2月22日）第10条："……在道路维修改造期间，当事人发生的与车辆、行人有关的事故引起的损害赔偿纠纷，向人民法院起诉的，人民法院可以直接受理。"

第38条："在道路、通道上的堆放物或防护装置致人损害，道路管理部门未尽到善良管理人的注意义务，可认定道路管理部门具有道路管理的瑕疵责任，应由其承担受害人的损害赔偿责任；但道路管理部门能够证明是因第三人的过错造成损害的，应以第三人为被告承担赔偿责任。"

第41条："在公共场所、道旁和通道上挖坑、修缮安装地下设施等实施对周围环境具有危险性的行为，没有设置明显标志和采取安全措施造成他人损害的，应以施工人为被告，由其承担民事赔偿责任，不应由建设单位承担责任；设置的标志和采取的安全措施被第三人破坏的，施工人仍应承担赔偿责任，但可以向第三人追偿。"

第42条："在公共场所、道旁和通道上因地下管、线的安全防护设施致人损害的，应以该设施的管理人或所有人为被告承担民事责任。但管理人或所有人能够证明是由第三人的过错造成损害的除外。"

5. 地方规范性文件

安徽省《农村公路条例》（2013年1月1日）第38条："县级农村公路管理机构或者乡（镇）人民政府可以根据保护乡道、村道的需要，在乡道、村道的出入口设置必要的限高、限宽设施，但是不得影响消防和卫生急救等应急通行需要，不得向通行车辆收费。"

江苏省《公路条例》（2012年1月12日修正）第30条："公路管理机构、乡镇人民政府或者公路经营企业应当定期对养护的公路桥梁进行检查。需要进行检测的，应当委托符合资质条件的机构进行检测。公路桥梁经检测荷载等级达不到原标准的，应当设置明显的限载标志，并及时采取维修和加固等有效措施；经检测发现公路桥梁严重损坏影响通行安全的，应当先行设置禁止通行和绕行标志，并及时采取修复措施。对特大型公路桥梁，应当采取措施，及时做好雨、雾、雪等恶劣天气和突发事故情况下的养护管理工作，保持清障、救援等设备齐全完好。"

江苏省《收费公路管理条例》（2012年1月12日修正）第38条："收费公路的交通标志、标线、隔离栅等交通安全设施的设置应当符合国家标准和技术规范，与公路同时建设、验收、使用。收费公路经营管理者应当按照国家有关标准，做好交通安全设施的维护工作，发现其损毁、灭失的，应当及时修复；影响交通安全的，还应当设置警示标志。公安机关交通管理部门发现交通安全设施损毁、灭失，危及交通安全，尚未设置警示标志的，应当及时采取安全措施，疏导交通，并通知收费公路经营管理者。收费公路经营管理者接到通知后应当及时整改。交通运输主管部门应当结合标志、标线现状和公路通行、路网、沿线设施状况等，提出调整、完善交通标志、标线的要求，并由收费公路经营管理者组织实施。"

西藏《公路条例》（2011年11月24日修正）第39条："公路管理机构应当按照公路桥梁养护技术规范的规定对公路桥梁定期进行检测和评定，经检测荷载等级达不到原设计标准的，应当设置明显限载标志。经检测公路桥梁严重损坏影响通行安全的，应当设置禁止通行和绕行标志，并及时采取维修和加固等修复措施，保证桥梁的技术状况符合有关标准。"

北京市《公路条例》（2010年12月23日）第21条："附设于公路的地下管线的检查井及其井盖等设施，应当符合公路养护技术规范，产权单位应当加强巡查。对因井盖等设施缺损、移位、下沉等影响公路通行安全的，产权单位应当及时补缺或者修复。"

6. 最高人民法院审判业务意见

公共设施设置或管理瑕疵致人损害的归责原则如何确定？最高人民法院民一庭倾向性意见："公共设施设置或者管理瑕疵致人损害的责任，适用《民法通则》一般侵权损害赔偿的规定处理。"

第三节　法理分析

道路管理者违反一般注意义务，导致道路瑕疵致人损害的，应承担相应赔偿责任。

　　机动车经过道路、桥梁、隧道等人工建造的构筑物时发生事故，造成驾驶员或随车人员伤害，所有人或者管理者未尽职责范围内的维修、管护义务，对事故的发生有一定过错，应负相应责任。

　　当存在不可抗力与管理瑕疵的竞合时，依据民法理论中原因竞合之规则，管理者应当承担民事赔偿责任。由第三人过错行为与地上工作物的所有人、管理人的过错行为相结合而发生致害结果，依共同过错责任处理。如受害人有过错的，又构成混合过错，实行过失相抵，可适当减轻赔偿义务主体的赔偿责任。

第三编

交通事故责任取舍与保险求偿

第十七章

道路交通事故责任赔偿中的责任类型取舍

第一节　概　述

道路交通事故赔偿当中比较常见的争议发生在侵权赔偿与工伤赔偿的选择上，换句话说，二者能否兼得，又或者可选的话，选择权在哪方手里，在实务操作过程中非常值得研究。

第二节　责任表现及裁判依据

一、常见实务类型

原告系上海宝钢冶金建设公司（以下简称宝二十冶公司）职工。2000 年 10 月 16 日，被告宝二十冶公司职工在工作过程中违规作业，在行驶中的作业车上，从高处抛掷钢管，将正在现场从事工作的原告头部砸伤，导致重度颅脑外伤、外伤性尿崩症等。经鉴定，结论为因工致残，程度四级。根据病情，原告须长期服用德巴金、弥凝片。根据司法部司法鉴定结论，原告需要护理 12 个月、营养 8 月。虽然原告所在单位宝二十冶公司按规定承担了一定费用，但原告的损害系由被告的侵权行为所致，被告应承担赔偿责任。故要求被告赔偿交通费人民币（以下币种均为人民币）2720 元、护理费 9600 元（每月 800 元×12 个月）、营养费 4800 元（每月 600 元×8 个月）、长期服用德巴金及弥凝片所需费用 583087.5 元，被抚养人（原告之子，未成年）生活费 52200 元、被赡养人（原告母亲）生活费 48000 元、精神抚慰金 5 万元、律师代理费 3000 元、因伤残造成的收入损失 161616 元（按受伤前平均工资 1523 元减现工资 1005 元计算 26 年）。本案争议焦点：

（1）侵权赔偿与工伤赔偿能否兼得？

（2）如何计算赔偿费用？

上海市宝山区人民法院于 2005 年 6 月 30 日判决："一、被告宝二十冶公司应于本判决生效之日起 10 日内赔偿原告杨文伟护理费 9600 元，营养费 4800 元，被抚养、赡养人生活费 62200 元，因伤残造成的收入损失 124320 元，律师代理费 3000 元，精神抚慰金 2 万元，以上共计 223920 元；二、原告杨文伟因伤残需长期服用德巴金、弥凝片的费用由被告宝二十冶公司负担。"[①]

二、裁判依据或参考

1. 法律规定

《社会保险法》（2011 年 7 月 1 日）第三十条："下列医疗费用不纳入基本医疗保险基金支付范围：（一）应当从工伤保险基金中支付的；（二）应当由第三人负担的；（三）应当由公共卫生负担的；（四）在境外就医的。医疗费用依法应当由第三人负担，第三人不支付或者无法确定第三人的，由基本医疗保险基金先行支付。基本医疗保险基金先行支付后，有权向第三人追偿。"

第四十二条："由于第三人的原因造成工伤，第三人不支付工伤医疗费用或者无法确定第三人的，由工伤保险基金先行支付。工伤保险基金先行支付后，有权向第三人追偿。"

2. 行政法规

《工伤保险条例》（2011 年 1 月 1 日）第十四条："职工有下列情形之一的，应当认定为工伤：……（六）在上下班途中，受到非本人主要责任的交通事故或者城市轨道交通、客运轮渡、火车事故伤害的……"

第六十二条："用人单位依照本条例规定应当参加工伤保险而未参加的，由社会保险行政部门责令限期参加，补缴应当缴纳的工伤保险费，并自欠缴之日起，按日加收万分之五的滞纳金；逾期仍不缴纳的，处欠缴数额 1 倍以上 3 倍以下的罚款。依照本条例规定应当参加工伤保险而未参加工伤保险的用人单位职工发生工伤的，由该用人单位按照本条例规定的工伤保险待遇项目和标准

---

①案件引自《最高法院公报案例：工伤和侵权可以双重赔偿杨文伟诉宝二十冶公司人身损害赔偿纠纷案》。

支付费用。用人单位参加工伤保险并补缴应当缴纳的工伤保险费、滞纳金后，由工伤保险基金和用人单位依照本条例的规定支付新发生的费用。"

3. 司法解释

最高人民法院《2011年全国民事审判工作会议纪要》（2011年11月9日法办〔2011〕442号）第六条："……职工遭受工伤事故后非因自身原因未进行工伤认定，赔偿权利人请求侵权人承担民事赔偿责任的，应予受理。"

最高人民法院《关于因第三人造成工伤的职工或其亲属在获得民事赔偿后是否还可以获得工伤保险补偿问题的答复》（2006年12月28日〔2006〕行他字第12号）："……原则同意你院审判委员会的倾向性意见。即根据《中华人民共和国安全生产法》第四十八条以及最高人民法院《关于审理人身损害赔偿案件适用法律若干问题的解释》第十二条的规定，因第三人造成工伤的职工或其近亲属，从第三人处获得民事赔偿后，可以按照《工伤保险条例》第三十七条的规定，向工伤保险机构申请工伤保险待遇补偿。"

最高人民法院《关于审理人身损害赔偿案件适用法律若干问题的解释》（2004年5月1日法释〔2003〕20号）第十二条："依法应当参加工伤保险统筹的用人单位的劳动者，因工伤事故遭受人身损害的，劳动者或者其近亲属向人民法院起诉请求用人单位承担民事赔偿责任的，告知其按《工伤保险条例》的规定处理。"

最高人民法院负责人《在公布〈关于审理人身损害赔偿案件适用法律若干问题的解释〉新闻发布会上的讲话》（2003年12月29日）："……鉴于工伤保险实行社会统筹和用人单位无过错责任，有利于受害人及时获得充分救济；有利于企业摆脱高额赔付造成的困境，避免因行业风险过大导致竞争不利；还有利于劳资关系和谐，避免劳资冲突和纠纷，因此，我们赞成用人单位通过缴纳工伤保险费的方式承担责任。这对用人单位和劳动者双方都有利。但如果劳动者遭受工伤，是由于第三人的侵权行为造成，第三人不能免除民事赔偿责任。"

4. 部门规范性文件

人力资源和社会保障部办公厅《关于工伤保险有关规定处理意见的函》（2011年6月23日人社厅函〔2011〕339号）第一条："该条规定的'上下班途中'是指合理的上下班时间和合理的上下班路途。"

第二条："该条规定的'非本人主要责任'事故包括非本人主要责任的交通事故和非本人主要责任的城市轨道交通、客运轮渡和火车事故。其中，'交通事故'是指《道路交通安全法》第一百一十九条规定的车辆在道路上因过错或者意外造成的人身伤亡或者财产损失事件。'车辆'是指机动车和非机动车；'道路'是指公路、城市道路和虽在单位管辖范围但允许社会机动车通行的地方，包括广场、公共停车场等用于公众通行的场所。"

第三条："'非本人主要责任'事故认定应以公安机关交通管理、交通运输、铁道等部门或司法机关，以及法律、行政法规授权组织出具的相关法律文书为依据。"

5. 地方司法性文件

广东深圳中院《关于道路交通事故损害赔偿纠纷案件的裁判指引》（2014年8月14日深中法发〔2014〕3号）第16条："赔偿义务人在本案诉讼之前或诉讼之中确实已经向赔偿权利人赔偿的款项，无论赔偿义务人是否在本案诉讼之中提起反诉，只要赔偿义务人主张抵扣赔偿权利人可得赔偿的，均应当予以支持。"

安徽高院《关于审理道路交通事故损害赔偿纠纷案件若干问题的指导意见》（2014年1月1日皖高法〔2013〕487号）第14条："保险公司对受害方承担的赔偿款数额应扣除机动车一方已支付给受害人的赔偿数额，但机动车一方与受害人另有约定的除外。"

浙江高院民一庭《关于审理劳动争议纠纷案件若干疑难问题的解答》（2012年12月）第15条："因第三人侵权导致工伤的，采用何种赔偿模式？《社会保险法》实施后，因第三人侵权导致工伤的，仍继续适用浙政发〔2009〕50号通知的规定。职工因劳动关系以外的第三人侵权造成人身损害，同时构成工伤的，依法享受工伤保险待遇。如职工获得侵权赔偿，用人单位承担的工伤保险责任相对应项目中应扣除第三人支付的下列五项费用：医疗费、残疾辅助器具费、工伤职工在停工留薪期间发生的护理费、交通费、住院伙食补助费。"

广东高院、省劳动人事争议仲裁委员会《关于审理劳动人事争议案件若干问题的座谈会纪要》（2012年8月2日粤高法〔2012〕284号）第6条："劳动者工伤由第三人侵权所致，第三人已承担侵权赔偿责任，劳动者或者其近亲属又请求用人单位支付工伤保险待遇的，用人单位所承担的工伤保险责任应扣除医疗费、辅助器具费和丧葬费。"

山东淄博中院《全市法院人身损害赔偿案件研讨会纪要》（2012年2月1日）第8条："关于双重赔偿的问题。1. 参照山东省高级人民法院的相关文件精神，该'双重赔偿'并不能等同于'双倍赔偿'。工伤职工实际支出的费用，作为已花费的直接费用，不能获得'双重赔偿'。工伤职工在获得第三人赔偿的医疗费、丧葬费、护理费、残疾生活辅助器具费、误工费、交通费、住宿费或者相对应的用人单位支付的医疗费、丧葬补助金、生活护理费、伤残辅助器具费、停工留薪期工资、交通费、住宿费后，不能再重复主张。其余费用均不为直接费用，职工可另行主张。另外，适用双重赔偿应注意以下问题：

（1）工伤保险机构或用人单位在支付职工相关工伤待遇后，无权向侵权第三人进行追偿。（2）雇员在从事雇佣活动中遭受第三人人身损害的，不能适用'双重赔偿'原则。（3）'双重赔偿'内外有别，如果侵权人是用人单位或者是同一单位其他劳动者造成工伤的，受害人只能请求工伤待遇，不能请求侵权损害赔偿。2. 双重赔偿仅限于由第三人原因造成的工伤事故。对于非工伤事故或由于本单位原因造成职工损害的，不应适用'双重赔偿'。"

江苏常州中院《关于审理劳动争议案件的指导意见》（2011 年 5 月 27 日常中法〔2011〕35 号）第 33 条："因第三人侵权造成劳动者人身损害，同时构成工伤的，如果劳动者已获得侵权赔偿，用人单位承担的工伤保险责任中应扣除第三人已支付的医疗费、护理费、营养费、交通费、住院伙食补助费、残疾辅助器具费、丧葬费、误工费等费用。用人单位先行支付工伤保险待遇的，可以在第三人应当承担的赔偿责任范围内向第三人追偿。"

河南周口中院《关于侵权责任法实施中若干问题的座谈会纪要》（2010 年 8 月 23 日周中法〔2010〕130 号）第 3 条："……人身损害赔偿的范围和标准的计算，有特别法规定的国家赔偿、工伤保险等适用特别法以外，其他都应当按照《最高人民法院关于审理人身损害赔偿案件适用法律若干问题的解释》的规定予以确定，该司法解释中有与侵权责任法不一致的，依照侵权责任法。"

第 6 条："……属《工伤保险条例》调整的劳动关系和工伤保险范围的，按照劳动争议案件处理。因为用人单位以外的第三人侵权造成劳动者人身损害的，受害人是否获得工伤保险补偿不影响其向第三人请求侵权损害赔偿。没有参加工伤保险的私人企业和个体工商户的雇佣人员，自身受到伤害，受害人可以选择工伤保险请求权或雇佣损害赔偿请求权之一，来主张权利。"

山东东营中院《关于印发道路交通事故处理工作座谈会纪要的通知》（2010 年 6 月 2）第 37 条："发生交通事故后，受害人经劳动行政主管部门认定为工伤的，除享有工伤保险待遇外，还可以请求交通事故责任人承担损害赔偿责任，但因交通事故产生的直接费用不予重复计算。"

江西南昌中院《关于审理道路交通事故人身损害赔偿纠纷案件的处理意见（试行）》（2010 年 2 月 1 日）第 15 条："因用人单位以外的第三人引发交通事故，造成劳动者工伤人身损害，赔偿权利人请求第三人承担民事赔偿责任的，应先对当事人有权申请工伤认定进行释明，当事人坚持起诉的，应当受理。"

安徽合肥中院民一庭《关于审理道路交通事故损害赔偿案件适用法律若干问题的指导意见》（2009 年 11 月 16 日）第 22 条："受害人已接受工伤事故赔偿的，不影响其向侵权人要求道路交通事故人身损害赔偿。"

江西九江中院《关于印发〈九江市中级人民法院关于审理道路交通事故

人身损害赔偿案件若干问题的意见（试行）〉的通知》（2009 年 10 月 1 日九中法〔2009〕97 号）第 7 条："道路交通事故中的受害人因参加工伤保险而依据《工伤保险条例》或者参加人寿保险获得的保险赔偿金，以及享受医社保待遇、农村合作医疗报销了部分医疗费用，赔偿义务人主张从损害赔偿费用总额中加以扣除的，法院不予支持。"

北京高院、北京市劳动争议仲裁委员会《关于劳动争议案件法律适用问题研讨会会议纪要》（2009 年 8 月 17 日）第 34 条："因第三人侵权而发生的工伤，如用人单位未为劳动者缴纳工伤保险费，应由用人单位按照《工伤保险条例》的有关规定向劳动者（或直系亲属）支付工伤保险待遇。侵权的第三人已全额给付劳动者（或直系亲属）医疗费、交通费、残疾用具费等需凭相关票据给予一次赔偿的费用，用人单位不必再重复给付。"

云南高院《关于审理人身损害赔偿案件若干问题的会议纪要》（2009 年 8 月 1 日）第 2 条："……22. 因乘坐本单位车辆出差发生交通事故死亡，所在单位向劳动和社会保障部门提出工伤申请认定为工伤，并经有关部门核准了丧葬费、一次性抚恤金等费用的，死者家属不能再以单位为被告提起交通事故损害赔偿诉讼。23. 赔偿权利人在道路交通事故中因第三人侵权造成工伤后，其按照规定享受工伤保险待遇的事实，不影响其向第三人主张人身损害赔偿的权利。"

辽宁高院《关于印发全省法院民事审判工作座谈会会议纪要的通知》（2009 年 6 月 1 日辽高法〔2009〕120 号）第 19 条："关于工伤保险待遇与第三人侵权赔偿的关系。依法应当参加工伤保险统筹的用人单位的劳动者，因工伤事故遭受人身损害，劳动者或其近亲属请求用人单位承担民事赔偿责任的，告知其按《工伤保险条例》的规定处理。因用人单位以外的第三人侵权造成劳动者人身损害，权利人请求第三人承担民事赔偿责任的，应予支持。劳动者在工作期间因第三人侵权造成人身伤害，既请求工伤保险待遇，又请求第三人承担民事赔偿责任的均应予以支持。"

四川泸州中院《关于民商审判实践中若干具体问题的座谈纪要（二）》（2009 年 4 月 17 日泸中法〔2009〕68 号）第 9 条："劳动者在工作过程中遭受交通事故，用人单位未参加工伤保险，劳动者单独起诉要求用人单位工伤赔偿，经工伤鉴定为十级伤残。用人单位赔偿后，起诉车主追偿。车主抗辩认为若按交通事故鉴定标准，则不构成十级伤残，如何处理？基本意见：这实际上涉及到工伤鉴定标准（一般人身损害均适用）和交通事故鉴定标准的衔接问题。劳动者要求工伤损害赔偿，应当适用工伤鉴定标准。为了保护劳动者利益，工伤鉴定标准比较宽松，而交通事故鉴定标准则较严格。在鉴定标准不统一的情况下，应当根据不同的法律关系选择不同的鉴定标准。用人单位承担的是工伤赔偿责任，劳动者能否在得到工伤赔偿之后再向机动车一方要求人身损害赔偿，参照以前的规定处理。如果劳动者向机动车一方要求人身损害赔偿，应当适用交通事故人身损害鉴定的标准。"

浙江高院《关于审理劳动争议案件若干问题的意见（试行）》（2009年4月16日）第37条："劳动者因他人的侵权行为导致工伤的，一般应先向侵权人请求民事侵权赔偿；如其就民事侵权已实际获得相应赔偿，其可以要求用人单位或社会保险机构在工伤待遇总额内补足工伤待遇。如因侵权人逃逸等原因，劳动者无法向侵权人主张赔偿的，其可以要求用人单位或者社会保险机构依法先行支付工伤停工留薪期工资福利、伤残津贴、工伤医疗费、丧葬补助金、供养亲属抚恤金等工伤保险待遇；其向侵权人主张后实际获得民事侵权赔偿的，可在工伤保险待遇范围内按总额补差的办法结算；其向侵权人主张后仍不能实际获得民事侵权赔偿的，用人单位或者社会保险机构应依法支付工伤保险待遇。用人单位或者社会保险机构支付相关费用后，可以向民事侵权人进行追偿，人民法院可视情追加劳动者为当事人。在用人单位或社会保险机构向劳动者已经支付全部或部分工伤保险待遇后，劳动者又向侵权人提起民事侵权诉讼的，人民法院应追加用人单位或社会保险机构为当事人，使其依法行使对侵权人的全部或部分追偿权。"

江苏高院《关于在当前宏观经济形势下妥善审理劳动争议案件的指导意见》（2009年2月27日）第2条："……对于劳动关系以外的第三人侵权造成劳动者人身损害，同时构成工伤的，如果劳动者已获得侵权赔偿，用人单位承担的工伤保险责任中应扣除第三人已支付的医疗费、护理费、营养费、交通费、住院伙食补助费、残疾辅助器具费和丧葬费等实际发生费用。用人单位先行支付工伤保险赔偿的，可以在第三人应当承担的赔偿责任范围内向第三人追偿。"

江苏南京中院、南京市劳动争议仲裁委员会《关于劳动争议案件仲裁与审判若干问题的指导意见》（2008年11月27日宁中法〔2008〕238号）第17条："劳动者因第三人侵权被认定为工伤的，劳动者已从第三人的人身损害赔偿纠纷中获得赔偿的，在劳动争议案件中用人单位不再支付。但下列情况用人单位仍应支付：（一）劳动者在与第三人的人身损害赔偿纠纷中因自身过错承担责任，未获赔付的部分。（二）因劳动者未参加工伤保险导致工伤保险基金未支付的一次性伤残补助金。（三）劳动关系解除（终止）前提下的一次性就业补助金与一次性医疗补助金。"

湖北武汉中院《关于审理劳动争议案件若干问题纪要》（2008年9月25日）第25条："因第三人侵权造成劳动者工伤的，劳动者既可以选择要求致害人按人身损害赔偿承担侵权责任，也可以要求用人单位按工伤保险赔偿责任。劳动者已获得民事赔偿的，对其相应医疗费、交通费、误工工资等明显重复的项目，不应再享受工伤保险的对应待遇。"

福建高院民一庭《关于审理人身损害赔偿纠纷案件疑难问题的解答》（2008 年 8 月 22 日）第 17 条："问：劳动者因用人单位以外的第三人侵权构成工伤，获工伤赔偿后，是否可再请求第三人承担侵权赔偿责任？答：最高人民法院《关于审理人身损害赔偿案件适用法律若干问题的解释》第十二条规定：'依法应当参加工伤保险统筹的用人单位的劳动者，因工伤事故遭受人身损害，劳动者或者近亲属向人民法院起诉请求用人单位承担民事赔偿责任的，告知其按《工伤保险条例》的规定处理。因用人单位以外的第三人侵权造成劳动者损害，赔偿权利人请求第三人承担民事赔偿责任的，人民法院应予支持。'这表明，因第三人侵权造成工伤的，不影响劳动者向第三人提出侵权赔偿之诉。最高人民法院《关于审理劳动争议案件适用法律若干问题的解释》（二）第六条规定：'劳动者因为工伤等，请求用人单位依法承担给予工伤保险待遇争议，经劳动争议仲裁委员会仲裁后，当事人起诉的，人民法院应予受理。'也就是说，不论是用人单位还是第三人的原因造成工伤，劳动者都可以依法享受工伤待遇。结合以上两个司法解释规定的精神，劳动者有权同时获得第三人侵权赔偿和用人单位工伤待遇。"

浙江杭州中院《关于道路交通事故损害赔偿纠纷案件相关问题的处理意见》（2008 年 6 月 19 日）第 3 条："……1. 职工上下班途中发生的道路交通事故与工伤事故竞合情况下的赔偿标准问题。若因用人单位侵权造成职工上下班途中发生的道路交通事故与工伤事故竞合的，对该责任竞合情形下的赔偿问题，应依照《最高人民法院关于审理人身损害赔偿案件适用法律若干问题的解释》第十二条第一款的规定，由用人单位承担工伤赔偿责任。若因用人单位以外的第三人侵权造成职工上下班途中发生的道路交通事故与工伤事故竞合的，对该责任竞合情形下的赔偿问题，应以补差为原则计赔。实体审查时，要注意对受害人一方提供的证据，特别是证据原件的审查，避免重复获赔情形的发生。"

重庆高院《关于当前民事审判若干法律问题的指导意见》（2007 年 11 月 22 日）第 5 条："……劳动者发生工伤事故后，用人单位与劳动者均没有申请工伤事故认定，双方就劳动者的工伤保险待遇达成协议，一方就工伤保险待遇问题诉至法院的，人民法院应当按照工伤保险待遇处理。对劳动者以一般民事侵权赔偿纠纷向人民法院起诉的，用人单位可以以构成工伤事故为由进行抗辩，但应承担相应的举证责任。如果劳动部门没有认定工伤，则可以按照一般民事侵权赔偿予以处理。如果劳动者没有进行劳动能力鉴定，人民法院认为有必要，也可以委托劳动能力鉴定机构进行鉴定；如果劳动者的工伤系第三人侵权所致，根据我院《关于审理工伤赔偿案件若干问题的意见》，按照补充求偿的模式予以赔偿。"

第20条："因他人侵权行为受到伤害，同时又构成工伤的，当事人获得工伤待遇后又向侵权人要求人身损害赔偿的，应予支持。当事人获得人身损害赔偿后，又要求工伤待遇的，应予支持。工伤待遇中以货币形式支付的，可以扣除第三人已经实际赔偿的部分，但营养费、精神抚慰金不应扣除。工伤赔偿和人身损害赔偿的责任主体是同一单位的，受害人只能选择一种赔偿。"

重庆五中院《关于印发〈审理人身损害赔偿案件座谈会议纪要〉的通知》（2007年10月30日渝五中法〔2007〕91号）第21条："在适用《解释》第十二条时，赔偿权利人可以选择起诉第三人侵权责任，也可以选择起诉工伤赔偿。但侵权行为人是终局赔偿责任人，用工单位在侵权行为人不能完全赔偿时，用人单位应在工伤赔偿标准范围内补足。在法律、法规尚未明确规定的情况下，重庆市高级法院2005年12月渝高法发〔2005〕16号《关于审理工伤赔偿案件若干问题的意见》已经确立了工伤损害赔偿与第三人侵权赔偿竞合时，采取补充求偿的方式，审判实践中应当参照该规定的精神指导办理类似案件。"

北京高院《关于印发〈关于审理工伤认定行政案件若干问题的意见〉（试行）的通知》（2007年4月13日京高法发〔2007〕112号）第12条："因机动车事故引起的工伤，应当首先按照《道路交通安全法》等相关法律、法规的规定处理赔偿问题。机动车事故赔偿已给付医疗费、护理费、残疾用具费、误工工资、丧葬费等费用的，工伤保险经办机构不再支付相应待遇。机动车事故赔偿已给付死亡补偿费或者残疾生活补助费的，不再发给工伤保险的一次性工亡补助金或者一次性伤残补助金。但交通事故赔偿低于工伤保险的一次性工亡补助金或者一次性伤残补助金的，应由工伤保险经办机构补足差额部分。因机动车事故肇事者逃逸或者其他原因，受伤害职工不能获得机动车事故赔偿的，经有权机关证明，工伤保险经办机构应按照《工伤保险条例》等相关规定给予工伤保险待遇。"

广东深圳中院《关于审理劳动争议案件相关法律适用问题的座谈纪要》（2006年9月2日深中法2006〔88〕号）第16条："劳动者因他人的民事侵权行为导致工伤的，如其就民事侵权已获得相应赔偿，不影响其享受工伤待遇，但对于医疗费、辅助器具更换费、丧葬费等不得重复享有。"

山东淄博中院《关于职工上下班途中发生交通事故导致工伤而引起的赔偿问题的意见》（2006年3月10日）第1条："职工上下班途中发生交通事故，经劳动部门认定为工伤的，职工在获得交通肇事相对方的赔偿以后，又因单位未参加工伤保险而要求用人单位承担工伤赔付责任的，用人单位应当根据交通事故未获得赔偿部分的比例（即职工自己承担责任部分）承担工伤赔付责任。但是，职工在交通事故和工伤中赔偿得到的赔付总额，不得低于全部工伤待遇；职工在交通事故赔偿中得到的精神损害抚慰金，不得与工伤待遇相折抵。"

第2条："交通肇事相对方的赔偿责任已经明确但因客观原因不能履行赔偿义务或者肇事者逃逸的，用人单位应当先承担全部工伤赔付责任，保证职工实现工伤待遇。职工先选择用人单位提起诉讼的，用人单位可以申请追加交通肇事相对方作为第三人参加诉讼，用人单位应当在工伤赔付责任范围内对该第三人承担连带责任。用人单位承担工伤赔付责任后，可以向第三人行使追偿权。"

第3条："职工为获得交通事故赔偿所支付的合理诉讼费用和法定律师代理费，就其性质来讲是为减少用人单位的负担而支出的费用，应由用人单位负担。"

江西赣州中院《民事审判若干问题解答》（2006年3月1日）第16条："企业职工在劳动中因第三人侵权造成损害，受损害的职工已投保工伤保险的，赔偿权人能否既向工伤保险机构主张权利，又向侵权人请求赔偿？答：工伤保险不能减轻第三人的侵权责任。赔偿权人既可以向工伤保险机构主张权利，又可以向侵权人请求赔偿。根据最高法院《关于审理人身损害赔偿案件适用法律若干问题的解释》第十二条以及黄松有副院长在公布该解释时的讲话精神，已投保工伤责任保险的雇员如果受到第三人侵权损害，其既可以主张工伤保险赔偿，也可以向侵权的第三人主张侵权损害赔偿，两者并行不悖。"

重庆高院《关于审理工伤赔偿案件若干问题的意见》（2005年12月2日）第3条："劳动者因第三人侵权造成工伤事故遭受人身损害，用人单位已依法为其办理工伤保险统筹事宜的，赔偿权利人可要求第三人承担民事赔偿责任；也可按《工伤保险条例》的规定请求工伤保险经办机构及用人单位支付相应的工伤保险待遇。赔偿权利人已获得第三人民事赔偿的，工伤保险经办机构及用人单位不再支付工伤保险待遇；但第三人赔偿的总额低于工伤保险的，工伤保险经办机构及用人单位应当补足差额部分。"

第4条："用人单位未给因第三人侵权造成工伤事故遭受人身损害的劳动者办理工伤保险统筹事宜的，赔偿权利人可要求第三人承担民事赔偿责任；也可按《工伤保险条例》的规定请求用人单位支付工伤保险待遇。赔偿权利人已获得第三人民事赔偿的，用人单位不再支付工伤保险待遇；但第三人赔偿的总额低于工伤保险待遇的，用人单位应当补足差额部分。"

第5条："前两条中'第三人赔偿的总额'系指已实际执行的金额扣除精神损害赔偿部分后所得的数额。赔偿权利人因第三人逃逸或其确无赔偿能力而未能获得赔偿的，工伤保险经办机构及用人单位也应当依法支付工伤保险待遇。"

第6条："工伤保险经办机构或用人单位支付赔偿权利人相应的工伤保险待遇后，对侵权第三人进行追偿的，人民法院应当予以支持。工伤保险经办机构或用人单位向第三人追偿的金额以第三人应承担的赔偿金额为限，第三人已给付赔偿权利人的部分应在追偿总额中予以扣减。工伤保险经办机构或用人单位向第三人进行追偿时，人民法院可以通知赔偿权利人参加诉讼。工伤保险经办机构或用人单位向第三人进行追偿的诉讼时效期间为一年，从其支付工伤保险待遇并知道或应知道第三人之日起计算。"

第7条："赔偿权利人对侵权第三人提起民事诉讼时，工伤保险经办机构或用人单位可以申请参加诉讼。"

第8条："赔偿权利人对侵权第三人提起民事诉讼时，人民法院查明该案涉及工伤保险经办机构或用人单位权益的，应告知工伤保险经办机构或用人单位参加诉讼。"

第9条："工伤保险经办机构或用人单位支付工伤保险待遇后，赔偿权利人又从侵权第三人处获得民事赔偿，工伤保险经办机构或用人单位要求其返还获得重复赔偿部分的，人民法院应当予以支持。重复赔偿部分系指民事赔偿总额（不包含精神损害赔偿部分）与工伤保险待遇总额中重叠的部分。工伤保险经办机构或用人单位要求赔偿权利人返还获得重复赔偿部分的；诉讼时效期间为二年，从其知道或应知道赔偿权利人获得重复赔偿之日起计算。"

第10条："赔偿权利人对侵权第三人提起民事诉讼，同时又对工伤保险经办机构或用人单位提起诉讼要求支付工伤保险待遇的，人民法院应当中止后一诉讼，并告知工伤保险经办机构或用人单位参加前一诉讼。"

第11条："本意见中赔偿权利系指因工伤事故遭受人身损害的劳动者或其近亲属。"

山东高院《关于印发〈全省民事审判工作座谈会纪要〉的通知》（2005年11月23日鲁高法〔2005〕201号）第1条："……如果劳动者的工伤系第三人侵权所致，按照我国现行法律和最高人民法院司法解释的规定，用人单位仍应承担劳动者的工伤保险待遇，但劳动者也可追究第三人的侵权赔偿责任，即劳动者可以在工伤事故中获得双重赔偿，但因工伤事故产生的直接费用，原则上不予重复计算。"

山东济南中院《关于印发〈全市法院劳动争议案件法律适用座谈会会议纪要〉的通知》（2005年9月8日济中法〔2005〕83号）第20条："关于工伤和第三人侵权的责任竞合问题。企业职工在执行职务时因第三人原因受伤，一方面可依侵权行为法向加害人请求损害赔偿，另一方面可依据工伤保险的规定请求保险给付。请求支付工伤保险待遇和请求侵权损害赔偿，二者由于请求权基础不同，归责原则和权利保护范围不一样。前者适用无过错责任原则，后者则适用过错责任原则；前者不能要求精神损害赔偿，后者则可以。前者不适用混合过错，后者则适用过错相抵。由于存在以上区别，对于两者如何适用，在审判实践中存有争议。第一种意见认为，应充分保护劳动者的合法权益，尊重其选择权，即劳动者可向任何一方主张权利，但是不得向双方同时主张权利。第二种意见认为，根据最高人民法院《关于审理人身损害赔偿案件适用法律若干问题的解释》第十二条的规定，依法应当参加工伤保险统筹的用人单位的劳动者，因工伤事故遭受人身损害，劳动者或者其近亲属向人民法院起诉请求用人单位承担民事赔偿责任的，告知其按《工伤保险条例》的规定处理。因用人单位以外的第三人侵权造成劳动者人身损害，赔偿权利人请求第三人承担民事赔偿责任的，人民法院应予支持。基于劳动关系主张的工伤与第三人侵权系两种不同的法律关系，故劳动者可以同时向用人单位和侵权人主张权利，并同时得到用人单位和侵权人给予劳动者的工伤待遇和赔偿。但是对于已经获得赔偿的项目再重复要求的，如已经获得的医疗费等，不予支持。与会人员倾向于第二种意见。"

湖北高院《民事审判若干问题研讨会纪要》（2004 年 11 月）第 4 条："……关于保险金应否扣除问题。发生第三人侵权人身损害赔偿纠纷后，受害人因参加工伤保险而依据《工伤保险条例》或者参加人寿保险获得的保险赔偿金，赔偿义务人主张从损害赔偿费中加以扣除的，不予支持。"

山东高院《关于审理道路交通事故损害赔偿案件的若干意见》（2004 年 5 月 1 日）第 9 条："道路交通事故损害赔偿案件的赔偿范围和标准执行最高人民法院法释〔2003〕20 号司法解释的规定；精神抚慰金的赔偿数额依据最高人民法院法释〔2001〕7 号司法解释并参照省高院 2001 年《关于审理人身损害赔偿案件若干问题的意见》予以确定。发生道路交通事故后，受害人被劳动行政主管部门认定为工伤的，除享有工伤保险待遇外，还可以请求交通事故责任人承担损害赔偿责任。"

湖北高院《关于审理劳动争议案件若干问题的意见（试行）》（2004 年 3 月 21 日）第 19 条："劳动者的工伤系第三人侵权所致，用人单位以劳动者已获侵权损害赔偿为由拒绝承担工伤保险赔付的，人民法院不予支持。劳动者的工伤待遇由用人单位承担的，劳动者依人身保险合同获得的赔偿，用人单位不得在工伤待遇中扣除。"

安徽高院《关于审理劳动争议案件若干问题的意见》（2003 年 12 月 31 日）第 5 条："……劳动者在履行劳动合同中遭受人身伤害，劳动者或其近亲属以一般人身损害赔偿纠纷为由直接向人民法院起诉用人单位的，不予受理，告知其按《工伤保险条例》的规定先申请劳动保障行政部门进行工伤认定。劳动者或其近亲属对劳动保障行政部门作出的是否构成工伤认定决定不服，请求人民法院对认定决定予以变更、撤销的，可按行政案件受理。"

第 31 条："劳动者的工伤系第三人侵权行为所致，劳动者先获得侵权损害赔偿的，用人单位承担的工伤补偿应扣除第三人已经赔偿部分。劳动者的工伤待遇由用人单位承担的，劳动者又依人身保险或工伤保险合同获得的赔偿，用人单位不得在工伤待遇中扣除。但用人单位为劳动者办理的雇主责任险理赔的部分除外。"

河南高院《关于当前民事审判若干问题的指导意见》（2003 年 11 月）第 74 条："……劳动者在劳动过程中人身遭受损害，如存在本单位以外的第三人侵权的，劳动者可以工伤为由提请劳动仲裁，也可以侵权为由直接起诉实施侵权行为的第三人。用人单位在按工伤对劳动者进行赔偿后，可以就自己所支出的费用向侵权人进行追偿。以上两种诉讼形式受害人选择一种起诉后；又选择另外一种诉讼形式起诉的，在确认后一诉讼的赔偿额时，应减去前一诉讼的判决中已经确认的受害人所应获得的赔偿，只支持后一诉讼与前一诉讼的赔偿额不足差额部分。同一损害后果，不能获得双重赔偿。后一诉讼的提起，应受法定诉讼时效期间的限制。"

广东高院《关于印发〈关于审理劳动争议案件若干问题的指导意见〉的通知》（2002 年 9 月 15 日粤高法发〔2002〕21 号）第 25 条："劳动者的工伤系第三人侵权所致，劳动者先获得侵权赔偿的，用人单位承担的工伤补偿应扣除已支付的医疗费和丧葬费。劳动者的工伤待遇由用人单位承担的，劳动者依人身保险合同获得的赔偿，用人单位不得主张在工伤待遇中扣除。"

福建高院《关于审理劳动争议案件若干问题的意见》（2001 年 12 月 19 日）第 35 条："劳动者的伤亡既是工伤又是第三人的侵权行为造成，劳动者分别对用人单位与第三人起诉的，根据补偿与损失相当的原则，劳动者已在侵权案件中得到补偿的损失部分在工伤赔偿案件中不再赔偿或应偿还用人单位。"

浙江高院《关于印发〈劳动争议案件疑难问题讨论纪要〉的通知》（2001 年 1 月 9 日浙高法〔2001〕240 号）第 22 条："在工伤引起的劳动争议案件中，若存在用人单位以外的致害人的，劳动者有权选择向致害人主张侵权损害赔偿，或者向工伤保险经办机构或用人单位要求享受工伤补偿待遇；原则上劳动者可首先主张侵权损害赔偿，在获得赔偿后，可就低于工伤补偿待遇部分，要求工伤保险经办机构或用人单位予以补足。如果劳动者因客观原因无法向致害人主张或不能从致害人处获得赔偿的，工伤保险经办机构或用人单位应支付劳动者工伤实偿金。"

6. 地方规范性文件

江苏省劳动争议仲裁委员会《关于印发〈江苏省劳动仲裁案件研讨会纪

要〉的通知》（2006 年 1 月 10 日苏劳仲委〔2006〕1 号）第 9 条："根据原劳动部《企业职工工伤保险试行办法》及原《江苏省城镇企业职工工伤保险规定》的规定，同一工伤事故，兼有民事赔偿的，按照先民事赔偿，后工伤待遇支付的顺序处理。《工伤保险条例》实施后，原有的规定被替代。《工伤保险条例》对工伤职工应享受的各项待遇作了明确规定。劳动者因工负伤，就工伤保险待遇提请劳动仲裁的，仲裁委员会应依法受理，并依照《工伤保险条例》的规定裁决工伤职工应享受的各项工伤保险待遇。"

福建省厦门市《实施〈工伤保险条例〉规定》（2005 年 1 月 1 日）第 37 条："因第三人责任导致职工工伤的，第三人已经赔付的医疗费用，工伤保险基金不再重复支付。"

湖南省长沙市《关于印发〈长沙市工伤保险办法〉的通知》（2004 年 10 月 1 日长政发〔2004〕34 号）第 42 条："职工由于交通事故引起的工伤，应先按照有关规定取得人身伤害赔偿。获得人身伤害赔偿的总额低于工伤保险待遇，所在单位参加了工伤保险的，由工伤保险基金补足差额部分；所在单位未参加工伤保险的，由所在单位补足差额部分。无法取得人身伤害赔偿的，凭确定无法取得赔偿的法律文书或证明，由所在单位申报享受工伤保险待遇或由所在单位承担工伤保险责任。"

黑龙江《贯彻〈工伤保险条例〉若干规定的通知》（2004 年 1 月 1 日黑政发〔2003〕89 号）第 17 条："由于交通事故造成的工伤，应当首先按照《道路交通事故处理办法》及有关规定处理，再按工伤保险有关规定执行。（一）交通事故赔偿标准低于工伤保险待遇标准的，由工伤保险基金和用人单位补足差额部分。（二）由于交通肇事者逃逸或其他原因致使受伤害职工不能获得交通事故赔偿的，由工伤保险基金支付工伤职工应享受的工伤保险待遇。事故责任人归案后，由公安交通管理部门通知社会保险经办机构向事故责任人追偿。"

第 18 条："工伤事故兼有第三者民事赔偿责任的，先按民事赔偿处理，赔偿低于工伤保险待遇的，由工伤保险基金补足差额；用人单位或者社会保险经办机构已垫付了工伤医疗费及其他费用的，当事人获得民事赔偿后，应当偿还垫付的费用。"

内蒙古自治区政府办公厅《关于印发〈内蒙古自治区工伤保险条例实施办法〉的通知》（2003 年 12 月 30 日内政办字〔2003〕462 号）第 13 条："由于交通事故引起的工伤，应当首先按照《道路交通法》和有关规定处理，赔偿低于工伤保险待遇的，由工伤保险基金补足差额；由于交通肇事者逃逸或其他原因，受伤职工不能获得交通事故赔偿的，由工伤保险经办机构按照《条例》和本办法的规定支付待遇。"

第 14 条："工伤事故兼有第三者民事赔偿责任的，先按民事赔偿处理，赔偿低于工伤保险待遇的，由工伤保险基金补足差额。"

北京市劳动局《关于印发〈企业职工工伤认定补充规定〉的通知》（1998年12月7日京劳职安〔1998〕266号）第6条："对于交通肇事者逃逸等一时难于结案的交通事故，符合工伤范围的，可自公安交通部门出具责任裁决书或责任划分证明之日起15日内，按有关规定申请办理。"

上海市劳动和社会保障局《关于因交通事故引起工伤的企业职工工伤保险待遇处理的补充规定的通知》（1998年11月25日沪劳保保发〔1998〕52号）第2条："企业应当帮助因道路交通事故引起工伤的职工向交通肇事者索赔，获得赔偿前可垫付有关医疗、津贴等费用。交通事故赔偿已给付了医疗费、丧葬费、护理费、残疾用具费、误工工资的，企业不再支付相应待遇（交通事故赔偿的误工工资相当于工伤津贴）。企业先期垫付有关费用的，职工或其亲属获得'交通事故赔偿'后应当予以退还。"

第3条："交通事故赔偿给付的死亡补偿费或者残疾生活补助费，已由伤亡职工或其亲属领取的，企业不再发给工伤保险的一次性因工死亡补助金或者一次性伤残补助金。但交通事故赔偿给付的死亡补偿费或者残疾生活补助费低于工伤保险的一次性因工死亡补助金或者一次性伤残补助金的，由企业补足差额部分。"

第4条："职工因交通事故死亡或者致残的，除按照本补充规定第二、三条处理有关待遇外，其他工伤保险待遇按照《关于本市企业职工工伤保险待遇等若干问题规定的通知》（沪劳保发〔96〕104号）规定执行。"

7. 最高人民法院审判业务意见

受害人可否向负有事故责任的第三人既起诉请求交通事故损害赔偿，又起诉请求工伤事故损害赔偿？

最高人民法院民一庭《民事审判实务问答》编写组："《最高人民法院关于审理人身损害赔偿案件适用法律若干问题的解释》对工伤保险与民事损害赔偿的关系按照混合模式处理，即在用人单位责任范围内以完全的工伤保险取代民事损害赔偿，但若劳动者遭受工伤是由于第三人的侵权行为所致，则第三人不能免除民事赔偿责任。该解释第12条规定：依法应当参加工伤保险统筹的用人单位的劳动者，因工伤事故遭受人身损害，劳动者或者其近亲属向人民法院起诉请求用人单位承担民事赔偿责任的，告知其按《工伤保险条例》的规定处理。因用人单位以外的第三人侵权造成劳动者人身损害，赔偿权利人请求第三人承担民事赔偿责任的，人民法院应予支持。"据此规定，受害人在履行职务过程中因第三人侵权发生道路交通事故导致工伤，有权既享受工伤保险待遇，也有权请求负有交通事故责任的第三人承担民事赔偿责任。

第三节　法理分析

··

　　因用人单位以外的第三人侵权导致劳动者遭受工伤的，工伤保险赔偿与第三人侵权赔偿竞合，受害人所获赔偿采取补充赔偿模式，符合我国民法和劳动法的原则精神，符合我国国情。

　　劳动者在劳动过程中因用人单位负责任的交通肇事而因工伤残、死亡的，劳动者或者其遗属起诉要求用人单位侵权损害赔偿的，应本着不重复享受的原则处理。

　　因用人单位以外的第三人侵权造成劳动者人身损害，构成工伤的，劳动者具有双重主体身份，即工伤事故中的受伤职工和人身侵权的受害人，劳动者有权向用人单位主张工伤保险赔偿，同时也有权向侵权人主张人身损害赔偿，即有权获得双重赔偿。在此情形下，用人单位和侵权人应当依法承担各自所负的赔偿责任，不因受伤职工先行获得一方赔偿、实际损失已得到全部或部分补偿而免除或减轻另一方的责任。实践中，用人单位履行对劳动者的工伤赔偿责任后，就工伤赔偿部分行使对实施侵权行为的第三人的追偿权，尚无法律依据。

第十八章

道路交通事故责任追究中的违约与侵权竞合探析

第一节 概　述

因客运合同产生的道路交通事故，乘客可就违约责任或侵权责任择一而诉。

第二节 责任表现及裁判依据

一、常见实务类型

2012 年 5 月 9 日下午，陕西清涧县某村际客运车与小轿车发生一起交通事故。当时客运车刚出站，一辆小轿车从后面疾驰而来，眼看两辆车就要相撞，客运车司机紧急刹车。结果客运车的反光镜被撞坏，司售人员疏散了车上的多名乘客，未发现有人受伤。交警认定了事故双方的责任：小轿车司机负主要责任，客运车司机负次要责任。交通管理部门对事故做出了处理：小轿车司机赔偿客运车人民币 50 元。3 日后，有一张女士手持一张一元钱车票和 1000 多元医药费单据，找到客运车车主索赔。张女士说，5 月 9 日的那次事故造成她腹内胎儿流产。原来，已怀孕两个月的张女士在 5 月 9 日下午，一人乘客运车回娘家；随着紧急刹车，她的身体也猛地向前一倾，当时她虽然觉得腹部有些疼痛，但未加理会，不多时，情况却严重起来。当天张女士只好在妹妹的陪伴下到医院检查，共花医疗费 1600 多元。客运车车主承认张女士拿来的车票确是 5 月 9 日出事那辆车上售出的，而客运车车主也认出张女士是乘坐了那日出事的客运车的乘客。不过，客运车车主认为即便是刹车所致，但该客运车司机属紧急避险而刹车，主观上无过错，张女士应向小轿车司机索赔。

交通事故发生后，对车内乘客而言，其就具有了双重身份：张女士既是侵权行为的受害人又是客运合同违约行为的受害人。客运车司机的紧急刹车导致张女士流产，从《合同法》来看属于违约行为。在违约责任中，只要存在违约行为，不管行为人主观上是否有过错，都不影响违约责任的构成。所以，客运车司机虽然主观上无故意，但其导致张女士流产就应当承担违约责任。而从侵权责任的角度来看，客运车司机侵犯了张女士的生命健康权。侵权责任以过错责任为归责原则，在法律有明文规定的情况下适用无过错责任或公平责任原则。本案不属于法律明文规定适用无过错责任或公平责任的情况，应适用无过错责任，司售人员主观上不存在故意，在此情况下选择何种法律关系进行诉讼就显得十分重要。本案涉及选择侵权责任还是违约责任进行诉讼的问题。笔者认为，当侵权责任和违约责任竞合时，受害人应该选择对自己最为有利的责任方式。因而，应熟知侵权责任与违约责任的差异，了解我国关于侵权责任和违约责任竞合制度的规定。①

二、裁判依据或参考

1. 法律规定

《合同法》（1999 年 10 月 1 日）第一百二十一条："当事人一方因第三人的原因造成违约的，应当向对方承担违约责任。当事人一方和第三人之间的纠纷，依照法律规定或者按照约定解决。"

第一百二十二条："因当事人一方的违约行为，侵害对方人身、财产权益的，受损害方有权选择依照本法要求其承担违约责任或者依照其他法律要求其承担侵权责任。"

第三百零二条："承运人应当对运输过程中旅客的伤亡承担损害赔偿责任，但伤亡是旅客自身健康原因造成的或者承运人证明伤亡是旅客故意、重大过失造成的除外。前款规定适用于按照规定免票、持优待票或者经承运人许可搭乘的无票旅客。"

《消费者权益保护法》（1994 年 1 月 1 日）第四十一条："经营者提供商品

①案件引自刘波：《从一起交通事故论客运合同中违约责任与侵权责任之竞合》，http://qjxfy. chinacourt.org/public/detail.php？id＝469。

或者服务，造成消费者或者其他受害人人身伤害的，应当支付医疗费、治疗期间的护理费、因误工减少的收入等费用，造成残疾的，还应当支付残疾者生活自助具费、生活补助费、残疾赔偿金以及由其扶养的人所必需的生活费等费用；构成犯罪的，依法追究刑事责任。"

2. 行政法规

国务院《道路运输条例》（2012 年 11 月 9 日修订）第三十六条："客运经营者、危险货物运输经营者应当分别为旅客或者危险货物投保承运人责任险。"

第六十八条："违反本条例的规定，客运经营者、危险货物运输经营者未按规定投保承运人责任险的，由县级以上道路运输管理机构责令限期投保；拒不投保的，由原许可机关吊销道路运输经营许可证。"

3. 司法解释

最高人民法院《关于审理道路交通事故损害赔偿案件适用法律若干问题的解释》（2012 年 12 月 21 日法释〔2012〕19 号）第十三条："多辆机动车发生交通事故造成第三人损害，当事人请求多个侵权人承担赔偿责任的，人民法院应当区分不同情况，依照侵权责任法第十条、第十一条或者第十二条的规定，确定侵权人承担连带责任或者按份责任。"

最高人民法院《关于就客运合同纠纷案件中，对无过错承运人如何适用法律有关问题的请示的答复》（2007 年 10 月 12 日〔2006〕民监他字第 1 号）："……1. 请示报告显示，该交通事故系由第三人的过错造成，承运人和旅客均无过错。受到损害的旅客依据《中华人民共和国合同法》第一百二十一条的规定，仅选择承运人提起客运合同纠纷诉讼的，人民法院应当就该客运合同纠纷案件进行审理。2. 承运人虽在交通事故中无过错，但在旅客提起的客运合同纠纷诉讼中，应按《中华人民共和国合同法》第三百零二条的规定，对旅客的伤亡承担损害赔偿责任。旅客关于精神损害的赔偿请求，应向造成交通事故的侵权人主张。在旅客仅选择提起客运合同纠纷诉讼的情况下，人民法院不应支持其向违约责任人主张精神损害赔偿的诉讼请求。3. 承运人向旅客支付的损害赔偿金额构成承运人在该交通事故中损失的一部分，可以向造成交通事故的侵权人主张。"

最高人民法院《关于适用〈中华人民共和国合同法〉若干问题的解释（一）》（1999 年 12 月 29 日法释〔1999〕19 号）第三十条："债权人依照合同法第一百二十二条的规定向人民法院起诉时作出选择后，在一审开庭以前又变更诉讼请求的，人民法院应当准许。对方当事人提出管辖权异议，经审查异议成立的，人民法院应当驳回起诉。"

4. 部门规范性文件

交通运输部《道路旅客运输及客运站管理规定》（2012 年 12 月 11 日修

正）第五十三条："客运经营者应当为旅客投保承运人责任险。"

交通运输部、公安部、安全监管总局《关于印发道路旅客运输企业安全管理规范（试行）的通知》（2012年1月19日交运发〔2012〕33号）第十一条："道路旅客运输企业应当按照《机动车交通事故责任强制保险条例》和《中华人民共和国道路运输条例》的规定，为营运车辆投保机动车交通事故责任强制保险以及为旅客投保承运人责任险。"

5. 地方司法性文件

安徽高院《关于审理道路交通事故损害赔偿纠纷案件若干问题的指导意见》（2014年1月1日皖高法〔2013〕487号）第9条："受害人因道路交通事故同时按运输合同纠纷和机动车交通事故责任纠纷主张权利的，人民法院根据合同法第一百二十二条的规定，要求当事人选择一种法律关系主张权利。赔偿权利人按照运输合同法律关系主张权利的，责任人承担的责任数额中扣除交强险应赔偿的数额。"

贵州高院《关于印发〈关于审理涉及机动车交通事故责任强制保险案件若干问题的意见〉的通知》（2011年6月7日黔高法〔2011〕124号）第10条："两辆或多辆的机动车发生交通事故造成非机动车驾驶人、行人损害的，各机动车均投保了第三者责任强制保险的，如受害第三者的损失低于或等于各保险公司的交强险责任限额总额，各保险公司应在各自的交强险责任限额内对受害第三者承担平均赔偿责任；如受害第三者的损失高于各保险公司的交强险责任限额总额，先由各保险公司在交强险责任限额内对受害第三者承担赔偿责任，不足部分按侵权责任法和道路交通安全法的相关规定确定赔偿责任。"

第11条："两辆或多辆的机动车互碰致人损害的，各机动车均投保了第三者责任强制保险的，由各保险公司在各自的交强险责任限额内，承担对方机动车内人员损害的赔偿责任。不足部分，按《侵权责任法》和《道路交通安全法》的相关规定确定赔偿责任。"

第12条："发生交通事故造成受害第三者人身伤亡、财产损失，受害第三者强制保险赔偿请求权优先于被保险人理赔请求权。在被保险人没有依法向受害人承担赔偿责任的情况下，保险公司不能以其已向被保险人理赔完毕为由，对抗受害第三者的赔偿请求权。"

江西鹰潭中院《关于审理道路交通事故损害赔偿纠纷案件的指导意见》（2011年1月1日鹰中法〔2011〕143号）第5条："同一道路交通事故中有数家保险公司的，机动车强制保险责任的赔偿数额以数家保险公司的责任限额总和为限，在赔偿数额总和以内的，各保险公司按其投保的机动车在事故中的责任按比例承担赔偿责任。"

山东淄博中院民三庭《关于审理道路交通事故损害赔偿案件若干问题的指

导意见》（2011 年 1 月 1 日）第 19 条："公路客运情形下发生交通事故的，产生客运合同与侵权法律关系的竞合，应依据当事人的请求确定责任主体。"

上海高院民五庭《关于印发〈关于审理保险代位求偿权纠纷案件若干问题的解答（一）〉的通知》（2010 年 9 月 19 日沪高法民五〔2010〕2 号）第 4 条："《保险法》第六十条的赔偿请求权是否限于《侵权责任法》上的赔偿请求权？答：保险代位制度的立法目的在于防止被保险人藉由保险合同获得超出实际损失以外的不当利益。当被保险人就其损失既可以向保险人主张保险赔偿金请求权，又可以向第三者主张任何一种赔偿请求权的，就有通过保险事故获得双重赔付的可能，也就应当适用保险代位制度。故当被保险人因侵权、违约等对第三者享有请求权的，保险人均可以行使保险代位求偿权。具体而言，《保险法》第六十条的赔偿请求权不仅包括侵权行为所产生的损害赔偿请求权，也包括违约赔偿请求权，还包括不当得利返还请求权、所有物返还请求权、占有物返还请求权、连带责任的内部追偿权等。"

第 5 条："就保险事故所致损失，被保险人对同一第三者享有数个竞合的赔偿请求权，保险人在承担保险赔偿责任后提起保险代位求偿权诉讼的，如何处理？答：被保险人因同一法律事实，依据不同法律规定，可以向同一第三者主张两个以上请求权，而这些不同的请求权又不能同时得到满足的，属于请求权竞合。根据《合同法》第一百二十二条、《最高人民法院关于适用〈中华人民共和国合同法〉若干问题的解释（一）》第三十条的规定，保险人依据保险代位制度行使原属被保险人的上述竞合的请求权时，法院应当予以释明，要求保险人进行选择。保险人经法院释明后作出明确选择的，法院按照保险人确定的请求权进行审理。释明后，保险人未作选择的，法院应根据最有利于纠纷解决的原则依职权确定。"

上海高院《关于处理道路交通事故纠纷若干问题的解答》（2009 年 6 月 20 日沪高法民一〔2009〕9 号）第 2 条："两车或多车相撞引发的交通事故中，机动车双方或多方均有过错，一方或多方车内人员主张损害赔偿的处理。在交通事故中，两车或多车相撞造成一方或多方车内人员损害，车内人员以合同关系主张赔偿的，由合同相对方先行承担责任。车内人员以侵权关系主张赔偿的，造成交通事故的车辆各责任方应对车内人员损害承担连带赔偿责任；如车内人员与本车一方存在配偶关系或车内人员系本车一方未成年子女的，其他各方要求扣除本车一方根据责任大小应承担份额的，可以支持。"

河南周口中院《关于侵权责任法实施中若干问题的座谈会纪要》（2010 年 8 月 23 日周中法〔2010〕130 号）第 3 条："……人身损害赔偿的范围和标准的计算，有特别法规定的国家赔偿、工伤保险等适用特别法以外，其他都应当按照《最高人民法院关于审理人身损害赔偿案件适用法律若干问题的解释》

的规定予以确定，该司法解释中有与侵权责任法不一致的，依照侵权责任法。"

辽宁高院《关于印发全省法院民事审判工作座谈会会议纪要的通知》（2009 年 6 月 1 日辽高法〔2009〕120 号）第 22 条："关于客货运输合同违约赔偿诉讼与道路交通事故侵权赔偿诉讼的关系。在道路交通事故中遭受人身伤亡、财产损失的乘客或托运人，既可以依据《合同法》的相关规定请求承运人承担违约赔偿责任，也可以依据《民法通则》及相关司法解释的规定请求事故责任人承担侵权赔偿责任。受诉法院应在充分释明的基础上尊重当事人的选择。当事人在同一诉讼中同时提出上述两种请求的，应当判决事故责任人承担侵权赔偿责任，承运人承担补充赔偿责任。"

湖南高院《关于审理涉及机动车交通事故责任强制保险案件适用法律问题的指导意见》（2008 年 12 月 12 日）第 7 条："发生交通事故造成受害第三者损害为两辆或者两辆以上的机动车，且均投保了交强险的，如机动车各方之间对损害承担连带责任，受害第三者请求保险人之间也承担连带责任的，不予支持。"

第 9 条："受害第三者和被保险人均请求保险人支付强制保险赔偿金，受害第三者请求优先支付的，应予支持。"

第 10 条："保险人向被保险人支付强制保险赔偿金后，在受害第三者未获足额赔偿的情况下，被保险人的其他债权人请求以该保险赔偿金实现其债权的，不予支持。"

辽宁大连中院《当前民事审判（一庭）中一些具体问题的理解与认识》（2008 年 12 月 5 日大中法〔2008〕17 号）第 29 条："在客运合同履行中发生交通事故的，如何处理？（1）承运人不承担事故责任的，乘客可以向侵权人主张侵权赔偿责任，也可以向承运人主张违约责任。（2）承运人承担全部事故责任的，乘客既可以向承运人主张违约责任也可以主张侵权责任。（3）承运人承担部分事故责任的，乘客可依客运合同向承运人主张违约责任，也可以向承运人和其他侵权人主张侵权赔偿责任，乘客提起违约之诉的，不应追加其他侵权人为被告；乘客提起侵权之诉的应将承运人和其他侵权人列为共同被告。"

江苏宜兴法院《关于审理交通事故损害赔偿案件若干问题的意见》（2008 年 1 月 28 日宜法〔2008〕第 7 号）第 16 条："交通事故中的受害人依据客运合同向承运人主张违约责任的，可以适用《中华人民共和国民法通则》、《中华人民共和国合同法》、《中华人民共和国消费者权益保护法》等相关规定。但承运人承担的违约责任，不应超过国务院《中华人民共和国道路运输条例》规定的限额：人身伤亡的赔偿责任限额为人民币 15 万元，财物损失的赔偿责任限额为人民币 2000 元（可以书面约定高于前款规定的赔偿责任限额），并不承担精神损害抚慰金。如果因为受害人的损失超过前述限额的，对于超出部分，受害人再起诉除承运人外（其已对本机动车方选择了违约之诉，应视为已放弃对该侵权人的诉讼请求）的其他共同侵权人的，应予准许。但其他共同侵权人对被放弃诉讼请求的承运人应当承担的赔偿份额不承担连带责任。承运人在赔偿乘客的损失之后，可以要求交通事故其他责任人偿付应由其承担的侵权损害赔偿份额。"

湖北十堰中院《关于审理机动车损害赔偿案件适用法律若干问题的意见（试行）》（2007年11月20日）第8条："机动车损害赔偿的范围依照最高人民法院《关于审理人身损害赔偿案件适用法律若干问题的解释》的规定确定。"

湖北武汉中院《关于审理交通事故损害赔偿案件的若干指导意见》（2007年5月1日）第19条："两辆或两辆以上的机动车对交通事故的发生负有责任的，人民法院在明确机动车各自责任份额的基础上，判定各机动车对赔偿权利人承担连带赔偿责任。"

重庆高院《关于审理道路交通事故损害赔偿案件适用法律若干问题的指导意见》（2006年11月1日）第20条："两机动车先后发生道路交通事故，导致同一人受到损害，两机动车各自的原因力可以区分的，由两机动车方根据原因力大小分别承担相应的赔偿责任；两机动车各自的原因力无法区分的，由两机动车方承担连带赔偿责任。"

江西赣州中院《关于审理道路交通事故人身损害赔偿案件的指导性意见》（2006年6月9日）第18条："机动车之间发生交通事故致车上人员损害的，根据各机动车的过错程度或原因力比例分担责任。"

江西赣州中院《民事审判若干问题解答》（2006年3月1日）第30条："旅客运输合同中，受伤旅客依旅客运输合同作为请求权基础，并要求精神损害抚慰金，是否可以支持？答：受伤的旅客可以依据旅客运输合同向承运人主张合同违约责任，也可以依据侵权法向侵权人主张侵权责任。侵权责任中受伤的旅客可以主张精神损害抚慰金，而违约责任中没有精神损害抚慰金。因此，当受伤的旅客依据旅客运输合同向承运人主张违约责任的时候不能请求精神损害抚慰金。"

广东深圳中院《道路交通事故损害赔偿案件研讨会纪要》（2005年9月26日）第5条："道路交通事故构成共同侵权，其中部分共同侵权人身份明确，赔偿权利人以此身份明确的部分共同侵权人为被告提起诉讼的，人民法院应当受理，且不必追加其他身份不明的共同侵权人参加诉讼。"

江苏常州中院《关于印发〈常州市中级人民法院关于审理交通事故损害赔偿案件若干问题的意见〉的通知》（2005年9月13日常中法〔2005〕第67

号）第 13 条："对于两个以上机动车方分别实施的数个行为间接结合发生同一损害后果，致他人人身、财产遭受损害的，各机动方对各自侵权行为后果负责。如各机动车方的损害部分不能单独确定，则应按照各自过错程度和原因力大小确定各自应承担的赔偿责任。如各机动车方不能证明自己和他人的过错程度，则应按公平原则，由人民法院根据案件具体情况，令各方分担适当的责任。对于各机动车方的过错程度不明显，难以确定各机动车方的行为对损害结果所起作用的，或没有证据确定各机动车方责任的，也可采取平均分担的办法。如机动车方投保第三者责任险的，保险公司应首先在该机动车方所应承担的责任范围内承担赔偿责任。"

广东高院、省公安厅《关于〈道路交通安全法〉施行后处理道路交通事故案件若干问题的意见》（2004 年 12 月 17 日粤高法发〔2004〕34 号）第 24 条："两辆以上机动车相撞，造成他人人身损害的，人民法院在判决各肇事车辆的赔偿义务人对受害人承担连带赔偿责任时，应根据各肇事车辆的赔偿义务人之间的过错大小确定各自的责任份额。一辆机动车的赔偿义务人在多支付了应承担的责任份额后，可向另一方予以追偿。"

河南高院民一庭《关于当前民事审判若干问题的指导意见》（2003 年 11 月）第 51 条："客运车辆发生道路交通事故致乘客遭受损害，乘客既可以客运合同纠纷为由起诉承运人，亦可以侵权损害赔偿纠纷为由起诉事故责任者。乘客以客运合同纠纷为由向人民法院起诉的，无须再追加承运人以外的其他事故责任者为被告。"

吉林高院《关于印发〈关于审理道路交通事故损害赔偿案件若干问题的会议纪要〉的通知》（2003 年 7 月 25 日吉高法〔2003〕61 号）第 30 条："道路交通事故受害人既可以起诉承运人，又可以起诉道路交通事故损害赔偿责任人的，应当告知受害人可以选择承运人或道路交通事故损害赔偿人为被告，由该承运人或道路交通事故损害赔偿责任人承担损害赔偿责任。"

第 40 条："机动车发生道路交通事故致乘客遭受损害的，乘客可以按旅客运输合同起诉承运人要求进行赔偿。承运人赔偿乘客损失后，可以追究事故赔偿责任人的赔偿责任。"

广东高院、省公安厅《关于印发〈关于处理道路交通事故案件若干具体问题的补充意见〉的通知》（2001 年 2 月 24 日粤高法发〔2001〕6 号）第 20 条："因履行运输合同发生交通事故，侵害当事人的人身、财产权益的，当事人有权选择依照《道路交通事故处理办法》要求过错方承担侵权损害赔偿责任，或者依照《中华人民共和国合同法》的有关规定，要求承运方承担违约责任。"

河南高院《关于审理道路交通事故损害赔偿案件若干问题的意见》（1997

年1月1日豫高法〔1997〕78号）第38条："客运车辆发生道路交通事故致乘客遭受损害，如果乘客对交通事故的发生没有过错，乘客可以起诉承运人，要求进行赔偿。承运人在赔偿了乘客的损失之后，如认为有必要，可以侵权损害赔偿为由，向人民法院提起诉讼，追究事故责任人的赔偿责任。由于乘客的过错引起道路交通事故而致自身损害的，应按照处理道路交通事故损害赔偿案件的原则来处理。"

6. 最高人民法院审判业务意见

在一起交通事故中，受害人能否基于不同的法律关系向不同的相对人分别提起诉讼要求赔偿？

《民事审判指导与参考》研究组："……在这起交通事故中，涉及到了两个法律关系，人身损害赔偿关系和运输合同关系。这两个法律关系涉及的当事人不同，人身损害赔偿关系发生在乘客与货车方之间，而运输合同关系发生在乘客与出租车方之间；法律关系的性质不同，乘客与货车方之间是侵权法律关系，乘客与出租车之间是运输合同关系；诉讼标的不同，乘客与货车方的诉讼是要求损害赔偿，乘客与出租车之间的诉讼标的是要求承担违约责任。基于上述不同，三当事人之间可以开成两个独立的诉讼，不能产生'一事不再理'的法律后果。如果乘客分别提起两个诉讼，不违反《民事诉讼法》第108条的规定，但应注意，《侵权责任法》所确立的损害损害赔偿原则是填补原则，即有损害才有赔偿，且损害实际发生多少，赔偿就偿付多少，这起交通事故给乘客造成的损失是10万元，并且生效民事判决已经对该损失的赔偿义务主体和数额作出了认定，在法律意义上乘客已经得到了赔偿。如果乘客再提起违约诉讼，其诉讼请求的赔偿额不应当包括其侵权诉讼中已经判赔的数额；否则，其诉讼请求可能不会被支持。"

运输公司在对乘客赔偿责任确定前能否向第三者行使追偿权？

《人民司法》研究组："所谓追偿权，是指权利人因他人的行为而承担责任，在承担责任后向他人追偿实际损失的权利。行使追偿权的前提是已经被生效裁判确定承担责任。本案中，某汽车运输有限责任公司行使追偿权的前提是，其已经被生效裁判确定由支付黄某医疗费、误工费、护理费等费用的义务。因为旅客运输合同纠纷一案的裁判文书未生效之前，某汽车运输有限责任公司与黄某之间的权利义务还未确定，即还不能确定某汽车运输有限责任公司的具体责任承担，只有在其责任确定后才有追偿权行使的可能。故只有在旅客运输合同纠纷一案的裁判文书生效后，追偿权纠纷一案才可受理。"以合同之诉提起精神损害赔偿是否支持？最高人民法院民一庭倾向性意见："当事人以违约之诉，主张精神损害赔偿时，法官应行使释明权。对于当事人仍坚持提起违约之诉，主张精神损害赔偿的，人民法院不予支持。"

对侵权案件中预见不能的损害结果应当适用可预见性规则限制其赔偿范围？

最高人民法院民一庭意见："对于可预见性规则的运用，现行相关法律、司法解释没有明确规定，仅在《合同法》第 113 条有明文规定，在侵权案件中能否适用，存在疑问。我们认为，违约损害赔偿与侵权损害赔偿在赔偿的理念和价值取向上是基本一致的，尤其是在违约与侵权发生竞合时，选择不同的诉因如果导致大相径庭的损害赔偿结果，有违公平正义的法律理念。因此，可预见性规则作为限制损害赔偿范围的一项基本规则，在侵权案件中可以参照适用。"

汽车运输合同中承运人应否对第三人侵权造成的旅客人身伤亡承担责任？

最高人民法院民一庭意见："《合同法》对旅客运输合同中，承运人是否应对第三人侵权造成的旅客人身伤亡承担责任作出明确规定。在此情况下，应当参照现有法律及司法解释的规定，对这一问题的法律适用进行类推。可以参照最高人民法院《人身损害赔偿解释》第 6 条第 2 款规定精神，在查明运输公司在运输过程中对旅客受到的伤害是否存在过错的前提下，确定运输公司应否承担相应的补充赔偿责任。"

第三节　法理分析

同一交通事故中，受害人选择违约之诉或侵权之诉，法院有权选择法律适用规则确定法律规范，从而实现同一事故当事人适用同样的赔偿标准，做到与其他受害人依侵权之诉得到赔偿数额相当，达致同案同判。

在合同约定的交通事故发生时，保险人负有向第三人乘客依照车上人员责任险赔偿的义务，作为第三人的乘客及乘客家属也应享有保险金的请求权。

追偿权纠纷与交通事故损害赔偿纠纷不属同一法律关系，前者属于对外承担连带责任后当事人依内部应承担的份额进行结算，就多偿付的部分向其他侵权人追偿。

商家提供免费班车，是吸引消费者的营销策略，应当作为服务场所的延伸。商家与乘坐班车的消费者之间形成合同关系，前者对后者负有安全保障义务。

公交运输致乘客人身损害同时构成了客运合同、侵权损害和消费合同三个法律关系，由此产生违约损害赔偿请求权、侵权损害赔偿请求权和基于《消费者权益保护法》的损害赔偿请求权，受害人乘客享有选择其一的权利来维护自身权益。

第十九章

道路交通事故中侵权人死亡的赔偿责任主体探析

第一节　概　述

道路交通事故中，肇事车主或肇事司机对该起事故负主责或全责，但在事故中死亡是否对赔偿主体有影响，具体事故赔偿由谁来承担呢？

第二节　责任表现及裁判依据

一、常见实务类型

王某驾车载着几个公司员工出去办事，在回来的路上不幸发生了严重的交通事故。王某当场死亡，而乘车的员工一死三伤。对于这起严重交通事故的责任，从司机到乘车的员工，心里明白，结果再惨痛，他们都无话可说。原来王某是酒后驾车，员工们是酒后乘车。交管部门最终对事故责任的认定，也证实了这一点。交管部门认定，肇事司机酒后驾驶机动车，造成重大人身伤亡事故，应对事故负全部责任。车祸中死亡员工的父母，为了儿子的死要讨一个公道，于是将王某和车辆所属公司告上了法庭，要求他们赔偿儿子死亡的全部损失 65 万元。员工父母认为，肇事司机酒后驾车，导致了他们孩子的死亡，因此肇事司机该赔。同时公司是车辆的所有权人，公司对司机管理教育不利，才导致自己的员工竟敢酒后驾车，对此公司绝对有责任，因此公司也该赔。

法院审理中认为：肇事司机、车辆所属公司、死亡员工三方对此次事都要承担责任。因为，肇事司机王某酒后驾车造成重大人身伤亡事故，对事故负全部责任。这个责任不因司机本人死亡，就可以免责。人死，责任还在，肇事司机应依法承担赔偿责任。二是车辆所属公司。公司作为车辆的所有权人，疏于对员工和车辆的管理，对司机安全行车的教育不够，才发生了所属员工酒后驾车的严重违章行为，因此公司对此次事故应承担连带赔偿责任。

死亡员工在明明知道司机是酒后驾驶的情况下，还乘坐该车辆，也没有阻止司机酒后驾车，在这起事故中，员工对事故的发生也存在重大过失，应承担部分责任。由于肇事车辆的所有者疏于对员工和车辆的管理，与损害后果的发生有因果关系，最终，车辆所属公司应赔偿死亡员工父母各项损失 20 多万元。①

二、裁判依据或参考

1. 法律规定

《侵权责任法》（2010 年 7 月 1 日）第三十二条："无民事行为能力人、限制民事行为能力人造成他人损害的，由监护人承担侵权责任。监护人尽到监护责任的，可以减轻其侵权责任。有财产的无民事行为能力人、限制民事行为能力人造成他人损害的，从本人财产中支付赔偿费用。不足部分，由监护人赔偿。"

《婚姻法》（2001 年 4 月 28 日）第十七条："夫妻在婚姻关系存续期间所得的下列财产，归夫妻共同所有：（一）工资、奖金；（二）生产、经营的收益；（三）知识产权的收益；（四）继承或赠与所得的财产，但本法第十八条第三项规定的除外；（五）其他应当归共同所有的财产。夫妻对共同所有的财产，有平等的处理权。"

《继承法》（1985 年 10 月 1 日）第三十三条："继承遗产应当清偿被继承人依法应当缴纳的税款和债务，缴纳税款和清偿债务以他的遗产实际价值为限。超过遗产实际价值部分，继承人自愿偿还的不在此限。继承人放弃继承的，对被继承人依法应当缴纳的税款和债务可以不负偿还责任。"

2. 司法解释

最高人民法院《关于审理人身损害赔偿案件适用法律若干问题的解释》（2004 年 5 月 1 日法释〔2003〕20 号）第五条："赔偿权利人起诉部分共同侵权人的，人民法院应当追加其他共同侵权人作为共同被告。赔偿权利人在诉讼

---

① 案件引自《肇事司机死亡谁来赔偿：肇事车主全责已死赔偿谁承担》，http://www.junshis.com/html/2015/06/24/92211.html。

中放弃对部分共同侵权人的诉讼请求的，其他共同侵权人对被放弃诉讼请求的被告应当承担的赔偿份额不承担连带责任。责任范围难以确定的，推定各共同侵权人承担同等责任。人民法院应当将放弃诉讼请求的法律后果告知赔偿权利人，并将放弃诉讼请求的情况在法律文书中叙明。"

最高人民法院负责人《在公布〈关于审理人身损害赔偿案件适用法律若干问题的解释〉新闻发布会上的讲话》（2003 年 12 月 29 日）："……关于受害人仅免除部分侵权人责任的效力问题。传统民法理论认为，受害人仅免除部分侵权人责任的，对全体被诉共同侵权人发生绝对效力，即'免除一部等于免除全部'。我们根据理论的最新发展和审判实践，对这种免责表示采纳相对效力的观点，以充分尊重债权人对自己权利的处分自由，同时平衡各债务人之间的利益。"

最高人民法院《关于未成年的侵权人死亡其父母作为监护人能否成为诉讼主体的复函》（1990 年 1 月 20 日〔1989〕民他字第 41 号）："……经研究认为，未成年人阿拉腾乌拉携带其父额尔登巴图藏在家中的炸药到那木斯来家玩耍，将炸药引爆，炸毁那木斯来家房屋顶棚及部分家具。那木斯来以额尔登巴图为被告要求赔偿损失，人民法院应依法受理，并依据《民法通则》及《婚姻法》的有关规定妥善处理。"

最高人民法院《关于贯彻执行〈中华人民共和国继承法〉若干问题的意见》（1985 年 9 月 1 日）第六十一条："继承人中有缺乏劳动能力又没有生活来源的人，即使遗产不足清偿债务，也应为其保留适当遗产，然后再按继承法第三十三条和民事诉讼法第一百八十条的规定清偿债务。"

3. 地方司法性文件

广东深圳中院《关于道路交通事故损害赔偿纠纷案件的裁判指引》（2014 年 8 月 14 日深中法发〔2014〕3 号）第 6 条："道路交通事故中身份明确的侵权人死亡后没有继承人又无人受遗赠，但留有遗产的，赔偿权利人可以侵权人遗产的最终所有人为被告提起诉讼。侵权人遗产的最终所有人在接受侵权人遗产的范围内承担民事赔偿责任。"

江苏南通中院《关于处理交通事故损害赔偿案件中有关问题的座谈纪要》（2011 年 6 月 1 日通中法〔2011〕85 号）第 20 条："侵权人死亡的，其继承人应作为被告参加诉讼，在所继承的遗产范围内承担赔偿责任；没有继承人或继承人放弃继承的，以其遗产管理人为被告，在遗产范围内承担责任。"

江西鹰潭中院《关于审理道路交通事故损害赔偿纠纷案件的指导意见》（2011 年 1 月 1 日鹰中法〔2011〕143 号）第 2 条："同一交通事故中有多名受害人的，其中部分受害人或相关赔偿权利人起诉的，应当受理；其他未起诉的人及其相关赔偿权利人在开庭前另行起诉的，经双方当事人同意，可合并审理。"

第 4 条："在共同侵权的道路交通事故中，赔偿权利人以身份明确的部分共同侵权人为被告提起诉讼，应当受理。赔偿权利人明确免除其他赔偿义务人的责任或达成调解协议，如影响到该被告的赔偿数额，可以减轻或免除该被告的赔偿责任。"

江西南昌中院《关于审理道路交通事故人身损害赔偿纠纷案件的处理意见（试行）》（2010 年 2 月 1 日）第 14 条："道路交通事故中身份明确的侵权人死亡之后，没有继承人又无人受遗赠，但留有遗产的，赔偿权利人以侵权人遗产的最终所有人为被告提起诉讼的，应当受理。"

安徽合肥中院民一庭《关于审理道路交通事故损害赔偿案件适用法律若干问题的指导意见》（2009 年 11 月 16 日）第 26 条："道路交通事故中身份明确的侵权人死亡后没有继承人又无人受遗赠，但留有遗产的，赔偿权利人可以侵权人遗产的最终所有人或财产管理人为被告提起诉讼。侵权人遗产的最终所有人或财产管理人在接受侵权人遗产或管理遗产的范围内承担民事责任。"

第 27 条："道路交通事故人身赔偿案件中，公司为赔偿义务人的，如该公司被吊销营业执照而未被依法清算完毕并注销企业法人营业执照的，无论是否成立清算组，均应以公司为被告。"

云南高院《关于审理人身损害赔偿案件若干问题的会议纪要》（2009 年 8 月 1 日）第 2 条："……负有交通事故损害赔偿责任的赔偿义务人在交通事故中死亡的，应将死者的继承人确定为赔偿责任主体，判令其在继承死者的遗产实际价值范围内承担赔偿责任。如果死者的继承人在诉讼中明确表示放弃继承的，可在判决该继承人不负赔偿责任的同时，一并判决以死者的遗产赔偿受害人的损失。"

陕西高院《关于审理道路交通事故损害赔偿案件若干问题的指导意见（试行）》（2008 年 1 月 1 日陕高法〔2008〕258 号）第 13 条："赔偿义务人死亡的，其继承人应作为被告参加诉讼，在所继承的遗产范围内承担赔偿责任；没有继承人或继承人放弃继承的，以其财产管理人为被告，在遗产范围内承担赔偿责任。"

湖北武汉中院《关于审理交通事故损害赔偿案件的若干指导意见》（2007 年 5 月 1 日）第 18 条："负有赔偿责任的一方死亡的，其继承人应作为被告参与诉讼，在所继承的遗产范围内承担赔偿责任。"

重庆高院《关于审理道路交通事故损害赔偿案件适用法律若干问题的指导意见》（2006 年 11 月 1 日）第 35 条："加害人在道路交通事故中死亡，其继承人放弃继承或者没有继承人的，以其财产管理人为被告。"

第 36 条："存在多个侵权赔偿义务人时，赔偿权利人仅起诉部分赔偿义务人的，按照以下情形处理：（一）案件为必要共同诉讼的，人民法院应当追加其他赔偿义务人为共同被告。赔偿权利人明确表示不要求追加的被告承担责任的，不判决该追加的被告承担责任，但在确定其他被告的赔偿责任时，应将追加的被告应当承担的赔偿责任予以扣除；（二）案件为普通共同诉讼的，人民法院应当向赔偿权利人释明可以追加其他赔偿义务人为被告。赔偿权利人明确表示不追加的，不得追加为被告。"

安徽高院《审理人身损害赔偿案件若干问题的指导意见》（2005 年 12 月 26 日）第 28 条："侵权人死亡，判决其继承人在继承遗产的范围内承担责任的，应当查明侵权人遗产的范围。"

广东深圳中院《道路交通事故损害赔偿案件研讨会纪要》（2005 年 9 月 26 日）第 6 条："道路交通事故中身份明确的侵权人死亡后没有继承人又无人受遗赠，但留有遗产的，赔偿权利人可以侵权人遗产的最终所有人为被告提起诉讼。侵权人遗产的最终所有人在接受侵权人遗产的范围内承担民事赔偿责任。"

山东高院《关于审理人身损害赔偿案件若干问题的意见》（2000 年 2 月 22 日）第 13 条："侵害人死亡、并留有遗产的，受害人起诉要求侵害人的继承人或遗产保管人赔偿损失的，法院应予受理；如果侵害人是未成年人，在侵害中或侵害后死亡的，受害人起诉要求其监护人赔偿损失的，法院应予受理。"

河南高院《关于审理道路交通事故损害赔偿案件若干问题的意见》（1997 年 1 月 1 日豫高法〔1997〕78 号）第 16 条："发生交通事故的车辆属于个人合伙且应当把车辆所有人列为被告时，如个人合伙起有字号，应当将依法核准登记的字号列为被告；个人合伙未起字号的，应当将全体合伙人列为共同被告。"

第三节　法理分析

继承遗产应当清偿被继承人依法应当缴纳的税款和债务，缴纳税款和清偿债务以其遗产实际价值为限。超过遗产实际价值部分，继承人自愿偿还的不在此限。继承人放弃继承的，对被继承人依法应当缴纳的税款和债务可以不负偿还责任。事故责任人已死亡情况下，根据《继承法》相关规定，由其继承人在其遗产范围内承担赔偿责任。

同一起交通事故造成多名家庭成员死亡，因继承关系，侵权人的继承人在诉讼中可能既要承担赔偿责任又享有一定受偿权利，此时应让侵权人的继承人作为第三人参加诉讼。

第二十章

道路交通事故中的刑事责任与民事责任探析

第一节　概　述

一、交通肇事民事责任如何划分

公安机关交通管理部门应当根据当事人的行为对发生道路交通事故所起的作用及过错的严重程度，确定当事人的责任。

（1）因一方当事人的过错导致道路交通事故的，承担全部责任；

（2）因两方或者两方以上当事人的过错发生道路交通事故的，根据其行为对事故发生的作用及过错的严重程度，分别承担主要责任、同等责任和次要责任；

（3）各方均无导致道路交通事故的过错，属于交通意外事故的，各方均无责任。一方当事人故意造成道路交通事故的，他方无责任。①

二、交通肇事刑事责任如何划分

违反交通运输管理法规，因而发生重大事故，致人重伤、死亡或者使公私财产遭受重大损失的，处三年以下有期徒刑或者拘役；交通运输肇事后逃逸或者有其他特别恶劣情节的，处三年以上七年以下有期徒刑；因逃逸致人死亡的，处七年以上有期徒刑。

（1）交通肇事罪的致人重伤、死亡或者使公私财产遭受重大损失是指具

① 参见《道路交通事故处理程序规定》（公安部令第 104 号）第四十六条。

有下列情形之一的：

①　死亡一人或者重伤三人以上，负事故全部或者主要责任的；

②　死亡三人以上，负事故同等责任的；

③　造成公共财产或者他人财产直接损失，负事故全部或者主要责任，无能力赔偿数额在三十万元以上的。

（2）交通肇事致一人以上重伤，负事故全部或者主要责任，并具有下列情形之一的，以交通肇事罪定罪处罚：

①　酒后、吸食毒品后驾驶机动车辆的；

②　无驾驶资格驾驶机动车辆的；

③　明知是安全装置不全或者安全机件失灵的机动车辆而驾驶的；

④　明知是无牌证或者已报废的机动车辆而驾驶的；

⑤　严重超载的；

⑥　为逃避法律追究逃离事故现场的。

（3）其他恶劣情节是指具有下列情形之一的：

①　死亡二人以上或者重伤五人以上，负事故全部或者主要责任的；

②　死亡六人以上，负事故同等责任的；

③　造成公共财产或者他人财产直接损失，负事故全部或者主要责任，无能力赔偿数额在六十万元以上的。①

第二节　责任表现及裁判依据

一、裁判依据或参考

1. 法律规定

《刑事诉讼法》（2013年1月1日修改实施）第九十九条："被害人由于被告人的犯罪行为而遭受物质损失的，在刑事诉讼过程中，有权提起附带民事诉讼。被害人死亡或者丧失行为能力的，被害人的法定代理人、近亲属有权提起附带民事诉讼。如果是国家财产、集体财产遭受损失的，人民检察院在提起公诉的时候，可以提起附带民事诉讼。"

《刑法》（2011年5月1日修正实施）第三十六条："由于犯罪行为而使被

---

①参见《中华人民共和国刑法》第一百三十三条。

害人遭受经济损失的，对犯罪分子除依法给予刑事处罚外，并应根据情况判处赔偿经济损失。承担民事赔偿责任的犯罪分子，同时被判处罚金，其财产不足以全部支付的，或者被判处没收财产的，应当先承担对被害人的民事赔偿责任。"

《侵权责任法》（2010 年 7 月 11 日）第四条："侵权人因同一行为应当承担行政责任或者刑事责任的，不影响依法承担侵权责任。因同一行为应当承担侵权责任和行政责任、刑事责任，侵权人的财产不足以支付的，先承担侵权责任。"

《治安管理处罚法》（2006 年 3 月 1 日）第八条："违反治安管理的行为对他人造成损害的，行为人或者其监护人应当依法承担民事责任。"

《民法通则》（1987 年 1 月 1 日）第一百一十条："对承担民事责任的公民、法人需要追究行政责任的，应当追究行政责任；构成犯罪的，对公民、法人的法定代表人应当依法追究刑事责任。"

2. 司法解释

最高人民法院《关于适用〈中华人民共和国刑事诉讼法〉的解释》（2013 年 1 月 1 日法释〔2012〕21 号）第一百五十五条："对附带民事诉讼作出判决，应当根据犯罪行为造成的物质损失，结合案件具体情况，确定被告人应当赔偿的数额。犯罪行为造成被害人人身损害的，应当赔偿医疗费、护理费、交通费等为治疗和康复支付的合理费用，以及因误工减少的收入。造成被害人残疾的，还应当赔偿残疾生活辅助具费等费用；造成被害人死亡的，还应当赔偿丧葬费等费用。驾驶机动车致人伤亡或者造成公私财产重大损失，构成犯罪的，依照《中华人民共和国道路交通安全法》第七十六条的规定确定赔偿责任。附带民事诉讼当事人就民事赔偿问题达成调解、和解协议的，赔偿范围、数额不受第二款、第三款规定的限制。"

第一百五十九条："附带民事诉讼应当同刑事案件一并审判，只有为了防止刑事案件审判的过分迟延，才可以在刑事案件审判后，由同一审判组织继续审理附带民事诉讼；同一审判组织的成员确实不能继续参与审判的，可以更换。"

第一百六十条："人民法院认定公诉案件被告人的行为不构成犯罪，对已经提起的附带民事诉讼，经调解不能达成协议的，应当一并作出刑事附带民事判决。人民法院准许人民检察院撤回起诉的公诉案件，对已经提起的附带民事诉讼，可以进行调解；不宜调解或者经调解不能达成协议的，应当裁定驳回起诉，并告知附带民事诉讼原告人可以另行提起民事诉讼。"

第一百六十四条："被害人或者其法定代理人、近亲属在刑事诉讼过程中未提起附带民事诉讼，另行提起民事诉讼的，人民法院可以进行调解，或者根据物质损失情况作出判决。"

最高人民法院办公厅《对十一届全国人大四次会议第 6039 号建议的答复（附带民事赔偿范围）》（2011 年 5 月 28 日法办〔2011〕159 号）："关于附带民事诉讼案件赔偿范围是否应当包括精神损害赔偿问题，司法实践中争议很大，各方有不同意见。为规范附带民事诉讼审判工作，我院曾先后下发过四个司法解释。随着形势的发展、刑事政策的完善，当事人更加重视民事权利的维护。但是，由于各地经济、社会发展不平衡，以及当事人经济状况不同，法院审理刑事附带民事诉讼案件出现了'执法标准不一，赔偿数额过高，空判现象严重'等新问题。这些问题严重影响了宽严相济刑事政策的贯彻落实，引发了许多涉诉上访问题，地方各级人民法院和社会各界反应强烈，要求尽快解决。为了规范和做好附带民事诉讼工作，解决审判实践中存在的问题，我院于 2007 年启动了规范附带民事诉讼赔偿标准的司法解释起草工作，但由于各方意见分歧，司法解释暂时还难以出台，有关问题正在研究中。关于刑事附带民事诉讼赔偿范围问题，我院的倾向性意见是：附带民事诉讼案件依法只应赔偿直接物质损失，即按照犯罪行为给被害人造成的实际损害赔偿，一般不包括死亡赔偿金和残疾赔偿金，但经过调解，被告人有赔偿能力且愿意赔偿更大数额的，人民法院应当支持；调解不成，被告人确实不具备赔偿能力，而被害人或者其近亲属坚持在物质损失赔偿之外要求赔偿金的，人民法院不予支持；对于却有困难的被害人，给予必要的国家救助。"

最高人民法院《关于人民法院是否受理刑事案件被害人提起精神损害赔偿民事诉讼问题的批复》（2002 年 7 月 20 日法释〔2002〕17 号）："……对于刑事案件被害人由于被告人的犯罪行为而遭受精神损失提起的附带民事诉讼，或者在该刑事案件审结以后，被害人另行提起精神损害赔偿民事诉讼的，人民法院不予受理。"

最高人民法院《关于刑事附带民事诉讼范围问题的规定》（2000 年 12 月 19 日法释〔2000〕47 号）第一条："因人身权利受到犯罪侵犯而遭受物质损失或者财物被犯罪分子毁坏而遭受物质损失的，可以提起附带民事诉讼。对于被害人因犯罪行为遭受精神损失而提起附带民事诉讼的，人民法院不予受理。"

第五条："犯罪分子非法占有、处置被害人财产而使其遭受物质损失的，人民法院应当依法予以追缴或者责令退赔。被追缴、退赔的情况，人民法院可以作为量刑情节予以考虑。经过追缴或者退赔仍不能弥补损失，被害人向人民法院民事审判庭另行提起民事诉讼的，人民法院可以受理。"

最高人民法院《关于执行〈中华人民共和国刑事诉讼法〉若干问题的解释》（1998 年 9 月 8 日法释〔1998〕23 号）第八十六条："附带民事诉讼中依法负有赔偿责任的人包括：（一）刑事被告人（公民、法人和其他组织）及没有被追究刑事责任的其他共同致害人；（二）未成年刑事被告人的监护人；（三）已被执行死刑的罪犯的遗产继承人；（四）共同犯罪案件中，案件审结前已死亡的被告人的遗产继承人；（五）其他对刑事被告人的犯罪行为依法应当承担民事赔偿责任的单位和个人。"

第九十九条："对于被害人遭受的物质损失或者被告人的赔偿能力一时难以确定，以及附带民事诉讼当事人因故不能到庭等案件，为了防止刑事案件审判的过分迟延，附带民事诉讼可以在刑事案件审判后，由同一审判组织继续审理。如果同一审判组织的成员确实无法继续参加审判的，可以更换审判组织成员。"

3. 地方司法性文件

安徽高院《关于审理道路交通事故损害赔偿纠纷案件若干问题的指导意见》（2014年1月1日皖高法〔2013〕487号）第7条："机动车驾驶人因道路交通事故被追究刑事责任，赔偿权利人要求刑事附带民事赔偿后又提起民事诉讼，请求刑事附带民事赔偿中未获支持赔偿项目的，对其起诉不予受理；已经受理的，驳回起诉。"

第20条："机动车驾驶人因道路交通事故被追究刑事责任，赔偿权利人单独提起民事赔偿诉讼的，按照侵权责任法和最高人民法院有关司法解释确定赔偿的项目和标准。"

山东淄博中院《全市法院人身损害赔偿案件研讨会纪要》（2012年2月1日）第1条："关于精神损害抚慰金的问题……依据《侵权责任法》第四条的规定，侵权人因同一行为应承担行政责任或刑事责任的，不影响依法承担侵权责任。而该法第二十二条明确精神损害赔偿属于侵权责任，因此，即使侵权人因侵权行为承担行政或刑事责任后，也不应免除其精神损害赔偿责任。因《侵权责任法》在效力上明显高于最高人民法院《关于人民法院是否受理刑事案件被害人提起精神损害赔偿民事诉讼问题的批复》（法释〔2002〕17号），因此，对于刑事案件被害人由于被告人的犯罪行为而遭受精神损失，在该刑事案件审结以后，被害人另行提起精神损害赔偿民事诉讼的，人民法院应予支持。"

江苏南通中院《关于处理交通事故损害赔偿案件中有关问题的座谈纪要》（2011年6月1日通中法〔2011〕85号）第30条："机动车肇事者已被追究刑事责任（包括缓刑），不应免除其他赔偿义务主体的精神损害赔偿责任。"

浙江衢州中院《关于人身损害赔偿标准的研讨纪要》（2011年5月13日衢中法〔2011〕56号）第5条："……（3）道路交通事故人身损害赔偿案件中，若驾驶员已经追究刑事责任的。精神损害抚慰金不予支持。驾驶员是雇员的，赔偿权利人向雇主主张赔偿，可予支持。"

安徽宣城中院《关于审理道路交通事故赔偿案件若干问题的意见（试

行）》（2011年4月）第49条："赔偿义务人之一或是赔偿义务人所雇请人员在本案道路交通事故中的行为经刑事审判认定构成犯罪，赔偿权利人在刑事案件审结后，向其他赔偿义务人提起交通事故损害赔偿民事诉讼，要求精神抚慰金赔偿的，经审理认为赔偿权利人应得到精神损害抚慰金的，人民法院可予支持。"

贵州遵义中院《关于审理道路交通事故人身损害赔偿案件的意见》（2010年11月1日）第12条："刑事被告人因犯罪行为被追究刑事责任，受害方请求被告人赔偿精神抚慰金、死亡赔偿金、残疾赔偿金的，不予支持。受害方请求其他民事赔偿责任主体承担精神抚慰金、死亡赔偿金、残疾赔偿金的，区分下列情况处理：（1）其他民事赔偿责任主体与刑事被告人构成共同侵权的，其他民事赔偿责任主体应当按照《侵权责任法》第十四条的规定，承担相应的精神抚慰金、死亡赔偿金、残疾赔偿金……"

河南郑州中院《审理交通事故损害赔偿案件指导意见》（2010年8月20日郑中法〔2010〕120号）第20条："驾驶人员因交通肇事受到刑事处罚的，赔偿权利人仅对驾驶人员所提起的精神损害赔偿，法院不予支持。"

河南周口中院《关于侵权责任法实施中若干问题的座谈会纪要》（2010年8月23日周中法〔2010〕130号）第1条："……在侵权责任法与刑事附带民事诉讼在法律适用上的关系上，民事审判上尽量不要涉及刑事附带民事诉讼的内容，刑事案件的受害人单独提起民事诉讼，如果赔偿义务人不一致，比如交通肇事案件中，刑事被告人与承担民事赔偿责任的主体（车主、保险公司等）不一致，人民法院应当按照民事案件受理。"

山东东营中院《关于印发道路交通事故处理工作座谈会纪要的通知》（2010年6月2日）第9条："人民法院已生效的刑事判决，是交警部门作出行政处罚的重要依据，各县区法院在交通肇事犯罪案件审结完毕后，应于30日内将生效的刑事法律文书抄告同级交警部门。"

第43条："在涉及交通肇事犯罪的情况下，受害人可单独提起民事诉讼，也可提起刑事附带民事诉讼。"

安徽合肥中院民一庭《关于审理道路交通事故损害赔偿案件适用法律若干问题的指导意见》（2009年11月16日）第33条："赔偿义务人之一或是赔偿义务人所雇请人员在本案道路交通事故中的行为经刑事审判认为构成犯罪，赔偿权利人在刑事案件审结后，向其他赔偿义务人提起交通事故损害赔偿民事诉讼，要求精神抚慰金赔偿的，经审理认为赔偿权利人应得到精神抚慰金的，人民法院可予支持。"

陕西高院《关于审理刑事附带民事诉讼案件的指导意见（试行）》（2009年5月26日陕高法〔2009〕117号）第1条："被害人因人身权利受到犯罪侵

犯而遭受物质损失或者财物被犯罪分子毁坏而遭受物质损失的，可以提起附带民事诉讼。被害人因犯罪行为遭受精神损失而提起附带民事诉讼的，人民法院不予受理。"

第 9 条："雇员在从事雇佣活动中因故意或者重大过失实施犯罪行为致人损害，雇员与雇主依法承担连带赔偿责任的，在附带民事诉讼中为共同被告人。雇员在从事雇佣活动中，因他人的犯罪行为遭受人身损害，向雇主提出赔偿要求的，不属于附带民事诉讼受理范围。"

第 13 条："附带民事诉讼的赔偿范围仅指被告人因其犯罪行为给被害人造成的物质损失。物质损失包括被害人因犯罪行为已经遭受的实际损失和必然遭受的损失。死亡赔偿金不属于刑事附带民事诉讼的赔偿范围，但被告人基于真诚悔罪愿意赔偿，双方当事人以调解的方式达成赔偿协议的，人民法院应当准许。"

第 14 条："附带民事诉讼的人身损害赔偿标准，参照最高人民法院《关于审理人身损害赔偿案件具体应用法律若干问题的解释》的规定执行。被告人确无实际赔偿能力或者赔偿能力有限的，可以根据案件的具体情况，酌情判处。"

辽宁大连中院《当前民事审判（一庭）中一些具体问题的理解与认识》（2008 年 12 月 5 日大中法〔2008〕17 号）第 31 条："交通事故的主要责任人已经承担刑事责任，交通事故中的受害人要求交通事故中承担次要责任的人承担精神抚慰金，能否支持？可以适当给予。"

广东高院《关于审理刑事附带民事诉讼案件若干问题的指导意见（试行）》（2008 年 10 月 13 日粤高法发〔2008〕36 号）第 11 条："雇员在从事雇佣活动中犯罪致人损害的，雇主应当承担赔偿责任。没有订立书面雇佣合同，但具备下列情形之一的可认定为从事雇佣活动：（一）雇员依据雇主的授权或指示在其职权范围内所实施的行为；（二）雇员在工作时间、工作地点范围内实施的与其履行职务有内在联系的其他行为；（三）雇员为雇主利益实施的行为；（四）雇员使用履行职务的工具实施的与其履行职务有内在联系的行为。雇员在雇佣过程中，实施了与从事雇佣活动无关的行为，附带民事诉讼赔偿责任由其本人承担。"

浙江杭州中院《关于道路交通事故损害赔偿纠纷案件相关问题的处理意见》（2008 年 6 月 19 日）第 3 条："……（十四）精神损害抚慰金问题……多个事故责任主体的，若其中一人被追究刑事责任，其他责任人是否还需承担精神损害抚慰金？对该问题，应区分情况而定：（1）对于各侵权人的侵权行为间接结合造成受害人伤亡的，各侵权行为人承担的按份赔偿责任，故对精神损害抚慰金的赔偿责任也应是按份责任，故未被追究刑事责任的责任主体还需承担其应承担的精神损害抚慰金的份额；（2）对于各侵权人侵权行为直接结合造成受害人伤亡的，各侵权人承担连带赔偿责任，其中一人被追究刑事责任的，也免除了其他责任主体对受害人的精神损害抚慰金赔偿责任。"

江苏宜兴法院《关于审理交通事故损害赔偿案件若干问题的意见》（2008年1月28日宜法〔2008〕第7号）第14条："两个以上机动车或者非机动车共同侵权致他人人身损害的，其精神损害抚慰金赔偿，除被追究刑事责任的侵权方外，其他未被追究刑事责任的侵权方仍应赔偿自己应当承担的份额。"

北京高院《北京市法院道路交通事故损害赔偿法律问题研讨会会议纪要》（2007年12月4日）第3条："……6. 关于受害人构成伤残，要求致害机动车一方及保险公司共同赔偿精神损害抚慰金是否支持，以及交通肇事司机构成犯罪的情况下是否支持精神损害抚慰金的问题。与会人员一致认为：受害人构成伤残，有权要求肇事方及保险公司赔偿精神损害抚慰金；肇事司机构成犯罪的，关于精神损害抚慰金问题应依照现行法律和司法解释处理。"

江苏高院、省公安厅《关于处理交通事故损害赔偿案件有关问题的指导意见》（2005年9月1日苏高法〔2005〕282号）第33条："对涉嫌构成交通肇事罪的交通事故，当事人在刑事部分处理之前就损害赔偿问题请求交通事故巡回法庭调解的，交通事故巡回法庭应当及时调解。经交通事故巡回法庭主持调解，当事人对涉嫌犯罪的交通事故损害赔偿问题达成的调解协议，具有法律效力。当事人又就交通肇事罪的同一事实向人民法院提起刑事附带民事诉讼的，审理刑事案件的人民法院应当在刑事附带民事判决书中对交通事故巡回法庭的调解结果予以确认，并判决驳回当事人附带民事诉讼的诉讼请求。"

福建泉州中院《关于印发〈关于审理道路交通事故人身损害赔偿案件若干问题的指导意见（试行）〉的通知》（2005年8月3日泉中法〔2005〕91号）第1条："受理问题。道路交通事故发生后，公安机关以肇事机动车驾驶人涉嫌交通肇事罪立案侦查的：（1）若肇事机动车驾驶人没有逃逸，受害人在公安机关侦查终结前提起民事诉讼的，应暂不受理，待公安机关侦查终结后，依照有关诉讼程序进行处理。（2）若肇事机动车驾驶人在肇事后逃逸，公安交警部门作出交通事故认定书后，受害人在公安机关侦查终结前提起民事诉讼的，应予受理。"

浙江杭州中院《关于审理道路交通事故损害赔偿纠纷案件问题解答》（2005年5月）第1条："肇事车辆驾驶员涉嫌交通肇事逃逸后，社会救助基金未建立时，受害人的赔偿费用无法落实。公安机关一般给受害人一份告知书，通知其可先向人民法院提起民事诉讼。问题是：人民法院直接受理民事诉讼是否违反'先刑后民'的原则？如果受理，赔偿标准是否与刑事附带民事诉讼的赔偿标准一致？是否应支持原告的精神损害赔偿请求？该类案件人民法院原则上可不受理。考虑到受害人的实际困难情况，确有必要先行处理的，可受理，但应严格控制。受理的条件是：肇事驾驶员是职务行为，且原告放弃对驾驶员的民事赔偿请求，只告肇事车辆所有人的情况。赔偿标准与刑事附带民事赔偿一致，不应支持其精神损害赔偿请求，但在判决书中给原告留个余地：若肇事驾驶员不构成犯罪，则原告可以就精神损害赔偿部分另行起诉。根据《最高人民法院关于确定民事侵权精神损害赔偿责任若干问题的解释》第6条的规定，当事人在侵权诉讼中没有提出赔偿精神损害的诉讼请求，诉讼终结后又基于同一侵权事实另行起诉请求赔偿精神损害的，人民法院不予受理。因此，只要当事人在侵权诉讼中已经提出精神损害赔偿请求，人民法院没有就此作出判决，而告知其可另行起诉，则该另行起诉不属于上述司法解释第6条规定的不予受理的情形。"

第4条："……道路交通事故的肇事车辆驾驶员被判处刑罚后，受害人的精神抚慰金赔偿请求是否应当支持？不应支持。理由：（1）肇事车辆驾驶员被判处刑罚的事实，对于受害人而言具有精神抚慰的功能；（2）《最高人民法院关于刑事附带民事诉讼范围问题的规定》第1条将刑事附带民事诉讼的范围限定于物质损害，明确规定排除了精神损害；（3）《最高人民法院关于人民法院是否受理刑事案件被告人提起精神损害赔偿民事诉讼问题的批复》（法释〔2002〕17号）规定：'对于刑事案件被害人由于被告人的犯罪行为而遭受精神损失提起的附带民事诉讼，或者在该刑事案件审结以后，被害人另行提起精神损害赔偿民事诉讼的，人民法院不予受理。'据此，不论民事侵权行为的赔偿义务人是否为肇事车辆驾驶员，受害人的精神损害是因该肇事车辆驾驶员的犯罪行为而遭受的，故都不应支持该请求；（4）《人身损害赔偿解释》把残疾赔偿金、死亡赔偿金等定位为物质损害赔偿，也就是考虑到与上述两个司法解释对接的问题。"

江苏高院《2001年全省民事审判工作座谈会纪要》（2001年10月18日苏高法〔2001〕319号）第7条："……因犯罪行为致被害人遭受损害，刑事被告与民事被告是同一人、且被依法追究刑事责任的，不论被害人提起刑事附带民事诉讼，还是单独提起民事诉讼，赔偿范围和标准均参照省法院《关于审理附带民事诉讼案件的若干规定》确定。因犯罪行为致被害人遭受损害，刑事被告与民事被告是同一人、依法不予追究其刑事责任的，或者刑事被告与民事被告不是同一人，被害人单独提起民事诉讼的，均按照民事赔偿的有关规定处理。"

山东高院《关于审理人身损害赔偿案件若干问题的意见》（2001年2月22日）第2条："侵害人致人损害造成重伤或死亡的，受害人或死者的近亲属向法院提起民事诉讼，经审查认为侵害人的行为构成犯罪的，法院应告知当事人向公安机关申请处理或移送公安机关处理；当事人坚持起诉的，应当裁定不予受理或驳回起诉；经审查认为不构成犯罪的或者公安机关认为侵害人的行为不构成犯罪或犯罪情节轻微没有给予刑事处分的，受害人向法院起诉请求赔偿的，人民法院应当作为民事案件受理。"

第3条："侵害人致人损害造成轻伤，受害人起诉时已明确表示放弃追究侵害人的刑事责任，或刑事自诉由原告撤回或由法院驳回的，受害人只提出赔偿请求的，人民法院应当作为民事案件受理。"

第4条："在刑事诉讼中，受害人没有提出附带民事诉讼，刑事诉讼结束后，受害人又起诉请求侵害人赔偿损失的，人民法院应当作为民事案件予以受理；在刑事诉讼中，受害人明确表示放弃民事赔偿请求或撤回附带民事诉讼的，刑事诉讼结束后，受害人又请求赔偿的，应予受理。"

第5条："当事人提起人身损害赔偿诉讼，法院作为民事案件受理后，又以同一事实和理由要求追究侵害人的刑事责任的，应中止民事诉讼，待刑事案件审结后，根据不同情况进行处理：对于不构成犯罪，或犯罪情节轻微，没有给予被告人刑事处分的，或刑事诉讼已由原告撤回或者被驳回的，应恢复民事诉讼；对于民事诉讼请求已在刑事附带民事诉讼中解决的，应裁定驳回起诉。"

北京高院《关于印发〈关于审理人身伤害赔偿案件若干问题的处理意见〉的通知》（2000年7月11日）第28条："刑事附带民事诉讼中涉及的索赔精神损失问题，按最高法院有关司法解释执行。"

4. 最高人民法院审判业务意见

（1）被告人应否承担对被害人的精神损害赔偿责任？

《人民司法》研究组："最高人民法院《关于确定民事侵权精神损害赔偿责任若干问题的解释》于2001年公布施行，主要针对的是民事侵权案件中的精神损害赔偿责任问题。而最高人民法院《关于人民法院是否受理刑事案件被害人提起精神损害赔偿民事诉讼问题的批复》于2002年施行，针对的是刑事案件中的精神损害赔偿诉讼问题。来信提到的问题应当适用后者的规定，对于刑事案件被害人由于被告人的犯罪行为而遭受精神损害提起的附带民事诉讼，或者在该刑事案件审结以后，被害人另行提起精神损害赔偿民事诉讼的，人民法院不予受理。"

（2）刑事案件审结后，对于被害人以同一事实另行提起民事赔偿诉讼中的精神损害赔偿，法院是否支持？

《人民司法》研究组："最高人民法院《关于人民法院是否受理刑事案件被害人提起精神损害赔偿民事诉讼问题的批复》（法释〔2002〕17号）规定：'对于刑事案件被害人由于被告人的犯罪行为而遭受精神损失提起的附带民事诉讼，或者在该刑事案件审结以后，被害人另行提起精神损害赔偿民事诉讼的，人民法院不予受理。'根据上述批复规定，在刑事案件审结以后，被害人以同一事实另行提起民事赔偿诉讼（包括精神损害赔偿）的，对于其中精神损害赔偿的请求，人民法院不予支持。"

（3）交通事故死者的近亲属对肇事逃逸司机所在单位提起民事诉讼，是否应"先刑后民"？

最高人民法院民一庭《民事审判实务问答》编写组："这种抗辩不应支持。司机与其所在单位形成雇佣关系，司机是在执行其所在单位的职务过程中肇事的，其单位作为雇主应对司机肇事造成的损害承担赔偿责任。《最高人民法院关于审理人身损害赔偿案件适用法律若干问题的解释》第9条第1款规定：'雇员在从事雇佣活动中致人损害的，雇主应当承担赔偿责任；雇员因故意或者重大过失致人损害的，应当与雇主承担连带赔偿责任。雇主承担连带赔偿责任的，可以向雇员追偿'。该条款专门规定了雇员侵权的雇主责任，该责任适用无过错责任的归责原则，属于特殊侵权行为的民事赔偿责任，雇员因故意或者重大过失致人损害的，应当与雇主承担连带赔偿责任，雇主在先行承担赔偿责任后，对雇员享有追偿权。因此，受害人的近亲属有权先行请求肇事司机的所在单位先行承担赔偿责任，该责任的承担不以对肇事司机的刑事责任追究为前提。因此，司机所在单位以'先刑后民'作抗辩的理由不成立，人民法院不应予以支持。"

（4）被害人可否对交通肇事车车主提起刑事附带民事诉讼？

《人民司法》研究组："根据最高人民法院《关于执行刑事诉讼法若干问题的解释》第86条的规定，附带民事诉讼中依法负有赔偿责任的人包括：1. 刑事被告人及没有被追究刑事责任的其他共同致害人；2. 未成年刑事被告人的监护人；3. 已被执行死刑的罪犯的遗产继承人；4. 共同犯罪案件中，案件审结前已死亡的被告人的遗产继承人；5. 其他对刑事被告人的犯罪行为依法应当承担民事赔偿责任的单位和个人。对上述负有赔偿责任的人，被害人一方均可提起刑事附带民事诉讼。因此，如果伍某作为车主，依法应对王某交通肇事的犯罪行为承担民事赔偿责任，则被害人亲属可以对伍某提起刑事附带民事诉讼。"

（5）被害人能否因犯罪行为遭受精神损失而提起刑事附带民事诉讼？

《人民司法》研究组："最高人民法院《关于刑事附带民事诉讼范围问题的规定》第1条明确规定：因人身权利受到犯罪侵犯而遭受物质损失或者财物被犯罪分子毁坏而遭受物质损失的，可以提起附带民事诉讼。对于被害人因犯罪行为遭受精神损失而提起附带民事诉讼的，人民法院不予受理。因此，人民法院在审理刑事附带民事诉讼案件中，对被害人因犯罪行为遭受精神损失而提起的附带民事诉讼，应当不予受理。上述司法解释是就刑事附带民事诉讼范围问题作出的规定，而《关于确定民事侵权精神损害赔偿责任若干问题的解释》则是就民事侵权行为造成精神损害的有关问题作出的规定，二者并不矛盾。"

第三节　法理分析

刑事责任与民事责任是两种不同的法律责任，前者属公权力范畴，不等于对受害人精神损害的民事赔偿。最高人民法院《关于人民法院是否受理刑事案件被害人提起精神损害赔偿民事诉讼问题的批复》有严格适用范围，该司法解释并未规定受害人未提起刑事附带民事诉讼而直接提起民事诉讼时，受害人也不得主张精神损害赔偿。构成犯罪的侵权行为远比一般侵权行为严重，后者受害人可以主张精神赔偿而前者却不能，有悖公平、正义的价值理念。

最高人民法院2000年12月通过的《关于刑事附带民事诉讼范围问题的规定》中确定的赔偿范围不包括物质损失之外的精神损失，最高人民法院《关于人民法院是否受理刑事案件被害人提起精神损害赔偿民事诉讼问题的批复》（2002年法释17号）关于被害人另行提起精神损害赔偿民事诉讼的，人民法院不予受理的批复意见，不能得出受害人基于民事侵权丧失死亡赔偿金请求的权利。

交通肇事责任人承担刑事责任能够作为一种精神损害的救济方式，足以对受害人（或家属）进行精神抚慰，无须侵权人另行赔偿精神损害抚慰金。持此意见的人认为，对侵权人处以刑事制裁，使其人身自由受到剥夺或限制、财产权利受到处罚，受害人（或家属）可以从中得到安慰。

第二十一章

道路交通事故中的侵权责任与人身保险探析

侵权责任是民事责任类型中最为直接和常见的一种，在道路交通事故中如果与机动车保险混合在一起，就需要厘清诸如涉及保险诉讼的管辖与主管、保险索赔权能否转让、能否约定以缴纳保险费作为保险合同生效的条件、何谓保险标的危险程度增加、保险金额与实际价值不符如何处理等等问题。

第二节　责任表现及裁判依据

一、常见实务类型

2005 年 6 月，冯某因被黄某驾驶的机动车撞伤，交警认定对方负全责，经调解获赔近 2 万元。冯某在向保险公司索要人身意外伤害保险赔偿金时，被拒。争议焦点：

（1）侵权赔偿的性质是什么？

（2）冯某能否获赔保险金？

交通事故损害赔偿义务人对冯某所予赔偿，系基于侵权行为而产生的侵权责任赔偿，与保险公司保险赔偿的合同义务非同一性质。

本案系基于冯某与保险公司所签个人意外伤害保险合同所发生的纠纷，涉案事故属于该险种保险条款所规定的保险事故。保险公司不能以冯某已获得肇事司机赔偿，冯某因事故损失已得到必要、充分的填补，不应就损失再次向保险公司索赔，否则违背损失补偿原则的抗辩理由不成立。

二、裁判依据或参考

1. 法律规定

《社会保险法》（2011 年 7 月 1 日）第二十三条："职工应当参加职工基本医疗保险，由用人单位和职工按照国家规定共同缴纳基本医疗保险费。"

第三十条："……医疗费用依法应当由第三人负担，第三人不支付或者无法确定第三人的，由基本医疗保险基金先行支付。基本医疗保险基金先行支付后，有权向第三人追偿。"

第四十二条："由于第三人的原因造成工伤，第三人不支付工伤医疗费用或者无法确定第三人的，由工伤保险基金先行支付。工伤保险基金先行支付后，有权向第三人追偿。"

《保险法》（2009 年 10 月 1 日）第四十六条："被保险人因第三者的行为而发生死亡、伤残或者疾病等保险事故的，保险人向被保险人或者受益人给付保险金后，不享有向第三者追偿的权利，但被保险人或者受益人仍有权向第三者请求赔偿。"

2. 部门规范性文件

国家旅游局办公室《2010 年度旅行社责任保险统保示范项目宣传材料》（2009 年 12 月 2 日）第十四条："意外险能不能替代责任险？保了意外险是不是可以降低责任险的保费？第一，游客意外险保属于人身保险，保的不是旅行社，是游客自身。从意外险中获得保险赔偿，游客仍然可以根据旅游合同向旅行社提出索赔请求，法院给予支持。这已经为实践所证明。第二，旅行社为游客购买意外险，不具有保险利益，没有为游客购买意外险的权利和资格，除非游客授权旅行社这样做。第三，意外险和责任险相互补充，相得益彰。未来游客购买意外险或者由旅行社经其授权代为购买意外险，由于旅行社已经购买了责任险，其意外险保费可以降低。"

中国保监会《健康保险管理办法》（2006 年 9 月 1 日）第四条："医疗保险按照保险金的给付性质分为费用补偿型医疗保险和定额给付型医疗保险。费用补偿型医疗保险是指，根据被保险人实际发生的医疗费用支出，按照约定的标准确定保险金数额的医疗保险。定额给付型医疗保险是指，按照约定的数额给付保险金的医疗保险。费用补偿型医疗保险的给付金额不得超过被保险人实际发生的医疗费用金额。"

中国保监会《关于商业医疗保险是否适用补偿原则的复函》（2001 年 7 月 25 日保监函〔2001〕156 号）第二条："根据《中华人民共和国保险法》第十

七条'保险合同中规定有关于保险人责任免除条款的，保险人在订立保险合同时应当向投保人明确说明，未明确说明的，该条款不产生效力'，对于条款中没有明确说明不赔的保险责任，保险公司应当赔偿。"

中国保监会《关于界定责任保险和人身意外伤害保险的通知》（1999年12月15日保监发〔1999〕245号）第二条："责任保险与人身意外伤害保险界定的原则：（一）责任保险的保险标的是被保险人对他人依法承担的民事赔偿责任；人身意外伤害保险的保险标的是被保险人的身体和生命。（二）责任保险的被保险人可以是自然人，也可以是法人，是可能承担民事赔偿责任的人；人身意外伤害保险的被保险人只能是自然人，是可能遭受意外伤害的人。（三）责任保险只有当被保险人依据法律对第三者负有法律赔偿责任时，保险人才履行赔偿责任；人身意外伤害保险则不论事故的起因，凡属于保险责任范围内的事故造成被保险人死亡、伤残，保险人均负责赔偿。（四）责任保险适用补偿原则，责任保险的保险金额是赔偿限额，保险事故发生后，保险人按被保险人对第三者实际承担的民事赔偿责任核定保险赔款，并且保险赔款金额以不超过保险金额为限，保险人赔款后依法享有代位求偿权；人身意外伤害保险适用定额给付原则，赔偿金额是根据保险合同中规定的死亡或伤残程度给付标准来给付保险金，保险人给付保险金，不产生代位求偿权。（五）责任保险的投保人与被保险人一般为同一人，同时也是缴费义务人；人身意外伤害保险的投保人既可以为自己投保，也可以为与其有保险利益的其他自然人投保，投保人与被保险人可以为同一人（此时被保险人为缴费义务人），也可不为同一人（此时被保险人不是缴费义务人）。"

中国人民银行《关于医疗费用重复给付问题的答复》（1998年7月1日银保险〔1998〕63号）："……如果在意外伤害医疗保险条款中无关于'被保险人由于遭受第三者伤害，依法应由第三者负赔偿责任时，保险人不负给付医疗费责任'之约定，保险人应负给付医疗费的责任……保险人给付上述医疗费后，不享有向第三者追偿的权利。"

3. 地方司法性文件

广东深圳中院《关于道路交通事故损害赔偿纠纷案件的裁判指引》（2014年8月14日深中法发〔2014〕3号）第21条："机动车交通事故造成人身伤亡，在交强险理赔中，赔偿权利人主张的医疗费无论是否超出基本医疗保险项目，保险公司均应予赔偿。但保险公司能够举证证明上述诊疗项目不属于必须诊疗行为的除外。受害人主张后续治疗费用的，应当提交县级以上医院的证明或者符合规定的鉴定结论，该证明或鉴定结论中应当列明后续治疗的诊疗科目及相关诊疗目的、时间和费用。"

安徽高院《关于审理道路交通事故损害赔偿纠纷案件若干问题的指导意

见》（2014 年 1 月 1 日皖高法〔2013〕487 号）第 5 条："商业三者险合同约定超出国家基本医疗保险标准的医疗费用不予赔偿的，由受害方提供药品及费用清单，保险公司对不属于赔偿范围的费用承担举证责任。"

第 15 条："商业三者险合同中超出国家基本医疗保险标准的医疗费用不予赔偿的约定，为保险法第十七条第二款规定的'免除保险人责任条款'，人民法院应根据《最高人民法院关于适用〈中华人民共和国保险法〉若干问题的解释（二）》的规定，审查保险公司是否履行了解释提示和明确说明义务。"

浙江高院民一庭《关于印发〈关于人身损害赔偿费用项目有关问题的解答〉的通知》（2013 年 12 月 27 日浙高法民一〔2013〕5 号）第 1 条："受害人因享受医疗社保待遇或参加新型农村合作医疗，报销了部分或全部医疗费用，赔偿义务人因侵权应承担的医疗费用能否因此而减免？答：受害人因侵权行为造成人身伤害就医发生的医疗费用，已在其享受的城镇职工（居民）基本医疗保险待遇或者参加的新型农村合作医疗中核销部分或全部医疗费用的，系其与有关社会保险机构之间的关系，赔偿义务人的侵权责任不能据此减轻。赔偿义务人抗辩从损害赔偿费用总额中扣除有关核销部分医疗费的，不予采纳。"

新疆高院《关于印发〈关于审理道路交通事故损害赔偿案件若干问题的指导意见（试行）〉的通知》（2011 年 9 月 29 日新高法〔2011〕155 号）第 7 条："交强险的保险公司主张扣除赔偿权利人公费报销的医疗费的，人民法院不予支持。"

江苏南通中院《关于处理交通事故损害赔偿案件中有关问题的座谈纪要》（2011 年 6 月 1 日通中法〔2011〕85 号）第 19 条："交通事故受害人在诉讼中主张的医疗费用，人民法院依照最高人民法院《关于审理人身损害赔偿案件适用法律若干问题的解释》的相关规定予以审查，保险公司主张按医疗保险标准审理确认的请求不予支持。经过医保报销的医疗费，受害人仍可凭有关证据向侵权人主张权利。"

上海高院民五庭《关于印发〈关于审理保险代位求偿权纠纷案件若干问题的解答（一）〉的通知》（2010 年 9 月 19 日沪高法民五〔2010〕2 号）第 1 条："在医疗费用保险中，保险人能否向第三者行使保险代位求偿权？答：根据中国保险监督管理委员会《健康保险管理办法》第二条、第四条的规定，医疗费用保险可以分为补偿性医疗保险（亦称费用补偿型医疗保险）和非补偿性医疗保险（亦称定额给付型医疗保险）。补偿性医疗保险适用补偿原则和保险代位制度，非补偿性医疗保险不适用补偿原则和保险代位制度。在保险代位求偿权纠纷中，法院应根据保险合同的约定，确定系争保险是否属于补偿性医疗保险。保险合同明确约定本保险适用补偿原则、'以实际支出医疗费作为赔付依据'等内容的，保险人在向被保险人支付保险赔偿金后，有权向第三者行使保险代位求偿权。保险合同明确约定本保险为定额给付保险或不适用补偿原则等内容的，保险人在向被保险人支付保险赔偿金后，无权向第三者行使保险代位求偿权。医疗费用保险合同对是否适用补偿原则未作约定或约定不明的，视为非补偿性医疗保险，保险人无权向第三者行使保险代位求偿权。"

第 12 条："保险人根据保险合同的约定，仅就被保险人所受损失中的特定项目承担保险赔偿责任后，能否就其他赔偿项目向第三者行使保险代位求偿权？答：保险代位求偿权的内容，必须与保险人填补损失的内容具有一致性，保险人才能代位行使。当被保险人有多项损失，而保险人依据保险合同的约定仅就其中部分项目的损失予以赔付的，被保险人可以就未获赔付的损失项目，向第三者行使赔偿请求权。保险人则只能就已经给付保险赔偿金的损失项目行使保险代位求偿权。比如在补偿性医疗费用保险中，被保险人因侵害产生医疗费用、误工费、护理费等损失。保险人仅就医疗费用损失承担保险赔偿责任后，被保险人可以就其他损失继续向侵权人主张赔偿请求权，保险人则只能就医疗费用行使保险代位求偿权。"

江西九江中院《关于印发〈九江市中级人民法院关于审理道路交通事故人身损害赔偿案件若干问题的意见（试行）〉的通知》（2009 年 10 月 1 日九中法〔2009〕97 号）第 7 条："道路交通事故中的受害人因参加工伤保险而依据《工伤保险条例》或者参加人寿保险获得的保险赔偿金，以及享受医社保待遇、农村合作医疗报销了部分医疗费用，赔偿义务人主张从损害赔偿费用总额中加以扣除的，法院不予支持。"

杭州中院《关于道路交通事故损害赔偿纠纷案件相关问题的处理意见》（2008 年 6 月 19 日）第 3 条："……医保支付部分的扣除问题。从人身损害赔偿损失填补功能角度出发，在计算肇事人及保险公司具体的赔付数额时，应将医保已支付部分予以扣除。"

江苏溧阳法院《关于审理交通事故损害赔偿案件若干问题的意见》（2006 年 11 月 20 日）第 16 条："对于医疗费用主要是根据《人赔司法解释》第十九条规定进行认定，而对于是否属于医保内用药等则无需考虑。"

湖北高院《民事审判若干问题研讨会纪要》（2004 年 11 月）第 4 条："……关于保险金应否扣除问题。发生第三人侵权人身损害赔偿纠纷后，受害人因参加工伤保险而依据《工伤保险条例》或者参加人寿保险获得的保险赔偿金，赔偿义务人主张从损害赔偿费中加以扣除的，不予支持。"

北京高院《关于印发〈关于审理人身伤害赔偿案件若干问题的处理意见〉的通知》（2000 年 7 月 11 日）第 8 条："受害人的损害赔偿请求权不因其所在单位已垫付或报销医疗费而消灭，受害人仍得以自己名义请求侵害人支付医疗费。作出生效裁判的法院可将处理结果告知受害人所在单位。"

4. 地方规范性文件

中国保监会福建监管局《关于被保险人同时参加公费医疗、社会医疗保险与商业性费用补偿型医疗保险有关问题的通知》（2009 年 9 月 17 日）第 1 条："被保险人同时参加公费医疗、社会医疗保险与商业性费用补偿型医疗保险，保险公司在销售费用补偿型医疗保险产品时未对被保险人是否拥有和使用公费医疗、社会医疗保险进行区别对待（即未实施差别费率）的，保险公司在理算赔款时，不应区别对待，即赔付时不得扣除公费医疗、社会医疗保险所支付的费用。"

第 2 条："被保险人已从公费医疗、社会医疗保险方面获得医疗费用赔偿，无法出具原始医疗费用凭证原件的，公司应告知被保险人可提供加盖已报销单位公章的原始医疗费用凭证复印件、原始医疗凭证收取机构的分割单等证明文件，并予以认可。"

第 3 条："对于各公司现售的费用补偿型医疗保险产品，未实施差别费率且在条款中约定赔付时需扣除公费医疗、社会医疗保险已经支付的费用的，公司应向总公司申请改造该产品相关条款，待符合《健康保险管理办法》后再行销售。"

第 4 条："本通知所称的费用补偿型医疗保险包括意外伤害医疗费用保险与疾病医疗费用保险；社会医疗保险包括城镇职工基本医疗保险、城镇居民基本医疗保险、特困居民医疗救助、新型农村合作医疗等政府举办的基本医疗保障项目。"

第三节　法理分析

在处理人身保险赔偿事宜时，只要被保险人提供的有关证明和资料能确认保险事故及相关费用已经发生，保险公司就应按保险合同履行给付保险金的义务，而不应以被保险人是否出具相关费用单据原件为必备条件，对保险责任范围内的索赔，保险公司只有在相关法律和保险合同有明确规定情况下，才能予以拒赔。

因交通事故致人身保险的被保险人人身受损时，对于商业保险公司报销的数额，被保险人仍可请求侵权人赔偿，但报销费用总额中包括侵权人所垫付的部分医疗费应按相应报销比例予以扣除。

第二十二章

道路交通事故责任承担中的精神抚慰金探析

第一节　概　述

精神损害赔偿的数额属于法官行使自由裁量权的范畴。根据最高人民法院《关于确定民事侵权精神损害赔偿责任若干问题的解释》第十条规定，精神损害的赔偿数额根据以下因素确定：（一）侵权人的过错程度，法律另有规定的除外；（二）侵害的手段、场合、行为方式等具体情节；（三）侵权行为所造成的后果；（四）侵权人的获利情况；（五）侵权人承担责任的经济能力；（六）受诉法院所在地平均生活水平。

另外，在实际中还应考虑受害人的社会地位及双方的经济状况及当地居民的平均生活水平。

第二节　责任表现及裁判依据

一、常见实务类型

2011年12月7日7时许，被告人潘某醉酒（乙醇含量为212.2mg/100mL）后无证驾驶摩托车沿县道由田阳县那坡镇往头塘镇方向行驶。当行至县道某处时，被告人潘某未靠右侧行驶，摩托车碰撞对向也未靠右侧行驶的农某驾驶的摩托车，造成潘某和农某受伤、两车损坏的道路交通事故。经法医鉴定，潘某、农某的伤均属轻伤。交警部门认定，潘某负事故的主要责任，农某负事故的次要责任。因本次交通事故，被告潘某涉嫌犯危险驾驶罪被提起公诉，原告农某未提起附带民事诉讼。法院以危险驾驶罪判处潘某拘役二个月，并处罚金2000元。后原告农某以机动车交通事故责任纠纷提起民事诉讼，请求法院判令被告财产保险公司在交强险责任限额内赔偿原告经济损失3万元、精神损害抚慰金6000元；超出交强险责任限额范围的损失由被告潘某负担。

本案中，财产保险公司作为共同被告参与诉讼，并非基于共同侵权，而是基于交强险合同关系，属法定赔偿责任，依照《最高人民法院关于审理道路交通事故损害赔偿案件适用法律若干问题的解释》（法释〔2012〕19号）第十八条的规定："醉酒驾驶机动车发生交通事故导致第三人人身损害，当事人请求保险公司在交强险责任限额范围内予以赔偿，人民法院应予支持；保险公司在赔偿范围内向侵权人主张追偿权的，人民法院应予支持"，若被告财产保险公司承担了精神抚慰金，势必会依法行使追偿权，最终赔偿责任仍可落实于被告潘某，这与最高法院司法解释的精神不符，故对于原告要求由保险公司赔付精神损害抚慰金的诉讼请求依法不予支持。①

二、裁判依据或参考

1. 法律规定

《侵权责任法》（2010年7月1日）第二十二条："侵害他人人身权益，造成他人严重精神损害的，被侵权人可以请求精神损害赔偿。"

2. 行政法规

《机动车交通事故责任强制保险条例》（2013年3月1日修改施行）第三条："本条例所称机动车交通事故责任强制保险，是指由保险公司对被保险机动车发生道路交通事故造成本车人员、被保险人以外的受害人的人身伤亡、财产损失，在责任限额内予以赔偿的强制性责任保险。"

3. 司法解释或最高人民法院其他司法性文件

最高人民法院《关于审理道路交通事故损害赔偿案件适用法律若干问题的解释》（2012年11月21日法释〔2012〕19号）第十四条："道路交通安全法第七十六条规定的'人身伤亡'，是指机动车发生交通事故侵害被侵权人的生命权、健康权等人身权益所造成的损害，包括侵权责任法第十六条和第二十二条规定的各项损害。道路交通安全法第七十六条规定的'财产损失'，是指因机动车发生交通事故侵害被侵权人的财产权益所造成的损失。"

①案件引自《交通事故受害人可否主张精神损害抚慰金》，http://www.66law.cn/laws/113601.aspx。

第十六条："同时投保机动车第三者责任强制保险（以下简称交强险）和第三者责任商业保险（以下简称商业三者险）的机动车发生交通事故造成损害，当事人同时起诉侵权人和保险公司的，人民法院应当按照下列规则确定赔偿责任：（一）先由承保交强险的保险公司在责任限额范围内予以赔偿；（二）不足部分，由承保商业三者险的保险公司根据保险合同予以赔偿；（三）仍有不足的，依照道路交通安全法和侵权责任法的相关规定由侵权人予以赔偿。被侵权人或者其近亲属请求承保交强险的保险公司优先赔偿精神损害的，人民法院应予支持。"

最高人民法院《关于在道路交通事故损害赔偿纠纷案件中，机动车交通事故责任强制保险中的分项限额能否突破的请示的复函》（2012年5月29日〔2012〕民一他字第17号）："……根据《中华人民共和国道路交通安全法》第十七条、《机动车交通事故责任强制保险条例》第二十三条，机动车发生交通事故后，受害人请求承保机动车第三者责任强制保险的保险公司对超出机动车第三者责任强制保险分项限额范围的损失予以赔偿的，人民法院不予支持。"

最高人民法院《关于财保六安市分公司与李福国等道路交通事故人身损害赔偿纠纷请示的复函》（2008年10月16日〔2008〕民一他字第25号）："……《机动车交通事故责任强制保险条例》第3条规定的'人身伤亡'所造成的损害包括财产损害和精神损害。精神损害赔偿与物质损害赔偿在强制责任保险限额中的赔偿次序，请求权人有权进行选择。请求权人选择优先赔偿精神损害，对物质损害赔偿不足部分由商业第三者责任险赔偿。"

最高人民法院负责人《在公布〈关于审理人身损害赔偿案件适用法律若干问题的解释〉新闻发布会上的讲话》（2003年12月29日）："……关于死亡赔偿。赔偿权利人因受害人死亡所蒙受的财产损失可以有两种计算方法，一是以被扶养人丧失生活来源作为计算依据；二是以受害人死亡导致的家庭整体收入减少为计算依据。《解释》将'死亡赔偿金'的性质确定为收入损失的赔偿，而非'精神损害抚慰金'。赔偿数额，按照'人均可支配收入'的客观标准以二十年固定赔偿年限计算，即采取定型化赔偿模式。该计算方法既与过去的法律法规相衔接，又不致因主观计算导致贫富悬殊、两极分化。按照这一计算方法，死亡赔偿金比过去提高一倍多。例如：以2000年北京市城镇居民人均消费性支出8493.5元计算，过去的死亡赔偿金全额为84935元。同年北京市城镇居民人均可支配收入为10350元，依《解释》计算的全额死亡赔偿金可达207000元。"

最高人民法院《关于确定民事侵权精神损害赔偿责任若干问题的解释》（2001年3月10日法释〔2001〕7号）第一条："自然人因下列人格权利遭受非法侵害，向人民法院起诉请求赔偿精神损害的，人民法院应当依法予以受理：（一）生命权、健康权、身体权；（二）姓名权、肖像权、名誉权、荣誉权；（三）人格尊严权、人身自由权。违反社会公共利益、社会公德侵害他人隐私或者其他人格利益，受害人以侵权为由向人民法院起诉请求赔偿精神损害的，人民法院应当依法予以受理。"

第六条："当事人在侵权诉讼中没有提出赔偿精神损害的诉讼请求，诉讼终结后又基于同一侵权事实另行起诉请求赔偿精神损害的，人民法院不予受理。"

第十条："精神损害的赔偿数额根据以下因素确定：（一）侵权人的过错程度，法律另有规定的除外；（二）侵害的手段、场合、行为方式等具体情节；（三）侵权行为所造成的后果；（四）侵权人的获利情况；（五）侵权人承担责任的经济能力；（六）受诉法院所在地平均生活水平。法律、行政法规对残疾赔偿金、死亡赔偿金等有明确规定的，适用法律、行政法规的规定。"

最高人民法院副院长李国光《在全国民事审判工作会议上的讲话》（2000年10月28日）第四条："审判实践表明，审理损害赔偿案件如何确定精神损害赔偿责任，是一个适用法律比较困难，且往往引起社会争议的问题。人民法院审理这类案件，既要严格依照法律规定，又要慎重稳妥，要特别注意三个问题：一要严格把握精神损害的赔偿范围。当前，请求精神损害赔偿范围已从民法通则规定的公民姓名权、肖像权、名誉权和荣誉权，扩展到生命健康权、人格尊严权、人身自由权和隐私权等方面，而且提出的索赔数额越来越高，从几千元到数百万元不等。这是一个值得注意的动向。人民法院处理精神损害赔偿问题时，要坚持以人身权利遭受侵害，造成受害人精神痛苦为原则，不要随意扩大受案范围。对因生命权、健康权遭受侵害向人民法院起诉要求赔偿精神损害的，只要符合民事诉讼法第108条规定的条件，就应当受理，慎重处理。二要严格掌握精神损害赔偿原则。对侵权情节轻微，未造成严重后果的，可以根据具体情况，依法判令加害人停止侵害，恢复名誉，消除影响，赔礼道歉，对赔偿精神损害抚慰金的请求，一般不予支持；加害人因故意或重大过失致人损害，造成精神损害的后果比较严重的，可根据加害人的过错程度、侵权情节、损害后果等具体情况，依法判令其赔偿精神损害抚慰金。三要合理确定赔偿数额。应当明确，人民法院通过审判活动，确认侵权人的精神损害赔偿责任，其目的在于抚慰受害人，教育、惩罚侵权行为人，在社会上树立起尊重他人人身权利和人格尊严的法制意识和良好道德风尚。赔偿数额要切合实际，原则上不宜过高。各地因经济、文化发展的情况不同，具体数额可有所差别，不要互相攀比。要正确引导当事人，对于过高数额的精神损害抚慰金的请求，一般不予支持，并向请求人说明诉讼费用的负担原则，以限制滥诉行为。"

4. 地方司法性文件

广东深圳中院《关于道路交通事故损害赔偿纠纷案件的裁判指引》（〔2014〕3号）第22条："赔偿权利人请求承保交强险的保险公司优先赔偿精神损害抚慰金的，人民法院应予支持。赔偿权利人可于一审、二审期间提出于交强险中先行赔付精神损害抚慰金的请求；赔偿权利人未提出该请求的，人民法院应当予以释明，由其在法庭辩论终结前决定是否请求先行赔付精神损害抚慰金。赔偿权利人在二审诉讼中提出于交强险中先行赔付精神损害抚慰金的请求，人民法院可不将该请求视为一项独立的诉讼请求，而于判决说理部分予以明确。精神损害抚慰金应严格依照伤残等级确定，一级伤残为10万元，二级伤残为9万元，依次类推。"

山东淄博中院《全市法院人身损害赔偿案件研讨会纪要》（2012年2月1日）第1条："关于精神损害抚慰金的问题。（1）残疾赔偿金、死亡赔偿金已转变为受害人家庭整体减少的收入，不再带有精神损害赔偿性质。当事人在要求赔偿残疾赔偿金、死亡赔偿金的同时，又提出精神损害抚慰金请求的，应予支持。（2）最高人民法院《关于确定民事侵权精神损害赔偿责任若干问题的解释》第六条的规定，当事人只能在侵权诉讼中提出精神损害赔偿的请求。如在侵权诉讼中没有提出，诉讼终结后再单独提出的，不应予以受理。已经受理的，应依据'一事不再理'原则，驳回原告起诉。（3）提出精神损害赔偿的主体，受害人伤残的为受害人本人；受害人死亡的，为受害人配偶、父母、子女，受害人没有配偶、父母、子女的，其他近亲属才可以提出精神损害赔偿。（4）赔偿数额应根据精神损害后果的严重程度确定。一般来说，受害人死亡或构成伤残的均应根据案件具体情况予以适当支持。受害人不构成伤残的，除侵权人具有故意精神侮辱情形外，原则上不予支持。（5）受害人对损害事实和损害后果的发生有过错的，可以根据其过错程度减轻或免除侵权人的精神损害赔偿责任。（6）依据《侵权责任法》第四条的规定，侵权人因同一行为应承担行政责任或刑事责任的，不影响依法承担侵权责任。而该法第二十二条明确精神损害赔偿属于侵权责任，因此，即使侵权人因侵权行为承担行政或刑事责任后，也不应免除其精神损害赔偿责任。因《侵权责任法》在效力上明显高于最高人民法院《关于人民法院是否受理刑事案件被害人提起精神损害赔偿民事诉讼问题的批复》（法释〔2002〕17号），因此，对于刑事案件被害人由于被告人的犯罪行为而遭受精神损失，在该刑事案件审结以后，被害人另行提起精神损害赔偿民事诉讼的，人民法院应予支持。（7）对精神损害抚慰金的赔偿数额应依据最高人民法院《关于确定民事侵权精神损害赔偿责任若干问题的解释》第十条的规定确定，而不宜按照被害人伤残程度具体量化。"

山东高院《关于印发〈全省民事审判工作会议纪要〉的通知》（2011年

11 月 30 日鲁高法〔2011〕297 号）第 6 条："……（九）关于精神损害抚慰金的赔偿标准问题。侵权致人损害，未造成严重后果的，受害人请求精神损害抚慰金赔偿的，一般不予支持；侵权致人损害，造成严重后果的，可以根据受害人一方的请求判令侵权人赔偿相应的精神损害抚慰金。精神损害抚慰金的赔偿数额应当根据侵权人的过错程度、侵权方式、侵权情节、影响范围、侵权获利情况、承担赔偿责任的能力等因素综合确定。精神损害抚慰金赔偿请求权的主体为受害人或者近亲属。近年来，随着经济社会的发展变化，人民群众生活水平的不断提高，会议认为应对精神损害抚慰金的赔偿标准予以适当调整。具体调整标准如下：侵权人是自然人的，一般精神损害，赔偿标准为 1000 元至 5000 元；严重精神损害，赔偿标准为 5000 元至 10000 元。侵权人是法人或其他社会组织的，一般按照自然人赔偿标准的五至十倍予以赔偿。损害后果特别严重的，可在上述基础上适当提高赔偿标准。"

江苏南通中院《关于处理交通事故损害赔偿案件中有关问题的座谈纪要》（2011 年 6 月 1 日通中法〔2011〕85 号）第 30 条："机动车肇事者已被追究刑事责任（包括缓刑），不应免除其他赔偿义务主体的精神损害赔偿责任。"

浙江衢州中院《关于人身损害赔偿标准的研讨纪要》（2011 年 5 月 13 日衢中法〔2011〕56 号）第 5 条："精神损害抚慰金。（1）一般以 50000 元为限，侵权行为特别恶劣等情节的可以适当提高，但需上报中院备案。（2）10 级伤残为 5000 元以内。伤残等级提高同比增加。其他情况法官可以根据具体情况自由裁量。（3）道路交通事故人身损害赔偿案件中，若驾驶员已经追究刑事责任的，精神损害抚慰金不予支持。驾驶员是雇员的，赔偿权利人向雇主主张赔偿，可予支持。"

安徽宣城中院《关于审理道路交通事故赔偿案件若干问题的意见（试行）》（2011 年 4 月）第 50 条："受害人对道路交通事故负全部责任的，受害人或赔偿权利人请求精神损害赔偿的，不予支持；受害人对道路交通事故负主要责任的，一般不予以支持。"

山东高院《关于印发审理保险合同纠纷案件若干问题意见（试行）的通知》（2011 年 3 月 17 日）第 22 条："责任强制保险合同纠纷案件中，保险人主张按照《机动车交通事故责任强制保险条例》规定和机动车交通事故责任强制保险合同约定，在死亡伤残赔偿限额、医疗费用赔偿限额和财产损失赔偿限额内分别确定单项赔偿数额的，人民法院应予支持。"

江西鹰潭中院《关于审理道路交通事故损害赔偿纠纷案件的指导意见》（2011 年 1 月 1 日鹰中法〔2011〕143 号）第 18 条："赔偿权利人请求精神损害抚慰金的，根据受害人受害情况酌定，但不能超过 5 万元。赔偿义务人之一或者是赔偿义务人所雇请人员在道路交通事故中行为经刑事案件审理认定为构成犯罪的，赔偿权利人请求精神损害抚慰金赔偿的，无论赔偿权利人的请求在何时针对何人提出，均不予支持。"

浙江金华中院《2011年人身损害赔偿细化参照标准》（2011年）第6条："精神损害抚慰金：按最高人民法院《关于确定民事侵权精神损害赔偿若干问题的解释》第十条规定的六项因素，由法官自由裁量。具体可参照伤残等级予以量化：10级伤残3000至5000元，每增1个伤残等级加3000至5000元，1级伤残或死亡30000至50000元。还应当按该司法解释第十一条规定综合考虑受害人的过错程度等因素予以酌减，按侵权人的主观恶意程度及受损后果的严重程度等因素予以裁量。"

河南周口中院《关于侵权责任法实施中若干问题的座谈会纪要》（2010年8月23日周中法〔2010〕130号）第4条："……2. 确定精神损害赔偿的数额，应当根据《最高人民法院〈关于确定民事侵权精神损害赔偿责任若干问题的解释〉》第十条的规定，具体由法官酌定。对侵害生命权和健康权的精神损害赔偿数额，按照下列方式确定：（1）受害人死亡的，精神损害赔偿金的数额最高为8万元。根据加害人的过错程序减少赔偿数额，最低不少于3万元。（2）受害人构成残疾的，区分以下四种情况确定：第一，全部丧失劳动能力和生活自理能力的，精神损害赔偿金的数额最高为8万元。根据加害人的过错程度减少赔偿数额，最低不少于3万元（一、二级伤残）。第二，大部分丧失劳动能力、生活自理能力及丧失生育或性生活功能的，精神损害赔偿金的数额最高为6万元，根据加害人的过错程度及受害人的残疾程度，可以酌情减少赔偿数额，最低不少于2万元（三、四、五级伤残）。第三，部分丧失劳动能力、生活自理能力及丧失人体器官功能的，精神损害赔偿金的数额最高为4万元。根据加害人的过错程度及受害人的残疾程度，可以酌情减少赔偿数额，最低不少于1万元（六、七、八级伤残）。第四，虽然构成残疾，但并没有丧失劳动能力、生活自理能力，也没有影响其生活的其他情形的，精神损害赔偿金的数额原则上在1万元以下5000元以上（九、十级伤残）。（3）故意以有悖于社会公德的方式加害他人，承担全部或主要责任的，虽然未造成受害人伤残，但受害人存在严重精神痛苦的，加害人也应当根据受害人的请求给付5000元以下的精神损害赔偿。"

第9条："……被保险机动车同时投保有强制保险和商业三者险时，机动车交通事故中的受害人，有权将精神损害赔偿金选择到强制保险中先行计算，其他物质损失再行计算。"

浙江高院民一庭《关于审理道路交通事故损害赔偿纠纷案件若干问题的意见（试行）》（2010年7月1日）第15条："属于《机动车交通事故责任强制保险条例》第二十二条第一款规定情形发生道路交通事故，造成受害人人身伤亡的，保险公司应在机动车强制保险责任限额范围内承担垫付责任；保险公司垫付后，可向赔偿义务人追偿。造成受害人财产损失的，保险公司不承担垫付责任。前款所称'赔偿义务人'是指道路交通事故中的致害人，被保险人与致害人不是同一人的，对机动车强制保险责任限额范围内的损害赔偿承担连带责任，但被盗抢车辆除外。机动车已经转让并交付但未办理保险变更手续的，受让人视为被保险人。本条所称'人身伤亡'是指道路交通事故导致受害人的人身损害，包括财产性损失和精神损害抚慰金；所称'财产损失'是指道路交通事故导致受害人的车辆等实物财产毁损、灭失的损失。"

山东东营中院《关于印发道路交通事故处理工作座谈会纪要的通知》（2010 年 6 月 2 日）第 25 条："交通事故造成受害人伤残、死亡或严重精神损害的，致害人应赔偿精神损害抚慰金。"

第 26 条："致害人为单位的，精神损害抚慰金的数额原则上不超过 5 万元，致害人为自然人的，精神损害抚慰金的数额原则上不超过 5000 元。"

江西南昌中院《关于审理道路交通事故人身损害赔偿纠纷案件的处理意见（试行）》（2010 年 2 月 1 日）第 18 条："受害人因交通事故致残或死亡，赔偿权利人请求赔偿精神损害抚慰金的，应予支持。受害人死亡的，近亲属的精神抚慰金在人民币 50000 元范围内酌定。构成伤残的，根据伤残等级确定精神抚慰金的具体数额。受害人在交通事故中负次要责任、同等责任的，精神抚慰金可酌情扣减；负主要责任的，一般不予支持；负全部责任，不予支持。受害人没有构成伤残，但是伤害结果给受害人造成较严重的精神损害的（如脸部留下疤痕影响容貌等），应当根据伤情酌定适当的精神抚慰金。赔偿义务人之一或者赔偿义务人所雇请人员因本案交通事故中的行为被判处刑罚的，赔偿权利人又在单独的民事诉讼中请求精神抚慰金的，不予支持。"

安徽高院《关于如何理解和适用〈机动车交通事故责任强制保险条例〉第二十二条的通知》（2009 年 12 月 10 日皖高法〔2009〕371 号）："本院在审查申请再审人董家玲与被申请人中国平安财产保险股份有限公司阜阳中心支公司财产保险合同纠纷一案中，对如何理解和适用《机动车交通事故责任强制保险条例》（以下简称《条例》）第二十二条形成不同意见。案经审判委员会讨论决定形成两种意见向最高人民法院请示。最高人民法院于 2009 年 10 月 20 日以〔2009〕民立他字第 42 号函答复我院。根据答复精神，对《条例》第二十二条中的'受害人的财产损失'应作广义的理解，即这里的'财产损失'应包括因人身伤亡而造成的损失，如伤残赔偿金、死亡赔偿金等。"

安徽合肥中院民一庭《关于审理道路交通事故损害赔偿案件适用法律若干问题的指导意见》（2009 年 11 月 16 日）第 36 条："受害人对道路交通事故负全部责任的，受害人或者赔偿权利人请求精神损害赔偿的，不予支持；受害人对道路交通事故负主要责任的，一般不予支持。"

江西九江中院《关于印发〈九江市中级人民法院关于审理道路交通事故人身损害赔偿案件若干问题的意见（试行）〉的通知》（2009年10月1日九中法〔2009〕97号）第14条："赔偿权利人请求精神损害抚慰金的，应根据最高人民法院《关于确定民事侵权精神损害赔偿责任若干问题的解释》第十条的规定，根据侵权人的过错程度、侵害情节、侵害后果、经济能力和当地平均生活水平等因素，结合受害人的伤情、伤残程度以及过错大小，确定赔付数额。受害人无过多且伤情构成轻微伤的，精神抚慰金的金额一般不超过500元；伤情在轻伤以上，尚未构成伤残等级的，精神抚慰金的数额一般不超过1000元；构成伤残等级的，精神抚慰金的数额按照2000元每级，逐级增加，但一级伤残最高不超过20000元；导致受害人死亡的，最高不超过30000元；案件有其他特殊侵权情节的，精神抚慰金的数额可以不按上述标准确定，但最高不超过50000元。受害人具有同等责任或次要责任的，按照其过错程度结合上述伤残、伤情情况，对精神抚慰金作相应减少。受害人对道路交通事故负全部责任的，赔偿权利人请求精神抚慰金的，不予支持；受害人对道路交通事故负主要责任的，一般亦不支持精神抚慰金的请求。"

江西景德镇中院《关于人身损害赔偿案件中有关赔偿项目、赔偿标准的指导意见》（2009年8月20日）第8条："精神抚慰金的确定。精神抚慰金的确定，要依照相关司法解释确定的原则综合考虑。在审判实践中可按以下标准掌握：轻微损害或不构成伤残等级一般不予支持精神损害赔偿；构成伤残等级的按十个等级且最高额为5万元对照赔付，如伤残十级为1000至5000元，伤残九级为5000至10000元，以此类推。"

云南高院《关于审理人身损害赔偿案件若干问题的会议纪要》（2009年8月1日）第4条："……13.赔偿权利人要求赔偿义务人在支付死亡赔偿金的同时支付精神抚慰金的，应结合案件事实考虑是否予以支持。14.精神抚慰金的赔偿数额，一般不得超过5万元，情况特殊的不得超过10万元。"

上海高院《关于处理道路交通事故纠纷若干问题的解答》（2009年6月20日沪高法民一〔2009〕9号）第6条："最高人民法院2008年10月16日给安徽高院《关于机动车交通事故强制责任保险赔偿限额中物质损害赔偿和精神损害赔偿次序问题》的复函（〔2008〕民一他字第25号）已经明确，精神损害赔偿与物质损害赔偿在强制责任保险限额中的赔偿次序，由请求权人自己选择。请求权人选择优先赔偿精神损害，对物质损害赔偿不足部分由商业第三者责任险赔偿。故请求权人选择在交强险限额范围内优先赔偿精神损害的，可以支持。"

辽宁大连中院《当前民事审判（一庭）中一些具体问题的理解与认识》

（2008 年 12 月 5 日大中法〔2008〕17 号）第 23 条："如何确定精神损害赔偿金的赔偿原则？原则：抚慰为主，补助惩罚为辅；综合衡量原则。"

第 30 条："交通事故中精神损害赔偿数额如何掌握？受害人对事故负全部责任的，不予支持其精神损害抚慰金。受害人负同等责任、次要责任的，当综合审查。精神抚慰金的裁决标准原则上为死亡或构成伤残的。"

福建高院民一庭《关于审理人身损害赔偿纠纷案件疑难问题的解答》（2008 年 8 月 22 日）第 21 条："问：因侵权行为导致受害人成为植物人的，受害人是否有权请求精神损害赔偿？答：根据最高人民法院《关于确定民事侵权精神损害赔偿若干问题的解释》第一条和第七条的规定，自然人的生命权、健康权、名誉权等人格权遭受非法侵害，有权请求精神损害赔偿；自然人死亡的，其配偶、父母、子女等近亲属有权提起精神损害赔偿。司法解释并没有排除植物人有权请求精神损害赔偿。如果植物人不能提出精神损害赔偿，就会导致未成为植物人的受害者可以请求精神损害赔偿，而受伤害更严重的植物人反而不能提出精神损害赔偿，这显然有失公平。因此，植物人享有请求精神损害赔偿的权利，既有法律依据，也符合情理。但鉴于植物人无民事行为能力，故应由其法定代理人代为诉讼。"

第 22 条："问：审判实践中，具体如何把握精神损害抚慰金的标准？答：根据我省的经济发展状况和生活水平，并结合审判实践经验，一般情况下，可以参照以下标准：（一）受害人遭受轻微伤害请求精神损害抚慰金的，人民法院不予支持；（二）受害人遭受一般伤害未构成伤残等级的，精神损害抚慰金在 1000 元至 5000 元之间酌定；（三）受害人遭受的伤害已构成伤残等级的，精神损害抚慰金在 5000 元至 80000 元之间酌定；（四）受害人死亡的，精神损害抚慰金在 50000 元至 80000 元之间酌定。个别案情较为特殊的案件，精神损害抚慰金数额，可以不受上述标准限制。"

浙江杭州中院《关于道路交通事故损害赔偿纠纷案件相关问题的处理意见》（2008 年 6 月 19 日）第 3 条："……（十四）精神损害抚慰金问题。1. 道交事故中负事故主要责任的一方，可否向负事故次要责任的一方主张精神损害抚慰金？受害人为负事故主要责任一方的，可以向负事故次要责任的一方主张精神损害抚慰金，但在精神损害抚慰金的数额上，法院应考虑到双方的过错程度予以确定。根据最高人民法院《关于确定民事侵权精神损害赔偿责任若干问题的解释》第 10 条的规定：精神损害的赔偿数额根据以下因素确定：（1）侵权人的过错程度，法律另有规定的除外；（2）侵害的手段、场合、行为方式等具体情节；（3）侵权行为所造成的后果；（4）侵权人的获利情况；（5）侵权人承担责任的经济能力；（6）受诉法院所在地平均生活水平。精神损害抚慰金是对受害人精神损失的补偿，过错仅是精神损害赔偿数额确定的要素之一。

在道交事故中负主要责任的一方虽然对事故发生具有较大过错，但仍是受害者，且负事故次要责任一方对事故发生负有一定过错，故负事故主要责任一方可以向负事故次要责任一方主张精神损害抚慰金。在具体数额的确定上，应结合前述规定，并从社会公平和社会效果出发，强调过错程度在精神损害抚慰金确定中的作用。"

辽宁高院《关于印发全省法院民事审判工作座谈会会议纪要的通知》（2009 年 6 月 1 日辽高法〔2009〕120 号）第 17 条："关于精神损害抚慰金的裁判标准。自然人生命权、健康权遭受侵害，造成死亡、残疾后果的，或其他人格权遭受侵害，造成严重精神痛苦的，受害人或其近亲属请求侵权人赔偿精神损害抚慰金，应予支持。在人身损害赔偿案件中确定精神损害抚慰金数额，应综合考虑最高人民法院相关司法解释规定的六项因素，按照受诉法院所在地上一年度城镇居民人均可支配收入或农村居民人均纯收入，比照《医疗事故处理条例》第五十条第（十一）项的规定计算。造成受害人死亡的，赔偿年限最长不超过六年；造成受害人残疾的，赔偿年限最长不超过三年。"

江苏宜兴法院《关于审理交通事故损害赔偿案件若干问题的意见》（2008 年 1 月 28 日宜法〔2008〕第 7 号）第 45 条："根据《最高人民法院关于确定民事侵权精神损害赔偿若干问题的解释》予以确定。因侵权致人精神损害，但未造成严重后果，受害人请求赔偿精神损害抚慰金的，一般不予支持。"

第 46 条："'严重后果'一般是指死亡、残疾。不构成残疾的人身损害，结合受害人受到的损害程度、住院时间，以及对受害人生活工作的影响等因素（如女受害人的面部、胸部、下身受伤，形成疤痕，经鉴定不构成残疾，但该后果对其婚姻、工作等可能造成较大影响的），可以考虑适当赔偿精神损害抚慰金，但赔偿总额不得超过 3000 元。"

第 47 条："在受害人无过错的情况下，造成死亡的或者 1 级伤残的，精神损害抚慰金赔偿一般不超过 3 万元（超出此限额的需分管院长批准同意），造成 2 至 10 级伤残的，按 10% 的比例依次（一般一个等级，精神损害抚慰金为 3000 元）递减。如果受害人对损害事实和损害后果的发生有过错的，可以根据受害人的过错程度计算侵权人应当承担的精神损害赔偿额。"

北京高院《北京市法院道路交通事故损害赔偿法律问题研讨会会议纪要》（2007 年 12 月 4 日）第 3 条："……关于受害人构成伤残，要求致害机动车一方及保险公司共同赔偿精神损害抚慰金是否支持，以及交通肇事司机构成犯罪的情况下是否支持精神损害抚慰金的问题。与会人员一致认为：受害人构成伤残，有权要求肇事方及保险公司赔偿精神损害抚慰金；肇事司机构成犯罪的，关于精神损害抚慰金问题应依照现行法律和司法解释处理。"

重庆高院《关于当前民事审判若干法律问题的指导意见》（2007 年 11 月

22 日）第 17 条："精神损害赔偿限于受害人因伤致残或死亡等情形。损害结果不是很严重的情形下，受害人请求精神损害赔偿原则上不予支持。精神损害赔偿费的具体数额，可以结合案件的具体情况加以确定，最高一般不超过 10 万元；精神损害抚慰金请求权的主体为残疾受害人本人或死者近亲属，其他人不能行使或继承。但受害人在诉讼中死亡的，其诉讼承担者可以继承或行使。"

湖北十堰中院《关于审理机动车损害赔偿案件适用法律若干问题的意见（试行）》（2007 年 11 月 20 日）第 10 条："赔偿权利人向法院请求精神损害抚慰金的，适用《最高人民法院关于确定民事侵权精神损害赔偿责任若干问题的解释》予以确定。以二千元为起点，最高不超过三万元为宜。没有造成受害人伤残或者受害人对事故负主要责任的，可判决不予赔偿。确定精神损害赔偿金应当考虑受害人的过错，但可独立于物质损害赔偿，不必计入总额后再按比例确定。机动车驾驶人因此受到刑事追究的，赔偿权利人无论提起附带民事诉讼还是单独提起民事诉讼请求精神损害抚慰金的，法院都不应当支持。"

重庆五中院《关于印发〈审理人身损害赔偿案件座谈会议纪要〉的通知》（2007 年 10 月 30 日渝五中法〔2007〕91 号）第 25 条："各类人身损害赔偿案件中，精神损害抚慰金主张的掌握标准。直辖后，本市高级法院在论证和调研的基础上出台了渝高法发〔2000〕14 号《审理精神损害赔偿案件若干问题的意见（试行）》，对精神损害赔偿的标准提出了根据受害人遭受的损害程度按四种情况区别对待。对公民的身体权、健康权造成一般侵害的，赔偿金额一般不超过 1000 元；对公民的身体权、健康权造成较严重侵害的，赔偿金额一般不超过 5000 元；侵害公民的身体权、健康权，致使受害人轻微伤残的，赔偿金额一般不超过 10000 元；精神损害赔偿金额最高限一般为 10 万元赔偿的指导意见。在没有新的具体规定时，可以运用该规定的精神分析裁量个案。"

湖北武汉中院《关于审理交通事故损害赔偿案件的若干指导意见》（2007 年 5 月 1 日）第 22 条："对交通事故赔偿权利人的精神损害抚慰金的数额，依照《最高人民法院关于确定民事侵权精神损害赔偿责任若干问题的解释》第十条确定。"

江苏溧阳法院《关于审理交通事故损害赔偿案件若干问题的意见》（2006 年 11 月 20 日）第 15 条："关于人身损害赔偿精神抚慰金的标准，应当统一执行。死亡的确定赔偿数额为 30000 元，构成伤残的以 3000 元起步，每级 3000 递增。其他情况的精神抚慰金是否支付应视具体情况而定。"

重庆高院《关于审理道路交通事故损害赔偿案件适用法律若干问题的指导意见》（2006 年 11 月 1 日）第 31 条："在道路交通事故损害赔偿案件中，赔偿权利人请求精神损害赔偿的，按照以下情形处理：（一）受害人对道路交通事故负全部责任的，不予支持；（二）受害人对道路交通事故负主要责任的，一般不予支持；（三）受害人对道路交通事故负同等责任、次要责任或者无责任的，应当按照最高人民法院《关于确定民事侵权精神损害赔偿责任若干问题的解释》的规定进行处理。"

江西赣州中院《民事审判若干问题解答》（2006年3月1日）第23条："人身损害赔偿中的死亡赔偿金是一种物质赔偿金。最高法院在关于人身损害赔偿的司法解释对死亡赔偿金予以了明确的规定。该解释采纳'继承丧失说'，将死亡赔偿金的性质确定为收入损失的范围。依该解释第十七条之规定，死亡赔偿金和残疾赔偿金赔偿的并不是精神损害，而是收入的丧失。人身损害赔偿的司法解释对赔偿金的定性已经改变了《关于确定民事侵权精神损害赔偿责任若干问题的解释》中的规定，受害人因伤致残或死亡的，受害人或死者的近亲属在主张残疾赔偿金或死亡赔偿金的同时，还可以主张精神损害抚慰金。"

安徽高院《审理人身损害赔偿案件若干问题的指导意见》（2005年12月26日）第24条："赔偿权利人要求赔偿义务人在支付死亡赔偿金或残疾赔偿金的同时，还有权根据《关于确定民事侵权精神损害赔偿责任若干问题的解释》的规定，要求赔偿义务人支付精神抚慰金。"

第25条："按照最高人民法院《关于确定民事侵权精神损害赔偿责任若干问题的解释》第十条的规定确定精神抚慰金的数额时可以参考下列标准：（一）公民身体权、健康权遭受轻微伤害，不支持赔偿权利人的精神抚慰金请求；（二）公民身体权、健康权遭受一般伤害没有构成伤残等级的，精神抚慰金的数额一般为1000元至5000元；（三）公民身体权、健康权遭受的伤害已经构成伤残等级，精神抚慰金的数额可以结合受害人的伤残等级确定，一般不低于5000元，但不能高于80000元；（四）造成公民死亡的，精神抚慰金的数额一般不低于50000元，但不得高于80000元。案件有其他特殊侵权情节的，精神抚慰金的数额可以不按上述标准确定。"

第26条："按前条的规定确定精神抚慰金的数额后，根据《关于确定民事侵权精神损害赔偿责任若干问题的解释》第十一条的规定，受害人自身有过错的，应按其过错程度减少精神抚慰金数额。"

山东高院《关于印发〈全省民事审判工作座谈会纪要〉的通知》（2005年11月23日鲁高法〔2005〕201号）第3条："……（四）关于精神损害抚慰金的赔偿数额问题。精神损害赔偿主要是限于受害人因伤致残或死亡等情形，损害结果不是很严重的情形下，受害人请求精神损害赔偿原则上不予支持。精神损害赔偿费的具体数额可参照省法院制定的《关于审理人身损害赔偿案件若干问题的意见》中规定的标准，结合案件的具体情况加以确定；精神损害抚慰金请求权的主体为残疾受害人本人或死者近亲属，其他人不能行使或继承。"

广东深圳罗湖区法院《处理道路交通事故赔偿纠纷案件实施意见》（2005年10月14日）第5条："当事人请求精神损害赔偿的，如受害人死亡、容貌受损或有残疾后果，可酌情支持。其中受害人死亡的，对其近亲属可根据侵权者过错程度、加害人经济承受能力及案件其他具体情况，按交通事故发生地上年度职工年平均工资标准计算赔偿20年，受害人不满16周岁的，每小1岁减1年，最低不少于5年；受害人60周岁以上的，每增加1岁减少1年，最低不少于5年。当事人以死亡补偿费、死亡赔偿金、抚恤费等称谓提出赔偿请求的，应认为其性质是精神损害赔偿。容貌受损或伤残的应根据伤残等级、受损害部位、侵权者过错程度、给受害人造成的精神损害后果和加害人的经济承受能力等情况，判决加害人适当赔偿受害人精神抚慰金，其数额原则上最高不超过致人死亡的抚慰金数额。对程度较轻的伤残，应从严掌握精神抚慰金赔偿数额，十级伤残一般不超过1万元。"

江苏常州中院《关于印发〈常州市中级人民法院关于审理交通事故损害赔偿案件若干问题的意见〉的通知》（2005年9月13日常中法〔2005〕第67号）第19条："因交通事故导致受害人死亡、残疾，受害人或死者的近亲属请求赔偿精神损害抚慰金的，人民法院应依照《最高人民法院关于确定民事侵权精神损害赔偿责任若干问题的解释》进行审查，符合规定的应予支持。按上级的有关规定，道路交通事故赔偿案件的精神损害抚慰金数额一般不超过50000元。当事人请求对方承担精神损害金的，其在交通事故中的责任一般不应超过50%。"

第20条："精神损害抚慰金不应作为保险公司第三者责任险限额的组成部分，而应由机动车方承担。"

江苏高院、省公安厅《关于处理交通事故损害赔偿案件有关问题的指导意见》（2005年9月1日苏高法〔2005〕282号）第28条："因交通事故遭受精神损害的受害人或者死者近亲属，向主持调解的公安机关交通管理部门或者向人民法院请求赔偿精神损害抚慰金的，公安机关交通管理部门、人民法院应当根据《最高人民法院关于确定民事侵权精神损害赔偿责任若干问题的解释》予以确定。确定精神损害抚慰金时，一般不宜超过5万元。"

福建泉州中院《关于印发〈关于审理道路交通事故人身损害赔偿案件若干问题的指导意见（试行）〉的通知》（2005年8月3日泉中法〔2005〕91号）第3条："赔偿权利人请求赔偿精神损害抚慰金的，按照最高人民法院《关于审理人身损害赔偿案件适用法律若干问题的解释》及《关于确定民事侵权精神损害赔偿责任若干问题的解释》的规定处理。但最高人民法院《关于确定民事侵权精神损害赔偿责任若干问题的解释》第九条不再适用，赔偿义务人以该条主张赔偿精神损害抚慰金包括残疾赔偿金、死亡赔偿金的，不予采纳。"

江苏姜堰法院《精神损害抚慰金裁判规范意见》（2005 年 4 月 13 日）第二条："精神损害抚慰金根据本市社会经济状况和平均生活水平，一般不低于 500 元，不高于 50000 元。"

第三条："因侵权行为致人死亡构成精神损害，受害人无过错的，其精神损害抚慰金为 50000 元；受害人有过错的，其精神损害抚慰金，按其过错的比例在上述数额的基础上，作相应的减少。"

第四条："因侵权行为致人残疾构成精神损害，受害人无过错的，其精神损害抚慰金按其残疾等级一至十级，分别为 45000、40000、30000、20000、10000、7000、5000、3000、2000、1000 元；受害人有过错的，其精神损害抚慰金，按其过错的比例在与上述残疾等级对应数额的基础上，作相应的减少。不构成残疾等级构成精神损害且受害人无过错的，其精神损害抚慰金为 500 元。"

第五条："受害人被评为多个残疾等级的，先按照本意见第四条的规定分别计算出相应的抚慰金，尔后以最高等级为基数，再加上其他等级二分之一的和，计算确定精神损害抚慰金。"

湖北高院《民事审判若干问题研讨会纪要》（2004 年 11 月）第 4 条："……关于残疾赔偿金、死亡赔偿金与精神损害抚慰金的关系。根据最高人民法院《关于审理人身损害赔偿案件适用法律若干问题的解释》的有关规定，残疾赔偿金是对受害人因残疾而导致的收入减少或生活来源丧失的赔偿，死亡赔偿金是对受害人家属丧失部分继承利益而导致家庭整体收入减少的赔偿，两者均为财产损害赔偿金，不具有精神损害抚慰金性质。人民法院在判决赔偿义务人偿付残疾赔偿金或死亡赔偿金的同时，可以另行判令其支付精神损害抚慰金，但对精神损害抚慰金的赔偿数额应从严掌握，一般以不超过 5 万元为宜。"

江苏高院《2001 年全省民事审判工作座谈会纪要》（2001 年 10 月 18 日苏高法〔2001〕319 号）第 7 条："……自然人因侵权行为致死，或者自然人死亡后其人格或者遗体遭受侵害，作为原告向法院起诉要求赔偿精神损害的当事人，应当根据最高法院《关于确定民事侵权精神损害赔偿责任若干问题的解释》第七条确定。精神损害抚慰金是对符合原告主体资格的死者近亲属的共同抚慰和补偿，但在分割时，不应作为死者的遗产对待。"

广东高院、省公安厅《关于印发〈关于处理道路交通事故案件若干具体问题的补充意见〉的通知》（2001 年 2 月 24 日粤高法发〔2001〕6 号）第 19 条："因交通事故致人伤残或者死亡，当事人据此提起精神损害赔偿的，人民法院可以根据交通事故造成的后果、交通事故责任人的责任大小及经济能力等情况确定赔偿数额。因交通事故造成怀孕妇女流产的，交通事故责任人应承担适当的精神损害赔偿。"

山东高院《关于审理人身损害赔偿案件若干问题的意见》（2001 年 2 月 22 日）第 82 条："精神损害赔偿的数额应根据以下因素综合确定：不法侵害人的过错程度（法律另有规定的除外）；侵害行为所造成的后果；侵权的具体情节，包括侵权的手段、场合、行为方式、持续状态或时间等；侵害人的获利情况及其承担责任的能力；侵害人的家庭状况、经济能力及其他与精神利益相关的个人因素以及受诉法院所在地平均生活水平等。"

第 83 条："受害人是否因侵害人承担其他方式的民事责任而获得比较充分的物质赔偿和精神满足，应作为确定精神损害赔偿数额的参照因素。"

北京高院《关于印发〈关于审理人身伤害赔偿案件若干问题的处理意见〉的通知》（2000 年 7 月 11 日）第 1 条："侵权行为致人身体一般伤害（指经治疗能够恢复健康，尚未造成残疾）的，侵害人应当赔偿受害人医疗费、误工费、护理费、就医交通费、就医住宿费、住院伙食补助费、必要的营养费等合理费用。侵权行为致人身体一般伤害，并造成严重后果的，受害人可以请求给付精神损害抚慰金。"

第 25 条："侵权行为致人身体伤残，受害人请求精神损害抚慰金的，可以根据受害人承受的肉体与精神痛苦情况给予一定金钱抚慰，给付数额可以根据伤残程度及侵害人的过错程度予以裁量。因侵害行为致受害人残疾的，赔偿数额一般不超过我市城镇职工上一年平均工资收入的 5 倍。受害人身体受到一般伤害，造成严重后果，确有必要给予精神损害抚慰金的，参照致人残疾的情况酌减。"

第 26 条："死者的近亲属以受害人死亡给自己造成精神痛苦为由请求死亡赔偿金的，应予支持。赔偿金数额可根据致害行为的性质、致害人的过错程度、请求权人所受痛苦之程度以及其与死者的关系等酌定，但一般不得超过我市城镇职工上年平均工资的 10 倍。死者的近亲属限于死者的配偶、父母、子女。死者的配偶、父母、子女缺位的，形成赡养、抚养、扶养关系的其他近亲属有权请求死亡赔偿金。"

上海高院《关于印发〈几类民事案件的处理意见〉的通知》（1999 年 1 月 1 日沪高法〔1999〕528 号）第 1 条："……（3）精神损害赔偿请求权人一般仅限于受害人本人，只有当侵权行为致本人死亡时才可由其直系亲属行使。在公民人身权利遭受侵害时最痛苦的通常应是受害人本人，其他人的担忧、悲伤、焦虑等精神反应都是建立在受害人本人的痛苦、愤怒、失落等情绪之上的，并会随着本人生理、心理活动的变化而变化，所以如果受害人本人的精神权利得到了补偿，其他人的精神反应也会减弱。而当侵权行为致受害人死亡的情况下，由于受害人已不可能得到物质补偿和精神利益补偿，与他生活密切相关的直系亲属如果也不能获得请求精神损害赔偿的权利的话，那么他所产生的对亲人遭受痛苦的同情及自己失去亲人的悲哀等精神创伤就会叠加却无法弥补，这是不公平的。所以应当允许受害人的直系亲属在侵权行为致受害人本人死亡时，独立提出精神损害赔偿请求，直系亲属有多人的，赔偿金在多人中平分。（4）是否适用精神损害赔偿，应视具体案情确定。《民法通则》第120条关于精神损害赔偿的适用条文中用的是'并可以要求赔偿损失'的表述，说明对于适用精神损害赔偿存在着或然性，如果侵权行为手段、方式不恶劣，受害人的损害程度不严重，社会影响不大，或者侵权人的过错程度不深，用停止侵害，恢复名誉，消除影响，赔礼道歉等非财产性民事责任方式或者收缴非法所得等民事责任制裁方式足以填补损害，抚慰受害人并制裁违法行为的，可以不适用精神损害赔偿。（5）精神损害赔偿的数额不能脱离国情。精神损害赔偿数额应当在受害人主张的范围内酌定。人民法院无权责令加害人承担超出受害人主张范围的赔偿数额。至于具体的数额除了要考虑侵权人的过错程度，侵权的手段、方式，受害人的损害程度，侵权行为的社会影响等因素外，还应当与当地居民的实际生活水平相适应，盲目地追求高额赔偿而不加以限制，只会贬低精神损害赔偿的意义，误导人们追求不当利益。因此我们考虑就目前上海市实际生活水平而言，精神损害赔偿额以一般最高不超过人民币5万元为宜（上海人均GDP的二倍），不考虑外国人与本国人、法人与自然人、获利与未获利情况。因为精神损害赔偿虽有对精神利益进行补偿的因素，但更多的是一种加罚措施，受害人的其他损失可以通过经济赔偿弥补，加害人的获利也可以通过制裁方式收缴，侵权人和受害人的特殊身份不应成为确定赔偿额的因素，当然如果加害行为特别恶劣，受害人的损害程度特别严重或者社会影响特别大，需要提高赔偿额的话，也可以适当提高，但为谨慎和统一起见，判决前须报高院民庭复核。"

5. 最高人民法院审判业务意见

（1）旅游合同之诉能否获得精神损害赔偿？

《民事审判指导与参考》研究组："从审判的角度讲，人民法院既不能突破法律规定，支持旅游者以违约之诉主张精神损害赔偿，又要对旅游者因旅游遭受人身权益损害提起精神损害赔偿的诉求依法予以支持。（1）旅游者向侵权人主张精神损害赔偿，必须提起侵权之诉。在旅游过程中，旅游者属于弱势群体，如果旅游者提起违约之诉，法官应在第一次开庭前向其释明变更诉因，不以侵权起诉将承担不利后果。（2）正确把握旅游精神损失赔偿的要件，对不符合要件的请求不予支持。（3）正确确定精神损害赔偿数额。对此，法官应综合下列因素考量：侵权人的过错程度；侵害人的手段、场合、行为方式等具体情节；侵权行为所造成的后果；侵权人的获利情况；侵权人承担责任的经济能力；受诉法院所在地平均生活水平。"

（2）精神损害赔偿的数额应确定为多少？

最高人民法院民一庭《民事审判实务问答》编写组："精神损害赔偿的数额属于法官行使自由裁量权的范畴。根据最高人民法院《关于确定民事侵权精神损害赔偿责任若干问题的解释》第10条规定，精神损害的赔偿数额根据以下因素确定：（一）侵权人的过错程度，法律另有规定的除外；（二）侵害的手段、场合、行为方式等具体情节；（三）侵权行为所造成的后果；（四）侵权人的获利情况；（五）侵权人承担责任的经济能力；（六）受诉法院所在地平均生活水平。另外，在实际中还应考虑受害人的社会地位及双方的经济状况及当地居民的平均生活水平。"

第三节　法理分析

我国《民法通则》规定承担侵权民事责任是以存在过错行为为适用要件的。如《民法通则》第一百零六条第二款规定："公民、法人由于过错侵害国家的、集体的财产，侵害他人财产、人身的，应当承担民事责任"，《道路交通事故处理办法》第三十五条也规定："交通事故责任者应当按照所负交通事故责任承担相应的损害赔偿责任"，由此可以肯定，受害人在交通事故案件中请求精神损害赔偿的，也应以受害人和交通事故责任人（即侵权人）在交通事故中所负何种事故责任为界限。所以，并非所有应负事故责任的侵权人应同时要承担精神损害赔偿责任。这就要求交通事故责任人应负事故的全部责任或主要责任，或者交通事故责任人应负事故的同等责任或次要责任。

至于在交通事故中请求侵害死者尸体的侵权责任主要适用精神损害赔偿的方法，法官应根据自身的认知在确定精神损害赔偿数额时，应当受到相关法律法规和司法解释的约束，并综合考虑案情。结合我国的司法实践，精神抚慰金的数额一般不宜过高。

第二十三章

死亡赔偿金法律性质探析

第一节　概　述

公民因交通事故死亡而由近亲属获得的死亡赔偿金是基于受害人死亡对其家属所支付的赔偿费用，不属于死者的遗产，不能依据《继承法》确定的遗产分配原则进行分割，由于《侵权责任法》中的死亡赔偿金是对死者未来收入损失的赔偿，其中包含了被扶养人生活费，故分割时应考虑当事人与死者的关系远近及共同生活紧密程度、是否需要死者扶养等因素合理分配。

第二节　责任表现及裁判依据

一、常见实务类型

被告李尚某与郑桂某系夫妻。两被告之子李涛某生前与原告叶东某系夫妻，两人共同生育了李语某、李心某、李祖某三个子女。2013 年 10 月 16 日，李涛某在中山市小榄镇发生交通事故，经送医院抢救无效死亡。事故发生后，李尚某、郑桂某、叶东某、李语某、李心某、李祖某作为共同原告，以黄永某、中山市城区客货运输有限公司、中华联合财产保险股份有限公司中山中心支公司为被告向中山市第二人民法院起诉要求赔偿。该案经审理，中山市中级人民法院终审判决中华联合财产保险股份有限公司中山中心支公司支付李尚某、郑桂某、叶东某、李语某、李心某、李祖某交通事故赔偿款 549579.53 元（具体赔偿情况是：① 医疗费 1309.5 元；② 丧葬费 28200.48 元、死亡赔偿金 604534.2 元、被抚养人生活费 133508.22 元、亲属处理丧葬事宜交通费 2000 元、亲属处理丧葬事宜误工费 3000 元、亲属处理丧葬事宜住宿费 3000 元，共计 774242.90 元，首先由中华联合财产保险股份有限公司中山中心支公司承担两份交强险的死亡赔偿限额 121000 元，余下 653242.9 元，再由该公司在商业第三者险限额内承担 70% 即 457270.03 元；③ 中山市城区客货运输有限公司在判决前已支付丧葬费 3 万元。综上，中华联合财产保险股份有限公司中山中心支公司应承担的赔偿数额 549579.53 元。）原交通事故生效判决确定中山市城区客货运输有限公司在判决前已支付丧葬费 3 万元，即六原告实际获得的交通事故赔偿款为 579579.53 元。

　　原、被告双方确认事故发生后，中山市城区客货运输有限公司预先支付的丧葬费 3 万元和法院终审生效判决确定的赔偿款 549579.53 元，由事故经手人李佐某（被告女婿）领取，其中预付的 3 万元由经手人李佐某用于丧葬有关事项支出，但被告主张丧葬支出后还有剩余的钱（具体数额不清楚），交由原告叶东某办理委托手续，原告认可余款 2000 元用于公证费。原、被告确认一、二审受理费合计 3525 元是由经手人李佐某从预付的 3 万元中支付的。上述中山中院二审生效判决确定的赔偿款 549579.53 元由经手人李佐某交付给被告李尚某和郑桂某。原、被告之间因分割上述赔偿款产生纠纷，2014 年 11 月，四原告诉至法院请求确认四原告与两被告是被继承人李涛某的第一顺序继承人，请求原、被告六人按份继承赔偿款 456173.94 元，即每个继承人继承 76028.99 元，并由监护人原告叶东某管理未成年原告李语某、李心某、李祖某分得的份额。在审理过程中，原、被告双方确认：① 抚养、赡养费已作如下分割提取（但仍由两被告统一管理）李尚某 29000 元、郑桂某 30000 元、李语某 22000 元、李心某 25200 元、李祖某 29000 元，合计 135200 元，同意从上述赔偿款中先行扣除；② 原、被告聘请律师进行索赔和诉讼花费律师费 82437 元，同意从上述赔偿款中先行扣除；③ 上述中山法院一、二审受理费合计 3525 元，系从预付赔偿款中支付，同意从上述赔偿款中先行扣除；④ 原告李祖某入户相关费用 10000 元，同意被告从赔偿款中先行扣除。在审理过程中，鉴于被告无法提供事故处理费用 41800 元的有效票据，原告同意以判决书确定的数额为依据，全额计算先行扣除事故处理费 36200.48 元（丧葬费 28200.48 元，交通费 2000 元，住宿费 3000 元、误工费 3000 元，合计 36200.48 元）。原告叶东某主张死者生前借其娘家 2 万元，被告表示否认，原告则无法举证予以证实。被告主张偿还死者李涛某生前债务及事故发生时的借款共 81250 元，但未能提供充分证据予以证实，而原告则仅确认欠李献某借款 5000 元属实，并同意被告从赔偿款中扣除予以偿还。被告主张支出购买死者李涛某墓地花费 5 万元，原告表示否认，而被告则未能提供充分证据予以证实。被告主张家中建房需支出 17 万元，原告认为要建房其会自行建造，不同意被告拿赔偿款用于家中建房。案经调解无效。

法院判决：（一）原告叶东某、李语某、李心某、李祖某与被告李尚某、郑桂某按份平均分割赔偿款 305217.05 元，原告叶东某、李语某、李心某、李祖某与被告李尚某、郑桂某各分得 50869.5 元，被告李尚某、郑桂某自判决生效三十日内支付给原告叶东某应分得的赔偿款 50869.5 元。（二）原告李语某、李心某、李祖某应分别分得赔偿款 50869.5 元，合计 152608.5 元，由原告叶东某监护管理，此款被告李尚某、郑桂某应在本判决生效三十日内支付给原告叶东某。（三）原告李语某抚养生活费 22000 元、原告李心某抚养生活费 25200 元、原告李祖某的抚养生活费 29000 元，合计 76200 元，由原告叶东某监护管理，此款被告李尚某、郑桂某应在本判决生效三十日内支付给原告叶东某。（四）驳回原告的其他诉讼请求。本案受理费 5862 元，由原告叶东某、李语某、李心某、李祖某负担 1954 元，由被告李尚某、郑桂某负担 3908 元。此款已由原告叶东某预交，法院不再退还，由被告李尚某、郑桂某径行给付原告叶东某。①

二、裁判依据或参考

1. 法律规定

《侵权责任法》（2010 年 7 月 1 日）第十八条："被侵权人死亡的，其近亲属有权请求侵权人承担侵权责任。"

《民法通则》（1987 年 1 月 1 日）第一百一十九条："侵害公民身体造成伤害的，应当赔偿医疗费、因误工减少的收入、残废者生活补助费等费用；造成死亡的，并应当支付丧葬费、死者生前扶养的人必要的生活费等费用。"

2. 行政法规

国务院《农村五保供养工作条例》（2006 年 3 月 1 日）第十一条："农村五保供养资金，在地方人民政府财政预算中安排。有农村集体经营等收入的地方，可以从农村集体经营等收入中安排资金，用于补助和改善农村五保供养对象的生活。农村五保供养对象将承包土地交由他人代耕的，其收益归该农村五保供养对象所有。具体办法由省、自治区、直辖市人民政府规定。"

第十二条："农村五保供养对象可以在当地的农村五保供养服务机构集中

---

①案件引自五华县人民法院（2014）梅华法安民初字第 250 号。

供养，也可以在家分散供养。农村五保供养对象可以自行选择供养形式。"

第十三条："集中供养的农村五保供养对象，由农村五保供养服务机构提供供养服务；分散供养的农村五保供养对象，可以由村民委员会提供照料，也可以由农村五保供养服务机构提供有关供养服务。"

3. 司法解释

最高人民法院《关于审理道路交通事故损害赔偿案件适用法律若干问题的解释》（2012 年 12 月 21 日法释〔2012〕19 号）第二十六条："被侵权人因道路交通事故死亡，无近亲属或者近亲属不明，未经法律授权的机关或者有关组织向人民法院起诉主张死亡赔偿金的，人民法院不予受理。侵权人以已向未经法律授权的机关或者有关组织支付死亡赔偿金为理由，请求保险公司在交强险责任限额范围内予以赔偿的，人民法院不予支持。被侵权人因道路交通事故死亡，无近亲属或者近亲属不明，支付被侵权人医疗费、丧葬费等合理费用的单位或者个人，请求保险公司在交强险责任限额范围内予以赔偿的，人民法院应予支持。"

最高人民法院《关于空难死亡赔偿金能否作为遗产处理的复函》（2005 年 3 月 22 日〔2004〕民一他字第 26 号）："……空难死亡赔偿金是基于死者死亡对死者近亲属所支付的赔偿。获得空难死亡赔偿金的权利人是死者近亲属，而非死者。故空难死亡赔偿金不宜认定为遗产。"

最高人民法院《关于审理人身损害赔偿案件适用法律若干问题的解释》（2004 年 5 月 1 日法释〔2003〕20 号）第一条："因生命、健康、身体遭受侵害，赔偿权利人起诉请求赔偿义务人赔偿财产损失和精神损害的，人民法院应予受理。本条所称'赔偿权利人'，是指因侵权行为或者其他致害原因直接遭受人身损害的受害人、依法由受害人承担扶养义务的被扶养人以及死亡受害人的近亲属。"

最高人民法院负责人《在公布〈关于审理人身损害赔偿案件适用法律若干问题的解释〉新闻发布会上的讲话》（2003 年 12 月 29 日）："……关于死亡赔偿。赔偿权利人因受害人死亡所蒙受的财产损失可以有两种计算方法，一是以被扶养人丧失生活来源作为计算依据；二是以受害人死亡导致的家庭整体收入减少为计算依据。《解释》将'死亡赔偿金'的性质确定为收入损失的赔偿，而非'精神损害抚慰金'。赔偿数额，按照'人均可支配收入'的客观标准以二十年固定赔偿年限计算，即采取定型化赔偿模式。该计算方法既与过去的法律法规相衔接，又不致因主观计算导致贫富悬殊、两极分化。按照这一计算方法，死亡赔偿金比过去提高一倍多。例如：以 2000 年北京市城镇居民人均消费性支出 8493.5 元计算，过去的死亡赔偿金全额为 84935 元。同年北京市城镇居民人均可支配收入为 10350 元，依《解释》计算的全额死亡赔偿金可达 207000 元。"

最高人民法院《关于贯彻执行〈中华人民共和国继承法〉若干问题的意见》（1985 年 9 月 11 日）第三条："公民可继承的其他合法财产包括有价证券和履行标的为财物的债权等。"

第四条："承包人死亡时尚未取得承包收益的，可把死者生前对承包所投入的资金和所付出的劳动及其增值和孳息，由发包单位或者接续承包合同的人合理折价、补偿，其价额作为遗产。"

最高人民法院《关于人身保险金能否作为被保险人的遗产进行赔偿问题的批复》（1988 年 3 月 24 日）："……经征求有关部门的意见，现就你院请示关于人身保险金能否作为被保险人的遗产进行赔偿的问题，答复如下：（一）根据我国保险法规有关条文规定的精神，人身保险金能否列入被保险人的遗产，取决于被保险人是否指定了受益人。指定了受益人的，被保险人死亡后，其人身保险金应付给受益人；未指定受益人的，被保险人死亡后，其人身保险金应作为其遗产处理，可以用来清偿债务或赔偿。（二）财产保险与人身保险不同，财产保险不存在指定受益人的问题，因而，财产保险金属于被保险人的遗产。孙文兴投保的车损险是属财产保险，属于他的遗产，可以用来清偿债务或赔偿。"

4. 部门规范性文件

公安部《关于印发〈道路交通事故处理工作规范〉的通知》（2009 年 1 月 1 日公交管〔2008〕277 号）第七十六条："调解开始前，交通警察应当对调解参加人的资格进行审核：（一）是否属于道路交通事故当事人或其代理人，委托代理人提供的授权委托书是否载明委托事项和委托权限，当事人、法定代理人或其遗产继承人是否在授权委托书上签名或盖章，必要时可以要求对授权委托书进行公证；（二）是否是道路交通事故车辆所有人或者管理人；（三）是否是经公安机关交通管理部门同意的其他人员。对不具备资格的，交通警察应当告知其更换调解参加人或者退出调解。经审核，调解参加人资格和人数符合规定的，进行调解。"

5. 地方司法性文件

安徽高院《关于审理道路交通事故损害赔偿纠纷案件若干问题的指导意见》（2014 年 1 月 1 日皖高法〔2013〕487 号）第 29 条："受害人死亡后，债权人要求用其死亡赔偿金承担赔偿责任或者清偿债务的，人民法院不予支持。"

山东淄博中院《全市法院人身损害赔偿案件研讨会纪要》（2012 年 2 月 1 日）第 24 条："死亡赔偿金是基于受害人死亡对其家属所支付的赔偿费用，不属于死者的遗产，不能依据《继承法》确定的遗产分配原则进行分割，应根据与受害者关系远近及共同生活紧密程度合理分配。"

江苏南通中院《关于处理交通事故损害赔偿案件中有关问题的座谈纪要》（2011 年 6 月 1 日通中法〔2011〕85 号）第 23 条："死亡赔偿金是赔偿义务人对受害人之法定继承人因受害人死亡而遭受的未来可继承或可共享的受害人损失的赔偿，死亡赔偿金不是受害人遗产，不可对其个人债务进行抵偿。"

河南周口中院《关于侵权责任法实施中若干问题的座谈会纪要》（2010 年 8 月 23 日周中法〔2010〕130 号）第 3 条："……死亡赔偿金属于死者近亲属可得利益的丧失，由赔偿权利人共同享有。赔偿权利人之间因为死亡赔偿金的分配发生争议，应由权利人按份平均分配。"

安徽合肥中院民一庭《关于审理道路交通事故损害赔偿案件适用法律若干问题的指导意见》（2009 年 11 月 16 日）第 47 条："因受害人死亡获得的死亡赔偿金，应作为遗产处理，可以用来赔偿或者清偿其他债务。"

江西景德镇中院《关于人身损害赔偿案件中有关赔偿项目、赔偿标准的指导意见》（2009 年 8 月 20 日）第 9 条："公民迁移户口的认定。（一）赔偿权利人属城镇居民还是农村居民，一般情况下，以一审法庭辩论终结时提供的户籍身份为准。如果属农村户口，但在城镇经商、居住，其连续 1 年以上经常居住地和主要收入来源地均为城镇，残疾赔偿金、死亡赔偿金和被抚养人生活费应以城镇居民的相关标准计算。（二）在侵权结果发生后，受害人或赔偿权利人将户口从农村迁移城镇，实践中可按以下情形掌握：1. 如其确因学习、就业或者拆迁等正当事由由农村户口转为城镇户口的，被抚养人生活费、伤残赔偿金、死亡赔偿金按城镇户口计算赔偿数额；2. 如赔偿权利人将户口迁移城镇目的是为提高赔偿计算标准，主观上存在恶意，则以原农村户口计算赔偿数额。"

第 10 条："'上一年度'的确认。当年统计数据公布时间到下一年统计数据公布时间为'一年度'。"

辽宁高院《关于印发全省法院民事审判工作座谈会会议纪要的通知》（2009 年 6 月 1 日辽高法〔2009〕120 号）第 15 条："关于受害人死亡的人身损害赔偿案件中死亡赔偿金和精神损害抚慰金在近亲属之间的分配。审理人身损害赔偿纠纷案件，若死亡受害人的同一顺序法定继承人均参加诉讼，且均要求对死亡赔偿金、精神损害抚慰金进行分配的，可在案件处理中一并进行分配。死亡赔偿金、精神损害抚慰金应当在死亡受害人的第一顺序法定继承人之间进行分配。没有第一顺序法定继承人的，可在第二顺序法定继承人之间进行分配。死亡赔偿金原则上应平均分配。对生活特殊困难的继承人可给予适当照顾。精神损害抚慰金应平均分配。"

辽宁大连中院《当前民事审判（一庭）中一些具体问题的理解与认识》（2008 年 12 月 5 日大中法〔2008〕17 号）第 20 条："……关于死亡赔偿金的性质及处理。死亡赔偿金不属于遗产范围。死亡赔偿金是对死亡补偿费的赔偿，具有经济补偿的性质。若分配，可按照其近亲属的人数平均处理。公民因身体受到伤害而死亡，所以，死亡赔偿金不能作为遗产继承。在人身损害赔偿案件中不予一并处理。若当事人诉请分割死亡赔偿金的，可参照《继承法》规定处理。"

福建高院民一庭《关于审理人身损害赔偿纠纷案件疑难问题的解答》（2008 年 8 月 22 日）第 20 条："问：最高人民法院《关于审理人身损害赔偿案件适用法律若干问题的解释》规定，受害人死亡的，其近亲属可请求侵权人支付死亡赔偿金。这里所指的'近亲属'范围应如何确定？如近亲属请求分割死亡赔偿金的，应如何确定具体份额？答：死亡赔偿金是对因受害人死亡导致其近亲属在正常情况下所享有的被继承财产减少的赔偿，在性质上采纳'继承丧失说'，故应当按照《继承法》规定的顺序，确定赔偿权利人。具体来说，可按以下方式确定近亲属的范围：第一顺序：配偶、父母、子女；死亡受害者的子女先于受害者死亡的，由死亡受害者子女的晚辈直系血亲代位。第二顺序：兄弟姐妹、祖父母、外祖父母。有第一顺序人员时，第二顺序人员无权提起诉讼。但是，死亡赔偿金虽是按'继承丧失说'确定损失，但其本身不属于遗产，如近亲属之间请求分割的，在同一顺序中，原则上按照与受害人共同生活的紧密程度决定各自的应得份额，而不适用《继承法》第十三条规定的同一顺序一般应当均等的原则。"

重庆五中院《关于印发〈审理人身损害赔偿案件座谈会议纪要〉的通知》（2007 年 10 月 30 日渝五中法〔2007〕91 号）第 22 条："人身损害赔偿案件中，残疾赔偿金、死亡赔偿金和被扶养人生活费的计算，应当根据案件的实际情况，结合受害人住所地、经常居住地等因素，确定适用城镇居民人均可支配收入（人均消费性支出）或者农村居民人均纯收入（人均年生活消费支出）的标准。《解释》第二十五条、第二十八条、第二十九条规定的'城镇居民或农村居民标准'是残疾赔偿金、死亡赔偿金和被扶养人生活费三项费用计算时的两个不同的统计标准，在个案中对不同的赔偿权利人适用哪个标准，应参照最高法院〔2005〕民一他字第 25 号《经常居住在城镇的农村居民因交通事故伤亡如何计算赔偿费用的复函》精神，在考虑赔偿权利人或者赔偿权利人扶养人户籍登记情况的同时，还应当综合考虑其经常居住地、工作地、获得报酬地、生活消费地等因素进行确定，防止以一个因素确定适用标准。"

山东高院《关于印发〈全省民事审判工作座谈会纪要〉的通知》（2005 年 11 月 23 日鲁高法〔2005〕201 号）第 3 条："……（三）关于死亡赔偿金的分配问题。死亡赔偿金的赔偿权利人为死者的近亲属，其内容是对死者家庭整体预期收入损失的赔偿，其性质是财产损害赔偿，而不是精神损害赔偿。死亡赔偿金是基于死者死亡对死者近亲属所支付的赔偿，不属于死者的遗产，不能依据《继承法》第十三条确定的遗产分配原则进行分割，应根据与死者关系的远近和共同生活的紧密程度合理分配。"

浙江杭州中院《关于审理道路交通事故损害赔偿纠纷案件问题解答》（2005 年 5 月）第 4 条："……道路交通事故中，两车相撞，两车对事故的发生均有责任，其中一辆车的所有人（驾驶员）在事故中死亡，车上乘客受伤，乘客要求赔偿，死者遗产无法查清，可否用死者家属得到的死亡赔偿金作为死者应承担责任的部分？不可以。死亡赔偿金是对赔偿权利人收入损失的赔偿，而赔偿权利人不是已经死亡的车辆所有人，而是其具有民事权利能力的近亲属。因为对于权利能力已经消灭的死者而言，并不存在生活实态上可以填补的利益损失，因而也不存在对针对死者的死亡赔偿。此时需要填补的利益损失，是死者近亲属因死者死亡的事实导致的生活资源减少和丧失。因此，死亡赔偿金是死者家属的财产，并非死者的遗产。"

湖北高院《民事审判若干问题研讨会纪要》（2004 年 11 月）第 4 条："……关于死亡赔偿金能否偿还死者生前债务问题。受害人因人身损害死亡，其继承人应在所获得的死亡赔偿金和继承的其他遗产范围内清偿受害人依法应当缴纳的税款和债务。"

江苏高院《2001 年全省民事审判工作座谈会纪要》（2001 年 10 月 18 日苏高法〔2001〕319 号）第 7 条："……精神损害抚慰金是对符合原告主体资格的死者近亲属的共同抚慰和补偿，但在分割时，不应作为死者的遗产对待。"

6. 最高人民法院审判业务意见

（1）农村"五保户"因交通事故等侵权行为致死获赔的死亡赔偿金应归谁所有？

最高人民法院民一庭意见："农村'五保户'因交通事故死亡获赔的死亡赔偿金，不应归属具有公益事业性质的乡敬老院所有。根据《侵权责任法》第十八条第一款规定的'被侵害人死亡的，其近亲属有权请求侵权人承担侵权责任'，死亡赔偿金的请求权主体只能是死者近亲属。"

（2）死亡赔偿金该如何分配？

《人民司法》研究组："《继承法》第三条规定，遗产是公民死亡时遗留的个人合法财产。死亡赔偿金在受害人死亡时尚未由其所有，故死亡赔偿金不属于遗产。《侵权责任法》第十八条规定，被侵权人死亡的，其近亲属有权请求侵权人承担侵权责任，故死亡赔偿金的请求权主体是死者近亲属。按照最高人民法院《关于贯彻执行〈中华人民共和国民法通则〉若干问题的意见（试行）》第 12 条的规定，近亲属的范围是配偶、父母、子女、兄弟姐妹、祖父母、外祖父母、孙子女、外孙子女。其中的子女包括养子女，故本案中，死者的养女饶某和死者的妻子刘某对该笔死亡赔偿金均享有请求权。由于《侵权责任法》中的死亡赔偿金是对死者未来收入损失的赔偿，其中包含了被扶养人生活费，故分割时应考虑当事人与死者的亲密程度、是否需要死者扶养等因素。"

（3）死亡赔偿金能否作为执行款？

《人民司法》研究组："根据最高人民法院《关于审理人身损害赔偿案件适用法律若干问题的解释》的规定，死亡赔偿金是对受害人死亡导致的财产损失的赔偿，应当以家庭整体收入的减少为标准进行计算。也就是说死亡赔偿金是对于具有经济性同一体性质的受害人家庭未来收入损失的赔偿，其前提当然是受害人因侵权事件而死亡。从时间顺序来看，应当是死亡事件发生在先，对由此产生的各项财产损失的损害赔偿请求权发生在后。死亡赔偿金在内容上是对构成经济性同一体的受害人近亲属未来收入损失的赔偿，其法律性质为财产损害赔偿，其赔偿请求权人为具有"钱袋共同"关系的近亲属，是受害人近亲属具有人身专属性质的法定赔偿金。因此，死亡赔偿金不是遗产，不能作为遗产继承，死亡人的债权人也不能主张受害人近亲属在获赔死亡赔偿金的范围内清偿受害人生前所欠债务。因此，我们认为，来信提到的案件中，该笔死亡赔偿金不能作为执行款给付原告。"

（4）保险金作为遗产继承时是否适用死亡时间推定？

《民事审判指导与参考》研究组："在保险金作为遗产继承时，相互有继承关系的被保险人和受益人的死亡时间应适用《保险法》的特别规定，除此之外，其他财产的继承仍应以现行《继承法》和相关司法解释为依据。"

（5）"五保户"因交通事故死亡获赔的交通事故死亡补偿金等费用应归谁所有？

最高人民法院民一庭《民事审判实务问答》编写组："《最高人民法院关于贯彻执行〈中华人民共和国继承法〉若干问题的意见》第55条规定：'集体组织对五保户实行五保时，双方有扶养协议的，按协议处理；没有扶养协议，死者有遗嘱继承人或法定继承人要求继承的，按遗嘱继承或法定继承处理，但集体组织有权要求扣回五保费用'。根据该条规定，五保户因交通事故死亡获赔的死亡补偿金等费用应归承担五保户'五保'责任的集体组织所有。"

第三节　法理分析

死亡赔偿金是对死者家属整体预期收入损失的一种财产性损害赔偿，其赔偿权利人应为死者的近亲属，在死者近亲属之间应当根据其与死者关系的远近、共同生活的亲密程度、分配权利人的生活状况等情况合理分配。

根据最高人民法院《关于确定民事侵权精神损害赔偿责任若干问题的解释》，死亡赔偿金的性质是精神损害抚慰金，是对死者亲属的精神抚慰，不是赔偿给死者的，故不属于遗产，不能被继承。

第二十四章

交通事故中车辆贬值探析

第一节　概　述

机动车因交通事故造成的贬值损失是否予以赔偿，我国现行法律没有明确规定。一般认为，交通事故案件中涉及的车辆损失，应当局限于事故后因车辆受损所产生的直接损失，而不应包括贬值损失在内的间接的或者可能发生的损失项目。

但针对销售车辆或明确适用于交易目的的车辆，发生交通事故或者车辆受损的，通常应当考虑此类车辆的特殊用途，对其交易价格差额予以认定。

第二节　责任表现及裁判依据

一、常见实务类型

2013 年月 31 日 11 时 55 分许，原告驾驶小轿车正常行驶在广深高速公路南行 35km+500m 处，突然遭遇被告一驾驶的小轿车碰撞的小客车的碰撞，经东莞市公安局交通警察支队太平高速公路大队出具的《事故认定书》认定，被告一承担此次交通事故的全部责任。原告将受损车辆拖至东莞市聚星行汽车销售服务有限公司修理（4s 店），期间被告二委托认可的相关评估机构对原告车辆受损部件定损，共需维修费 88378 元。

　　事故当天，被告一与原告将受损车辆拖至 4s 店修理，双方约定由被告支付 5 万元押金，等车辆修好后由被告一来支付修车费用，并承诺不会要原告掏钱也不会耽误原告用车。可当天直等到晚上，被告一仅支付了 15000 元并保证第二天补足余下的押金 35000 元；否则，15000 元押金不退，并承担原告修车费以外的损失。第二天修车公司就不停联系被告一再交 35000 元押金，但被告一不理会。

　　2013 年 6 月 14 日车辆修好后，4s 店工作人员致电被告一交费，被告一两次约 4s 店人员到广州收款，但见面后又推脱不给钱。无耐，原告只好先支付维修费取车。期间，原告委托广州市公诚旧机动车鉴定评估有限公司对受损车辆的贬值进行评估，评估报告结论为受损车辆的贬值价格为 45118 元。

　　法院认为关于车辆减损价值的赔偿问题，因原告所购买的车辆仅使用一年，原告车辆虽进行维修，但车辆的抗扭曲强度、美观、完整性等都有所下降，车辆难以恢复到事故前所具有的性能要求，且在机动车交易市场上，发生过交通事故的车辆，经过大修的车辆，显然估价要比新车的价值低，这一价值损失是原告的直接损失，构成了车辆价值的减损，原告请求赔偿车辆减损价值的请求，应予支持。依据《中华人民共和国道路交通安全法》第七十六条，《中华人民共和国机动车交通事故责任强制保险条例》第二十一条、第二十二条，《中华人民共和国民法通则》第一百一十七条第二款之规定，判决被告承担原告车辆贬值损失 45118 元。[1]

　　一般认为，车辆贬值损失只要符合民法上损失的构成条件，能够作为一种民法上的损失进行认定，就应该受到法律的保护。

　　车辆贬值损失能否获赔，可以从车辆贬值损失的性质、损失数额确定。车辆贬值是一种客观存在的财产损失，而非一种财产取得的可能性或预期损失，该损失可以通过委托具有价格评估资质的司法鉴定机构进行评估确定。

二、裁判依据或参考

1. 法律规定

《道路交通安全法》（2004 年 5 月 1 日实施，2011 年 4 月 22 日修正）第七十六条："机动车发生交通事故造成人身伤亡、财产损失的，由保险公司在机动车第三者责任强制保险责任限额范围内予以赔偿；不足的部分，按照下列规定承担赔偿责任……"

---

　　[1]案件引自《交通事故中车辆贬值损失法院判决赔偿》，http://blog.sina.com.cn/s/blog_a31c393e0101alw9.html。

《侵权责任法》（2010 年 7 月 3 日）第十九条："侵害他人财产的，财产损失按照损失发生时的市场价格或者其他方式计算。"

第二十条："侵害他人人身权益造成财产损失的，按照被侵权人因此受到的损失赔偿；被侵权人的损失难以确定，侵权人因此获得利益的，按照其获得的利益赔偿；侵权人因此获得的利益难以确定，被侵权人和侵权人就赔偿数额协商不一致，向人民法院提起诉讼的，由人民法院根据实际情况确定赔偿数额。"

《民法通则》（1987 年 1 月 1 日）第一百零六条："公民、法人由于过错侵害国家的、集体的财产，侵害他人财产、人身的，应当承担民事责任。"

第一百一十七条："……损坏国家的、集体的财产或者他人财产的，应当恢复原状或者折价赔偿。受害人因此遭受其他重大损失的，侵害人并应当赔偿损失。"

2. 行政法规

国务院《机动车交通事故责任强制保险条例》（2013 年 3 月 1 日修改施行）第三条："本条例所称机动车交通事故责任强制保险，是指由保险公司对被保险机动车发生道路交通事故造成本车人员、被保险人以外的受害人的人身伤亡、财产损失，在责任限额内予以赔偿的强制性责任保险。"

3. 司法解释

最高人民法院《关于审理道路交通事故损害赔偿案件适用法律若干问题的解释》（2012 年 12 月 21 日法释〔2012〕19 号）第十五条："因道路交通事故造成下列财产损失，当事人请求侵权人赔偿的，人民法院应予支持：（一）维修被损坏车辆所支出的费用、车辆所载物品的损失、车辆施救费用；（二）因车辆灭失或者无法修复，为购买交通事故发生时与被损坏车辆价值相当的车辆重置费用；（三）依法从事货物运输、旅客运输等经营性活动的车辆，因无法从事相应经营活动所产生的合理停运损失；（四）非经营性车辆因无法继续使用，所产生的通常替代性交通工具的合理费用。"

4. 部门规范性文件

中国保监会《关于机动车辆保险第三者财产贬值损失问题的批复》（2002 年 1 月 24 日保监函〔2002〕8 号）："……由于意外事故造成第三者财产（包括机动车辆）直接损毁致使该财产贬值，不是第三者财产的直接损毁，而是间接损失，因此该损失不属于保险责任。"

5. 地方司法性文件

上海高院民一庭《道路交通事故纠纷案件疑难问题研讨会会议纪要》（2011 年 12 月 31 日）第 13 条："车辆贬损是否能获得支持。我们认为，《侵权责任法》第 5 条规定了多种侵权责任承担方式，恢复原状和赔偿损失承担着不同的功能。侵权人已经赔偿了修复的费用，一般情况下可以认为对受损车辆损害进行了赔偿，关于当事人主张赔偿车辆因交通事故产生贬值损失，实际缺乏客观评定标准，原则上不应支持。高院也多次通过不同途径强调。对于特殊情况下需要支持的，应当综合考虑车辆的受损程度、使用年限等因素慎重认定。"

山东高院《关于印发〈全省民事审判工作会议纪要〉的通知》（2011年11月30日鲁高法〔2011〕297号）第6条："……关于因交通事故造成的机动车贬值损失是否予以赔偿的问题。机动车贬值损失一般是指机动车发生交通事故后，其使用性能虽已恢复，其本身经济价值却会因发生交通事故而降低所造成的损失，其实质为民法理论上所称的纯粹经济损失。对于因交通事故造成的机动车贬值损失是否予以赔偿，我国现行法律没有明确规定。由于没有相应的法律依据，且机动车贬值损失的认定受机动车本身状况、机动车的用途、市场价格等多种因素的影响，具有多变性和不可确定性。因此，不宜支持交通事故受害人要求赔偿义务人赔偿机动车贬值损失的诉讼请求。"

山东淄博中院民三庭《关于审理道路交通事故损害赔偿案件若干问题的指导意见》（2011年1月1日）第31条："车辆发生交通事故后，受害人依据车辆价值贬损鉴定报告，向致害人要求贬值损失的，予以支持。"

河南郑州中院《审理交通事故损害赔偿案件指导意见》（2010年8月20日郑中法〔2010〕120号）第15条："交通事故造成他人财产损失的，侵权人应当承担赔偿责任。财产损失包括财产毁损、灭失、车辆维修费用，车辆贬值、修复期间停运损失等。"

浙江高院民一庭《关于审理道路交通事故损害赔偿纠纷案件若干问题的意见（试行）》（2009年7月1日）第19条："机动车维修费用一般应依据保险公司出具的定损单确定。被保险人主张依据维修发票赔偿维修费用的，应证明其所主张维修费用的真实性、必要性和合理性。人民法院可根据民事诉讼优势证据规则，确定机动车维修费用。"

第20条："已获得机动车维修费用等财产损失赔偿的赔偿权利人，又主张机动车贬值损失赔偿的，一般不予支持；但属于待售中或者运输中的新车受到损害等特殊情况的，可酌情予以赔偿。"

四川泸州中院《关于民商审判实践中若干具体问题的座谈纪要（二）》（2009年4月17日泸中法〔2009〕68号）第8条："交通事故中车辆受损，车辆所有人请求对方赔偿车辆修理之后的贬损值，是否应当支持？具体标准如何确定？基本观点：有两种不同的意见：一种意见认为，车辆修理后的贬损是客观存在的事实，从侵权赔偿的填补原则出发，应当支持，损失数额应当鉴定或者参考专家意见后由法官裁量。倾向性意见认为，车辆修理后的贬损值，过于抽象，不易确定，对于车辆修理后贬损值的请求，原则上不支持。"

浙江杭州中院《关于道路交通事故损害赔偿纠纷案件相关问题的处理意见》（2008年6月19日）第3条："……车辆贬值损失问题。当前涉及机动车贬值损失案件主要表现为以下几类：待销售车辆遇损、交通事故中车辆受损。具体的裁判处理中，部分法院以此类贬值损失无法律依据而驳回。有的法院以评估机构的评估报告为据直接予以认定。对此有必要分析具体情况进行统一。民一庭讨论后认为，对此类损失的认定应区别情况，谨慎适用。第一，对于贬值损失，并非法律明文规定的赔损范围，对其内涵、外延缺乏统一的规定，而在诉讼案件中，多是针对车辆在事故后除维修费用外，就车辆交易价值或适用性能上所遭受的贬损，即更多地体现为车辆交换价值的损失。因此尚无法就此项费用明确列为法定的赔偿项目。第二，侵权赔偿案件中，适用侵权法的赔偿目的主要是用于填补、回复，而不在于履行利益的实现，因此事故后，车辆所受损失的范围也仅是对其的修理、维护费用的赔偿，上述贬值损失的目的也已超出侵权赔偿的范围。第三，就目前审理的案件中，当事人对其主张的车辆贬值损失，虽有评估机构的估价结论支持，但此种估价评估，多是参照二手车交易的评估方式，将车辆列为待销售的车辆与同类型未发生事故车辆的交易价格进行比对后得出的差价，即认定为贬值损失，而侵权案件是对被侵权人及其财产所受损失的赔偿，而该项财产在侵权发生时用于交通运输而并非交易商品，因此，要让侵权行为人预见到事故车辆可能进行的商品交易是缺乏依据的，同时，交易价格上的损失也不符合侵权法上的填补功能的赔偿目的。综合上述，我们认为，交通事故案件中涉及的车辆损失，应当局限于事故后因车辆受损所产生的直接损失，而不应包括上述所谓贬值损失在内的间接的或者可能发生的损失项目。但应当注意的是此类案件也有例外情形，即针对销售车辆或明确适用于交易目的的车辆，发生交通事故或者车辆受损的，应当考虑此类车辆的特殊用途，应当对其交易价格差额予以认定。"

河南高院《关于审理道路交通事故损害赔偿案件若干问题的意见》（1997年1月1日豫高法〔1997〕78号）第37条："对交通事故造成的财物损失只赔偿直接损失，其赔偿方法是修复或者折价赔偿。修复以就地修复为主，当地无修复条件的，可到外地有修复条件的地方修复。修复前可商请有关部门估算修复价格，也可以招标修复。如果对是否可以修复有争议，可商请有关部门进行鉴定。对折价有争议的，可商请有关部门进行鉴定。经双方当事人协商一致，也可以部分修复，部分折价，或者以同种类同质量的实物予以赔偿。"

第三节 法理分析

　　交通事故受损车为不满 1 年的新车，虽已得到修理，却很难完全恢复到事故前所具有的性能、安全性等，更无法达到出厂时的标准，且在汽车交易市场上，发生过交通事故的车辆的估价显然比无事故车辆要低，事故给该车辆造成了实际意义上的贬值，应系车辆的直接损失，车辆所有人的权益应得到保护。

　　当事人一方不履行合同义务或者履行合同义务不符合约定，给对方造成损失的，损失赔偿额应当相当于因违约所造成的损失，包括合同履行后可以获得的利益，但不得超过违反合同一方订立合同时预见到或者应当预见到的因违反合同可能造成的损失。

　　保险合同虽约定被保险车辆造成第三者车辆贬值损失不予赔偿，但保险公司未就该免责条款向被保险人明确说明的，该免责条款不产生法律效力。

第二十五章

道路交通事故中车辆爆胎责任的认定

第一节 概　述

传统认知中，爆胎事故属于广义上的意外事件，属于不可抗力，可实务中却难以排除轮胎的质量问题，因此造成损失的，车辆所有人或者管理人应当赔偿受损害一方的损失。

第二节 责任表现及裁判依据

一、常见实务类型

2011 年 1 月 4 日 10 时 10 分，余某驾驶牌号为鲁 RH2666、鲁 RR171 挂的重型货车行至常合高速公路 S38 太宁线 160km 处，左前轮爆胎致车辆失控与杨某驾驶的小客车相碰擦，导致小客车与高速公路隔离护栏相撞。事故中，两车及高速公路路产受损。后经江苏省苏州市公安局交通巡逻警察支队认定，该事故属交通意外事故。

另查明，小客车属于原告江阴宇杰制衣有限公司（以下简称为宇杰制衣公司）所有，杨某系该公司的驾驶员；鲁 RH2666 半挂牵引车、鲁 RR171 挂车均在中国人寿财产保险股份有限公司江阴市支公司（以下简称为人寿财保江阴支公司）投保了机动车交通事故责任强制保险，保险期限为 2010 年 10 月 21

日至 2011 年 10 月 20 日止，肇事车辆登记车主为郓城大胜大件运输有限公司（以下简称为郓城运输公司），实际车主为万某，车辆挂靠于郓城运输公司，被保险人为江阴联安石油有限公司（以下简称为联安石油公司）。

宇杰制衣公司就上述损失向苏州市相城区人民法院起诉，要求被告人寿财保江阴支公司在交强险范围内承担 4000 元赔偿责任，超出部分 13 万元由万某等其余 4 被告承担连带赔偿责任。

相城区法院判决：① 人寿财保江阴支公司在财产损失赔偿限额项下赔偿原告 4000 元。② 对于超出部分 13 万元，由被告余某、万某、联安石油公司共同对原告的损失承担赔偿责任；被告郓城运输公司为肇事车辆的挂靠单位，应对被告余某、万某、联安石油公司不能清偿的部分负补充赔偿责任。[①]

二、裁判依据或参考

1. 法律规定

《侵权责任法》（2010 年 7 月 1 日）第四十一条："因产品存在缺陷造成他人损害的，生产者应当承担侵权责任。"

第四十二条："因销售者的过错使产品存在缺陷，造成他人损害的，销售者应当承担侵权责任。销售者不能指明缺陷产品的生产者也不能指明缺陷产品的供货者的，销售者应当承担侵权责任。"

第四十三条："因产品存在缺陷造成损害的，被侵权人可以向产品的生产者请求赔偿，也可以向产品的销售者请求赔偿。产品缺陷由生产者造成的，销售者赔偿后，有权向生产者追偿。因销售者的过错使产品存在缺陷的，生产者赔偿后，有权向销售者追偿。"

第四十五条："因产品缺陷危及他人人身、财产安全的，被侵权人有权请求生产者、销售者承担排除妨碍、消除危险等侵权责任。"

第四十六条："产品投入流通后发现存在缺陷的，生产者、销售者应当及时采取警示、召回等补救措施。未及时采取补救措施或者补救措施不力造成损害的，应当承担侵权责任。"

《道路交通安全法》（2004 年 5 月 1 日实施，2011 年 4 月 22 日修正）第二十一条："驾驶人驾驶机动车上道路行驶前，应当对机动车的安全技术性能进行认真检查；不得驾驶安全设施不全或者机件不符合技术标准等具有安全隐患的机动车。"

---

①案件引自《车辆爆胎引起交通事故不属不可抗力》，http://www.chinacourt.org/article/detail/2013/09/id/1082951.shtml。

《产品质量法》（2000年9月1日）第四十三条："因产品存在缺陷造成人身、他人财产损害的，受害人可以向产品的生产者要求赔偿，也可以向产品的销售者要求赔偿。属于产品的生产者的责任，产品的销售者赔偿的，产品的销售者有权向产品的生产者追偿。属于产品的销售者的责任，产品的生产者赔偿的，产品的生产者有权向产品的销售者追偿。"

第四十六条："本法所称缺陷，是指产品存在危及人身、他人财产安全的不合理的危险；产品有保障人体健康和人身、财产安全的国家标准、行业标准的，是指不符合该标准。"

《民法通则》（1987年1月1日）第一百二十二条："因产品质量不合格造成他人财产、人身损害的，产品制造者、销售者应当依法承担民事责任。运输者、仓储者对此负有责任的，产品制造者、销售者有权要求赔偿损失。"

2. 行政法规

国务院《缺陷汽车产品召回管理条例》（2013年1月1日）第六条："任何单位和个人有权向产品质量监督部门投诉汽车产品可能存在的缺陷，国务院产品质量监督部门应当以便于公众知晓的方式向社会公布受理投诉的电话、电子邮箱和通信地址。国务院产品质量监督部门应当建立缺陷汽车产品召回信息管理系统，收集汇总、分析处理有关缺陷汽车产品信息。产品质量监督部门、汽车产品主管部门、商务主管部门、海关、公安机关交通管理部门、交通运输主管部门、工商行政管理部门等有关部门应当建立汽车产品的生产、销售、进口、登记检验、维修、消费者投诉、召回等信息的共享机制。"

第八条："对缺陷汽车产品，生产者应当依照本条例全部召回；生产者未实施召回的，国务院产品质量监督部门应当依照本条例责令其召回。本条例所称生产者，是指在中国境内依法设立的生产汽车产品并以其名义颁发产品合格证的企业。从中国境外进口汽车产品到境内销售的企业，视为前款所称的生产者。"

第十九条："对实施召回的缺陷汽车产品，生产者应当及时采取修正或者补充标识、修理、更换、退货等措施消除缺陷。生产者应当承担消除缺陷的费用和必要的运送缺陷汽车产品的费用。"

3. 司法解释

最高人民法院《关于审理道路交通事故损害赔偿案件适用法律若干问题的解释》（2012年12月21日法释〔2012〕19号）第十一条："机动车存在产品缺陷导致交通事故造成损害，当事人请求生产者或者销售者依照侵权责任法第五章的规定承担赔偿责任的，人民法院应予支持。"

最高人民法院《关于产品侵权案件的受害人能否以产品的商标所有人为被告提起民事诉讼的批复》（2002年7月28日法释〔2002〕22号）："……任何

将自己的姓名、名称、商标或者可资识别的其他标识体现在产品上，表示其为产品制造者的企业或个人，均属于《中华人民共和国民法通则》第一百二十二条规定的'产品制造者'和《中华人民共和国产品质量法》规定的'生产者'。本案中美国通用汽车公司为事故车的商标所有人，根据受害人的起诉和本案的实际情况，本案以通用汽车公司、通用汽车海外公司、通用汽车巴西公司为被告并无不当。"

最高人民法院《关于民事诉讼证据的若干规定》（2002 年 4 月 1 日法释〔2001〕33 号）第四条："……（六）因缺陷产品致人损害的侵权诉讼，由产品的生产者就法律规定的免责事由承担举证责任……"

最高人民法院《关于贯彻执行〈中华人民共和国民法通则〉若干问题的意见（试行）》（1988 年 4 月 2 日法〔办〕发〔1988〕6 号）第一百五十三条："消费者、用户因为使用质量不合格的产品造成本人或者第三人人身伤害、财产损失的，受害人可以向产品制造者或者销售者要求赔偿。因此提起的诉讼，由被告所在地或侵权行为地人民法院管辖。运输者和仓储者对产品质量负有责任，制造者或者销售者请求赔偿损失的，可以另案处理，也可以将运输者和仓储者列为第三人，一并处理。"

4. 地方规范性文件

河北省《高速公路交通安全规定》（2011 年 10 月 20 日修订）第 8 条："进入高速公路行驶的机动车必须符合国家安全技术标准，并配备符合国家标准的故障车警告标志和合格的灭火器具。机动车上高速公路行驶前，驾驶人应当检查车辆的轮胎、燃料、润滑油、转向器、制动器、灯光、灭火器具和警告标志，并保证齐全有效。"

山东省淄博市《机动车维修管理条例》（2011 年 1 月 1 日）第 29 条："机动车维修使用的配件、燃润料等应当符合相关产品质量标准的要求。禁止使用无厂名厂址、伪造或者冒用他人厂名厂址、伪造产地、伪造或者冒用质量标志等假冒伪劣配件、燃润料维修机动车。机动车维修经营者维修机动车使用旧配件或者修复配件的，应当征得托修方书面同意。旧配件或者修复配件应当达到规定的质量标准；没有规定质量标准的，应当符合双方约定的质量要求。"

5. 最高人民法院审判业务意见

符合国家标准或行业标准的产品存在缺陷，生产者是否应当承担责任？

最高人民法院民一庭《民事审判实务问答》编写组："如果产品由于其存在着的不合理危险并对消费者的人身或财产造成损害，即使它符合国家标准、行业标准，该产品的生产者也不能以此来免责，否则不仅不利于保护消费者的利益，也与产品责任制度的立法宗旨背道而驰。"

第三节　法理分析

当侵权行为实施地与结果地不同时，基于实体公平的思想指导，出于对弱势群体的保护，适用对原告最有利的法律原则适合于产品责任侵权案件。虽然产品的生产者就法律规定的免责事由承担举证责任，但原告首先依法应证明使用被告产品受到损害的事实；被告要想免责，就应对自己的产品不存在瑕疵，是产品销售后原告或其他人的行为造成的，产品瑕疵与原告所受损失不存在因果关系等事实加以证明。

产品责任的举证责任中，为证明产品缺陷，原告作为受害者应该证明被告的产品存在缺陷；在缺陷产品和损害之间事实上的因果关系得以证明的前提下，生产者就"免责事由"举证，如生产者不能证明存在"免责事由"，则承担败诉责任。

明知是缺陷产品而购买的，虽不能免除销售者的赔偿责任但可适当减轻其赔偿责任。

交通事故原因系爆胎，虽经交警部门认定该轮胎伤口在日常维护中"难以发现"，但"难以发现"并不等于"不能发现""无法预见"，驾驶员或车辆所有人驾车上路尤其高速路行驶前未确保车辆安全性能，造成交通事故的，驾驶员或车辆所有人应承担相应的民事赔偿责任。

第二十六章

交通事故后赔偿协议的法律效力探析

第一节 概 述

当事人自愿达成、包含民事权利义务内容，并由双方当事人签字或者盖章的交通事故损害赔偿协议，具有民事合同性质。除非存在《合同法》规定的无效，或可变更、可撤销情形；否则，当事人应当按照约定履行。

第二节 责任表现及裁判依据

一、常见实务类型

2012年12月23日，个体户王某开一辆小型货车去县城进货，在一个十字路口和一辆摩托车会车时，将骑摩托车的青年李某撞倒，王某急忙下车将李某扶起，李某只是觉得腿部稍有疼痛，摩托车灯和后视镜被撞碎，身体没有什么大碍。双方达成一致协议：王某当场赔付李某450元钱，双方互不纠缠。一个月过后，李某腿部疼痛不止，于是到医院检查发现右小腿有轻微骨折，在医院治疗花费3215元。2013年3月11日，李某起诉要求王某赔偿医疗费、护理费、交通费等共计3987.5元。争议焦点：

（1）李某与王某达成的协议是否有效？

（2）能否再请求赔偿？

由于李某对行为认知错误才签订了"双方互不纠缠"的协议，实际上李某身体已经受到了伤害，该案并不符合《道路交通安全法》第七十条的规定，应当认定私了协议无效。①

二、裁判依据或参考

1. 法律规定

《道路交通安全法》（2004年5月1日实施，2014年4月22日修正）第七十四条："对交通事故损害赔偿的争议，当事人可以请求公安机关交通管理部门调解，也可以直接向人民法院提起民事诉讼。经公安机关交通管理部门调解，当事人未达成协议或者调解书生效后不履行的，当事人可以向人民法院提起民事诉讼。"

《合同法》（1999年10月1日）第四十四条："依法成立的合同，自成立时生效。"

第五十二条："有下列情形之一的，合同无效：（一）一方以欺诈、胁迫的手段订立合同，损害国家利益；（二）恶意串通，损害国家、集体或者第三人利益；（三）以合法形式掩盖非法目的；（四）损害社会公共利益；（五）违反法律、行政法规的强制性规定。"

第五十四条："下列合同，当事人一方有权请求人民法院或者仲裁机构变更或者撤销：（一）因重大误解订立的；（二）在订立合同时显失公平的。一方以欺诈、胁迫的手段或者乘人之危，使对方在违背真实意思的情况下订立的合同，受损害方有权请求人民法院或者仲裁机构变更或者撤销。"

2. 行政法规

《道路交通安全法实施条例》（2004年5月1日）第九十四条："当事人对交通事故损害赔偿有争议，各方当事人一致请求公安机关交通管理部门调解的，应当在收到交通事故认定书之日起10日内提出书面调解申请。对交通事故致死的，调解从办理丧葬事宜结束之日起开始；对交通事故致伤的，调解从治疗终结或者定残之日起开始；对交通事故造成财产损失的，调解从确定损失之日起开始。"

第九十五条："公安机关交通管理部门调解交通事故损害赔偿争议的期限为10日。调解达成协议的，公安机关交通管理部门应当制作调解书送交各方当事人，调解书经各方当事人共同签字后生效；调解未达成协议的，公安机关

---

①案件引自《交通事故中当事人间的私了协议是否一律有效》，http://www.66law.cn/domainblog/92880.aspx。

交通管理部门应当制作调解终结书送交各方当事人。交通事故损害赔偿项目和标准依照有关法律的规定执行。"

第九十六条："对交通事故损害赔偿的争议，当事人向人民法院提起民事诉讼的，公安机关交通管理部门不再受理调解申请。公安机关交通管理部门调解期间，当事人向人民法院提起民事诉讼的，调解终止。"

3. 司法解释

最高人民法院、公安部《关于处理道路交通事故案件有关问题的通知》（1992 年 12 月 1 日法发〔1992〕39 号）第一条："自 1992 年 1 月 1 日《办法》实施后，当事人因道路交通事故损害赔偿问题提起民事诉讼时，除诉状外，还应提交公安机关制作的调解书、调解终结书或者该事故不属于任何一方当事人违章行为造成的结论。人民法院对于符合民事诉讼法第一百零八条规定的起诉，应予受理。1992 年 1 月 1 日以前发生的道路交通事故，仍按各省、自治区、直辖市原有规定处理。"

第六条："对于案情简单、因果关系明确、当事人争议不大的轻微和一般事故，公安机关可以按照《道路交通事故处理程序规定》采用简易程序当场处罚和调解，但当事人不同意使用简易程序处理的，不适用简易程序。当场调解未达成协议或者调解书生效后任何一方不履行，当事人可以持公安机关的调解书或者调解终结书向人民法院提起民事诉讼，人民法院应当依法予以受理。"

第七条："道路交通事故发生后，被公安机关指定预付抢救伤者费用的当事人，以其无道路交通事故责任或者责任轻而对预付费用有异议的，持公安机关调解书、调解终结书或者认定该事故不属于任何一方当事人违章行为造成的结论，可以向人民法院起诉，符合民事诉讼法第一百零八条规定的起诉条件的，人民法院亦应当受理。"

4. 部门规范性文件

公安部《道路交通事故处理程序规定》（2009 年 1 月 1 日）第十七条："当事人共同请求调解的，交通警察应当当场进行调解，并在道路交通事故认定书上记录调解结果，由当事人签名，交付当事人。"

第十八条："有下列情形之一的，不适用调解，交通警察可以在道路交通事故认定书上载明有关情况后，将道路交通事故认定书交付当事人：（一）当事人对道路交通事故认定有异议的；（二）当事人拒绝在道路交通事故认定书上签名的；（三）当事人不同意调解的。"

第四十六条："公安机关交通管理部门应当根据当事人的行为对发生道路交通事故所起的作用以及过错的严重程度，确定当事人的责任。（一）因一方当事人的过错导致道路交通事故的，承担全部责任；（二）因两方或者两方以上当事人的过错发生道路交通事故的，根据其行为对事故发生的作用以及过错的严重程度，分别承担主要责任、同等责任和次要责任；（三）各方均无导致道路交通事故的过错，属于交通意外事故的，各方均无责任。一方当事人故意造成道路交通事故的，他方无责任。省级公安机关可以根据有关法律、法规制定具体的道路交通事故责任确定细则或者标准。"

第六十条："当事人对道路交通事故损害赔偿有争议，各方当事人一致请求公安机关交通管理部门调解的，应当在收到道路交通事故认定书或者上一级公安机关交通管理部门维持原道路交通事故认定的复核结论之日起7日内，向公安机关交通管理部门提出书面申请。"

第六十四条："公安机关交通管理部门应当按照下列规定日期开始调解，并于十日内制作道路交通事故损害赔偿调解书或者道路交通事故损害赔偿调解终结书：（一）造成人员死亡的，从规定的办理丧葬事宜时间结束之日起；（二）造成人员受伤的，从治疗终结之日起；（三）因伤致残的，从定残之日起；（四）造成财产损失的，从确定损失之日起。"

第六十五条："交通警察调解道路交通事故损害赔偿，按照下列程序实施：（一）告知道路交通事故各方当事人的权利、义务；（二）听取当事人各方的请求；（三）根据道路交通事故认定书认定的事实以及《中华人民共和国道路交通安全法》第七十六条的规定，确定当事人承担的损害赔偿责任；（四）计算损害赔偿的数额，确定各方当事人各自承担的比例，人身损害赔偿的标准按照《最高人民法院关于审理人身损害赔偿案件适用法律若干问题的解释》规定执行，财产损失的修复费用、折价赔偿费用按照实际价值或者评估机构的评估结论计算；（五）确定赔偿履行方式及期限。"

第六十六条："经调解达成协议的，公安机关交通管理部门应当当场制作道路交通事故损害赔偿调解书，由各方当事人签字，分别送达各方当事人。调解书应当载明以下内容：（一）调解依据；（二）道路交通事故认定书认定的基本事实和损失情况；（三）损害赔偿的项目和数额；（四）各方的损害赔偿责任及比例；（五）赔偿履行方式和期限；（六）调解日期。经调解各方当事人未达成协议的，公安机关交通管理部门应当终止调解，制作道路交通事故损害赔偿调解终结书送达各方当事人。"

公安部《关于印发〈道路交通事故处理工作规范〉的通知》（2009年1月1日公交管〔2008〕277号）第七十五条："道路交通事故各方当事人一致请求公安机关交通管理部门调解的，公安机关交通管理部门应当在收到各方当事人的《道路交通事故损害赔偿调解申请书》后，审核下列事项：（一）申请人是否具有道路交通事故损害赔偿权利人、义务人主体资格；（二）申请书是否在收到道路交通事故认定书或者上一级公安机关交通管理部门维持原道路交通事故认定的复核结论之日起十日内提出。符合前款规定的，公安机关交通管理部门应当予以受理，并指派具有相应事故处理资格的交通警察承办。申请人资格不符的，公安机关交通管理部门应当告知当事人予以变更。当事人申请超过法定时限或者对道路交通事故认定有异议的，公安机关交通管理部门制作《道路交通事故处理（不调解）通知书》，说明公安机关交通管理部门不予调解的理由和依据，送达当事人并告知其可以向人民法院提起民事诉讼。"

第七十六条："调解开始前，交通警察应当对调解参加人的资格进行审核：（一）是否属于道路交通事故当事人或其代理人，委托代理人提供的授权委托书是否载明委托事项和委托权限，当事人、法定代理人或其遗产继承人是否在授权委托书上签名或盖章，必要时可以要求对授权委托书进行公证；（二）是否是道路交通事故车辆所有人或者管理人；（三）是否是经公安机关交通管理部门同意的其他人员。对不具备资格的，交通警察应当告知其更换调解参加人或者退出调解。经审核，调解参加人资格和人数符合规定的，进行调解。"

第七十九条："道路交通事故造成人身伤亡的，交通警察应当按照《最高人民法院关于审理人身损害赔偿案件适用法律若干问题的解释》，并按照道路交通事故发生地省、自治区、直辖市以及经济特区和计划单列市政府统计部门公布的上一年度相关统计数据，及事故发生地国家机关一般工作人员的出差伙食补助标准，计算并提出对伤亡人员赔偿的项目和数额的调解建议，由当事各方协商。赔偿权利人要求按照其住所地或者经常居住地的标准计算残疾赔偿金或者死亡赔偿金等赔偿数额的，公安机关交通管理部门应当要求其举证证明住所地或者经常居住地，以及所在省、自治区、直辖市以及经济特区和计划单列市政府统计部门公布的上一年度相关统计数据。"

第八十条："道路交通事故造成伤亡人员的损害赔偿数额、财产损失，以及其他因道路交通事故造成的损失或产生的费用确定后，交通警察可以根据《道路交通安全法》第七十六条的规定，以及道路交通事故认定书中确定的当事各方的过错大小，提出各方承担赔偿责任的比例和数额建议，由赔偿权利人和义务人协商；或者赔偿权利人和义务人先自行协商，协商不成的，公安机关交通管理部门再针对双方争议的事项进行调解。"

第八十一条："经调解达成协议的，公安机关交通管理部门应当按照《道路交通事故处理程序规定》第六十六条的规定，在规定的期限内制作《道路交通事故损害赔偿调解书》，由参加调解的各方当事人签字，主持调解的交通警察签名或盖章，并加盖公安机关交通管理部门交通事故处理专用章后，分别送达各方当事人。经调解未达成协议的，公安机关交通管理部门应当制作《道路交通事故损害赔偿调解终结书》，由主持调解的交通警察签名或盖章，并加盖公安机关交通管理部门交通事故处理专用章后，分别送达各方当事人。经调解未达成协议的，交通警察应当告知当事人可以向人民法院提起民事诉讼解决道路交通事故损害赔偿纠纷。"

中国保监会《关于交通事故强制定损问题的批复》（2001 年 3 月 29 日保监复〔2001〕88 号）第一条："公安交通管理部门对于交通事故的管理是一种行政行为，交通事故当事人之间的损害赔偿以及被保险人与保险公司之间的保险赔偿是一种民事法律行为，因此它们属于不同的法律关系，分别受不同的法律规范调整。"

第二条："根据国务院《道路交通事故处理办法》，公安交通管理部门是处理交通事故的行政执法主体，其职责包括：处理交通事故现场、处罚交通事故责任者、对损害赔偿进行调解。因此，对交通事故中当事人的损害赔偿，交通管理部门只有调解的职责，而没有裁决的权力。无论是否达成调解协议，当事人都可以依法向人民法院提起民事诉讼。"

5. 地方司法性文件

安徽高院《关于审理道路交通事故损害赔偿纠纷案件若干问题的指导意见》（2014 年 1 月 1 日皖高法〔2013〕487 号）第 2 条："在受害人起诉的案件中，机动车一方要求保险公司赔偿其已支付给受害人的赔偿款的，人民法院可以组织保险公司和机动车一方进行调解。调解达成协议的，制作民事调解书；调解达不成协议的，告知机动车一方另案处理。"

第 3 条："在受害人起诉的案件中，保险公司主张《机动车交通事故责任强制保险条例》第二十二条第一款、《关于审理道路交通事故损害赔偿案件适用法律若干问题的解释》第十八条第二款规定的追偿权的，人民法院可以组织保险公司和责任人进行调解。调解达成协议的，制作民事调解书；调解达不成协议的，告知保险公司另案处理。"

第 30 条："经公安交警部门、人民调解组织主持调解或者当事人自行协商达成的道路交通事故调解协议，非经变更、撤销或者人民法院认定无效，当事人应当履行。"

第 31 条："当事人持第三十条规定的协议，申请人民法院出具民事调解书的，经审查符合法律规定的，应制作民事调解书送达各方当事人。"

第 32 条："当事人申请确认交通事故赔偿人民调解协议效力的，按照民事诉讼法、《最高人民法院关于人民调解协议司法确认程序的若干规定》、《安徽省高级人民法院关于调解协议司法确认的实施意见》（皖高法〔2013〕459 号）等规定办理。"

上海高院民一庭《道路交通事故纠纷案件疑难问题研讨会会议纪要》（2011 年 12 月 31 日）第 6 条："当事人达成的调解协议的效力问题。① 交通事故发生后，受害人和侵权人在交警部门主持下达成了调解协议，或自行达成了和解协议，当事人以协议赔偿数额与法定计算不一致为由，提起诉讼要求法院重新处理的问题。对于当事人自行达成的和解协议尤其是在交警主持下达成的调解协议，法院不宜轻易撤销该协议。即使在具体赔偿项目的计算上与法定标准有一定出入，若不能证明是受胁迫、欺诈而签订或者赔偿数额显失公平的，一般仍应确定该协议的效力。② 该和解协议对交强险保险公司的效力。上述情况中，若受害人未将保险公司作为被告起诉，为更好保护受害人利益，法院应追加交强险保险公司为当事人。但是和解协议只对协议双方有约束力，保险公司仅在法定的赔偿项目及交强险限额内承担责任，超出部分应由责任人承担。"

广东高院《关于审理保险合同纠纷案件若干问题的指导意见》（2011 年 9 月 2 日粤高法发〔2011〕44 号）第 20 条："责任保险合同保险事故发生后，被保险人与第三者协商确定的赔付数额未经保险人书面同意，被保险人主张按照协商确定的赔付数额认定保险人应承担的保险责任而保险人又不予认可的，人民法院不予支持。"

江苏高院、省公安厅、中国保监会江苏监管局《关于加强交通事故损害赔偿案件调解和构建交通事故损害赔偿案件联动处理机制的意见》（2011 年 7 月 19 日苏高法〔2011〕298 号）第 5 条："人民法院应充分发挥对交通事故案件行政调解、人民调解和保险行业协会调解的司法保障职能。经行政调解、人民调解和保险行业协会调解达成调解协议后，当事人向人民法院申请司法确认的，人民法院应当依照《最高人民法院关于人民调解协议司法确认程序的若干规定》和《江苏省高级人民法院关于调解协议司法确认程序若干问题的意见（试行）》予以审查确认；申请人民法院出具民事调解书的，人民法院应当……在审查确认调解协议有效性的基础上出具民事调解书。一方当事人以交通事故损害赔偿纠纷向人民法院提出诉讼，请求履行调解协议或请求变更、撤销调解协议以及确认调解协议无效的，人民法院应当……对调解协议进行审查，对调解协议有效的，根据调解协议的内容确定当事人之间的权利义务关系。"

天津高院、市公安局、市司法局、中国保监会天津监管局《关于加强道路交通事故损害赔偿纠纷调处工作的若干意见》（2011 年 4 月）第 7 条："道路交通事故发生后，由公安交通管理部门按照交通事故处理程序进行处理。道路交通事故认定书生效后，告知当事人既可以申请公安交通管理部门调解，也可以请求人民调解委员会调解。"

第 9 条："经公安交通管理部门达成协议的，应当及时制作调解书并送达各方当事人；对于未达成调解协议的，应当制作调解终结书送达当事人。同时，积极引导当事人到人民调解委员会申请人民调解；没有设立人民调解委员会且当事人表示要提起诉讼的，公安交通管理部门应引导当事人到巡回法院选择诉前调解或立案审理。"

第 14 条："经公安交通管理部门或人民调解委员会调解达成调解协议的，公安交通管理部门或人民调解委员会应当督促当事人及时履行；不能及时履行的，应积极引导当事人在 30 日内向人民法院申请司法确认，防止二次纠纷的发生。"

第 16 条："当事人在公安交通管理部门或人民调解委员会主持下达成调解协议后，一方当事人反悔向人民法院起诉请求变更、撤销或宣告无效的，人民法院一般不予支持，但当事人能够证明调解协议具有可撤销情形或无效情形的除外。"

第 23 条："公安交通管理部门或人民调解委员会调解交通事故责任强制保险赔偿的案件时，应在 3 日前将调解时间和地点通知相关保险机构，有关保险公司作为向人民调解委员会提供咨询意见并承担赔付工作的第三方，应派员全程参与调解工作。"

第 24 条："公安交通管理部门或人民调解委员会主持调解涉及交通事故责任强制保险纠纷时，可以先向事故车辆承保保险公司发出'保险理赔数额估算通知书'，要求有关保险公司在查阅相关资料后，对赔偿数额或赔偿标准进行估算确认，以提高调解实效。"

第 25 条："保险公司参与调解达成调解协议的，应在调解协议书上签字确认，经双方当事人和保险公司共同认可的调解协议可以作为保险理赔的依据，被保险人据此申请赔偿保险金的，保险公司应按照法律规定和合同约定办理。"

安徽宣城中院《关于审理道路交通事故赔偿案件若干问题的意见（试行）》（2011 年 4 月）第 51 条："交通事故发生后，当事人自行达成赔偿协议或者在交警部门主持调解下达成赔偿协议，一方反悔向人民法院起诉的，如果不能证明在订立协议时具有无效或者可撤销的情形，应认定协议有效。"

江西鹰潭中院《关于审理道路交通事故损害赔偿纠纷案件的指导意见》（2011 年 1 月 1 日鹰中法〔2011〕143 号）第 1 条："对道路交通事故人身损害赔偿的争议，当事人直接提起民事诉讼的，或者经公安交通管理部门调解，当事人未达成协议或调解生效后不履行，当事人提起民事诉讼的，应当受理。"

广东高院《关于建立道路交通事故案件诉调衔接工作机制的意见》（2010 年 12 月 1 日粤高法发〔2010〕72 号）第 4 条："……经公安交通管理部门或者道路交通事故人民调解工作室调解达成的具有民事权利义务内容并由各方当事人签字或盖章确认的调解协议，具有民事合同性质。公安交通管理部门或道路交通事故人民调解工作室应当告知当事人可以向人民法院申请司法确认，或者按照《中华人民共和国公证法》的规定申请公证机关依法赋予强制执行效力。债务人不履行或不适当履行经司法确认的调解协议内容或者具有强制执行效力的公证文书的，债权人可依法向有管辖权的人民法院申请强制执行。"

山东东营中院《关于印发道路交通事故处理工作座谈会纪要的通知》（2010年6月2日）第18条："双方当事人在交警主持下达成民事赔偿协议，当事人要求人民法院通过诉讼程序予以确认的，由县区人民法院立案庭或交通事故巡回法庭的法官按《最高人民法院印发〈关于建立健全诉讼与非诉讼相衔接的矛盾纠纷解决机制的若干意见〉的通知》的有关规定，出具确认调解书协议效力的决定书，一方当事人拒绝履行的，另一方当事人可依法申请人民法院强制执行。"

第19条："人民法院对于人民调解员出具的道路交通事故赔偿调解书效力的认定，应当按照《最高人民法院关于审理涉及人民调解协议的民事案件的若干规定》确认人民调解协议的法律效力。"

第20条："双方当事人在交警主持下达成民事赔偿调解协议后，一方或双方当事人反悔，向人民法院起诉的，人民法院经审理认为调解协议系双方当事人真实意思表示，协议内容不违反法律和行政法规的强制性规定，内容明确，权利义务清楚的，可按调解协议的内容裁决案件。"

第21条："当事人有证据证明调解协议具有可撤销或可变更情形的，按照民事诉讼程序寻求救济。"

江西南昌中院《关于审理道路交通事故人身损害赔偿纠纷案件的处理意见（试行）》（2010年2月1日）第8条："对道路交通事故人身损害赔偿的争议，当事人直接提起民事诉讼的，或者经公安交通管理部门调解，当事人未达成协议或调解书生效后不履行，当事人提起民事诉讼的，应当受理。"

安徽合肥中院民一庭《关于审理道路交通事故损害赔偿案件适用法律若干问题的指导意见》（2009年11月16日）第50条："道路交通事故发生后，当事人在公安机关交通管理部门、人民调解委员会主持调解下或者当事人自行协商达成的赔偿协议，具有民事合同性质。"

第51条："赔偿权利人与机动车方或者保险公司就道路交通事故损害达成的赔偿协议，对未参加签订协议的一方没有约束力，赔偿权利人要求按该协议履行的，应由与其签订协议的一方承担责任。但未参加签订协议的一方事后予以认可的除外。"

第52条："交通事故在交通警察部门处理期间，其他人员为肇事人提供担保，如系向赔偿权利人作出，符合债的担保构成要件的，可认定担保合同成立；如系向交通警察部门作出，不符合债的担保构成要件的，不可认定担保合同成立。"

浙江高院《关于审理财产保险合同纠纷案件若干问题的指导意见》（2009年9月8日浙高法〔2009〕296号）第19条："被保险人虽在保险人制作的赔款相关凭证'赔偿责任终结'一栏内签字，但保险人并未完全履行赔偿责任的，不能认定保险人赔偿责任终结，被保险人向保险人主张保险赔偿责任的差额部分，应予支持。保险人有其他充分的证据证明已经向被保险人说明了赔偿范围、标准、方法、数额等基本事实，被保险人明确表示同意终结赔偿的，保险人的赔偿责任终结。"

第20条："在责任保险中，被保险人与第三者之间的赔偿金额已由生效判决确定的，被保险人据此请求保险人承担保险责任的，在保险合同约定的范围内，可予支持。如被保险人与第三者之间采取调解方式，法院出具民事调解书确认的，在审理后续财产保险合同纠纷案件中，法院根据需要可对相关事实进行必要的审核。责任保险的被保险人凭生效民事判决书及已向第三者履行的凭证要求保险人承担保险责任，被保险人可不必另行出具费用票证或其他赔偿凭证。"

云南高院《关于审理人身损害赔偿案件若干问题的会议纪要》（2009年8月1日）第2条："……在交通事故发生后，双方当事人对于赔偿金额达成协议，一方反悔向人民法院起诉，请求撤销或确认协议无效的，人民法院应予受理，经审查不能证明在订立协议时具有《合同法》规定的无效或者可撤销情形的，应当认定协议有效。受害人请求的赔偿项目虽不在协议范围内但符合法定赔偿范围的，对该项赔偿请求应予支持。"

山东高院《2008年民事审判工作会议纪要》（2008年9月）第2条："……关于在道路交通管理部门主持下达成的调解协议的效力问题。道路交通事故发生后，在道路交通管理部门主持下达成的调解协议，只要内容不违反法律的强制性规定，可以作为处理道路交通事故的裁判依据。"

福建高院民一庭《关于审理人身损害赔偿纠纷案件疑难问题的解答》（2008年8月22日）第4条："问：当事人在公安交通管理部门主持下达成的有关交通事故损害赔偿的调解协议，是否具有约束力？答：当事人在公安交通管理部门主持下达成的调解协议不具有强制执行力，但具有民事合同的性质，除调解协议存在无效或者可撤销的情形外，可以作为人民法院裁判的根据。"

江苏宜兴法院《关于审理交通事故损害赔偿案件若干问题的意见》（2008年1月28日宜法〔2008〕第7号）第51条："交通事故发生后，当事人自行达成赔偿协议或者在交警部门主持调解下达成赔偿协议，一方反悔向人民法院起诉的，如果不能证明在订立协议时具有无效或者可撤销情形的，应认定协议有效。"

陕西高院《关于审理道路交通事故损害赔偿案件若干问题的指导意见（试行）》（2008年1月1日陕高法〔2008〕258号）第22条："道路交通事故发生后，当事人经公安交通管理部门调解达成的协议或自行协商达成的协议，具有民事合同性质，当事人应当按照约定履行自己的义务；但该协议无效、可撤销的除外。"

湖北武汉中院《关于审理交通事故损害赔偿案件的若干指导意见》（2007年5月1日）第3条："当事人经公安交通管理部门主持调解达成的协议或自行协商达成的协议，是各方当事人为处理道路交通事故损害赔偿问题签订的民事合同。人民法院在审理案件时，经审查该协议不具有无效、可撤销情形的，可依法认定有效，并据此作出判决。"

第4条："赔偿权利人与机动车方或保险公司其中一方达成协议的，除非未参加签订协议的一方事后予以认可，该协议对未参加签订协议的一方没有约束力，赔偿权利人要求按该协议履行的，可将与其签订协议的一方作为被告。"

第5条："投保人自行允诺或支付的赔偿金额高于法定赔偿标准的，对于超过部分，保险公司提出异议的，人民法院应依法定标准计算赔偿数额。"

江西高院民一庭《关于审理道路交通事故人身损害赔偿案件适用法律若干问题的解答》（2006年12月31日）第1条："道路交通事故人身损害赔偿案件起诉到人民法院前，有的当事人自行或者经过第三方调解达成了和解。大致有四种：双方自行达成和解协议；经人民调解委员会组织调解达成和解协议；经公安交通管理部门组织调解达成和解协议；经其他单位或个人协调达成和解协议。无论以哪种方式达成协议，一方当事人反悔起诉到人民法院的，人民法院均应按照《中华人民共和国民事诉讼法》第一百零八条的规定予以审查，依法受理。"

第2条："经人民调解委员会组织调解达成的和解协议，人民法院在审理过程中，应当按照《最高人民法院关于审理涉及人民调解协议的民事案件的若干规定》处理。对当事人之间自行达成的和解协议、经其他单位和个人协调达成的和解协议和经公安机关交通管理部门组织达成的和解协议的效力，参照司法解释的规定处理。当事人之间的协议，存在以下情况的，区别对待。（1）赔偿权利人签订赔偿协议系出于急需救治费用或者受胁迫原因而同意签订过低赔偿金额，或者受到明显误导而答应过低赔偿金额，请求人民法院予以撤销、变更的，人民法院应当依法予以支持。（2）赔偿权利人协议的赔偿金额过低，或者确有较大金额的民事审判赔偿项目，如被抚养人生活费、残疾器具费、继续治疗费等未列入赔偿范围，请求增加赔偿金额的，人民法院应当予以支持。但前述协议中已经明确指出赔偿金额包括全部赔偿项目的，或者赔偿权利人明确放弃部分项目的除外。（3）赔偿义务人提出赔偿金额过高，请求变更协议内容或者撤销协议的，如果存在以欺诈、胁迫的手段或者乘人之危签订协议的情形，或者协议确定的赔偿金额远大于法定赔偿金额且赔偿义务人根本没有能力支付赔偿的，人民法院应当予以支持。对不符合前述情形的，予以驳回。但不论是否支持赔偿义务人的诉讼请求，人民法院均应在受理时对赔偿权利人释明，告知其提出请求确认协议效力、履行协议的反诉请求。（4）赔偿义务人已经按照协议履行全部或者部分，再提出撤销、变更、返还部分或者全部已赔付款项的，或者请求撤销未支付款项的，一般情况下，人民法院不予支持。"

重庆高院《关于审理道路交通事故损害赔偿案件适用法律若干问题的指导意见》（2006年11月1日）第32条："道路交通事故发生后，当事人在公安机关交通管理部门或者人民调解委员会主持调解下达成的赔偿协议，具有民事合同性质，当事人应当按照赔偿协议的约定履行自己的义务。"

第33条："道路交通事故发生后，当事人自行协商达成赔偿协议，一方当事人又以原道路交通事故纠纷向人民法院起诉的，人民法院应当依照原告的诉讼请求和有关法律规定进行审查，并确定相应赔偿责任。当事人自行协商达成的赔偿协议不能作为确定赔偿责任的直接依据。对当事人自行协商达成的赔偿协议，公安机关交通管理部门依据《重庆市道路交通安全条例》第六十六条的规定予以确认之后，当事人一方又以原道路交通事故纠纷向人民法院起诉的，适用前款规定。"

第34条："赔偿权利人与机动车方或者保险公司就道路交通事故损害达成的赔偿协议，对未参加签订协议的一方没有约束力，赔偿权利人要求按该协议履行的，应由与其签订协议的一方承担责任。但未参加签订协议的一方事后予以认可的除外。"

江西赣州中院《关于审理道路交通事故人身损害赔偿案件的指导性意见》（2006年6月9日）第40条："当事人在交警部门主持下达成的调解协议或自行协商达成的协议，是各方当事人为处理道路交通事故损害赔偿问题签订的民事合同。该协议如不具有无效、可撤销、可变更情形的，应依法认定有效。"

第46条："案件审理中，赔偿义务人同意按高于法定赔偿标准或超出自己应承担的责任给予对方当事人予以赔偿，由于赔偿权利人要求更高的赔偿而无法达成调解协议，赔偿义务人仍承诺按更高的数额给予赔偿并已记录在案的，法院可按赔偿义务人承诺的赔偿数额作出判决。"

贵州高院、省公安厅《关于处理道路交通事故案件若干问题的指导意见（一）》（2006年5月1日）第1条："公安机关交通管理部门在处理交通事故时，应当严格按照《交通事故处理工作规范》要求，告知各方当事人的有关权利和义务，指导当事人通过相关途径正确解决损害赔偿问题。"

第9条："公安机关交通管理部门在送达交通事故认定书时，应告知各方当事人有申请公安机关交通管理部门调解或直接向人民法院提起民事诉讼的权利，并向当事人发送空白调解申请书。"

第10条："公安机关交通管理部门应依法组织调解，经调解达成协议的，应及时制作调解书，送达各方当事人。经调解未达成调解协议的，应制作调解终结书送交各方当事人，调解终结书应载明未达成协议的原因。"

第12条："当事人在公安机关交通管理部门主持下调解，为处理道路交通事故损害赔偿后果达成的协议，具有民事合同的性质。当事人应当按照约定履行自己的义务，不得擅自变更或者解除调解协议。当事人一方反悔向人民法院起诉请求变更、撤销调解协议或者确认调解协议无效的，有责任对自己的诉讼请求所依据的事实提供证据予以证明，经审理该协议不具有无效、可撤销情形的，一般不予支持。"

江西赣州中院《民事审判若干问题解答》（2006年3月1日）第21条："人身损害发生后，当事人经协商就损害赔偿达成的协议，能否视为合同？答：可以视为合同。只要符合合同法关于合同成立和生效的规定，是双方真实的意思合意，协议内容不违反法律强制性规定，不损害社会公共利益和他人利益，就应具有法律效力。如当事人认为合同具有无效或可撤销事由的，可以根据合同法的规定，主张协议无效或者予以撤销。经审查认定合同具有无效或可撤销事由的，应确认协议无效或者予以撤销；经过审查不存在合同无效或可撤销事由的，应当确认协议有效。"

江苏常州中院《关于印发〈常州市中级人民法院关于审理交通事故损害赔偿案件若干问题的意见〉的通知》（2005年9月13日常中法〔2005〕第67号）第4条："《道路交通安全法》施行后至《指导意见》实施前的期间内，交警部门主持调解时，相关保险公司没有派员到场，其他当事人在交警部门主持下达成调解协议的，一般应确认该协议的效力。一方当事人反悔向人民法院起诉要求变更、撤销或确认无效的，一般不予支持，但当事人能够证明其具有撤销权且撤销权未消灭的或者调解协议具有无效情形的除外。对于一方当事人已向对方出具欠条或还款计划的，可按一般债务纠纷处理。上述一方当事人根据交警部门的调解协议或人民法院的相关法律文书，履行相应的赔偿义务后，其作为原告要求保险公司在限额内承担支付第三者责任保险款项的，可由人民法院民一庭受理。对该当事人的这一诉讼请求，一般应予支持。"

第5条："《指导意见》实施后，全市法院应严格按该《指导意见》第16条规定的有关精神执行。交警部门在相关保险公司参加调解、各方当事人未达成调解协议（含经通知后未到场），并制作调解终结书，一方当事人起诉的，人民法院应依法及时受理，并按《若干意见》的有关规定审理。"

江苏高院、省公安厅《关于处理交通事故损害赔偿案件有关问题的指导意见》（2005年9月1日苏高法〔2005〕282号）第15条："公安机关交通管理部门处理交通事故时，在作出交通事故认定书之前或者送达交通事故认定书时，应当告知各方当事人对交通事故损害赔偿有争议的，有申请公安机关交通管理部门调解或者直接向人民法院提起民事诉讼的权利。"

第 16 条："公安机关交通管理部门主持调解的，应当通知相关保险公司参加调解。经调解达成协议的，应当及时制作调解书并送达各方当事人。经调解未达成调解协议的，应当制作调解终结书送交各方当事人，调解终结书应载明未达成协议的原因。"

第 17 条："同一起交通事故造成 2 人以上伤亡的，因伤者治疗终结或者定残时间不同，伤者治疗终结或者定残时间与死者丧葬事宜结束时间也不相同，造成各受害人损害赔偿的调解期限的起始时间各不相同的，公安机关交通管理部门可以根据各受害人的不同情况分别组织调解。根据伤情需要对伤者分期治疗的，公安机关交通管理部门可以在第一期治疗终结后组织调解，继续治疗的费用可以在征求医疗机构的意见后经双方协商达成赔偿协议，也可以由当事人另行提起民事诉讼。"

第 18 条："当事人在公安机关交通管理部门主持下达成调解协议后，一方当事人反悔向人民法院起诉请求变更、撤销或者宣告无效的，一般不予支持。但当事人能够证明调解协议具有可撤销情形或者无效情形的除外。"

第 19 条："交通事故巡回法庭在审理交通事故损害赔偿案件时，可以邀请交通警察协助调解，受邀请的交通警察应当予以配合。"

第 20 条："人民法院受理交通事故损害赔偿案件后，经各方当事人同意，可以委托公安机关交通管理部门或者其他具有相关法律知识和工作经验的组织或者个人进行调解。"

第 21 条："人民法院邀请交通警察协助调解的，应当发出邀请函；委托调解的，应当发出委托函。"

第 22 条："人民法院应当在送达受理通知书和应诉通知书的同时，就是否接受委托调解征求各方当事人的意见。当事人均同意委托调解的，人民法院应当在调解前告知当事人主持调解的人员的姓名及是否申请回避等有关诉讼权利和诉讼义务。"

第 23 条："人民法院委托调解的，应当将诉状及证据材料的复印件送交主持调解的人员，并针对具体案情做好调解的指导工作。"

第 24 条："委托调解的期限为 10 日。10 日内未达成调解协议的，经人民法院同意，可以继续调解，但延长的调解期限不得超过 7 日。人民法院委托调解的期间，不计入审限。"

第 25 条："调解期限内未达成调解协议的，主持调解的人员应当终结调解，并将案卷材料、调解笔录、调解终结书等移交人民法院。"

第 26 条："达成调解协议后，当事人请求人民法院制作民事调解书的，人民法院应当依法确认调解协议并制作调解书。经调解原告向人民法院申请撤诉的，应当在调解协议中明确当事人不需要制作调解书。当事人达成的调解协议视为和解协议。"

第 27 条："人民法院委托调解但未达成调解协议的，应当在案件审结后及时将生效的裁判文书送交主持调解的组织或者个人。"

福建泉州中院《关于印发〈关于审理道路交通事故人身损害赔偿案件若干问题的指导意见（试行）〉的通知》（2005 年 8 月 3 日泉中法〔2005〕91 号）第 4 条："道路交通事故发生后，经公安交警部门主持调解，双方达成调解协议后，一方反悔向人民法院起诉的，经审查，若双方达成的调解协议符合《民法通则》及《合同法》等相关法律规定，调解协议有效，应在判决理由中认定协议的效力，并以调解协议确定的内容作出判决。"

浙江杭州中院《关于审理道路交通事故损害赔偿纠纷案件问题解答》（2005 年 5 月）第 3 条："……公安机关组织调解时，只有驾驶员参加，达成协议后驾驶员未履行，车辆所有人也未追认，该协议的效力如何认定？该协议的效力视车辆所有人是否应承担赔偿责任而定。若车辆所有人不必承担赔偿责任，则该协议有效。若车辆所有人依法须承担赔偿责任，则视该协议签订时驾驶员的身份（是否为职务行为）、与车辆所有人之间是否存在代理关系或表见代理关系等，来确定协议是否对车辆所有人发生法律效力。若不能认定驾驶员系职务行为，也不能认定驾驶员与车辆所有人之间存在代理关系或表见代理关系，则因赔偿义务人没有全部到场且未得到车辆所有人事后追认，该协议对车辆所有人不发生法律效力。"

北京高院《关于印发〈北京市高级人民法院关于审理保险纠纷案件若干问题的指导意见（试行）〉的通知》（2005 年 3 月 25 日京高法发〔2005〕67 号）第 25 条："责任保险的被保险人因给第三者造成损害，被保险人在双方调解中所作的让步，不应视为其放弃了正当的抗辩，保险人不能因此免责，当事人另有约定的除外。"

第 26 条："责任保险的被保险人因给第三者造成损害，双方就赔偿数额达成调解的，应当作为保险人理赔数额的依据，但调解中的数额与保险人核定的理赔数额有较大差距的情形除外。"

广东高院、省公安厅《关于〈道路交通安全法〉施行后处理道路交通事故案件若干问题的意见》（2004 年 12 月 17 日粤高法发〔2004〕34 号）第 12 条："公安交通管理部门在处理道路交通事故时，在作出交通事故认定书之前或送达交通事故认定书时，应告知各方当事人有申请公安交通管理部门调解或直接向人民法院提起民事诉讼的权利，并向当事人发送空白调解申请书。"

第 13 条："公安交通管理部门应认真做好调解工作，经调解达成协议的，应及时制作调解书，送达各方当事人。经调解未达成调解协议的，应制作调解终结书送交各方当事人，调解终结书应载明未达成协议的原因。"

第 14 条："同一宗交通事故造成的伤亡人数为 2 人以上，由于伤者治疗终结或者定残的时间各不相同，伤者治疗终结或者定残的时间与死者丧葬事宜结束的时间也不相同，造成各受害人损害赔偿的调解期限的起始时间各不相同的，公安交通管理部门应根据各受害人的不同情况分别组织调解。根据伤情需要对伤者分期治疗的，公安交通管理部门可以在第一期治疗终结后组织调解，继续治疗的费用可以在征求医疗部门的意见后经双方协商达成赔偿协议，也可以另行提起民事诉讼。"

第 16 条："当事人在公安交通管理部门主持调解时或自行协商达成的协议，是各方当事人为处理道路交通事故损害赔偿后果签订的民事合同。人民法院在审理案件时，经审查该协议不具有无效、可撤销情形的，可依法认定有效，并据此作出判决。"

第 17 条："受害人与机动车方或保险公司达成的协议，除未参加签订协议的一方事后予以认可的以外，该协议对未参加签订协议的一方没有约束力，受害人要求按该协议履行的，可将与其签订协议的一方作为被告。"

湖北高院《民事审判若干问题研讨会纪要》（2004 年 11 月）第 4 条："……当事人就人身损害赔偿达成赔偿协议后，一方反悔向人民法院起诉，请求撤销或确认协议无效的，人民法院应予受理。但经审查不能证明在订立协议时具有《中华人民共和国合同法》所规定的无效或可撤销情形的，应当认定协议有效，判决驳回其诉讼请求。"

福建高院《关于当前审理交通事故损害赔偿案件应明确的几个问题》（2004 年 8 月 13 日）第 4 条："需要特别指出，原《道路交通事故处理办法》建立了以公安机关调解为前置程序的交通事故损害赔偿争议解决机制，《道路交通安全法》对此作了重大改变，规定交通事故损害赔偿的解决方式为：当事人可以选择自行协商处理，或者请公安交通管理部门调解，或者直接向人民法院提起民事诉讼三种方式中的任何一种，三种解决方式并行不悖。人民法院在审理交通事故损害赔偿案件时，应严格依照《民法通则》、《道路交通安全法》、最高法院的'解释'等有关法律和司法解释的相关规定处理。"

山东济南中院《贯彻落实〈道路交通安全法〉座谈会纪要》（2004 年 5 月 14 日）第 4 条："道路交通事故当事人自行和解或经公安部门调解达成的和解协议，系民事合同行为，对双方当事人具有约束力。经讨论同志们认为，和解协议签订后一方当事人又向人民法院提起诉讼的，人民法院应予以受理，并根据以下原则处理：（1）原告以和解协议内容违反法律规定要求宣告协议无效，或以和解协议行为人欠缺民事行为能力、代理人无权代理及无权处分要求确认协议不生效力的，人民法院应对协议进行审查，依照《合同法》第 47 条、第 48 条、第 49 条、第 50 条、第 51 条、第 52 条之规定处理。（2）原告以意思表示不真实要求变更、撤销和解协议的，应依照《合同法》第54条、第55条之规定处理。（3）原告以和解协议对道路交通事故损害赔偿问题的处理有遗漏事项，或和解协议签订后有新发生费用为由提起诉讼要求增加部分赔偿的，人民法院应对其请求事项进行审查，对和解协议确未涉及的部分，依照法释〔2003〕20号司法解释规定的赔偿范围和标准处理。（4）双方当事人协商同意解除和解协议的，应予以准许，并对损害赔偿依法处理。（5）除上述情形外，当事人对和解协议反悔并主张人身损害赔偿的，不应予以支持。"

吉林高院《关于印发〈关于审理道路交通事故损害赔偿案件若干问题的会议纪要〉的通知》（2003年7月25日吉高法〔2003〕61号）第7条："道路交通事故发生后，公安机关对损害赔偿进行了调解，且当事人已经对调解书自动履行完毕或已被人民法院发生法律效力的裁判文书所确认后，受害人以伤情发生重大变化需增加医疗费及其他相关必要费用为由，向人民法院起诉，符合民事诉讼法规定的起诉条件，人民法院应当受理。"

北京高院《关于印发〈北京市法院重大疑难民事案件研究指导组会议纪要〉的通知》（2003年3月17日）："……道路交通事故虽属特殊领域的侵权，但与其他人身侵权一样，在性质上均为人身损害，因此，法院在审理因道路交通事故引起的损害赔偿纠纷案件时，应依照《民法通则》及其相关司法解释，并可参照高院发布的《关于审理人身损害案件若干问题的处理意见》。同时，交通管理局依据《交通事故处理条例》对道路交通事故的处理，是行政机关依据行政法规所做的无争议调解，属于行政执法活动，其适用法规与法院适用法律及司法解释性质不同，并无矛盾和冲突。"

广东高院、省公安厅《关于印发〈关于处理道路交通事故案件若干具体问题的补充意见〉的通知》（2001年2月24日粤高法发〔2001〕6号）第6条："交通事故伤者经治疗已达到临床效果稳定，但医疗单位拒绝出具治疗终结证明或对治疗终结意见不一致时，公安交通管理部门可提交伤残评定机构对交通事故伤者是否达到临床治疗终结进行鉴定。经鉴定已达到治疗终结的，应组织评残和进行损害赔偿调解。经调解达成损害赔偿协议或者调解终结后，交通事故伤者有证据证明确需继续治疗的，公安交通管理部门对继续治疗费用不再进行调解，当事人可以直接向人民法院提起民事诉讼。"

河南高院《关于审理道路交通事故损害赔偿案件若干问题的意见》（1997年1月1日豫高法〔1997〕78号）第4条："道路交通事故发生后，公安机关对损害赔偿进行了调解，且当事人已经对调解书自动履行完毕，受害人以伤情发生变化需增加医疗费为由，向人民法院起诉要求增加赔偿的，如果当事人的起诉符合民事诉讼法规定的起诉条件，人民法院应予受理。"

广东高院、省公安厅《关于处理道路交通事故案件若干具体问题的通知》

（1996 年 7 月 13 日粤高法发〔1996〕15 号）第 30 条："人民法院审理道路交通事故损害赔偿案件，要依法确定赔偿数额。依照《办法》和省公安厅公布的损害赔偿计算标准，确实难以弥补当事人实际损失的，可在责任方同意的前提下，或者参照精神损害赔偿的原则，赔偿的数额可适当高于法定标准。"

第 31 条："在人民法院主持调解下，一方当事人已同意高于法定标准或超出自己应承担的责任给予对方当事人作出赔偿，由于对方当事人仍不同意而无法达成调解协议的，人民法院可按一方当事人已同意的赔偿数额作出判决。"

6. 地方规范性文件

甘肃武威公安局、司法局《关于印发〈武威市公安交通管理部门建立道路交通事故损害赔偿纠纷人民调解委员会实施办法〉的通知》（2010 年 1 月 1 日武公发〔2009〕207 号）第 4 条："交通事故人民调解委员会调解道路交通事故民事损害赔偿纠纷，主要适用于公安交通管理部门按照一般程序处理的道路交通事故。经公安交通管理部门作出的道路交通事故认定书生效后，对交通事故损害赔偿的争议，当事人可以申请公安交通管理部门调解，也可以申请交通事故人民调解委员会调解，也可以直接向人民法院提起民事诉讼。交通事故人民调解委员会调解交通事故民事损害赔偿纠纷，一般应当在一个月内调结。经调解达成协议的，制作书面调解协议。当事人未达成协议或者达成协议后不履行的，可以直接向人民法院提起民事诉讼。经交通事故人民调解委员会调解达成协议的，当事人可自愿向人民法院申请'调解协议诉前司法确认'。"

第 6 条："交通事故人民调解必须符合人民调解依法、平等、自愿、尊重当事人诉讼权利的原则。经调解达成的有民事权利义务内容，并由各方当事人签字或盖章的调解协议，具有民事合同性质，当事人应当按照约定履行自己的义务，不得擅自变更或者解除调解协议。"

7. 最高人民法院审判业务意见

（1）民事诉讼"一事不再理"原则是否适用于调解发生法律效力的案件？

最高人民法院民一庭《民事审判实务问答》编写组："……民事调解书虽然是依据当事人依法自愿达成的调解协议制作的，但法院调解是人民法院行使审判权的方式之一，民事调解书记载了诉讼请求、案件的事实和调解结果，是在诉讼程序中形成的法院制作的法律文书，其一经生效，即产生与生效判决相同的法律效力。在程序方面，它和判决一样，都是正常结束诉讼程序的方式；在实体方面，调解生效后，即表明当事人之间实体权利义务的争议已经得到了法院的解决和确认。因此，就既判力而言，当事人和人民法院都应该受到生效裁判内容的约束，当事人不得就同一诉讼标的和同一诉讼理由再向人民法院提起诉讼，人民法院也不得再行审理和另行裁判。故从目的解释的角度而言，民事诉讼法第一百一十一条第（五）项的规定可以扩展解释为已经生效的裁判文书。因此，人民法院制作的调解书发生法律效力后，如果当事人就同一诉讼标的、同一理由再行提起诉讼的，人民法院可以参照适用民事诉讼法第一百一十一条第（五）项的规定予以处理。"

（2）当事人能否以执行和解协议产生新的合同权利义务为理由起诉？

最高人民法院民一庭意见："在人民法院的生效判决执行过程中，当事人之间又签署执行和解协议，如果一方当事人不履行该执行和解协议，对方当事人以该执行和解协议产生新的合同权利义务关系为由，向人民法院起诉的，人民法院不应受理；已经受理的，应裁定驳回起诉。"

（3）本案应执行一审生效判决还是二审达成的和解协议？

《人民司法》研究组："人民法院所作出的给付判决，一旦生效便具有执行力，债权人一旦提出申请，除执行力处于中止状态或者执行依据本身无法付诸执行的情形，人民法院必须执行。而能够导致执行力中止的情形，按照现行法律规定只有两种，即：原执行依据处于再审状态；当事人在执行程序中达成和解协议。应当指出，诉讼中的和解协议不具有阻止执行的效力。当然，本案中执行一审生效判决，并非就意味着诉讼中的和解协议对当事人没有约束力。甲公司可以以刘某违反和解协议约定为由另行提起诉讼，要求刘某承担违约责任。"

（4）当事人对履行民事调解书中产生的新争议事实是否有权提起新的诉讼？

最高人民法院民一庭意见："履行调解书中超出原审原告诉讼请求部分内容的新的争议事实，如不能通过执行程序或审判监督程序救济，且符合《民事诉讼法》第108条规定的案件受理条件，权利人有权向有管辖权的人民法院另行提起诉讼。"

（5）由亲属参与民事纠纷的调解代当事人签订的赔偿协议是否构成表见代理？

最高人民法院民一庭倾向性意见："如果纠纷当事人具有完全民事行为能力，在没有得到本人同意、也没有证据表明本人同意的情况下，除配偶代签协议构成表见代理的以外，其他亲属代签的协议不构成表见代理。但是，从审判政策考虑，不构成表见代理的协议，也不要轻易认定为无效，而应该尽可能寻找其他法律根据，维持协议的内容。这样才能既不违反法律的规定，维护法律的权威，又能使纠纷得到妥善处理，保持整个社会的稳定、和谐。当然，如果该协议符合《合同法》规定的合同无效的情形，也应当认定为无效。如果具有《合同法》规定的可以变更或者撤销的情形，也应当依法予以变更或者撤销。"

（6）当事人在执行和解协议中约定由案外人履行义务，案外人不履行时应如何处理?

《人民司法》研究组:"在执行程序中,一方当事人不履行执行和解协议的,对方当事人有两种救济渠道:首先,依据我国民事诉讼法第 211 条的规定,可以申请人民法院恢复对生效法律文书的执行;其次,执行和解协议本身也是民事合同的一种,如果一方当事人不按约定履行的,对方当事人可以以合同约定的义务一方为被告,向人民法院提起民事诉讼,取得新的执行依据后再向人民法院申请执行。"

(7)交通事故伤害赔偿责任已达成调解协议,履行后受害方发现伤残请求赔偿,法院应如何处理?

《人民司法》研究组:"交通事故发生后,在交通部门主持下达成的调解协议,不属于人民调解的性质,也不是诉讼程序中的调解,不具有民事合同的性质。如果当事人反悔或者已经履行后又向人民法院提起诉讼的,人民法院依法应予受理。不过,当事人已经履行完毕的,其间的债权债务关系已经因履行终了而消灭,如无特殊理由,人民法院受理后应当驳回其诉讼请求。来信所述案件,双方已经实际履行完调解协议内容后,以发现手伤残为由又到人民法院提起诉讼,要求赔偿的,人民法院应予受理。而且,对于这种因事故致人伤残进行赔偿的,如果对后续治疗和以后可能出现的情况无法量化考虑的,当事人可待事项实际发生后或可确定数额后再行起诉,人民法院同样对其合法权利予以保护。这种基于新的事由提起的诉讼请求,属于一个新的诉讼,因此,本案当事人就手伤部分的损害赔偿非但享有诉权,而且不排除其有实体上胜诉的可能性。"

(8)发生交通事故后,交警没有作出责任认定,事故双方自行达成赔偿协议,一方不履行协议,另一方提起诉讼,法院应如何处理?

最高人民法院民一庭《民事审判实务问答》编写组:"《道路交通安全法》第 70 条第 2 款规定:'在道路上发生交通事故,未造成人身伤亡,当事人对事实及成因无争议的,可以即行撤离现场,恢复交通,自行协商处理损害赔偿事宜;不即行撤离现场的,应当迅速报告执勤的交通警察或者公安机关交通管理部门。'第 3 款规定:'在道路上发生交通事故,仅造成轻微财产损失,并且基本事实清楚的,当事人应当先撤离现场再进行协商处理'。可见,较之原《道路交通事故处理办法》的规定,新法强调了当事人协商处理途径,并非凡事故都要经公安交通警察部门处理。道路交通事故发生后,双方当事人自行达成和解协议,只要不存在协议无效的情形,应当认定协议的效力,从而认定双方对交通事故损害赔偿这个债权债务关系已经明确下来,不存在争议。后因一方不履行协议而另一方提起诉讼的,人民法院可作债务案件径行受理。除诉讼时效等阻却事由外,只要协议有效,就应当按照协议确定的数额判决赔偿。"

第三节　法理分析

　　交警队主持的调解，是一种行政调解，只要调解程序和结果不违反法律的有关强制性规定，人民法院就应依法认定其效力，当事人双方不得随意反悔。

　　责任保险的被保险人给第三者造成损害的，被保险人对第三者应负的赔偿责任确定的，根据被保险人的请求，保险人应直接向该第三者赔偿保险金。被保险人怠于请求的，第三者有权就其应获赔偿部分直接向保险人请求保险金赔付。但被保险人与第三者之间达成的赔偿协议对保险公司并不产生当然的约束力，第三者行使代位权时也不能直接以赔偿协议内容作为唯一依据。

第二十七章

道路交通事故中保险公司的诉讼地位探析

第一节　概　述

同时投保交强险和商业三者险的机动车发生交通事故造成损害，当事人起诉侵权人时，有权要求将承保交强险和商业三者险的保险公司同时列为共同被告。承保交强险的保险公司在责任限额范围内赔偿不足部分，由承保商业三者险的保险公司根据保险合同予以赔偿，仍有不足的，依照《道路交通安全法》和《侵权责任法》的相关规定由侵权人予以赔偿。

被侵权人或者其近亲属请求承保交强险的保险公司优先赔偿精神损害的，人民法院应予支持。在被保险人没有依法向受害人承担赔偿责任的情况下，保险公司不能以其已经向被保险人理赔完毕为由，对抗受害人的赔偿请求权。

第二节　责任表现及裁判依据

一、常见实务类型

梅某与严某系来安某运输公司职工，受公司指派，梅某和严某一同外出运货。途中，梅某驾驶的货车与徐某驾驶的货车追尾，致梅某当场死亡及乘坐在梅某驾驶车辆副驾驶的原告严某受伤。梅某驾驶的车辆系来安某运输公司所有，该车在人保某支公司被投保了交强险、商业三者险、车上人员责任险。原告严某起诉要求来安某运输公司、人保某支公司赔偿其损失。

本案中，原告严某乘坐车辆遭受损害，其不依据侵权关系起诉侵权方即对方车辆驾驶员徐某及其车辆投保的保险公司，反将其所乘坐车辆的所有人即来安某运输公司及承保该车保险的人保某支公司作为被告。

本案中，严某把人保某支公司作为被告是否合适？①

二、裁判依据或参考

1. 法律规定

《保险法》（2009 年 10 月 1 日）第十条："保险合同是投保人与保险人约定保险权利义务关系的协议。投保人是指与保险人订立保险合同，并按照合同约定负有支付保险费义务的人。保险人是指与投保人订立保险合同，并按照合同约定承担赔偿或者给付保险金责任的保险公司。"

第六十五条："保险人对责任保险的被保险人给第三者造成的损害，可以依照法律的规定或者合同的约定，直接向该第三者赔偿保险金。责任保险的被保险人给第三者造成损害，被保险人对第三者应负的赔偿责任确定的，根据被保险人的请求，保险人应当直接向该第三者赔偿保险金。被保险人怠于请求的，第三者有权就其应获赔偿部分直接向保险人请求赔偿保险金。责任保险的被保险人给第三者造成损害，被保险人未向该第三者赔偿的，保险人不得向被保险人赔偿保险金。责任保险是指以被保险人对第三者依法应负的赔偿责任为保险标的的保险。"

2. 行政法规

《机动车交通事故责任强制保险条例》（2013 年 3 月 1 日修改施行）第三条："本条例所称机动车交通事故责任强制保险，是指由保险公司对被保险机动车发生道路交通事故造成本车人员、被保险人以外的受害人的人身伤亡、财产损失，在责任限额内予以赔偿的强制性责任保险。"

第二十一条："被保险机动车发生道路交通事故造成本车人员、被保险人以外的受害人人身伤亡、财产损失的，由保险公司依法在机动车交通事故责任强制保险责任限额范围内予以赔偿。"

第三十一条："保险公司可以向被保险人赔偿保险金，也可以直接向受害人赔偿保险金。但是，因抢救受伤人员需要保险公司支付或者垫付抢救费用的，保险公司在接到公安机关交通管理部门通知后，经核对应当及时向医疗机

① 案件引自《承保车上人员责任险的保险公司在交通事故纠纷案件中能否作为被告参加诉讼》，http://www.czfy.gov.cn/html/2014-09/6236.html。

构支付或者垫付抢救费用。因抢救受伤人员需要救助基金管理机构垫付抢救费用的，救助基金管理机构在接到公安机关交通管理部门通知后，经核对应当及时向医疗机构垫付抢救费用。"

3. 司法解释

最高人民法院《关于审理道路交通事故损害赔偿案件适用法律若干问题的解释》（2012 年 12 月 21 日法释〔2012〕19 号）第十六条："同时投保机动车第三者责任强制保险（以下简称'交强险'）和第三者责任商业保险（以下简称'商业三者险'）的机动车发生交通事故造成损害，当事人同时起诉侵权人和保险公司的，人民法院应当按照下列规则确定赔偿责任：（一）先由承保交强险的保险公司在责任限额范围内予以赔偿；（二）不足部分，由承保商业三者险的保险公司根据保险合同予以赔偿；（三）仍有不足的，依照道路交通安全法和侵权责任法的相关规定由侵权人予以赔偿。被侵权人或者其近亲属请求承保交强险的保险公司优先赔偿精神损害的，人民法院应予支持。"

第二十五条："人民法院审理道路交通事故损害赔偿案件，应当将承保交强险的保险公司列为共同被告。但该保险公司已经在交强险责任限额范围内予以赔偿且当事人无异议的除外。人民法院审理道路交通事故损害赔偿案件，当事人请求将承保商业三者险的保险公司列为共同被告的，人民法院应予准许。"

最高人民法院《关于人民法院能否提取投保人在保险公司所投的第三人责任险应得的保险赔偿款问题的复函》（2000 年 7 月 13 日〔2000〕执他字第 15 号）："……人民法院受理此类申请执行案件，如投保人不履行义务时，人民法院可以依据债权人（或受益人）的申请向保险公司发出协助执行通知书，由保险公司依照有关规定理赔，并给付申请执行人；申请执行人对保险公司理赔数额有异议的，可通过诉讼予以解决；如保险公司无正当理由拒绝理赔的，人民法院可依法予以强制执行。"

4. 部门规范性文件

中国保监会《关于保险理赔纠纷咨询意见的复函》（2003 年 7 月 21 日保监办函〔2003〕113 号）第二条："根据《保险法》第五十条（原《保险法》第四十九条）责任保险合同中，对被保险人给第三者造成的损害，保险人可以依据法律或合同的约定，直接向该第三者赔偿保险金。如果合同没有特别约定，保险公司可以向被保险人支付保险金，被保险人有权受领保险金，然后再将保险金赔偿给受到损害的第三者。本案中，如果合同约定保险公司将保险金直接支付给受到损害的第三者，则保险公司应将保险金直接支付给肖忠武；如果合同中没有特别约定，保险公司可以将保险金支付给吴忠配件厂。"

5. 地方司法性文件

安徽高院《关于审理道路交通事故损害赔偿纠纷案件若干问题的指导意

见》（2014 年 1 月 1 日皖高法〔2013〕487 号）第 1 条："道路交通事故受害人仅起诉保险公司要求承担机动车第三者责任强制保险、机动车第三者责任保险赔偿责任，保险公司申请追加机动车一方为被告的，人民法院应予准许。"

第 2 条："在受害人起诉的案件中，机动车一方要求保险公司赔偿其已支付给受害人的赔偿款的，人民法院可以组织保险公司和机动车一方进行调解。调解达成协议的，制作民事调解书；调解达不成协议的，告知机动车一方另案处理。"

第 3 条："在受害人起诉的案件中，保险公司主张《机动车交通事故责任强制保险条例》第二十二条第一款、《关于审理道路交通事故损害赔偿案件适用法律若干问题的解释》第十八条第二款规定的追偿权的，人民法院可以组织保险公司和责任人进行调解。调解达成协议的，制作民事调解书；调解达不成协议的，告知保险公司另案处理。"

新疆高院《关于印发〈关于审理道路交通事故损害赔偿案件若干问题的指导意见（试行）〉的通知》（2011 年 9 月 29 日新高法〔2011〕155 号）第 2 条："机动车发生交通事故的，机动车一方投保机动车交通事故责任强制保险（下称交强险）的，人民法院应当将交强险的保险公司和侵权人列为共同被告。机动车一方投保商业第三者责任保险（下称商业险）的，人民法院可以根据赔偿权利人的请求，将商业险的保险公司列为共同被告。赔偿权利人不起诉保险公司的，一般不予追加。"

第 3 条："赔偿权利人请求交强险和商业险的保险公司在一案中赔付的，人民法院应予支持。赔偿权利人未起诉商业险的保险公司，如果两险为同一家保险公司的，人民法院应向赔偿权利人释明，予以追加；如果两险为不同保险公司的，商业险的赔付可告知当事人另行起诉。"

广东高院《关于审理保险合同纠纷案件若干问题的指导意见》（2011 年 9 月 2 日粤高法发〔2011〕44 号）第 18 条："责任保险的被保险人给第三者造成损害，第三者以保险人为被告或以保险人与被保险人为共同被告直接请求保险人赔偿保险金的，人民法院应予受理。如果第三者起诉时被保险人尚未向保险人提出直接向第三者支付保险金的书面申请的，视为构成保险法第六十五条第二款规定的'被保险人怠于请求'，人民法院可支持第三者的请求。"

江苏高院、省公安厅、中国保监会江苏监管局《关于加强交通事故损害赔偿案件调解和构建交通事故损害赔偿案件联动处理机制的意见》（2011 年 7 月 19 日苏高法〔2011〕298 号）第 5 条："……2. 公安交管部门在调查处理交通事故案件阶段，对涉案车辆涉及保险公司的，应及时通知保险公司参与事故调解等工作。公安交管部门根据《机动车交通事故责任强制保险条例》的规定，对符合抢救费垫付条件的，应及时通知有关保险公司在交强险医疗赔偿费用限额范围内先行垫付抢救费用，有关保险公司应当先行垫付。3. 人民法院在审理交通事故案件阶段，对涉案车辆涉及保险公司的应要求赔偿权利人及时提供相关证据材料，并及时向保险公司等其他各方当事人送达，为保险公司核定保险赔偿金额预留合理时间。有关保险公司应及时核定保险赔偿金额。核定的交通事故强制责任保险和第三者责任险在责任限额范围内的，有关保险公司应在三个工作日内出具审核意见书，情况复杂的可在十五个工作日内出具审核意见书。人民法院在审理中需要对当事人进行伤残鉴定的，应当通知保险公司参与。人民法院判令保险公司在交通事故强制保险责任限额内承担赔偿责任的，应当给予保险公司不少于 10 日的履行期限。对保险公司按时出具审核意见书并及时到庭参与调解的案件，一般不确定保险公司承担诉讼费用。"

贵州高院《关于印发〈关于审理涉及机动车交通事故责任强制保险案件若干问题的意见〉的通知》（2011 年 6 月 7 日黔高法〔2011〕124 号）第 1 条："保险公司与被保险机动车方的诉讼地位，应根据下列情况列明：（一）交通事故赔偿权利人仅起诉保险公司的，应当追加机动车方作为案件的共同被告参加诉讼。（二）交通事故赔偿权利人仅起诉机动车方的，应当追加保险公司作为案件的共同被告参加诉讼，但保险公司已经在机动车第三者责任强制保险责任限额范围内予似赔偿的除外。前款各项所称'机动车方'，是指机动车的所有人、管理人、驾驶人。"

安徽宣城中院《关于审理道路交通事故赔偿案件若干问题的意见（试行）》（2011 年 4 月）第 1 条："机动车发生交通事故致人损害，赔偿权利人起诉要求承保交通事故责任强制保险的保险公司承担赔偿责任的，保险公司诉讼地位按照以下情形处理：（一）机动车依法投保了交强险的，或者在同一保险公司又投保了机动车第三者责任保险的，保险公司应该列为被告；（二）机动车仅投保了机动车第三者责任保险的，保险公司应列为第三人。"

第 2 条："赔偿权利人仅起诉承保机动车交通事故责任强制保险的保险公司，人民法院应向其释明申请赔偿义务人作为共同被告；经释明后赔偿权利人仍不申请追加的，人民法院可以依职权追加赔偿义务人作为共同被告参加诉讼。"

第 3 条："赔偿权利人仅起诉赔偿义务人的，人民法院应向其释明可以申请追加承保机动车交通事故责任强制保险的保险公司作为共同被告，并通知保险公司可以申请作为共同被告参加诉讼；经释明后赔偿权利人仍不申请追加，保险公司也不申请参加诉讼的，人民法院不应将保险公司作为共同被告。"

山东高院《关于印发审理保险合同纠纷案件若干问题意见（试行）的通知》（2011 年 3 月 17 日）第 31 条："保险公司依法成立的各级分支机构具有独立的诉讼主体资格。保险公司设立的营销服务部在工商行政管理部门办理工商登记手续并取得营业执照的，应认定属于《民事诉讼法》第一百零八条规定的其他组织，可以自己的名义参加诉讼。"

第 33 条："第三者责任保险的被保险人给第三者造成损害，第三者直接起诉保险人要求赔偿保险金的，人民法院不予支持。但法律、行政法规另有规定的除外。第三者起诉被保险人要求承担赔偿责任，保险人申请作为第三人参加诉讼的，人民法院应予准许。被保险人对第三者应负的赔偿责任确定后，被保险人不履行赔偿责任，也不请求保险人直接向第三者赔偿保险金的，第三者以保险人为被告要求直接赔偿保险金的，人民法院应予支持。"

江西鹰潭中院《关于审理道路交通事故损害赔偿纠纷案件的指导意见》（2011 年 1 月 1 日鹰中法〔2011〕143 号）第 2 条："赔偿权利人将赔偿义务人和投保交强险的保险公司，投保商业险的保险公司，与所有权人不一致的机动车辆保险的投保人作为被告提起民事诉讼的，应当受理。"

山东淄博中院民三庭《关于审理道路交通事故损害赔偿案件若干问题的指导意见》（2011 年 1 月 1 日）第 1 条："受害人起诉承保交强险的保险公司的，应将保险公司列为被告。受害人只起诉侵权人的，应追加承保交强险的保险公司作为被告参加诉讼。"

河南、周口中院《关于侵权责任法实施中若干问题的座谈会纪要》（2010 年 8 月 23 日周中法〔2010〕130 号）第 9 条："根据道路交通安全法和保险法的相关规定及保险的社会功能，区分强制保险和商业三者险，正确确定保险公司的诉讼地位和责任承担。（1）机动车交通事故中的受害人请求事故责任人赔偿的案件中，为机动车承保强制保险的保险公司应当作为共同被告参加诉讼。如果受害人没有起诉保险公司，人民法院也应当依照道路交通安全法的规定，追加保险公司为共同被告；（2）机动车交通事故中的受害人请求事故责任人赔偿的案件中，受害人同时请求为机动车承保商业三者险的保险公司直接赔付保险金的，如果符合保险法第六十五条规定的情形，保险公司应当作为共同被告，当事人不申请追加保险公司为共同被告的，人民法院不宜直接追加……"

浙江高院民一庭《关于审理道路交通事故损害赔偿纠纷案件若干问题的意见（试行）》（2010 年 7 月 1 日）第 1 条："赔偿权利人同时起诉赔偿义务人以及承保机动车交通事故责任强制保险（以下简称机动车强制保险）的保险公司的，人民法院应当将赔偿义务人和保险公司列为共同被告。承保机动车强制保险和商业险为同一保险公司，赔偿权利人请求在机动车强制保险和商业险范围内一并赔付，且该保险公司也明确同意的，人民法院可一并予以审理。"

第 2 条："赔偿权利人仅起诉承保机动车强制保险的保险公司的，人民法院应向其释明申请追加赔偿义务人作为共同被告；经释明后赔偿权利人仍不申请追加的，人民法院可依职权追加赔偿义务人作为共同被告参加诉讼。"

第3条："赔偿权利人仅起诉赔偿义务人的，人民法院应向其释明可申请追加承保机动车强制保险的保险公司作为共同被告，并通知保险公司可申请作为共同被告参加诉讼；经释明后赔偿权利人仍不申请追加，保险公司也不申请参加诉讼的，人民法院不应将保险公司列为共同被告。"

第4条："机动车强制保险合同中有关纠纷解决方式的约定，对赔偿权利人不具有当然约束力，但赔偿权利人自愿接受的除外。"

安徽合肥中院民一庭《关于审理道路交通事故损害赔偿案件适用法律若干问题的指导意见》（2009年11月16日）第20条："机动车发生道路交通事故致人损害，赔偿权利人起诉要求承保交通事故责任保险的保险公司承担赔偿责任的，保险公司诉讼地位按照以下情形处理：（一）机动车依法投保了交通事故责任强制保险的，或者在同一保险公司又投保了交通事故第三者责任保险的，保险公司应列为被告；（二）机动车仅投保了交通事故第三者责任保险的，保险公司应列为第三人。"

第21条："在审理道路交通事故人身损害赔偿案件中，除审理涉案的交通事故责任强制险及交通事故第三者责任险争议外，其他有关的车上人员责任险、车辆损失险、意外伤害险等保险合同争议，不得纳入案件审理范围。"

第64条："道路交通事故损害赔偿案件判决主文应当作如下排序：第一项，确定保险公司在机动车交通事故责任强制险限额内应当承担的赔偿责任（赔偿权利人应得的赔偿总额、赔偿项目、赔偿比例及计算方法等不应在判决主文中出现，而应在事实认定和论理部分表述）。例：被告××保险公司于本判决生效之日起十日内在其承保的机动车交通事故责任强制保险限额内赔偿原告某某××元。第二项，确定保险公司以外的赔偿义务人在超出第一项判决外应承担的赔偿责任。例1：被告甲于本判决生效之日起十日内赔偿原告A、B、C××元。例2：被告甲、乙于本判决生效之日起十日内连带赔偿原告A、B、C××元。例3：被告甲、乙于本判决生效之日起十日内分别赔偿原告A、B、C××元。第三项，确定保险公司作为被告或第三人在交通事故第三者责任险限额内应承担的赔偿责任。例1：被告××保险公司对本判决第二项中被告某某赔偿的款项在交通事故第三者责任险限额内承担×%（未投不计免赔率特约险的情形）的赔偿责任，计××元，于本判决生效之日起十日内履行完毕。例2：如在扣除交通事故责任强制险赔偿部分后，被告仍需赔偿30000元，被告诉前已垫付20000元的情形：被告××保险公司对本判决第二项中被告××赔偿的款项在交通事故第三者责任险范围内承担85%（扣除约定的15%免赔责任）的赔偿责任，计25500元（履行方式：××保险公司实际应赔偿原告×× 10000元，支付被告××垫付的15500元），于本判决生效之日起十日内履行完毕。"

江西九江中院《关于印发〈九江市中级人民法院关于审理道路交通事故人身损害赔偿案件若干问题的意见（试行）〉的通知》（2009年10月1日九中法〔2009〕97号）第15条："交通事故发生后，机动车驾驶人或所有人已支付部分或全部医疗费及其他合理费用的，赔偿权利人起诉机动车驾驶人或所有人及保险公司要求赔付剩余赔偿款的，如果保险公司应赔付的理赔款超过赔偿权利人诉请金额，而机动车驾驶人或所有人无需承担赔付责任或需赔付的金额少于已付款项，为了减少诉累，应一并解决机动车驾驶人或所有人与保险公司间的理赔事宜。具体判决主文的表述为：一、在本判决生效后×日内，某保险公司赔付赔偿权利人各项费用（合理诉请）××元；二、在本判决生效后×日内，某保险公司给付机动车驾驶人或所有人代垫医疗费等费用××元。"

上海高院《关于处理道路交通事故纠纷若干问题的解答》（2009年6月20日沪高法民一〔2009〕9号）第1条："道路交通事故损害赔偿案件中，承保交强险保险公司的诉讼地位。根据《机动车交通事故责任强制保险条例》（以下简称《条例》）第21、22条规定，被保险机动车发生道路交通事故的，由保险公司依法在机动车交通事故强制保险责任限额内予以赔偿。为了保证交通事故受害人顺利理赔，受害人选择以保险公司为被告提起诉讼的，可以列保险公司为被告；受害人未以保险公司为被告提起诉讼的，一般宜追加保险公司为第三人。"

辽宁高院《关于印发全省法院民事审判工作座谈会会议纪要的通知》（2009年6月1日辽高法〔2009〕120号）第21条："关于道路交通事故损害赔偿案件中交强险及商业险保险公司的诉讼地位。道路交通事故的受害人以责任人为被告，以承保交强险或第三者责任商业险的保险公司为被告或第三人提起诉讼的，应通知保险公司参加诉讼。当事人未提出相关申请的，可依职权通知保险公司以第三人的身份参加诉讼。但保险公司已全部履行其承保人义务的除外，保险公司应当根据相关法律、法规和保险合同的约定，承担相应的保险赔付责任。"

湖南高院《关于审理涉及机动车交通事故责任强制保险案件适用法律问题的指导意见》（2008年12月12日）第1条："保险人和被保险机动车一方的诉讼地位按下列方式确定：受害第三者起诉被保险机动车一方，同时将保险人作为被告或者第三人起诉的，应当按照起诉状列明。受害第三者仅起诉被保险机动车一方，被保险机动车一方申请追加保险人参加诉讼的，应将保险人列为第三人。但保险人已经在强制保险责任范围内予以赔偿的除外。受害第三者仅起诉保险人或被保险机动车一方的，人民法院可以告知受害第三者申请追加被保险机动车一方或保险人参加诉讼。"

山东高院《2008年民事审判工作会议纪要》（2008年9月）第2条："……

（八）关于交通事故强制责任保险的适用问题。道路交通事故强制责任保险属于一种法定险，根据《道路交通安全法》的规定，交通事故发生后，首先应当由承保的保险公司承担限额赔偿责任，因此，交通事故受害人交通事故直接责任人，保险公司应当作为共同被告参加诉讼。"

福建高院民一庭《关于审理人身损害赔偿纠纷案件疑难问题的解答》（2008年8月22日）第11条："问：国务院《机动车交通事故责任强制保险条例》施行后，在交通事故损害赔偿案件中，如何确定保险公司的诉讼地位？答：《道路交通安全法》第七十六条规定，机动车发生事故造成人身伤亡、财产损失的，由保险公司在第三者责任强制保险责任限额范围内先予以赔偿；超过责任限额的部分，再由双方当事人依法承担赔偿责任。虽然保险公司既不是实际的侵权人，也与交通事故受害人没有合同上的关系，但由于《道路交通安全法》规定其有法定义务在责任限额范围内直接向交通事故受害人承担赔偿责任，因此，如果赔偿权利人将保险公司和被保险机动车一方列为共同被告的，人民法院应当予以准许。同时，根据《道路交通安全法》第七十六条的规定还可得知，保险公司承担的赔偿份额，将决定被保险机动车一方是否以及具体应承担的赔偿份额，交通事故案件的处理结果，与保险公司和被保险机动车一方均有法律上的利害关系。所以，如果赔偿权利人仅起诉被保险机动车一方或者保险公司的，人民法院可以追加另一方为第三人。"

浙江杭州中院《关于道路交通事故损害赔偿纠纷案件相关问题的处理意见》（2008年6月19日）第1条："道路交通事故涉及交强险（或第三者强制责任险）赔付的案件中，保险公司的诉讼地位问题。（1）起诉时，原告同时起诉肇事方和保险公司的，可将两者列为共同被告。侵权赔偿与保险赔付系不同的法律关系，不属于共同诉讼，本应分案处理，但根据《机动车交通事故责任强制保险条例》第31条和《道路交通安全法》第76条的规定，道路交通事故的受害人对保险金享有直接的请求权，且该请求权是法定的，故可从诉的合并的角度，将两者列为共同被告。（2）起诉时，原告仅起诉肇事方的，应向原告进行释明，由原告申请追加保险公司为共同被告或者第三人，或者由保险公司申请作为第三人参加诉讼；原告经释明后仍不追加的，以及保险公司不申请作为第三人参加诉讼的，法院应依职权追加保险公司为第三人。保险公司虽非事故责任人，但根据《保险法》第50条、《道路交通安全法》第76条和《交强险条例》第31条的规定，保险公司作为赔付主体，与案件裁判结果具有直接的利害关系，法院不得在其不知情的情况下作出对其不利的裁判，剥夺其正当的诉讼权利。并且交强险'先行赔付'原则系法定原则，应当由保险公司先行对受害人进行赔付，肇事方的责任须待保险公司赔付范围确定后方能判断。故应当将保险公司追加为当事人。对于保险公司的诉讼地位问题，道交事故人身损害赔偿案件的请求权基础是侵权法律关系，保险公司对该案件的诉讼标的（即侵权行为）并无独立请求权，而是基于法律直接规定而对受害人具有先行赔付、直接赔付的义务，且该赔付义务源于保险公司与肇事者保险合同的订立，因此保险公司在道交人损案件中的诉讼主张往往依附于肇事者一方，故保险公司的诉讼地位应为无独立请求权第三人。对于保险公司为共同被告的情形前已所述，在此略。例外情形：实践中，特别是外地车辆发生的交通事故中，交通事故认定书上的保险公司信息仅为保险单号，法院无法查明保险公司的具体信息，从诉讼成本和诉讼效率的角度出发，此种情况下，法院可仅审查侵权法律关系，并且《保险法》第 50 条的规定，可由保险公司对肇事者进行赔付，故法院可以不依职权追加保险公司为第三人。（3）起诉时，原告仅起诉保险公司的，因保险公司的责任范围要根据肇事方的责任而确定，且保险公司承担责任的范围与肇事方也有利害关系，故应由法院向原告释明追加肇事方为共同被告或者第三人参加诉讼，或者由肇事方申请作为第三人参加诉讼的。如果原告经释明后仍不追加的，且肇事方也不申请作为第三人参加诉讼的，法院应当依职权追加肇事方为第三人参加诉讼。"

江苏宜兴法院《关于审理交通事故损害赔偿案件若干问题的意见》（2008 年 1 月 28 日宜法〔2008〕第 7 号）第 17 条："机动车发生交通事故，车方投保交强险的，如果受害人未将承保交强险的保险公司列为共同被告的，应当告知当事人追加保险公司为共同被告，如果当事人拒不追加的，应按职权追加为共同被告。如果受害人仅起诉承保交强险的保险公司，未将车方列为共同被告的，应当告知当事人追加车方为共同被告，如果当事人拒不追加的，应按职权追加为共同被告。"

第 18 条："同时承保交强险和商业三者险的保险公司，除判决其在交强险限额内承担责任外，一般不宜直接判决其在三者险限额内承担保险责任，保险公司的三者险责任，应按保险合同纠纷另行处理。但存在下列可能影响赔偿权利人利益的情形之一的，可列保险公司为共同被告，并按保险合同的约定，直接判决其在三者险限额内向受害方支付保险金：（1）肇事车方在外地的，或者应当承担责任的责任人在外地；（2）因存在肇事者逃逸等情形，保险赔偿金明显不能得到及时、正常理赔的。"

陕西高院《关于审理道路交通事故损害赔偿案件若干问题的指导意见（试行）》（2008 年 1 月 1 日陕高法〔2008〕258 号）第 23 条："赔偿权利人起诉被保险机动车一方，同时将保险公司作为被告或者第三人起诉的，人民法院应当将保险公司列为被告或者第三人参加诉讼。"

第 24 条："赔偿权利人仅起诉被保险机动车一方，人民法院可以追加保险公司作为第三人参加诉讼。但是保险公司已经履行了赔付义务的除外。"

北京高院民一庭《北京市法院道路交通事故损害赔偿法律问题研讨会会议纪要》（2007年12月4日）第1条："保险公司的诉讼地位问题。（1）关于受害人一方依据机动车交通事故责任强制保险合同起诉后，保险公司应当作为无独立请求权第三人还是共同被告以及受害人一方不起诉保险公司时，法院应如何处理的问题。根据《道路交通安全法》第七十六条的规定，保险公司在交强险责任限额范围内承担法定的赔偿义务。关于保险公司应作为第三人还是共同被告的问题，目前理论上仍有争议。立足保障我市法院的执法统一，与会人员主导意见认为：机动车发生交通事故致他人（指机动车本车人员、被保险人以外的受害人）损害的，受害人一方（包括机动车之间发生交通事故时受到损害的一方）应当起诉致害机动车一方（包括机动车之间发生交通事故时致对方损害的一方）及其投保交强险的保险公司为共同被告。如受害人一方仅起诉致害机动车一方，致害机动车一方申请追加保险公司为共同被告的，法院应当予以追加。如果受害人一方起诉时没有列保险公司为被告，法院应当予以释明。经释明，受害人一方申请追加保险公司为共同被告的，法院应当予以追加。释明后受害人一方坚持不起诉保险公司，且致害机动车一方亦不要求追加保险公司的，则可以不追加保险公司参加诉讼。（2）关于机动车既投保了交强险，又投保了商业性三者险，发生交通事故损害赔偿争议后，保险公司的法律地位如何确定的问题。与会人员主导意见认为：交强险与商业性三者险责任原理与确定因素不同，两种保险责任原则上不宜在一案中一并解决。故机动车发生交通事故致他人损害的，受害人一方应基于交强险起诉致害机动车一方及其投保交强险的保险公司，对基于商业性三者险的保险赔偿责任，致害机动车一方可以另行起诉其投保商业性三者险的保险公司。（3）关于机动车之间发生交通事故，原告起诉后被告反诉的应否追加原告投保交强险的保险公司问题。与会人员主导意见认为：因交强险旨在通过保险赔偿投保机动车之外的人身与财产损失，故在被告反诉原告赔偿的案件中，应当追加原告投保交强险的保险公司为反诉被告，以便确定保险公司的赔偿责任。"

湖北十堰中院《关于审理机动车损害赔偿案件适用法律若干问题的意见（试行）》（2007年11月20日）第11条："《机动车交通事故责任强制保险条例》实施前，投保人与保险人订立的机动车第三者责任保险合同为商业保险，保险人的责任应当按照双方之间的保险合同的约定确定。赔偿权利人起诉被保险机动车一方，同时将保险公司作为被告或者第三人起诉的，法院应当将保险公司相应列为被告或者第三人。"

第12条："机动车投保'交强险'的，如果发生诉讼，应当将保险公司列为被告。保险公司的责任按照《机动车交通事故责任强制保险条例》的规定确定。"

第 13 条："机动车方既投保了交通事故责任强制保险，又投保了商业性第三者责任保险，受害人或者其相关赔偿权利人在交通事故损害赔偿案件中一并起诉承保商业性第三者责任保险的保险机构，要求该保险机构直接向其承担赔偿责任的，法院对其该项诉求不受理，并告知当事人可就商业责任保险的保险金问题另行起诉。"

江西高院民一庭《关于审理道路交通事故人身损害赔偿案件适用法律若干问题的解答》（2006 年 12 月 31 日）第 3 条："根据《保险法》第五十条第一款的规定，保险人对责任保险的被保险人给第三者造成的损害，可以依照法律的规定或者合同的约定，直接向该第三者赔偿保险金。因此，投保了'商业三责险'的机动车发生交通事故致人损害，赔偿权利人同时起诉保险人的，列保险人为第三人。赔偿权利人虽然未起诉保险人，但赔偿义务人应诉后请求追加保险人为当事人，赔偿权利人同意合并审理的，人民法院应当允许，并追加保险人为第三人。赔偿权利人仅起诉保险人的，人民法院在立案审查时应当告知其起诉事故车辆一方为被告、变更保险人为第三人，并释明法律后果。如赔偿权利人不同意增加赔偿义务人为被告的，人民法院对赔偿权利人的起诉不予受理；已经受理的，裁定驳回起诉；如赔偿权利人同意变更事故车辆一方为被告，但不同意变更保险人为第三人的，不影响人民法院根据实际的法律关系确定保险人的诉讼地位。"

第 4 条："《机动车交通事故责任强制保险条例》施行后，事故车辆投保了'机动车交通事故强制保险'（下文简称'交强险'），但保险人未按照该条例给予赔偿权利人赔偿的，保险人、事故车辆方均可列为被告。如果赔偿权利人可获赔偿的金额在保险赔偿限额内足以支付的，赔偿权利人仅起诉保险人的，事故车辆方可以不参加诉讼。如果赔偿权利人同时起诉事故车辆方及保险人的，保险人按照《机动车交通事故责任强制保险条例》的规定承担赔偿责任，事故车辆方对超出'交强险'赔偿限额部分承担赔偿责任。如保险人已按条例支付赔偿且经被保险人同意的，人民法院应当驳回赔偿权利人请求保险人赔偿的诉讼请求。"

第 6 条："问：事故车辆在投保'交强险'后，又投保了'商业三责险'的，如何确定保险人的诉讼地位？答：列保险人为被告。"

第 9 条："事故车辆投保了'商业三责险'的，赔偿权利人可以根据《中华人民共和国保险法》第五十条第一款的规定向人民法院申请先予执行，人民法院应当即时就抢救费用对保险人先予执行。人民法院在下达先予执行裁定时，可以事先口头征求保险人意见，保险人不同意主动先行垫付的，对因先予执行发生的费用由保险人承担。人民法院在决定先予执行时，应根据《中华人民共和国民事诉讼法》第九十七条的规定以及事故车辆方的责任大小、保险合同中的免责条款和保险责任范围的约定，决定是否可先予执行以及执行款项的具体金额。"

江苏溧阳法院《关于审理交通事故损害赔偿案件若干问题的意见》（2006年11月20日）第1条："根据《民诉法意见》第四十条第七项规定，只要是保险公司设立的分支机构就具有主体资格，确定作为被告的保险公司应是签订保险合同的保险公司，不能把分支机构的上级保险分公司或总公司直接列进来。"

第2条："两车相撞导致第三者人身或财产损失的，两车上的赔偿责任主体构成共同侵权，如果第三者不明确放弃对一方的赔偿，均要列为被告参加诉讼。两车所投保的保险公司如按规定应在保险限额内承担无过错责任的，也均要列为被告参加到诉讼中来。"

重庆高院《关于审理道路交通事故损害赔偿案件适用法律若干问题的指导意见》（2006年11月1日）第21条："机动车发生道路交通事故致人损害，赔偿权利人起诉要求机动车方与承保交通事故责任强制保险的保险公司承担赔偿责任的，按照以下情形处理：（一）机动车依法投保交通事故责任强制保险，赔偿责任属于交通事故责任强制保险责任限额范围的，由保险公司直接向赔偿权利人承担赔偿责任；（二）赔偿责任不属于交通事故责任强制保险责任范围或者超出交通事故责任强制保险责任限额的，由机动车方根据法律规定承担相应赔偿责任。"

四川高院《关于〈机动车交通事故责任强制保险条例〉实施后，审理道路交通事故损害赔偿案件的指导意见》（2006年8月15日）第1条："机动车事故责任强制保险与商业性机动车第三者责任险是不同的责任保险制度。《条例》实施后，在审理交通事故损害赔偿案件中，当事人依商业性机动车第三者责任保险合同主张权利的，人民法院应当按照合同的约定确定保险人的赔偿责任。"

第2条："《条例》实施后，机动车所有人或管理人既投保机动车交通事故强制责任险，又投保商业性机动车事故第三者责任险，在交通事故损害赔偿案件中，人民法院应按照《道路交通安全法》第七十六条第一款的规定，确定强制保险合同中保险人的责任；不足部分由保险人根据商业性机动车第三者责任险保险合同的约定承担赔偿责任。"

第3条："《条例》实施后，机动车所有人、管理人原投保的商业性机动车第三者责任险尚未到期的，发生交通事故后，当事人依据该保险合同请求保险人承担保险责任的，人民法院应当根据合同的约定确定保险人的责任；但当事人根据《道路交通安全法》第七十六条的规定主张保险人承担保险责任的，人民法院不予支持。"

第 4 条："《条例》实施后，尚未审结的一审、二审交通事故损害赔偿案件，人民法院应当根据当事人的诉讼请求以及所依据的保险合同的性质确定保险人的赔偿责任。"

第 5 条："《条例》实施前，已经审结的交通事故损害赔偿案件，当事人以违反《条例》规定为由申请再审的，人民法院不予支持。"

江西赣州中院《关于审理道路交通事故人身损害赔偿案件的指导性意见》（2006 年 6 月 9 日）第 28 条："投保了交通事故责任强制保险的机动车发生交通事故致人损害，由承保的保险机构在机动车交通事故责任强制保险的责任限额内按照实际损害赔偿。《机动车交通事故责任强制保险条例》实施后，机动车应当投保而未投保机动车交通事故责任强制保险的，由其在应当投保的强制保险的责任限额内按照实际损失承担赔偿责任。交通事故的损失超出强制保险责任限额的部分，按照《道路交通安全法》第七十六条的规定承担责任。"

第 32 条："赔偿权利人依据《道路交通安全法》和保险合同有权请求保险机构承担赔偿责任；赔偿权利人未起诉保险机构的，机动车方可以申请追加保险机构为第三人，但保险机构已经在责任保险限额范围内予以赔偿的除外。"

第 33 条："赔偿权利人仅起诉保险机构要求其承担赔偿责任的，人民法院应当将被保险人列为被告参与诉讼；赔偿权利人拒绝的，保险机构仅在责任限额范围内承担保险赔偿责任；赔偿权利人不起诉保险机构的，人民法院不依职权追加保险机构为诉讼当事人。"

贵州高院、省公安厅《关于处理道路交通事故案件若干问题的指导意见（一）》（2006 年 5 月 1 日）第 26 条："仅投保机动车第三者责任保险的，赔偿权利人起诉应以机动车一方为被告。赔偿权利人仅起诉保险公司要求赔偿的，承办法官或合议庭应予释明，告之以机动车一方为被告，保险公司为第三人。当事人要求保险公司参加诉讼的，人民法院应将保险公司列为第三人参加诉讼。投保人、被保险人因交通事故理赔发生纠纷，起诉保险公司的，属于保险合同纠纷，不适用本意见。"

上海高院《关于下发〈关于审理道路交通事故损害赔偿案件若干问题的解答〉的通知》（2005 年 12 月 31 日沪高法民一〔2005〕21 号）第 1 条："在道路交通事故纠纷中，保险公司的责任性质与诉讼地位如何确定？答：保险公司在交通事故损害赔偿纠纷中的责任性质，司法实践中存在垫付与直接责任的争议。至于其诉讼地位，当前司法实践亦做法不一（列为共同被告、列为第三人、不参加诉讼等做法均存在）。我们认为，保险公司承担的是保险金的赔付责任，故保险合同外第三人无权以保险公司为被告诉请赔付保险金，保险公司的诉讼地位以第三人为宜。理由如下：道路交通事故仅系保险合同的理赔事由，故保险公司承担的是保险合同责任。因此，保险公司的诉讼地位取决于请求方是否享有保险金之赔付请求权。保险金赔付请求权系基于保险法与保险合同产生，如法律规范与保险合同均未规定另外受益人，被保险人应为当然且唯一的保险金请求权人，他人无权直接向保险公司请求给付保险金，只能从被保险人处间接获得；第三者责任保险亦不例外。《保险法》第五十条第一款规定：'保险人对责任保险的被保险人给第三者造成的损害，可以依照法律的规定或者合同的约定，直接向该第三者赔偿保险金。'故保险公司依此规定，可直接向第三者给付保险金，但该条款并未授予第三者直接向保险公司请求给付的权利。综观《道路交通安全法》第七十五条、第七十六条文意，亦只是规定保险公司应于保险责任范围之内承担赔偿责任，并未赋予第三者就保险金的赔付请求权。且我国目前的机动车第三者责任保险合同并无直接赔付保险金于受害第三者的规定；故除涉案保险合同另有特别约定外，受害第三者并无直接向保险人请求给付保险金的权利。鉴于机动车辆第三者责任保险的性质，系被保险人转嫁其赔偿风险的险种，故保险人保险金的赔付应建立在被保险人事故责任比例大小和应负赔偿责任多少的基础之上。交通事故损害赔偿纠纷的处理结果与保险公司具有利害关系。为防止第三者与被保险人恶意串通，保障保险公司的合法权益，保险公司可经申请或由人民法院通知作为第三人参加诉讼。若起诉时，赔偿权利人已将保险公司作为被告之一或者第三人的，将保险公司相应列为被告或者第三人；若赔偿权利人仅起诉保险公司的，则应当追加机动车一方作为被告参加诉讼。"

安徽高院《审理人身损害赔偿案件若干问题的指导意见》（2005年12月26日）第5条："《道路交通安全法》实施以前发生的交通事故，机动车所有人投保了机动车第三者责任险，受害方起诉要求保险人承担保险责任的，应将保险公司和投保人列为共同被告；受害人起诉加害人的，可以根据当事人的请求通知保险公司作为第三人参与诉讼。"

第7条："认定构成第三者责任强制保险的，受害方起诉保险公司或者申请追加保险公司参与诉讼，应将保险公司列为被告。保险公司参与诉讼的，案由仍应确定为道路交通事故损害赔偿纠纷。"

广东深圳中院《道路交通事故损害赔偿案件研讨会纪要》（2005年9月26日）第1条："2004年5月1日之后至国家统一机动车第三者强制保险制度实行前所发生的道路交通事故中，涉案机动车已投保了机动车第三者责任险的，第三者及其相关赔偿权利人起诉时，应当将相应的保险公司列为案件被告。第三者及相关赔偿权利人坚持不起诉保险公司的，人民法院应当予以准许。第三者是指被保险机动车发生道路交通事故的受害人，但不包括被保险机动车本车人员、被保险人。"

浙江杭州中院《关于审理道路交通事故损害赔偿纠纷案件问题解答》

（2005 年 5 月）第 2 条："《道路交通安全法》第 76 条规定：机动车发生交通事故造成人身伤亡、财产损失的，由保险公司在机动车第三者责任强制保险责任限额范围内予以赔偿。问：保险公司是否应当参与道路交通事故人身损害赔偿诉讼？若是，其诉讼地位应如何确定？在法理上，保险公司与投保人之间就机动车第三者责任险形成的是保险合同关系（商事法律关系），而机动车方与受害人之间形成的是道路交通事故侵权损害赔偿关系（民事法律关系），两种法律关系的性质不同。但是，根据《保险法》第 50 条的规定，'保险人对责任保险的被保险人给第三者造成的损害，可以依照法律的规定或者合同的约定，直接向该第三者赔偿保险金。''责任保险是指以被保险人对第三者依法应负的赔偿责任为保险标的的保险。'而《道路交通安全法》第 76 条已经明文规定保险公司对道路交通事故受害人的赔偿责任。故，道路交通事故的受害人根据上述两条规定，对保险金享有直接的请求权，保险公司有义务按照保险合同的约定给付保险金。受害人的请求权是法定的，源于上述两部法律的直接规定。故受害人以机动车方和保险公司为共同被告提起损害赔偿之诉的，人民法院应当对保险公司的赔偿义务作出判决；受害人起诉时仅诉机动车方，而在诉讼过程中申请追加保险公司为共同被告的，人民法院应予准许；受害人起诉时仅以保险公司为被告提起诉讼的，由于保险公司对受害人承担的责任实际上是代肇事的机动车方承担责任（即代偿），为了便于保险公司行使抗辩权，也为了查清案件事实，人民法院应当将投保人追加为共同被告。至于作为被告的机动车方在诉讼过程中要求追加保险公司为共同被告的，由于一方面机动车方是侵权行为人，另一方面作为赔偿权利人的原告没有要求保险公司代为承担责任，故不能在道路交通事故损害赔偿纠纷案件中将保险公司追加为共同被告，机动车方可在向原告承担赔偿责任后，另行向保险公司追偿。至于案由，仍作为道路交通事故损害赔偿来对待。由此，人民法院在审理有保险公司作为当事人的道路交通事故损害赔偿案件中，要同时审理保险合同关系和侵权关系两个法律关系，具体应先确定机动车方作为侵权行为人对受害人应承担的责任比例和赔偿金额，再确定保险公司在投保人投保的机动车第三者责任险赔偿限额范围内的具体赔偿金额，余额即为机动车方应自己承担的赔偿责任。"

上海高院《关于贯彻实施〈上海市机动车道路交通事故赔偿责任若干规定〉的意见》（2005 年 4 月 1 日沪高法民一〔2005〕4 号）第 4 条："一方以损害赔偿为由起诉机动车方的，被诉机动车方所投保的保险公司可以作为第三人参加诉讼。一方只起诉机动车方所投强制保险的保险公司的，机动车方应当作为共同被告参加诉讼。"

江苏高院《关于审理交通事故损害赔偿案件适用法律若干问题的意见（一）》（2005 年 2 月 24 日）第 3 条："交通事故受害人因 2004 年 5 月 1 日以

后发生的交通事故提起损害赔偿之诉的，被告应根据以下情形确定：（1）交通事故受害人仅起诉保险公司要求其承担赔偿责任的，应当追加机动车方作为案件的被告参加诉讼。（2）交通事故受害人仅起诉机动车方要求其承担赔偿责任，机动车方已经为机动车投保机动车第三者责任险的，应当根据机动车方的申请或者主动追加保险公司作为被告参加诉讼，但是保险公司已经在机动车第三者责任强制保险责任限额范围内予以赔偿的除外。"

河北石家庄中院《关于处理交通事故损害赔偿案件中有关问题的座谈纪要》（2004年）第2条："保险公司在事故发生后，及时履行了道交法第75条、76条所规定的义务，当事人只就超过限额部分提起民事诉讼的，可以不列保险公司作为当事人参加诉讼。当事人向法院提起诉讼时，保险公司尚未履行义务，法院应就相关规定对当事人尽告知义务。当事人将保险公司和侵权人一并作为被告提起诉讼的，应予准许。当事人只起诉侵权人的，法院应追回保险公司为利害关系第三人参加诉讼。"

吉林高院《关于印发〈关于审理道路交通事故损害赔偿案件若干问题的会议纪要〉的通知》（2003年7月25日吉高法〔2003〕61号）第5条："道路交通事故的损害，已按机动车一方所投保险合同先行获得赔偿的，应由保险公司向人民法院起诉，在赔偿金额范围内行使求偿权。保险人的求偿权诉讼时效适用民法通则的有关规定。"

第6条："受害人认为按机动车一方所投保险合同获得的赔偿不足以弥补其财产损失的，可以直接向人民法院起诉，要求加害人赔偿其超过保险赔偿金部分的损失。"

6. 最高人民法院审判业务意见

（1）在交通事故损害赔偿纠纷案件中，保险公司能否作为被告参加诉讼？

《人民司法》研究组："道路交通安全法出台以后，交通事故损害赔偿纠纷案件中，当事人要求保险公司参加诉讼的，保险公司是作为被告还是第三人，应当根据保险公司在诉讼中的具体地位确定。如果保险公司应当对原告直接承担赔偿责任，可以根据道路交通安全法第七十六条和民事诉讼法的有关规定，直接列其为案件的被告，如果保险公司对原告不直接承担赔偿责任，与当事人之间是追偿关系，可以列为第三人。"

（2）保险公司能否以已向被保险人理赔为由对抗受害人的交强险赔偿请求权？

最高人民法院民一庭意见："根据《道交法》第76条、《保险法》第65条以及《交强险条例》第21条的规定，在被保险人没有依法向受害人承担赔偿责任的情况下，保险公司不能以其已经向被保险人理赔完毕为由，对抗受害人的赔偿请求权。"

第三节 法理分析

是否将保险公司列为共同被告，在法院行使释明权后，应由当事人自己选择，法院不宜强制追加。受害人未将交强险保险人列为共同被告要求其承担责任的情况下，法院不应主动追加保险公司为共同被告。

责任保险的被保险人给第三者造成损害的，被保险人对第三者应负的赔偿责任确定的，根据被保险人的请求，保险人应直接向该第三者赔偿保险金。被保险人怠于请求的，第三者有权就其应获赔偿部分直接向保险人请求保险金赔付。但被保险人与第三者之间达成的赔偿协议对保险公司并不产生当然的约束力，第三者行使代位权时也不能直接以赔偿协议内容作为唯一依据。

被保险人客观上能够请求却不请求保险公司向交通事故受害第三者支付商业三责险赔偿金的，应视为怠于请求。第三者依据法律规定有权直接向保险公司请求赔偿保险金。

交通事故当事人在交警部门协调下达成的调解协议具有民事合同性质，在不符合无效或可撤销条件的情形下，应依法确认其效力。受害方以侵权之诉起诉侵权方及保险公司，保险公司应在交强险限额内对受害方进行赔偿，同时拒绝侵权方的保险理赔申请。受害方获得的额外赔偿，侵权方可以不当得利为由要求返还。

第二十八章

道路交通事故中机动车险第三者探析

第一节　概　述

机动车第三者责任保险中的"第三者"是指除保险人、被保险人和保险车辆上人员以外，因保险车辆的意外事故遭受人身、财产损害的第三人。《机动车交通事故责任强制保险条例》第 21 条规定的"本车人员"应当理解为在保险事故发生时机动车内承载的人员。投保人允许的驾驶人驾驶机动车致使投保人遭受损害，当事人请求承保交强险的保险公司在责任限额范围内予以赔偿的，人民法院应予支持，但投保人为本车上人员的除外。

第二节　责任表现及裁判依据

一、常见实务类型

鲁 P79487 号陕汽牌重型半挂牵引车及 PT827 挂号重型仓栅式半挂车系茌平信发物流有限公司与本案第三者姜某共同融资购买，挂靠原告经营，车辆登记所有人为茌平信发物流公司，承包给姜某用于运输使用。黄某和潘某为姜某聘请的驾驶员。2010 年 10 月 25 日，黄某驾驶上述主车及挂车，搭乘潘某，由云南省富宁县驶向广西百色方向，当行至广昆高速公路 G80 线下行线时，车辆失控，驶入自救匝道，潘某掉离驾驶楼后被挂车碾轧头部，当场死亡，车辆和自救匝道不同程度受损。富宁高速公路交巡警大队认定驾驶员黄某负此事故的全部责任，潘某不承担事故责任。事故发生后，姜某、黄某、潘某的妻子黄某达成赔偿协议，约定姜某支付给黄某死亡丧葬费、死亡补偿金等42万元，并分两次支付完毕。姜某赔偿黄某损失后，茌平信发物流公司作为车辆登记所有人，向被告中国太平洋财产保险股份有限公司聊城中心支公司（以下简称被告）索赔，被告支付原告车损、施救费、车上人员责任险共计150983.49元，余下的款项被告拒绝理赔。

茌平信发物流公司诉至广西百色市右江区人民法院，请求被告在责任保险限额内赔付原告代垫付的经济损失27万元及车辆停运损失4.625万元，共计31.625万元。被告认为：潘某系乘车人，不属于交通安全法所规定的"第三者"，其已向原告赔付完毕；姜某不是本案保险合同的当事人，其与死者家属自行协商赔偿之事，未经其同意，与被告无关，现原告提出赔偿要求，于法无据。

法庭查明：原告事故车辆向被告投保了赔偿限额为232.0266万元的机动车交通事故责任强制险及商业险且不计免赔率。该事故发生在强制险和商业险保险期限内。

右江区人民法院审理认为，本案所涉保险合同为有效合同。本案原告及实际车主姜某作出赔偿后，其作为被保险人有权依据保险合同的约定向保险人即被告主张权利，被告应按约定在承保险种和责任限额内予以赔偿。原告要求被告赔付其垫付的经济损失27万元符合我国合同法、保险法的规定。

右江区人民法院判决：被告中国太平洋财产保险股份有限公司聊城中心支公司赔付原告茌平信发物流有限公司保险金27万元。被告不服，向广西百色中级人民法院提出上诉。2012年5月25日，百色中级人民法院终审判决：驳回上诉，维持原判。①

二、裁判依据

1. 法律规定

《道路交通安全法》（2004年5月1日实施，2011年4月22日修正）第十七条："国家实行机动车第三者责任强制保险制度，设立道路交通事故社会救助基金。具体办法由国务院规定。"

《保险法》（2009年10月1日）第十七条："订立保险合同，采用保险人提供的格式条款的，保险人向投保人提供的投保单应当附格式条款，保险人应

---

① 案件引自《道路交通事故保险案中第三者的认定》，http://www.66law.cn/goodcase/14443.aspx。

当向投保人说明合同的内容。对保险合同中免除保险人责任的条款，保险人在订立合同时应当在投保单、保险单或者其他保险凭证上作出足以引起投保人注意的提示，并对该条款的内容以书面或者口头形式向投保人作出明确说明；未作提示或者明确说明的，该条款不产生效力。"

《合同法》（1999 年 10 月 1 日）第三十九条："采用格式条款订立合同的，提供格式条款的一方应当遵循公平原则确定当事人之间的权利和义务，并采取合理的方式提请对方注意免除或者限制其责任的条款，按照对方的要求，对该条款予以说明。格式条款是当事人为了重复使用而预先拟定，并在订立合同时未与对方协商的条款。"

第四十条："格式条款具有本法第五十二条和第五十三条规定情形的，或者提供格式条款一方免除其责任、加重对方责任、排除对方主要权利的，该条款无效。"

2. 行政法规

《机动车交通事故责任强制保险条例》（2013 年 3 月 1 日修改施行）第三条："本条例所称机动车交通事故责任强制保险，是指由保险公司对被保险机动车发生道路交通事故造成本车人员、被保险人以外的受害人的人身伤亡、财产损失，在责任限额内予以赔偿的强制性责任保险。"

第二十一条："被保险机动车发生道路交通事故造成本车人员、被保险人以外的受害人人身伤亡、财产损失的，由保险公司依法在机动车交通事故责任强制保险责任限额范围内予以赔偿。道路交通事故的损失是由受害人故意造成的，保险公司不予赔偿。"

第四十二条："本条例下列用语的含义：……（二）被保险人，是指投保人及其允许的合法驾驶人……"

3. 司法解释

最高人民法院《关于审理道路交通事故损害赔偿案件适用法律若干问题的解释》（2012 年 12 月 21 日法释〔2012〕19 号）第十七条："投保人允许的驾驶人驾驶机动车致使投保人遭受损害，当事人请求承保交强险的保险公司在责任限额范围内予以赔偿的，人民法院应予支持，但投保人为本车上人员的除外。"

最高人民法院《关于适用〈中华人民共和国合同法〉若干问题的解释（二）》（2009 年 5 月 13 日法释〔2009〕5 号）第六条："提供格式条款的一方对格式条款中免除或者限制其责任的内容，在合同订立时采用足以引起对方注意的文字、符号、字体等特别标识，并按照对方的要求对该格式条款予以说明的，人民法院应当认定符合合同法第三十九条所称'采取合理的方式'。提供格式条款一方对已尽合理提示及说明义务承担举证责任。"

最高人民法院研究室《关于对〈保险法〉第十七条规定的"明确说明"应如何理解的问题的答复》（2000 年 1 月 24 日法研〔2000〕5 号）："……《中华人民共和国保险法》第十七条规定：'保险合同中规定有保险责任免除条款的，保险人应当向投保人明确说明，未明确说明的，该条款不发生法律效力。'这里所规定的'明确说明'，是指保险人在与投保人签订保险合同之前或者签订保险合同之时，对于保险合同中所约定的免责条款，除了在保险单上提示投保人注意外，还应当对有关免责条款的概念、内容及其法律后果等，以书面或者口头形式向投保人或其代理人作出解释，以使投保人明了该条款的真实含义和法律后果。"

4. 部门规范性文件

中国保监会《关于对如何界定机动车保险业务中"车上人员"的复函》（2005 年 8 月 25 日保监厅函〔2005〕160 号）："……经研究，根据《机动车辆保险条款解释》（保监发〔2000〕102 号）第四条中对'本车上的一切人员和财产'的解释，该受伤乘客应当属于'本车上的人员'。"

中国保监会办公厅《关于车上人员责任险条款解释意见的复函》（2005 年 7 月 28 日保监厅函〔2005〕140 号）："广东省汕头市中级人民法院：你院《关于请求解释〈机动车辆保险条款〉'车上责任险条款'第二条第四项的函》（〔2005〕汕中法民一终字第 101 号）收悉。经研究，函复如下：根据我会《关于印发〈机动车辆保险条款解释〉和〈机动车辆保险费率规章解释〉的通知》（保监发〔2000〕102 号），对'车上责任险条款'第二条第四项的解释是：'由于驾驶员的故意行为、紧急刹车造成车上人员人身伤亡或货物损失，保险人不负责赔偿。由于本车上的人员因疾病、分娩、自残、殴斗、自杀、犯罪行为所致的本人的人身伤亡或财产损失，保险人亦不负赔偿责任。'"

中国保监会《关于〈机动车辆保险条款〉第四条第（三）款解释的批复》（2001 年 9 月 18 日保监办函〔2001〕59 号）："……保险车辆在行驶途中发生意外事故，车上乘客被甩出车外，落地后被所乘车辆碾压造成自身伤亡的情况，属于车上人员责任险的责任范围。"

5. 地方司法性文件

广东深圳中院《关于道路交通事故损害赔偿纠纷案件的裁判指引》（2014 年 8 月 4 日深中法发〔2014〕3 号）第 1 条："机动车交通事故责任强制保险（以下简称交强险）中的第三者是指被保险机动车发生道路交通事故的受害人，但不包括被保险机动车本车人员、被保险人。其中被保险人是指投保人及其允许的合法驾驶人。机动车投保人允许的驾驶人驾驶机动车致使投保人遭受损害，当事人请求承保交强险的保险公司在责任限额范围内予以赔偿的，人民法院应予支持，但投保人为本车上人员的除外。"

第 2 条："本车驾驶人被本车撞击导致伤亡的，该人员不属于交强险中的第三者，不属于交强险的赔偿范围。本车人员下车后，被本车撞击导致伤亡的，该人员属于交强险的第三者，应属于本车交强险的赔偿范围。本车人员发生交通事故时被甩出车外后被本车碾压导致伤亡的，该人员不属于交强险中的第三者，不属于交强险赔偿范围。"

安徽高院《关于审理道路交通事故损害赔偿纠纷案件若干问题的指导意见》（2014 年 1 月 1 日皖高法〔2013〕487 号）第 10 条："本车驾乘人员脱离本车车体后，遭受本车碰撞、碾压等损害，请求本车交强险赔偿的，人民法院予以支持。"

山东淄博中院《全市法院人身损害赔偿案件研讨会纪要》（2012 年 2 月 1 日）第 20 条："……依据《机动车交通事故责任强制保险条例》第三条规定，交强险的受益方应是机动车本车人员、被保险人以外的受害人。参照交强险条款第四条的规定，交强险合同中的被保险人是指投保人及其允许的合法驾驶人，而交强险的投保人系车辆的所有人或管理人。也即是说，交强险的受益方是机动车所有人或管理人、本车驾驶人及乘客之外的第三人，如交通事故造成车辆所有人或管理人及本车驾驶人、乘客受伤，不应由本车交强险承担赔偿责任。"

上海高院民一庭《道路交通事故纠纷案件疑难问题研讨会会议纪要》（2011 年 12 月 31 日）第 11 条："关于'车上人员'的认定。根据机动车辆保险合同的约定，机动车辆第三者责任险中的'第三者'，是指除投保人、被保险人和保险人以外的，因保险车辆发生意外事故遭受人身伤亡或财产损失的保险车辆下的受害者；'车上人员'，是指发生意外事故时身处保险车辆之上的人员。据此，判断因保险车辆发生意外事故而受害的人属于'第三者'还是属于'车上人员'，必须以该人在事故发生当时这一特定的时间是否身处保险车辆之上为依据，在车上即为'车上人员'（车上人员被甩出的应属于本车人员），在车下即为'第三者'。由于机动车辆是一种交通工具，任何人都不可能永久地置身于机动车辆之上，故机动车辆保险合同中所涉及的'第三者'和'车上人员'均为在特定时空条件下的临时性身份，即'第三者'与'车上人员'均不是永久的、固定不变的身份，二者可以因特定时空条件的变化而转化。因保险车辆发生意外事故而受害的人，如果在事故发生前是保险车辆的车上人员，只要事故发生时这一时点已经置身于保险车辆之下（不含因车辆事故被甩出人员），则属于'第三者'。"

山东高院《关于印发〈全省民事审判工作会议纪要〉的通知》（2011 年 11 月 30 日鲁高法〔2011〕297 号）第 6 条："……关于机动车第三者责任强制保险中第三者的认定问题。机动车第三者责任强制保险中的'第三者'的范围应严格按照国务院《机动车交通事故责任强制保险条例》第21条的规定确定，被保险机动车发生交通事故时，如本车人员因机动车颠覆、倾斜等脱离了被保险机动车辆造成损害的，不宜视为受害人为机动车第三者责任强制保险中的'第三者'，受害人请求保险公司承担限额赔偿责任的，不予支持。"

新疆高院《关于印发〈关于审理道路交通事故损害赔偿案件若干问题的指导意见（试行）〉的通知》（2011年9月29日新高法〔2011〕155号）第9条："被保险机动车发生交通事故时，处于被保险机动车之外的人员都属于《道路交通安全法》第七十六条规定的机动车第三者责任强制保险中的'第三者'。"

贵州高院《关于印发〈关于审理涉及机动车交通事故责任强制保险案件若干问题的意见〉的通知》（2011年6月7日黔高法〔2011〕124号）第3条："《机动车交通事故责任强制保险条例》第二十一条规定的'本车人员'应当理解为在保险事故发生时机动车内承载的人员。"

江苏南通中院《关于处理交通事故损害赔偿案件中有关问题的座谈纪要》（2011年6月1日通中法〔2011〕85号）第6条："《机动车交通事故责任强制保险条例》第三条规定的本车人员是指保险事故发生瞬间，位于机动车驾驶室或车厢内的人员。"

安徽宣城中院《关于审理道路交通事故赔偿案件若干问题的意见（试行）》（2011年4月）第29条："机动车第三者责任险中的第三者，是指被保险机动车发生道路交通事故的受害人，不包含被保险机动车本车人员（驾驶员、乘客）、被保险人。本车人员是指保险事故发生瞬间、位于机动车驾驶室内或车厢内的人员。"

山东高院《关于印发审理保险合同纠纷案件若干问题意见（试行）的通知》（2011年3月17日）第9条："采用保险人提供的格式条款订立的保险合同中，'责任免除'、'除外责任'及其他有关免赔率、免赔额等部分或者全部免除保险人责任的条款，一般应当认定为保险法第十七条第二款规定的'免除保险人责任的条款'。但保险合同中有关法律、行政法规明确规定的保险人不承担保险责任的条款除外。"

第11条："保险人对履行提示和明确说明义务承担举证责任。保险人在投保单、保险单或其他保险凭证上对免除保险人责任条款有显著标志（如字体加粗、加大或者颜色相异等），或者对全部免除保险人责任条款及说明内容单独印刷，并对此附有'投保人声明'或单独制作的'投保人声明书'，投保人已签字确认表示对免责条款的概念、内容及其法律后果均已经明了的，一般应认定保险人已履行提示和明确说明义务。但投保人有证据证明保险人未实际进行提示或明确说明的除外。"

第 26 条："车上人员在车下时被所乘机动车造成人身或财产损害的，除合同另有约定外，保险人应按照责任强制保险和第三者责任保险承担保险责任。车上人员在发生交通事故时摔出车外导致人身伤亡，被保险人或受害人要求保险人按照责任强制保险和第三者责任保险合同承担责任的，除合同另有约定外，人民法院不予支持。但机动车投保车上人员责任保险的，当事人可按照约定要求保险人承担车上人员责任保险的保险责任。车上人员在发生交通事故时摔出车外后与所乘机动车发生碰撞导致人身伤亡，除合同另有约定外，保险人应按照责任强制保险和第三者责任保险承担保险责任。"

山东淄博中院民三庭《关于审理道路交通事故损害赔偿案件若干问题的指导意见》（2011 年 1 月 1 日）第 3 条："交强险的受益方是机动车所有人或管理人、本车驾驶人及乘客之外的第三人，如交通事故造成车辆所有人或管理人及本车驾驶人、乘客受伤，承包本车交强险的保险公司不承担赔偿责任。第三人系指发生交通事故时，处于被保险机动车之外的人员。"

上海高院民五庭《关于印发〈关于审理保险代位求偿权纠纷案件若干问题的解答（一）〉的通知》（2010 年 9 月 19 日沪高法民五〔2010〕2 号）第 10 条："保险人能否向投保人行使保险代位求偿权？答：《保险法》第六十条规定的第三者是指保险人和被保险人以外的第三方，但被保险人的家庭成员或者其组成人员除外。投保人和被保险人为同一人的，保险人不得对该投保人行使保险代位求偿权。投保人和被保险人不是同一人的，因财产保险的保障对象是被保险人，投保人不在保险保障的范围内，故保险人可以根据《保险法》第六十条的规定对投保人行使保险代位求偿权，但保险合同另有约定的除外。"

第 11 条："如何理解《保险法》第六十二条规定的家庭成员？答：《保险法》禁止保险人对'家庭成员'行使保险代位求偿权的原因在于，家庭成员与被保险人有共同生活关系，利害一致。若准许保险人对家庭成员行使保险代位求偿权，无异于使被保险人获得的保险赔偿金'左手进、右手出'，实际仍由被保险人承担了损失。共同生活是表象，利害一致是实质。判断'家庭成员'范围，不应拘泥于共同居住时间的长短，而应着重审查第三者与被保险人是否因共同生活或法定义务建立了共同的、经济上的利害关系。《保险法》第六十二条规定的家庭成员，指与被保险人共同生活的近亲属及其他与被保险人有抚养、赡养、扶养关系的人。具体包括：（一）保险事故发生时，与被保险人共同生活的配偶、父母、子女、兄弟姐妹、祖父母、外祖父母、孙子女、外孙子女；（二）虽然不符合前项情形，但与被保险人有抚养、赡养、扶养关系的人。"

江西南昌中院《关于审理道路交通事故人身损害赔偿纠纷案件的处理意见（试行）》（2010 年 2 月 1 日）第 39 条："因保险车辆发生交通事故的受害人，

如果在事故发生前是保险车辆的车上人员，事故发生时已经置身于保险车辆之外，在主张赔偿时不属于'车上人员'。"

浙江高院《关于审理财产保险合同纠纷案件若干问题的指导意见》（2009年9月8日浙高法〔2009〕296号）第10条："保险人在投保单、保险单或其他保险凭证对免责条款有显著标志（如字体加粗、加大、相异颜色等），对全部免责条款及对条款的说明内容集中单独印刷，并对此附有'投保人声明'，或附有单独制作'投保人声明书'，投保人已签字确认并同时表示对免责条款的概念、内容及其法律后果均已经明了的，一般可认定保险人已履行明确说明义务，除非投保人、被保险人能提供充分的反驳证据。"

四川泸州中院《关于民商审判实践中若干具体问题的座谈纪要（二）》（2009年4月17日泸中法〔2009〕68号）第11条："车辆发生交通事故后，乘客下车后又遭受损害的，该乘客对于所乘坐车辆而言，是否属于第三人？基本意见：机动车辆第三者责任险中的'第三者'，是指除投保人、被保险人和保险人以外的，因保险车辆发生意外事故遭受人身伤亡或财产损失的保险车辆的受害者。由于机动车是一种交通工具，任何人都不可能永久地置身于机动车辆之上，故机动车辆保险合同中所涉及的'第三者'与'车上人员'均为在特定时空条件下的临时性身份，其身份不是固定不变的，可以因特定时空条件的变化而变化，判断因保险事故发生意外事故而受害的人属于'第三者'还是'车上人员'，必须以该人在事故发生当时这一特定时间是否身处保险车辆之上为依据，在车上即为'车上人员'，在车下即为'第三者'。"

湖南高院《关于审理涉及机动车交通事故责任强制保险案件适用法律问题的指导意见》（2008年12月12日）第3条："交强险中的本车人员，是指保险事故发生瞬间，位于机动车驾驶室或车厢内的人员。"

福建高院民一庭《关于审理人身损害赔偿纠纷案件疑难问题的解答》（2008年8月22日）第12条："问：《道路交通安全法》第七十六条规定的第三者责任强制险中的'第三者'，具体指哪些人？答：依照《机动车交通事故责任强制保险条例》第三条规定，条例的赔偿对象不包括被保险机动车本车人员和被保险人。故第三者责任强制险中的'第三者'是指本车人员和被保险人以外的受害人。被保险机动车本车人员或者被保险人受害，要求保险公司依照《道路交通安全法》第七十六条的规定，承担机动车第三者责任强制险赔偿责任的，人民法院不予支持。"

江苏宜兴法院《关于审理交通事故损害赔偿案件若干问题的意见》（2008年1月28日宜法〔2008〕第7号）第1条："《道路交通安全法》第76条规定的机动车第三者责任强制保险（以下简称交强险）中的'第三者'，不包括被保险机动车本车人员、被保险人。本车人员、被保险人要求本车保险公司根据该法第 76 条的规定承担赔偿责任的，不予支持。"

江西赣州中院《关于审理道路交通事故人身损害赔偿案件的指导性意见》（2006 年 6 月 9 日）第 29 条："机动车交通事故责任强制保险和商业性第三者责任保险受害人，为被保险机动车本车人员、被保险人以外的第三人。"

江苏无锡中院《全市民事审判疑难问题研讨会纪要》（2006 年 3 月 14 日）第 11 条："机动车驾驶员和车上人员不属于第三者责任险所指的第三者，其要求本机动车的保险公司在第三者责任保险责任限额范围内承担责任的，不予支持。"

广东高院《关于如何确定机动车第三者责任保险中"第三者"范围的批复》（2005 年 11 月 4 日粤高法民一复字〔2005〕11 号）："……原则同意你院审判委员会的多数意见，即机动车第三者责任保险中的'第三者'不包括保险车辆本车上的乘客。根据《中国保险监督管理委员会关于机动车辆保险条款解释》的规定和保险行业惯例及保险理论的通说，机动车第三者责任保险中的'第三者'是指除保险人、被保险人和保险车辆上人员以外，因保险车辆的意外事故遭受人身、财产损害的第三人。保险车辆上的乘客不属于本车投保的第三者责任保险中的'第三者'，其因交通事故遭受人身、财产损害的，可由本车车上乘客责任险和对方机动车投保的第三者责任保险予以保护。"

江苏常州中院《关于印发〈常州市中级人民法院关于审理交通事故损害赔偿案件若干问题的意见〉的通知》（2005 年 9 月 13 日常中法〔2005〕第 67 号）第 9 条："两辆机动车之间发生交通事故，致一方或双方当事人（含驾驶员和同乘人员）受伤或死亡的，该当事人为对方机动车方的'第三者'。其根据《道路交通安全法》第七十六条向人民法院起诉的，应列对方当事人和相关保险公司为被告，依照《若干意见》的精神处理。驾驶员或同乘人员虽是职务行为但请求人身赔偿的，仍应以其个人名义作为原告请求对方当事人或保险公司赔偿。同乘人员作为原告起诉对方机动车方和其所乘坐机动车方的，应由对方机动车方的保险公司在限额内承担赔偿责任，超出限额的，由两机动车方按责任承担相应的赔偿金额。"

6. 最高人民法院审判业务意见

被保险车辆中的"车上人员"能否转化为机动车第三者责任强制保险中的"第三者"？

最高人民法院民一庭倾向性意见："当被保险车辆发生交通事故时，如本车人员脱离了被保险车辆，不能视其为机动车第三者责任强制保险中的'第三者'，不应将其作为机动车第三者责任强制保险限额赔偿范围的理赔对象。"

第三节　法理分析

判断因车辆发生保险事故而受害的人属第三者还是车上人员，须以该人在事故发生时是否身处保险车上为据，在车上即"车上人员"，反之为"第三者"。上述要旨，是否暗含了一种受害人身份瞬间转化的可能，在实践中存在争议。

责任保险是以被保险人对第三者依法应负的赔偿责任为保险标的的保险，其目的系为被保险人可能承担民事损害赔偿责任而丧失的利益提供经济补偿。因此，被保险人无论何种情形均不构成责任保险中的第三者。

在保险合同明确约定"本车驾驶人员"不属三者险范围情况下，对下车修理并遭到被保险车辆事故损害的驾驶员身份如何理解？

（1）三者责任险中"本车驾驶人员"应指保险事故发生时的驾驶人员，而不包括该车曾经的驾驶人员。

（2）对驾驶员身份的判定，应依事故发生时其是否实际控制车辆或有能力操纵和控制车辆来确定。保险事故发生时，驾驶员已停止驾驶行为，在车外遭受事故损害的，应认定该驾驶员身份已转化为第三者身份，受第三者责任险的保护对象。

（3）在合同明确约定"本车驾驶员"被排斥在三者险范围的情形，无论是在车上，还是车下，其损失不应得到交强险的赔付。

至于保险公司利用己方强势以预先设定的格式免责条款，将被保险人或被保险车辆驾驶人员的家庭成员排除在外，人为缩小第三者的范围，以最大化免除自己责任，无法律依据，应为无效。

第二十九章

无证驾驶引发交通事故责任探析

第一节　概　述

无证驾驶，一般是指未取得合法机动车驾驶证，或者虽合法取得驾驶证，但驾驶与所持驾驶证载明的准驾车型不符，或者驾驶证被吊销、注销、公告作废、扣押期间驾驶机动车。

第二节　责任表现及裁判依据

一、常见实务类型

2006 年 3 月，曾某投保车辆肇事并负全责，刑事附带民事调解书确定曾某赔偿受害人 12 万元，实际给付 8 万元。嗣后，公安交管部门吊销了曾某的驾照。保险公司以曾某 10 年前不满 18 周岁就初次申办驾驶证且申报出生日期隐瞒为 1970 年出生，系无效驾驶证而拒赔。争议焦点：

（1）驾照是否有效？

（2）保险是否赔付？

曾某初次申领驾照时有年龄上的瑕疵，但期间其驾驶证已经过多次年审合格，其他条件也符合驾驶条件，故应认定曾某具有驾驶资质。曾某驾驶证是由行政机关核发，且在有效期内，应为有效。

公安交管部门吊销曾某驾驶证系因此次交通事故曾某已构成违法犯罪。曾某驾照是否无效应属公安部门行政处理范畴，保险机构无权自行认定驾驶证无效，故保险公司依法仍应承担赔付责任。

行政许可具有公定效力，保险机构无权自行认定驾驶证无效。

二、裁判依据或参考

1. 法律规定

《道路交通安全法》（2004 年 5 月 1 日实施，2011 年 4 月 22 日修正）第十九条："驾驶机动车，应当依法取得机动车驾驶证。申请机动车驾驶证，应当符合国务院公安部门规定的驾驶许可条件；经考试合格后，由公安机关交通管理部门发给相应类别的机动车驾驶证。持有境外机动车驾驶证的人，符合国务院公安部门规定的驾驶许可条件，经公安机关交通管理部门考核合格的，可以发给中国的机动车驾驶证。驾驶人应当按照驾驶证载明的准驾车型驾驶机动车；驾驶机动车时，应当随身携带机动车驾驶证。"

第七十六条："机动车发生交通事故造成人身伤亡、财产损失的，由保险公司在机动车第三者责任强制保险责任限额范围内予以赔偿；不足的部分，按照下列规定承担赔偿责任……"

2. 行政法规

《机动车交通事故责任强制保险条例》（2013 年 3 月 1 日修改施行）第十一条："投保人投保时，应当向保险公司如实告知重要事项。重要事项包括机动车的种类、厂牌型号、识别代码、牌照号码、使用性质和机动车所有人或者管理人的姓名（名称）、性别、年龄、住所、身份证或者驾驶证号码（组织机构代码）、续保前该机动车发生事故的情况以及保监会规定的其他事项。"

第十四条："保险公司不得解除机动车交通事故责任强制保险合同；但是，投保人对重要事项未履行如实告知义务的除外。投保人对重要事项未履行如实告知义务，保险公司解除合同前，应当书面通知投保人，投保人应当自收到通知之日起 5 日内履行如实告知义务；投保人在上述期限内履行如实告知义务的，保险公司不得解除合同。"

第二十二条："有下列情形之一的，保险公司在机动车交通事故责任强制保险责任限额范围内垫付抢救费用，并有权向致害人追偿：（一）驾驶人未取得驾驶资格或者醉酒的；（二）被保险机动车被盗抢期间肇事的；（三）被保险人故意制造道路交通事故的。有前款所列情形之一，发生道路交通事故的，造成受害人的财产损失，保险公司不承担赔偿责任。"

《道路交通安全法实施条例》（2004 年 5 月 1 日）第二十八条："机动车驾

驶人在机动车驾驶证丢失、损毁、超过有效期或者被依法扣留、暂扣期间以及记分达到 12 分的，不得驾驶机动车。"

3. 司法解释

最高人民法院《关于审理道路交通事故损害赔偿案件适用法律若干问题的解释》（2012 年 12 月 21 日法释〔2012〕19 号）第十四条："道路交通安全法第七十六条规定的'人身伤亡'，是指机动车发生交通事故侵害被侵权人的生命权、健康权等人身权益所造成的损害，包括侵权责任法第十六条和第二十二条规定的各项损害。道路交通安全法第七十六条规定的'财产损失'，是指因机动车发生交通事故侵害被侵权人的财产权益所造成的损失。"

第十八条："有下列情形之一导致第三人人身损害，当事人请求保险公司在交强险责任限额范围内予以赔偿，人民法院应予支持：（一）驾驶人未取得驾驶资格或者未取得相应驾驶资格的……保险公司在赔偿范围内向侵权人主张追偿权的，人民法院应予支持。追偿权的诉讼时效期间自保险公司实际赔偿之日起计算。"

最高人民法院《关于当前形势下加强民事审判切实保障民生若干问题的通知》（2012 年 2 月 15 日法〔2012〕40 号）第五条："……在醉酒驾驶、无证驾驶等违法情形的责任承担上，应当在确定保险公司承担相应的赔偿责任的同时，赋予保险公司追偿权；在未投保情形下的责任承担上，应当由机动车一方先承担交强险限额内的赔偿责任，其余部分按照侵权责任认定和划分。"

最高人民法院《关于对审理农用运输车行政管理纠纷案件应当如何适用法律问题的答复》（2000 年 2 月 29 日法行〔1999〕第 14 号）："……机动车道路交通应当由公安机关实行统一管理；作为机动车一种的农用运输车，其道路交通管理包括检验、发牌和驾驶员考核、发证等，也应当由公安机关统一负责。人民法院审理农用运输车行政管理纠纷案件，涉及相关行政管理职权的，应当适用《中华人民共和国道路交通管理条例》和《国务院关于改革道路交通管理体制的通知》和有关规定。"

4. 部门规范性文件

公安部《机动车驾驶证申领和使用规定》（2013 年 1 月 1 日）第 67 条："机动车驾驶人具有下列情形之一的，车辆管理所应当注销其机动车驾驶证：……（七）超过机动车驾驶证有效期一年以上未换证的……有第一款第四项至第十项情形之一，未收回机动车驾驶证的，应当公告机动车驾驶证作废。有第一款第七项、第八项情形之一被注销机动车驾驶证未超过二年的，机动车驾驶人参加道路交通安全法律、法规和相关知识考试合格后，可以恢复驾驶资格。"

中国保监会《关于机动车交通事故责任强制保险中"未取得驾驶资格"

认定问题的复函》（2007 年 11 月 29 日保监厅函〔2007〕327 号）："……你院关于柳兆福诉中国大地保险股份有限公司辽源支公司一案的咨询函收悉。经研究，函复如下：根据《机动车交通事故责任强制保险条例》第二十二条以及《机动车交通事故责任强制保险条款》第九条的规定，驾驶人未取得驾驶资格的，保险公司不承担赔偿责任。在实务中，'未取得驾驶资格'包括驾驶人实际驾驶车辆与准驾车型不符的情形。根据我国机动车驾驶证申领使用的相关规定，驾驶人需要驾驶某种类型的机动车，须经考试合格后取得相应的准驾车型资格，因此，实际驾驶车辆与准驾车型不符应认定为'未取得驾驶资格'。"

中国保监会《关于交强险有关问题的复函》（2007 年 4 月 10 日保监厅函〔2007〕77 号）第 2 条："根据《条例》和《条款》，被保险机动车在驾驶人未取得驾驶资格、驾驶人醉酒、被保险机动车被盗抢期间肇事、被保险人故意制造交通事故情形下发生交通事故，造成受害人受伤需要抢救的，保险人对于符合规定的抢救费用，在医疗费用赔偿限额内垫付。被保险人在交通事故中无责任的，保险人在无责任医疗费用赔偿限额内垫付。对于其他损失和费用，保险人不负责垫付和赔偿。"

公安部《道路运输从业人员管理规定》（2007 年 3 月 1 日）第 48 条："违反本规定，有下列行为之一的人员，由县级以上道路运输管理机构责令改正，处 200 元以上 2000 元以下的罚款；构成犯罪的，依法追究刑事责任：（一）未取得相应从业资格证件，驾驶道路客货运输车辆的；（二）使用失效、伪造、变造的从业资格证件，驾驶道路客货运输车辆的；（三）超越从业资格证件核定范围，驾驶道路客货运输车辆的。"

公安部《关于对当事人未领回吊扣期满的驾驶证继续驾驶机动车是否可按无证驾驶处理的批复》（2003 年 8 月 22 日）："……根据《道路交通管理条例》和《交通违章处理程序规定》的有关规定，当事人在驾驶证被吊扣期满后，在三个月内未领取或因特殊原因超过三个月未领取驾驶证，在此期间继续驾驶机动车的，应当视为未携带驾驶证驾驶，按照《道路交通管理条例》第八十一条第二项的规定予以处罚。"

中国保监会《关于机动车辆保险条款解释的批复》（2002 年 2 月 4 日保监函〔2002〕15 号）第 2 条："关于在驾驶证丢失补证期间，被保险人驾驶保险车辆发生事故，保险公司能否拒绝赔偿的问题。《机动车辆保险条款》（保监发〔2000〕16 号）第五条（八）列举了与驾驶证有关的责任免除事项。其中第 1 项'没有驾驶证'是指被保险人或驾驶员没有通过道路交通管理部门或军队、武警部队的考核，未能获得驾驶机动车辆的资格。如果被保险人获得了驾驶证，只是在发生事故时没有携带驾驶证，或驾驶证丢失后尚未得到补发的驾驶证，并不说明被保险人丧失了驾驶机动车辆的资格，不属于'没有驾驶证'的情形。"

公安部《关于依法取缔机动车及驾驶员无牌无证行为的通告》（2001年6月29日）第1条："机动车驾驶证和机动车牌证是允许驾驶机动车和机动车上道路行驶的法定证件。按照《中华人民共和国治安管理处罚条例》和《中华人民共和国道路交通管理条例》的规定，严禁任何人无机动车驾驶证或者持假机动车驾驶证驾驶机动车，严禁任何无牌无证、假牌假证的机动车上道路行驶。公安机关对违反上述规定的，要坚决取缔，并依法暂扣车辆，收缴假牌假证，处罚有关人员。"

第2条："对无机动车驾驶证或者持假机动车驾驶证驾驶车辆的、将机动车交给无机动车驾驶证的人驾驶的和驾驶无牌无证或者假牌假证机动车的驾驶人员，按照《中华人民共和国治安管理处罚条例》和《中华人民共和国道路交通管理条例》的规定从严处罚，决不姑息。"

国务院法制办《对最高人民法院行政审判庭关于农用运输车管理问题征求意见函的答复意见》（1999年12月15日国法秘函〔1999〕113号）："……机动车道路交通应当由公安机关实行统一管理；作为机动车一种类型的农用运输车，其道路交通管理包括检验、发牌和驾驶员考核、发证等，也应当由公安机关统一负责。此外，据我们了解，对农用运输车的管理体制问题，全国人大常委会法制工作委员会19%年8月在对甘肃省人大内务司法委员会请示的答复中也明确提出：'关于上道路从事运输的拖拉机和农用三轮车的管理问题，国务院发布的《中华人民共和国道路交通管理条例》和《关于改革道路交通管理体制的通知》中已规定，由公安机关按机动车进行管理。'"

公安部交管局《对陕西省公安厅关于不符合法定条件领取的驾驶证是否有效问题请示的答复》（1999年10月25日公交管〔1999〕254号）："……申领驾驶证，申领人年龄必须符合国家有关规定。对于隐瞒真实年龄、采取欺骗手段骗领的驾驶证，应当认定为无效行政许可，视为无效驾驶证并予以注销。你厅请示中当事人初次申领驾驶证日期为1991年，年仅16岁，未达到当时的驾驶证管理法规《城市机动车驾驶员考试暂行办法》（1985年由公安部颁布，现行有效的《机动车驾驶证申领和使用规定》自2013年1月1日起施行——编者注）规定的年龄，因此，应视为无效驾驶证并予以注销。"

中国保监会《关于保险条款中有关违法犯罪行为作为除外责任含义的批复》（1999年9月6日保监复〔1999〕168号）第3条："在保险条款中，如将一般违法行为作为除外责任，应当采用列举方式，如酒后驾车、无证驾驶等；如采用'违法犯罪行为'的表述方式，应理解为仅指故意犯罪行为。"

中国保监会《关于〈太保〔1999〕48号文〉的答复》（1999年7月20日保监寿〔1999〕12号）："……你公司来文提及的保户无证驾驶汽车的行为属

于违反行政法规的行为，但不属于犯罪行为，根据上述理由，不在责任免除条款的约定范围之内，你公司不能够根据该条约定免除保险责任公安部交管局《关于外国人持国外驾驶证肇事属何种违章行为的答复》（1999 年 7 月 16 日公交管〔1999〕175 号）："……根据《道路交通管理条例》第二十五条和《机动车驾驶证管理办法》（公安部第 28 号令）第十六条的规定，持有外国驾驶证或国际驾驶证的外国人，应按照规定申领中华人民共和国机动车驾驶证或中华人民共和国机动车临时驾驶证，经车辆管理所考试合格，核发驾驶证或临时用驾驶证后，方准驾驶车辆。未按规定申领驾驶证而驾驶车辆的，应视为无证驾驶。"

公安部交管局《关于对电动自行车交通管理请示的答复》（1998 年 9 月 2 日公交管〔1998〕228 号）："……目前，国家有关部门正在对电动自行车、汽油助力自行车的属性（属于机动车还是非机动车）进行论证，因此，在国家有关技术标准出台前，暂不对电动自行车、汽油助力自行车实行统一的交通管理政策。"

公安部交管局《关于加强农用运输车和拖拉机道路交通管理工作的通知》（1998 年 8 月 14 日公交管〔1998〕209 号）第 3 条："采取稳妥、切合实际的方式做好农用运输车驾驶员驾驶证的换发、核发工作。为了保证持有驾驶证的准驾车型与驾驶车辆的一致性，各地公安交通管理部门车辆管理所按照以下规定换发、核发机动车驾驶证：（一）持有准驾大、小型拖拉机驾驶证，应当换发准驾车型代号为 L 和 J 的机动车驾驶证，填写《机动车驾驶证申请表》，经过适当形式的道路交通法规及安全驾驶常识的学习，考试科目三。（二）对无机动车驾驶证驾驶农用运输车的人员，填写《机动车驾驶证申请表》，经过适当形式的道路交通法规及安全驾驶常识的学习，考试科目二、科目三，核发准驾车型代号为 L 和 J 的机动车驾驶证。"

公安部交管局《关于对〈关于驾车人未领取驾驶证驾驶车辆是否属无证驾驶的请示〉的答复》（1998 年 5 月 25 日公交管〔1998〕123 号）："……依据《中华人民共和国道路交通管理条例》第二十五条的规定，机动车驾驶员必须经过车辆管理机关考试合格，领取驾驶证，方可驾驶车辆。在考试合格后，核发驾驶证期间，不得驾驶车辆。"

公安部交管局《关于注销驾驶证有关问题的答复》（1997 年 9 月 30 日公交管〔1997〕226 号）："……注销驾驶证，是指注销包括驾驶证上登记的全部内容，包括驾驶证上签注的全部准驾车型记录，收缴驾驶证。"

公安部交管局《关于〈机动车驾驶证管理办法〉有关问题的答复》（1997 年 6 月 11 日公交管〔1997〕107 号）第 3 条："《办法》第二十七条所称的'注销机动车驾驶证'，不属于行政处罚行为。"

公安部交管局《关于实施〈驾驶证管理办法〉和〈驾驶员考试办法〉的补充通知》（1996年10月21日公交管〔1996〕186号）第2条："凡初次领取学习驾驶证经考试合格取得驾驶证的，领取驾驶证的第一年为实习期。增加驾驶车型的，无实习期。"

公安部交管局《关于持中华人民共和国机动车驾驶证驾驶军队、武警部队车辆问题的批复》（1996年9月27日公交管〔1996〕180号）："……持中华人民共和国机动车驾驶证在道路上驾驶军队、武警部队车辆，不属于无证驾驶。"

公安部交管局《关于使领馆外籍人员换领驾驶证免考问题的批复》（1996年9月20日公交管〔1996〕173号）："……根据《中华人民共和国机动车驾驶证管理办法》的规定，以及外交部提供的对我驻外使领馆工作人员换领驾驶证免予考试的国家或地区名单，请按对等原则，对名单中所列的国家或地区的驻华使领馆工作人员，在换发我国驾驶证件时予以免考换证。其他外籍人员换发驾驶证不在此列。"

公安部交管局《关于未经合法程序取得的驾驶证是否有效问题的批复》（1996年5月13日）："……肇事者顾伟伟没有经过考试，其持有的驾驶证应为无效。为严格驾驶证管理，追究有关责任人，请你局将肇事者顾伟伟取得驾驶证的有关情况报我局。肇事者于德坡，持其弟弟于德水的驾驶证，应为无证驾驶。于德水没有经过考试，签注姓名为于德水的驾驶证应为无效。"

公安部交管局《关于中国人民保险公司天津市分公司诉肖国新返还保险金一案有关交通法规问题的复函》（1995年10月12日公交管〔1995〕197号）："……1989年4月20日，公安部下发的《关于印发〈启用机动车新驾驶证的规定〉的通知》（〔89〕公（交管）字38号）明确规定，我国机动车驾驶证有效期为四年。在有效期限内未年审的属于违章行为，可按照《中华人民共和国道路交通管理条例》第七十六条第（二）项处罚，不视为非司机和无证驾驶。以前规定如与以上复函不一致的，以本函为准。"

公安部交管局《关于制止将行驶证照片上无车辆号牌作为违章进行处罚等问题的通知》（1995年3月21日公交管〔1995〕38号）第2条："持有中华人民共和国机动车驾驶证的驾驶员，可以在全国道路上驾驶机动车。除国家有专门规定的以外，准许驾驶员按准驾车型驾驶其他单位或个人的机动车。不得将驾驶员单位与车辆单位不一致作为违章行为，对驾驶员进行处罚。"

公安部交管局《关于对办理外籍人员机动车牌证、驾驶证有关问题的请示的答复》（1995年3月20日公交管〔1995〕42号）第2条："关于外国人只准驾驶黑牌车的问题，我局将与有关部门研究。在未有明确规定之前，仍按1989年公安部对北京市公安局'关于外国人在北京市驾驶机动车问题的批复'（〔89〕公交管第155号）执行。"

公安部交管局《关于大中专院校学生申领驾驶证问题的批复》（1994年5月19日公交管〔1994〕78号）："……大中专院校在校学生根据课程设置，需要掌握汽车驾驶技术的，可由院校所在地，即学生户口所在地公安机关车辆管理部门办理核发学习驾驶证手续。学生毕业后，其考领的实习驾驶证或正式驾驶证，可以随户口迁移办理转籍手续。"

公安部交管局《关于我国公民持外国机动车驾驶证如何处理的请示的答复》（1993年3月12日公交管〔1993〕34号）："……我国公民持国际汽车驾驶证或国外机动车驾驶证，不论是否有效，均不能在我国道路上驾驶机动车辆。违者，可按无证驾车论处，依据《治安管理处罚条例》的有关规定处罚。"

公安部交管局《对交通管理工作中两个问题请示的复函》（1991年5月16日公交管〔1991〕35号）第1条："关于军队和地方驾驶员能否互驾机动车的问题。一九七二年总参、总后、公安部、交通部联合发布的《关于使用军用车辆号牌和军用车辆驾驶证的规定》第二条，一九八二年交通部、公安部、总后勤部联合发布的《关于人民武装警察部队车辆牌证问题的通知》第四条，都已规定不许互驾。对持军队驾驶证驾驶民用车辆，或者持民用驾驶证驾驶军队车辆的，应视为无证驾驶，根据《中华人民共和国治安管理处罚条例》第二十七条，视具体行为和情节予以从轻处罚。"

第2条："驾驶员使用其他单位的介绍信，冒充其他单位的人员领取驾驶证，是冒领行为，应按《中华人民共和国道路交通管理条例》第七十五条规定进行处罚。"

公安部交管局《关于轻便摩托车管理问题的答复》（1990年9月10日〔90〕公交管办第13号）："……轻便摩托车是指发动机汽缸工作容积不超过五十毫升，最大设计车速不超过五十公里/小时，只供单人乘骑的两轮式摩托车。你所提出的'双排座50型轻便摩托车'也属'轻便摩托车'。《道路交通管理条例》第三十三条第（六）项关于'轻便摩托车不准载人'的规定，适用于条例所称的道路，包括城市道路和公路。驾驶轻便摩托车不要求戴安全头盔，但'驾驶和乘坐二轮摩托车须戴安全头盔'。"

公安部交管局《关于退役军人持军车驾驶证驾驶地方车辆有关问题的答复》（1989年11月6日〔89〕公交管第166号）："……根据《中国人民解放军车辆监理制度》（一九八八年八月总参谋部、总后勤部发布）中'军人驾驶员退出现役或军队职工驾驶员调离军事单位工作时，其驾驶证不再作驾驶证使用，只作技术证明'的规定，军队驾驶员退役后，应按规定换领《中华人民共和国机动车驾驶证》，方准驾驶车辆；对未换领，仍持原驾驶证驾驶地方车辆的，可视为无证驾驶……但对于认定事故责任，还应视为其违法行为与事故结果之间的因果关系如何。对此，请你们根据事故的具体情况研究处理。"

公安部交管局《关于〈条例〉第二十六条第（三）项如何理解的答复》（1989 年 6 月 10 日〔89〕公交管第 85 号）："……'没有驾驶证的人'，是指依照国家道路交通管理法规有关驾驶员管理的规定，没有驾驶机动车辆资格或没有取得驾驶该类型机动车资格的人员，包括：根本没有驾驶证的、虽有驾驶证但没有准驾该类车型记录、所持驾驶证已经失效的以及驾驶证被依法吊扣期间的人员等。违反该项规定的，按《条例》第七十四条处罚；造成重大交通事故，构成犯罪的，依法追究刑事责任。"

公安部交管局《关于加强农用运输车道路交通管理问题的通知》（1987 年 6 月 30 日〔87〕公交管第 446 号）第 1 条："对农用运输的管理工作（包括车辆检验、发牌、驾驶员考核、发证及行车安全管理等），一律由公安交通管理机关按机动车进行管理。"

5. 地方司法性文件

江苏高院、省高检、省公安厅《关于办理交通肇事刑事案件适用法律若干问题的意见（试行）》（2011 年 3 月 15 日苏高法〔2011〕135 号）第 3 条："无驾驶资格是指无证驾驶，或者驾驶证超过有效期，或者与所持驾驶证载明的准驾车型不符，或者驾驶证被吊销、被暂扣、被扣留、扣押期间，或者驾驶证被撤销、注销或者公告驾驶证作废的。"

河南郑州中院《审理交通事故损害赔偿案件指导意见》（2010 年 8 月 20 日郑中法〔2010〕120 号）第 2 条："机动车发生交通事故造成人身伤亡、财产损失的，机动车在保险公司投保交强险的，赔偿权利人起诉时，可以侵权人和保险公司为共同被告。机动车在保险公司投保商业三责险的，赔偿权利人以侵权人为被告起诉的，可以保险公司为第三人。机动车在同一保险公司既投保交强险，又投保商业三责险的，赔偿权利人可以侵权人和保险公司为共同被告。本条所称的机动车包括：家庭自用汽车、非营业客车、营业客车、非营业货车、营业货车、特种车、摩托车和拖拉机等。"

山东临沂中院《民事审判工作座谈会纪要》（2009 年 11 月 10 日临中法〔2009〕109 号）第 1 条："……无证驾驶引发事故的强制险适用问题。强制责任险针对的是车辆而非具体驾驶人，如因无证驾驶导致该险种不适用，无疑与强制险的立法本意不符。会议认为，因无证驾驶引发事故，保险公司仍应在责任限额内承担责任，并可在承担责任后向肇事者追偿。"

6. 地方规范性文件

浙江省公安厅《关于"7·31"交通事故中无牌二轮车辆车型认定问题的批复》（2006 年 11 月 20 日浙公复〔2006〕82 号）："根据《道路交通安全法》规定，非机动车是指以人力或者畜力驱动，上道路行驶的交通工具，以及虽有动力装置驱动但设计最高时速、空车质量、外形尺寸符合有关国家标准的残疾人机动轮椅车、电动自行车等交通工具。从外观上看，'7·31'交通事故中的无牌二轮车辆无电动自行车国家标准《电动自行车通用技术条件》（GB 17761—1999）要求的骑行功能（无脚踏装置）。同时，经浙江省摩托车质量检验中心检验，该车最高时速达到23公里/小时，整车重量达到60.4公斤，该二项主要技术指标均超出国家标准。综合外形尺寸和主要技术参数，该事故中的无牌二轮车辆不符合电动自行车国家标准的技术要求，不属于《道路交通安全法》中非机动车范畴，在事故处理中该车辆类型应认定为机动车。"

第三节　法理分析

对于合法取得驾照后因超期未年检、超分而待注销是否属于无驾驶资格，司法实践中存在争议。驾驶证超分是否属于"不具有有效驾驶资格"之免责情形如下。

（1）一种观点持肯定态度：丧失有效驾驶资格并不以交通管理部门作出扣留、吊销或注销驾驶证等行政处罚为必要前提。依据法律法规的相关规定，驾驶员被扣分达12分时，就不得再驾驶机动车上路，应认定其已经丧失有效驾驶资格。

（2）另一种观点持否定态度，并认为：① 被保险人在保险事故发生前并未受到公安交管部门吊销或注销驾驶资格的处罚，应认定其仍有驾驶资质。② 雇员驾驶证超分仍驾驶机动车属于违法行为，系个人行为，雇主无从知晓，不具有过错，作为被保险人不应承担相应责任，且在保险公司未就该免责条款进行提示或明确说明情况下，该免责条款不发生法律效力。

驾驶证待证期间不能视为具有驾驶资格。

驾驶证过期不等于无驾驶资格，只要未被依法取消驾驶资格，就应确认具备驾驶资格。保险公司不能以驾驶证超过有效期为由拒绝赔偿。

驾驶人所持驾驶证已超过原证规定的有效期，但未被注销，后补办了换证手续，此种情况下不应视为"未取得驾驶资格"，保险人在承担交强险赔付责任后向被保险人追偿的，不应支持。

保险事故发生后，保险人是否应对所造成的损失承担赔偿责任，关键在于确定损失的近因是否为承保风险。被保险人无证驾驶无牌机动车虽属违法行为，但与交通事故的发生无因果关系，不负事故责任，其行为违法性与死亡后果间并非原因和结果而只是条件与结果的关系，保险公司不能以无证驾驶免责。

第三十章

道路交通事故中酒驾肇事与保险赔偿责任探析

第一节　概　述

被保险车辆的驾驶人醉酒驾驶造成受害第三者人身伤亡的，保险公司向受害人支付各项人身损害赔偿后，有权向侵权人追偿。

第二节　责任表现及裁判依据

一、常见实务类型

张某与冯某为夫妻关系，小张系二人之子。2016 年 1 月，小张驾驶小客车行驶时与路中心防护栏相撞，后又与高速公路西侧防护栏相撞，造成小客车及高速公路设施损坏；后林某驾驶重型货车行驶至此，与小张发生交通事故，造成小张当场死亡。此事故经交管部门调查未能查清全部事故事实，故未作出事故责任认定。经查，林某所驾驶车辆登记车主为某运输公司，实际车主为代某，在某保险公司投保了保险。此事故对原告方造成死亡赔偿金、误工费、精神损害抚慰金等损失共计 199 万余元。双方就赔偿问题协商未果，故诉至法院，请求判令某保险公司在保险范围内承担赔偿责任，不足的部分，由其他被告连带赔偿。

被告代某辩称：林某系代某雇佣的司机，事故车辆均由代某实际所有，但车辆并没有登记在代某名下。事故发生时，林某驾驶车辆正常行驶，不存在任何过错，原告方也没有证据证实小张系被告林某驾驶车辆碾压致死，故不同意原告方的全部诉讼请求。

被告某保险公司辩称：林某所驾驶车辆在某保险公司投保了交强险以及三者险 100 万元（含不计免赔），事故发生在保险期间内。本案中，小张醉酒后驾驶车辆发生单方事故并被甩出车外，事故时间距离林某进入高速并行经事故地点时间间隔 20~30 分钟，期间有多辆货车进入高速通行，故现有证据无法显示小张系因林某驾车碾压致死，原告方要求被告方承担赔偿责任依据不足，不同意承担赔偿责任。

最终判决：被告保险公司在机动车交通事故责任强制保险死亡伤残赔偿限额内赔偿原告张某、冯某 11 万元；被告保险公司在商业第三者责任保险限额内赔偿原告张某、冯某 26 万余元。[①]

二、裁判依据或参考

1. 法律规定

《侵权责任法》（2010 年 7 月 1 日）第三十三条："完全民事行为能力人对自己的行为暂时没有意识或者失去控制造成他人损害有过错的，应当承担侵权责任；没有过错的，根据行为人的经济状况对受害人适当补偿。完全民事行为能力人因醉酒、滥用麻醉药品或者精神药品对自己的行为暂时没有意识或者失去控制造成他人损害的，应当承担侵权责任。"

《道路交通安全法》（2004 年 5 月 1 日实施，2011 年 4 月 22 日修正）第七十六条："机动车发生交通事故造成人身伤亡、财产损失的，由保险公司在机动车第三者责任强制保险责任限额范围内予以赔偿；不足的部分，按照下列规定承担赔偿责任……"

2. 行政法规

《机动车交通事故责任强制保险条例》（2013 年 3 月 1 日修改施行）第二十二条："有下列情形之一的，保险公司在机动车交通事故责任强制保险责任限额范围内垫付抢救费用，并有权向致害人追偿：（一）驾驶人未取得驾驶资格或者醉酒的；（二）被保险机动车被盗抢期间肇事的；（三）被保险人故意制造道路交通事故的。有前款所列情形之一，发生道路交通事故的，造成受害人的财产损失，保险公司不承担赔偿责任。"

[①]案件引自《连续交通事故致酒驾者死亡事故责任成争议焦点》，http://www.jsbxw.org/view-1000-9603.aspx。

第二十三条："机动车交通事故责任强制保险在全国范围内实行统一的责任限额。责任限额分为死亡伤残赔偿限额、医疗费用赔偿限额、财产损失赔偿限额以及被保险人在道路交通事故中无责任的赔偿限额。机动车交通事故责任强制保险责任限额由保监会会同国务院公安部门、国务院卫生主管部门、国务院农业主管部门规定。"

3. 司法解释或最高人民法院其他司法性文件

最高人民法院《关于审理道路交通事故损害赔偿案件适用法律若干问题的解释》（2012年12月21日法释〔2012〕19号）第十四条："道路交通安全法第七十六条规定的'人身伤亡'，是指机动车发生交通事故侵害被侵权人的生命权、健康权等人身权益所造成的损害，包括侵权责任法第十六条和第二十二条规定的各项损害。道路交通安全法第七十六条规定的'财产损失'，是指因机动车发生交通事故侵害被侵权人的财产权益所造成的损失。"

第十八条："有下列情形之一导致第三人人身损害，当事人请求保险公司在交强险责任限额范围内予以赔偿，人民法院应予支持：……（二）醉酒、服用国家管制的精神药品或者麻醉药品后驾驶机动车发生交通事故的……保险公司在赔偿范围内向侵权人主张追偿权的，人民法院应予支持。追偿权的诉讼时效期间自保险公司实际赔偿之日起计算。"

最高人民法院负责人《把握总基调找准结合点最大限度发挥民事审判在促进经济稳中求进和社会和谐稳定中的积极作用——在全国高级法院民一庭庭长座谈会上的讲话》（2012年2月17日）第二条："……侵权纠纷和相关保险合同纠纷的竞合问题。为最大限度实现案结事了，应以合并审理为原则，但要注意保护保险公司的合同权利。对于醉酒驾驶、无证驾驶等违法情形，在确定保险公司赔偿责任的同时，要注意保护其追偿权。"

最高人民法院《关于当前形势下加强民事审判切实保障民生若干问题的通知》（2012年2月15日法〔2012〕40号）第五条："……在醉酒驾驶、无证驾驶等违法情形的责任承担上，应当在确定保险公司承担相应的赔偿责任的同时，赋予保险公司追偿权；在未投保情形下的责任承担上，应当由机动车一方先承担交强险限额内的赔偿责任，其余部分按照侵权责任认定和划分。"

最高人民法院《关于如何理解和适用〈机动车交通事故责任强制保险条例〉第二十二条的请示答复》（2009年10月20日〔2009〕民立他字第42号）："安徽省高级人民法院：你院二零零九年五月十九日报请的〔2008〕皖民申字第0440号《关于如何理解和适用〈机动车交通事故责任强制保险条例〉第二十二条的请示》收悉。经研究，答复如下：同意你院审判委员会的少数人意见（'少数人意见'即：本案中，驾驶人醉酒驾车致人死亡（致害人已赔偿受害人情况下），保险公司对受害人的死亡赔偿金依法不予理赔——编者注）。"

最高人民法院《关于审理人身损害赔偿案件适用法律若干问题的解释》（2004 年 5 月 1 日法释〔2003〕20 号）第一条："因生命、健康、身体遭受侵害，赔偿权利人起诉请求赔偿义务人赔偿财产损失和精神损害的，人民法院应予受理。"

4. 部门规范性文件

公安部《机动车驾驶证申领和使用规定》（2013 年 1 月 1 日）第十二条："有下列情形之一的，不得申请机动车驾驶证：……（四）饮酒后或者醉酒驾驶机动车发生重大交通事故构成犯罪的；（五）醉酒驾驶机动车或者饮酒后驾驶营运机动车依法被吊销机动车驾驶证未满五年的；（六）醉酒驾驶营运机动车依法被吊销机动车驾驶证未满十年的……"

公安部《关于公安机关办理醉酒驾驶机动车犯罪案件的指导意见》（2011 年 9 月 19 日公交管〔2011〕190 号）第一条："交通民警要严格按照《交通警察道路执勤执法工作规范》的要求检查酒后驾驶机动车行为，检查中发现机动车驾驶人有酒后驾驶机动车嫌疑的，立即进行呼气酒精测试，对涉嫌醉酒驾驶机动车、当事人对呼气酒精测试结果有异议，或者拒绝配合呼气酒精测试等方法测试以及涉嫌饮酒后、醉酒驾驶机动车发生交通事故的，应当立即提取血样检验血液酒精含量。"

第二条："及时固定犯罪证据。对查获醉酒驾驶机动车嫌疑人的经过、呼气酒精测试和提取血样过程应当及时制作现场调查记录；有条件的，还应当通过拍照或者录音、录像等方式记录；现场有见证人的，应当及时收集证人证言。发现当事人涉嫌饮酒后或者醉酒驾驶机动车的，依法扣留机动车驾驶证，对当事人驾驶的机动车，需要作为证据的，可以依法扣押。"

第五条："交通民警对当事人血样提取过程应当全程监控，保证收集证据合法、有效。提取的血样要当场登记封装，并立即送县级以上公安机关检验鉴定机构或者经公安机关认可的其他具备资格的检验鉴定机构进行血液酒精含量检验。因特殊原因不能立即送检的，应当按照规范低温保存，经上级公安机关交通管理部门负责人批准，可以在 3 日内送检。"

第八条："经检验驾驶人血液酒精含量达到醉酒驾驶机动车标准的，一律以涉嫌危险驾驶罪立案侦查；未达到醉酒驾驶机动车标准的，按照道路交通安全法有关规定给予行政处罚。当事人被查获后，为逃避法律追究，在呼气酒精测试或者提取血样前又饮酒，经检验其血液酒精含量达到醉酒驾驶机动车标准的，应当立案侦查。当事人经呼气酒精测试达到醉酒驾驶机动车标准，在提取血样前脱逃的，应当以呼气酒精含量为依据立案侦查。"

第九条："全面客观收集证据。对已经立案的醉酒驾驶机动车案件，应当全面、客观地收集、调取犯罪证据材料，并严格审查、核实。要及时检查、核实车辆和人员基本情况及机动车驾驶人违法犯罪信息，详细记录现场查获醉酒驾驶机动车的过程、人员车辆基本特征以及现场采取呼气酒精测试、实施强制措施、提取血样、口头传唤、固定证据等情况。讯问犯罪嫌疑人时，应当对犯罪嫌疑人是否有罪以及情节轻重等情况作重点讯问，并听取无罪辩解。要及时收集能够证明犯罪嫌疑人是否醉酒驾驶机动车的证人证言、视听资料等其他证据材料。"

人力资源和社会保障部《实施〈中华人民共和国社会保险法〉若干规定》（2011年7月1日）第十条："社会保险法第三十七条第二项中的醉酒标准，按照《车辆驾驶人员血液、呼气酒精含量阈值与检验》（GB 19522—2004）执行。公安机关交通管理部门、医疗机构等有关单位依法出具的检测结论、诊断证明等材料，可以作为认定醉酒的依据。"

公安部、中国保监会《关于实行酒后驾驶与机动车交强险费率联系浮动制度的通知》（2010年3月1日公通字〔2010〕8号）第二条："各保监局和省级公安机关要密切协作配合，在充分测算和论证的基础上，在公安部和保监会确定的交强险费率浮动幅度内，明确饮酒后驾驶、醉酒后驾驶违法行为上浮费率的标准。其中，饮酒后驾驶违法行为一次上浮的交强险费率控制在10%至15%之间，醉酒后驾驶违法行为一次上浮的交强险费率控制在20%至30%之间，累计上浮的费率不得超过60%，确定费率标准情况应当报公安部、保监会备案。"

公安部《关于印发〈交通警察道路执勤执法工作规范〉的通知》（2009年1月1日公通字〔2008〕58号）："……对醉酒的机动车驾驶人应当由不少于两名交通警察或者一名交通警察带领不少于两名协管员带至指定地点，强制约束至酒醒后依法处理。必要时可以使用约束性警械。"

中国保监会《关于交强险有关问题的复函》（2007年4月10日保监厅函〔2007〕77号）第二条："根据《条例》和《条款》，被保险机动车在驾驶人未取得驾驶资格、驾驶人醉酒、被保险机动车被盗抢期间肇事、被保险人故意制造交通事故情形下发生交通事故，造成受害人受伤需要抢救的，保险人对于符合规定的抢救费用，在医疗费用赔偿限额内垫付。被保险人在交通事故中无责任的，保险人在无责任医疗费用赔偿限额内垫付。对于其他损失和费用，保险人不负责垫付和赔偿。"

中国保监会《关于保险条款中有关违法犯罪行为作为除外责任含义的批复》（1999年9月6日保监复〔1999〕168号）第三条："在保险条款中，如将一般违法行为作为除外责任，应当采用列举方式，如酒后驾车、无证驾驶等；如采用'违法犯罪行为'的表述方式，应理解为仅指故意犯罪行为。"

公安部交管局《关于对非肇事驾驶员可否吊销驾驶证问题的答复》（1998年

12 月 25 日公交管〔1998〕341 号）："……如果非肇事驾驶员在交通事故发生时未在肇事车辆上，根据有关法律、法规的规定，对于在调查交通事故中，发现非肇事驾驶员有冒名顶替交通肇事者承担交通事故责任行为的，不能吊销其驾驶证，可依据《中华人民共和国治安管理处罚条例》第十九条第（七）项规定予以处罚。"

5. 地方司法性文件

广东高院《关于印发〈全省民事审判工作会议纪要〉的通知》（2012 年 6 月 26 日粤高法〔2012〕240 号）第 37 条："要充分认识交强险设立目的在于保障受害人依法及时得到赔偿，具有较强的社会保障性质。根据《道路交通安全法》第七十六条的规定，无论机动车一方对交通事故的发生是否有过错，包括存在《机动车交通事故责任强制保险条例》第二十二条规定的情形，保险公司均应在交强险责任限额内先予赔偿，除非交通事故损失是由受害人故意造成的。"

新疆高院《关于印发〈关于审理道路交通事故损害赔偿案件若干问题的指导意见（试行）〉的通知》（2011 年 9 月 29 日新高法〔2011〕155 号）第 8 条："《机动车交通事故责任强制保险条例》第三条规定的'人身伤亡'，包括受害人的财产损害和精神损害。"

第 11 条："机动车驾驶人未取得驾驶资格或者醉酒驾驶发生交通事故造成损害的，交强险的保险公司在责任限额内赔付后，有权向侵权人追偿。"

贵州高院《关于印发〈关于审理涉及机动车交通事故责任强制保险案件若干问题的意见〉的通知》（2011 年 6 月 7 日黔高法〔2011〕124 号）第 7 条："有下列情形之一，机动车交通事故造成受害第三者人身伤亡的，保险公司在责任强制保险限额范围内承担赔偿责任，保险公司承担赔偿责任后有权向赔偿义务人追偿。（一）驾驶人未取得驾驶资格或者醉酒的；（二）被保险机动车被盗抢期间肇事的；（三）被保险人故意制造道路交通事故的。前款所称'赔偿义务人'，是指道路交通事故的致害人，被保险人与实际致害人不是同一主体时，被保险人与实际致害人对机动车强制保险责任限额范围内的损害赔偿承担连带责任，但盗窃车辆除外。"

江苏南通中院《关于处理交通事故损害赔偿案件中有关问题的座谈纪要》（2011 年 6 月 1 日通中法〔2011〕85 号）第 26 条："机动车发生交通事故致人损害的，不论机动车一方有无过错，由保险公司在交强险责任限额内予以赔偿。但交通事故的损失是由非机动车、行人故意碰撞机动车造成的除外。"

第 27 条："机动车驾驶人未取得驾驶资格或者醉酒驾驶发生交通事故致人损害的，该机动车参加强制保险的，由保险公司在交强险责任限额内对受害人的损失予以赔偿。"

第 29 条："《机动车交通事故责任强制保险条例》第三条规定的'人身伤亡'所造成的损害包括财产损害和精神损害。精神损害赔偿与物质损害赔偿在交强险责任限额中的赔偿次序，请求权人有权进行选择。请求权人选择优先赔偿精神损害，应予支持。"

山东高院《关于印发审理保险合同纠纷案件若干问题意见（试行）的通知》（2011 年 3 月 17 日）第 21 条："有下列情形之一导致受害人人身损害的，保险人根据《机动车交通事故责任强制保险条例》第二十二条、二十三条规定向受害人支付死亡伤残赔偿金和医疗费用后向致害人追偿的，人民法院应予支持：（1）驾驶人未取得驾驶资格或者醉酒的；（2）被保险机动车被盗抢期间肇事的；（3）被保险人故意制造道路交通事故的。前款情形，致害人向受害人支付死亡伤残赔偿金和医疗费用后，依责任强制保险合同要求保险人承担保险责任的，人民法院不予支持。"

江苏高院、省高检、省公安厅《关于办理交通肇事刑事案件适用法律若干问题的意见（试行）》（2011 年 3 月 15 日苏高法〔2011〕135 号）第 2 条："酒后驾驶机动车辆是指饮酒后血液酒精浓度超过 0.2mg/mL 时驾驶机动车。行为人故意逃避酒精含量检测，但有其他相关证据证明行为人饮酒的，可以认定行为人酒后驾驶机动车辆。"

浙江高院民一庭《关于审理道路交通事故损害赔偿纠纷案件若干问题的意见（试行）》（2010 年 7 月 1 日）第 15 条："属于《机动车交通事故责任强制保险条例》第二十二条第一款规定情形发生道路交通事故，造成受害人人身伤亡的，保险公司应在机动车强制保险责任限额范围内承担垫付责任；保险公司垫付后，可向赔偿义务人追偿。造成受害人财产损失的，保险公司不承担垫付责任。前款所称'赔偿义务人'是指道路交通事故中的致害人，被保险人与致害人不是同一人的，对机动车强制保险责任限额范围内的损害赔偿承担连带责任，但被盗抢车辆除外。机动车已经转让并交付但未办理保险变更手续的，受让人视为被保险人。本条所称'人身伤亡'是指道路交通事故导致受害人的人身损害，包括财产性损失和精神损害抚慰金；所称'财产损失'是指道路交通事故导致受害人的车辆等实物财产毁损、灭失的损失。"

江西南昌中院《关于审理道路交通事故人身损害赔偿纠纷案件的处理意见（试行）》（2010 年 2 月 1 日）第 37 条："道路交通事故中有《机动车交通事故责任强制保险条例》第二十二条第一款规定的情形，交强险保险公司提出不予赔偿受害人人身损害抗辩的，应予支持。"

安徽高院《关于如何理解和适用〈机动车交通事故责任强制保险条例〉第二十二条的通知》（2009 年 12 月 10 日皖高法〔2009〕371）："本院在审查申请再审人董家玲与被申请人中国平安财产保险股份有限公司阜阳中心支公司

财产保险合同纠纷一案中，对如何理解和适用《机动车交通事故责任强制保险条例》（以下简称《条例》）第二十二条形成不同意见。案经审判委员会讨论决定形成两种意见向最高人民法院请示。最高人民法院于 2009 年 10 月 20 日以〔2009〕民立他字第 42 号函答复我院。根据答复精神，对《条例》第二十二条中的‘受害人的财产损失’应作广义的理解，即这里的‘财产损失’应包括因人身伤亡而造成的损失，如伤残赔偿金、死亡赔偿金等。”

安徽合肥中院民一庭《关于审理道路交通事故损害赔偿案件适用法律若干问题的指导意见》（2009 年 11 月 16 日）第 61 条："道路交通事故的发生具有《机动车交通事故责任强制保险条例》第二十二条第一款规定的三种情形的，保险公司拒绝赔偿受害人人身损害的，应不予支持。"

上海高院《关于处理道路交通事故纠纷若干问题的解答》（2009 年 6 月 20 日沪高法民一〔2009〕9 号）第 4 条："被保险机动车无证驾驶或醉酒驾驶发生交通事故时，交强险责任的承担。根据《条例》第 21 条规定，除交通事故是受害人故意造成的以外，被保险机动车发生道路事故，包括无证驾驶或醉酒驾驶等情形，由保险公司首先在交强险限额范围内对受害人承担除财产损失外的赔偿责任，保险公司承担赔偿责任后，有权向加害人追偿。在保险公司理赔前，加害人在交强险限额内向受害人支付了赔偿金之后，要求保险公司就此部分予以理赔的，不予支持。"

四川泸州中院《关于民商审判实践中若干具体问题的座谈纪要（二）》（2009 年 4 月 17 日沪中法〔2009〕68 号）第 12 条："《机动车交通事故责任强制保险条例》第二十二条规定：‘有下列情形之一的，保险公司在机动车交通事故责任强制保险责任限额范围内垫付抢救费用，并有权向致害人追偿：（一）驾驶人未取得驾驶资格或者醉酒的；（二）被保险机动车被盗抢期间肇事的；（三）被保险人故意制造交通事故的。有前款所列情形之一，发生道路交通事故的，造成受害人的财产损失，保险公司不承担赔偿责任。’对该条的规定如何理解？即如果机动车驾驶员无驾驶资格或者醉酒驾驶、被盗抢期间肇事、故意制造交通事故的，保险公司是否应当赔偿受害人的人身损失？基本观点：有三种不同意见。第一种意见认为，根据《机动车交通事故责任强制保险条例》的规定，保险公司对抢救费用仅仅是垫付，不是承担，而抢救费用就属于人身损害。因此，保险公司对人身损害不承担赔偿责任，也不应当垫付抢救费用以外的其他费用。倾向性意见认为，《机动车交通事故责任强制保险条例》第二十二条第二款规定保险公司不承担受害人财产损失的责任，但是对于是否承担人身损害赔偿责任没有明确规定，属于法律漏洞，应当根据立法目的和相关条文的内在逻辑进行漏洞补充。根据交强保险的立法目的，应当优先保护受害人，当然，无证驾驶和醉酒驾驶、被盗抢期间肇事、故意制造交通事故的驾驶人也应当承担责任。综合考虑交强险保护受害人的立法目的和制裁无证驾驶、醉酒驾驶的立法目的，对于人身损害，保险公司应当在机动车交通事故责任强制保险责任限额范围内承担垫付责任，且可以向致害人追偿。第三种意见认为，《机动车交通事故责任强制保险条例》只规定保险公司不承担受害人财产损失的责任，对是否承担受害人人身损害赔偿责任并无规定，应当适用一般规定，即《道路交通安全法》第七十六条的规定。根据《道路交通安全法》第七十六条的规定，除受害人故意造成交通事故的情形外，保险公司都应当承担责任。所以，保险公司在承担医疗费用的垫付责任之外，还应当承担人身损害的赔偿责任。"

浙江杭州中院《关于道路交通事故损害赔偿纠纷案件相关问题的处理意见》（2008年6月19日）第3条："……（六）保险公司垫付抢救费的问题。'抢救费'的界定在《交强险条例》中并未明确，但按照一般理解，应属于医疗费用的范畴，且以'抢救'为前提，即以恢复生命体征及时救治为前提。故抢救费的垫付限额应参照医疗费的赔偿限额确定。"

江苏宜兴法院《关于审理交通事故损害赔偿案件若干问题的意见》（2008年1月28日宜法〔2008〕第7号）第21条："保险公司在交强险中代被保险人垫付受害人的抢救费用后，即使受害人在交通事故中也有责任，保险公司只能向受害人之外的责任人追偿，而不应向受害人追偿。"

第25条："作为被告的机动车方，如果已为保险公司垫付部分赔偿款，诉讼中要求在保险公司支付受害人的保险赔偿金中予以返还的，应予准许。"

第53条："交强险条款第9条规定，驾驶人未取得驾驶资格或者醉酒的等情形，保险公司不承担赔偿责任，但交强险条例规定的免责范围却仅限于受害人财产损失。交强险条例为行政法规，是法院判决交通事故赔偿的法律依据。按'约定不得违背法律规定'或者'下位法不得与上位法相抵触'的原则，交强险条款第9条规定对受害人没有约束力，保险公司仍应在交强险限额内承担人身损害赔偿责任。"

第三节　法理分析

最高人民法院《关于审理道路交通事故损害赔偿案件适用法律若干问题的解释》发布之前，有关交强险条例第22条"财产损失"如何理解，在司法实践中广受争议。

（1）"财产损失"应作广义理解，与"精神损害"对应，包括精神损害之外的各项人身损害赔偿内容。

（2）"财产损失"做狭义理解，与"人身损害"对应。如：① 酒后驾车致人死亡，基于《道路交通安全法》和交强险的宗旨，保险公司均应对人身损害承担赔偿责任，但对受害人的财产损失，保险公司不承担赔偿责任。② 交通事故受害人为救治而支出的费用，以及对受害人的残疾赔偿金、死亡赔偿金，不属于受害人"财产损失"的范畴，而属于对受害人人身权利救济的范畴，保险公司对此类损失应承担赔偿责任。③ 保险合同的内容扩大法律法规所规定的免责范围，排除受害人就医疗费用之外其他损失请求保险公司直接赔偿的法定权利，该免责条款仅于保险公司和投保人之间有约束力，不能以此对抗作为交强险条例保护对象的交通事故受害人。

交通事故受害人作为附带民事诉讼原告对致害方投保的保险公司具有法定的直接诉权。致害人醉酒驾驶，保险公司仍应在交强险责任限额内承担赔偿责任并对致害人享有追偿权。

交强险实行无过错责任赔偿原则，但交强险的强制性并不表示在任何情况下，只要发生了交通事故，造成第三者人身或财产损失，保险公司就要按交强险予以赔付。醉酒驾驶肇事属于《机动车交通事故责任强制保险条例》第22条和《机动车交通事故责任强制保险条款》第9条规定的一种特殊免责。对于醉酒驾驶发生事故造成的损失，致害人在赔偿受害人后不能要求保险公司承担交强险赔偿责任。

醉酒驾驶行为人是最终责任承担主体，即便保险公司事先已经承担保险责任，也可以依法向行为人进行追偿。如醉酒驾驶行为人已经承担了对被害人的赔偿责任，则其就不具备对保险公司的追偿权，不应仅按照《合同法》的"格式条款"规定而认定保险公司承担责任。

酒后驾车是我国法律明文禁止的行为，是机动车驾驶人员应当知晓的生活常识。保险合同对于醉酒驾驶等明显违法行为而规定的免责条款系通常约定，可免除保险人的明确说明义务。即使保险公司在投保人投保时没有履行明确说明义务，也不影响投保人对该免责条款的真实含义和法律后果的认知。

涉及免责事由的保险合同因果关系认定，与民法侵权行为因果关系判断对象有所差异。被保险人酒后违规停放的车辆，对其他交通参与人造成了现实的危险障碍，加大了保险事故发生的可能性，应认定饮酒行为与保险事故存在因果关系，即认定酒后驾车免责事由与事故损失存在因果关系，并非基于原因事实本身，而是基于该原因事实所形成的危险状态，故对保险合同中的"酒后驾驶"免责条款应作目的扩张解释，认定被保险人酒后驾车行为导致的危险状态属于"酒后驾驶"情形。

第三十一章

道路交通事故中肇事逃逸与保险赔付探析

第一节　概　述

保险事故发生后，被保险人或其允许的驾驶人遗弃被保险车辆逃逸的，保险公司有权依照保险合同约定条款免除保险赔偿责任。肇事逃逸车辆投保交强险的，由保险公司在交强险责任限额范围内予以赔偿；机动车不明或者该机动车未投保交强险，道路交通事故社会救助基金垫付受害人人身伤亡的抢救、丧葬等费用后，其管理机构有权向交通事故责任人追偿。

第二节　责任表现及裁判依据

一、常见实务类型

2013年8月1日，王某驾驶本人所有的未依法登记的电动车，当日4时33分许，由北向南行驶至余杭区南苑街道东湖南路万常村委路口时，与同方向柯某驾驶的普通客车发生碰撞，摔倒后与由北向南行驶的钱某驾驶的重型普通货车发生碾压，造成王某当场死亡。事故发生后柯某驾车离开现场，当日，柯某在交警电话通知下，前往交警队协助调查。经公安交警部门调查认定"钱某故意遮挡号牌并违反交通信号灯通行，王某驾驶未依法登记的电动车，且未随时注意前方车辆动态遇前方情况后措施不及，柯某事故后逃逸，因此，钱某负事故主要责任，王某负事故次要责任，柯某负事故次要责任"。

钱某（已被追究刑事责任）的车辆在中国人民财产保险股份有限公司兴化支公司投保交强险和商业第三者责任险。柯某在中国人民财产保险股份有限公司杭州分公司投保交强险和商业第三者责任险。

2013年11月21日，死者王某的父亲、妻子、女儿、儿子向余杭区人民法院提起诉讼，要求被告钱某、柯某赔偿死亡赔偿金、丧葬费、精神损害抚慰金、误工费、被抚养人生活费、交通费等合计726641.69元；被告人保兴化公司、人保杭州公司在交强险和商业第三者责任险限额内承担赔偿责任。[①]

保险合同约定的被保险人与其允许的合格驾驶员是两个不同的概念，在法律及司法解释没有明确规定的情况下，经被保险人同意的、被保险车辆的实际使用人（包括租车单位、借车单位）也列为被保险人，缺乏法律依据。保险公司根据合同应当承担责任的范围是：在发生事故使第三者遭受人身或财产损失，并依法应当由被保险人支付的赔偿金额。本案被保险人陈某未支付赔偿金，也未对第三人承担法律意义上的赔偿责任，现其要求保险公司承担保险责任缺乏合同和法律依据。以后若陈某对第三人进行了赔偿或依法承担了赔偿责任，其可再向保险公司主张相关权利。

二、裁判依据或参考

1. 法律规定

《侵权责任法》（2010年7月1日）第五十三条："机动车驾驶人发生交通事故后逃逸，该机动车参加强制保险的，由保险公司在机动车强制保险责任限额范围内予以赔偿；机动车不明或者该机动车未参加强制保险，需要支付被侵权人人身伤亡的抢救、丧葬等费用的，由道路交通事故社会救助基金垫付。道路交通事故社会救助基金垫付后，其管理机构有权向交通事故责任人追偿。"

《道路交通安全法》（2004年5月1日实施，2011年4月22日修正）第七十条："在道路上发生交通事故，车辆驾驶人应当立即停车，保护现场；造成人身伤亡的，车辆驾驶人应当立即抢救受伤人员，并迅速报告执勤的交通警察或者公安机关交通管理部门。因抢救受伤人员变动现场的，应当标明位置。乘车人、过往车辆驾驶人、过往行人应当予以协助。在道路上发生交通事故，未造成人身伤亡，当事人对事实及成因无争议的，可以即行撤离现场，恢复交通，自行协商处理损害赔偿事宜；不即行撤离现场的，应当迅速报告执勤的交通警察或者公安机关交通管理部门。在道路上发生交通事故，仅造成轻微财产

---

①案件引自《交通肇事逃逸保险公司仍被判赔》，http://www.66law.cn/goodcase/31458.aspx。

损失，并且基本事实清楚的，当事人应当先撤离现场再进行协商处理。"

第七十一条："车辆发生交通事故后逃逸的，事故现场目击人员和其他知情人员应当向公安机关交通管理部门或者交通警察举报。举报属实的，公安机关交通管理部门应当给予奖励。"

第七十五条："医疗机构对交通事故中的受伤人员应当及时抢救，不得因抢救费用未及时支付而拖延救治。肇事车辆参加机动车第三者责任强制保险的，由保险公司在责任限额范围内支付抢救费用；抢救费用超过责任限额的，未参加机动车第三者责任强制保险或者肇事后逃逸的，由道路交通事故社会救助基金先行垫付部分或者全部抢救费用，道路交通事故社会救助基金管理机构有权向交通事故责任人追偿。"

第七十六条："机动车发生交通事故造成人身伤亡、财产损失的，由保险公司在机动车第三者责任强制保险责任限额范围内予以赔偿；不足的部分，按照下列规定承担赔偿责任：

（一）机动车之间发生交通事故的，由有过错的一方承担赔偿责任；双方都有过错的，按照各自过错的比例分担责任。

（二）机动车与非机动车驾驶人、行人之间发生交通事故，非机动车驾驶人、行人没有过错的，由机动车一方承担赔偿责任；有证据证明非机动车驾驶人、行人有过错的，根据过错程度适当减轻机动车一方的赔偿责任；机动车一方没有过错的，承担不超过百分之十的赔偿责任。交通事故的损失是由非机动车驾驶人、行人故意碰撞机动车造成的，机动车一方不承担赔偿责任。"

第一百零一条："……造成交通事故后逃逸的，由公安机关交通管理部门吊销机动车驾驶证，且终生不得重新取得机动车驾驶证。"

《侵权责任法》（2010年7月1日）第四十九条："因租赁、借用等情形机动车所有人与使用人不是同一人时，发生交通事故后属于该机动车一方责任的，由保险公司在机动车强制保险责任限额范围内予以赔偿。不足部分，由机动车使用人承担赔偿责任；机动车所有人对损害的发生有过错的，承担相应的赔偿责任。"

第五十三条："机动车驾驶人发生交通事故后逃逸，该机动车参加强制保险的，由保险公司在机动车强制保险责任限额范围内予以赔偿；机动车不明或者该机动车未参加强制保险，需要支付被侵权人人身伤亡的抢救、丧葬等费用的，由道路交通事故社会救助基金垫付。道路交通事故社会救助基金垫付后，其管理机构有权向交通事故责任人追偿。"

2. 行政法规

《机动车交通事故责任强制保险条例》（2013年3月1日修改施行）第二十四条："国家设立道路交通事故社会救助基金（以下简称救助基金）。有下列情形之一时，道路交通事故中受害人人身伤亡的丧葬费用、部分或者全部抢救费用，由救助基金先行垫付，救助基金管理机构有权向道路交通事故责任人追偿：（一）抢救费用超过机动车交通事故责任强制保险责任限额的；（二）肇事机动车未参加机动车交通事故责任强制保险的；（三）机动车肇事后逃逸的……"

第四十二条："本条例下列用语的含义：……（二）被保险人，是指投保人及其允许的合法驾驶人……"

《道路交通安全法实施条例》（2004 年 5 月 1 日）第九十二条："发生交通事故后当事人逃逸的，逃逸的当事人承担全部责任。但是，有证据证明对方当事人也有过错的，可以减轻责任。"

3. 司法解释

最高人民法院《关于审理交通肇事刑事案件具体应用法律若干问题的解释》（2000 年 11 月 21 日法释〔2000〕33 号）第二条："……交通肇事致一人以上重伤，负事故全部或者主要责任，并具有下列情形之一的，以交通肇事罪定罪处罚：……（六）为逃避法律追究逃离事故现场的。"

第三条："'交通运输肇事后逃逸'，是指行为人具有本解释第二条第一款规定和第二款第（一）至（五）项规定的情形之一，在发生交通事故后，为逃避法律追究而逃跑的行为。"

4. 部门规章

《道路交通事故处理程序规定》（2009 年 1 月 1 日）第四十七条："公安机关交通管理部门应当自现场调查之日起十日内制作道路交通事故认定书。交通肇事逃逸案件在查获交通肇事车辆和驾驶人后十日内制作道路交通事故认定书。对需要进行检验、鉴定的，应当在检验、鉴定结论确定之日起五日内制作道路交通事故认定书。发生死亡事故，公安机关交通管理部门应当在制作道路交通事故认定书前，召集各方当事人到场，公开调查取得证据。证人要求保密或者涉及国家秘密、商业秘密以及个人隐私的证据不得公开。当事人不到场的，公安机关交通管理部门应当予以记录。"

第七十四条："本规定中下列用语的含义：（一）'交通肇事逃逸'，是指发生交通事故后，交通事故当事人为逃避法律追究，驾驶车辆或者遗弃车辆逃离交通事故现场的行为。"

公安部《关于印发〈道路交通事故处理工作规范〉的通知》（2009 年 1 月 1 日公交管〔2008〕277 号）第六十三条："逃逸交通事故尚未侦破，受害一方当事人要求出具道路交通事故认定书的，公安机关交通管理部门应当按照《道路交通事故处理程序规定》第四十九条的规定办理。查获交通肇事逃逸车辆和驾驶人后，公安机关交通管理部门应当重新制作编号不同的道路交通事故认定书，分别送达当事人。重新制作的道路交通事故认定书应当注明对此前作出的道路交通事故认定书的内容进行更正、补充或者撤销。"

中国保监会《关于保险公司垫付肇事逃逸车辆对第三者经济损害赔偿责任有关问题的复函》（2004 年 11 月 4 日保监厅函〔2004〕208 号）第二条："保险合同与《办法》（指《道路交通事故处理办法》——编者注）规定相冲突的问题。目前人保股份的保险合同是在意思自治前提下的商业合同，其中将逃逸车辆列明为除外责任的做法，不违反相关法律的要求。"

中国保监会办公室《关于保险车辆肇事逃逸是否属于保险除外责任的复函》（2002 年 9 月 20 日保监办函〔2002〕84 号）："……《深圳市机动车辆保险条款》（保监发〔1999〕32 号）未将保险车辆肇事逃逸列为除外责任，保险公司应按现行条款执行，不能套用除外责任中'被保险人及其驾驶员的故意行为'作出拒赔决定。"

公安部《关于道路交通事故逃逸案件有关责任认定问题的批复》（2001 年 11 月 12 日公复字〔2001〕19 号）第一条："发生道路交通事故，一方当事人逃逸尚未归案，但逃逸当事人身份等情况已调查清楚的，公安机关应当依据调查的事实和原因，按照《道路交通事故处理办法》第十七条、十八条、十九条规定认定交通事故责任；如逃逸当事人具有《道路交通事故处理办法》第二十条、二十一条列举的违法行为的，应当按照第二十条、二十一条规定认定交通事故责任，交通事故责任认定的时限，应当按照《道路交通事故处理程序规定》第三十二条有关规定执行。"

第二条："发生道路交通事故，一方当事人逃逸尚未归案，且身份等情况不明的，公安机关暂不宜做交通事故责任认定，待破案查明逃逸当事人身份后，再按照《道路交通事故处理办法》和《道路交通事故处理程序规定》有关规定认定其交通事故责任。交通事故责任认定的时限，自查明逃逸当事人身份之日起计算。"

公安部交管局《关于特种车辆在执行任务中发生交通事故后驶离现场定性问题的答复》（1999 年 4 月 29 日公交管〔1999〕105 号）第一条："交通肇事逃逸案件是指发生道路交通事故后，当事人为逃避责任，故意驾驶车辆或者弃车逃离交通事故现场的案件。因此，执行任务的特种车辆在发生交通事故后，为了履行法定的职责离开现场，不能认定为交通肇事逃逸。"

第二条："根据《中华人民共和国交通管理条例》第五十五条第一款的规定，特种车辆执行任务时，其他车辆和行人必须让行。"

公安部交管局《关于对非肇事驾驶员可否吊销驾驶证问题的答复》（1998 年 12 月 25 日公交管〔1998〕341 号）："……如果非肇事驾驶员在交通事故发生时未在肇事车辆上，根据有关法律、法规的规定，对于在调查交通事故中，发现非肇事驾驶员有冒名顶替交通肇事者承担交通事故责任行为的，不能吊销其驾驶证，可依据《中华人民共和国治安管理处罚条例》第十九条第（七）项规定予以处罚。"

5. 地方司法性文件

广东深圳中院《关于道路交通事故损害赔偿纠纷案件的裁判指引》（2014年8月14日深中法发〔2014〕3号）第7条："道路交通事故中交通事故肇事人弃车逃逸，经公安交通管理部门调查并公告，无法找到交通肇事逃逸人，公安交通管理部门应受害人的要求出具交通事故认定，赔偿权利人以此交通事故认定书中列明的'车驾驶人''无名氏'为被告提起诉讼的，人民法院不予受理。"

广东高院《关于肇事逃逸免责条款法律效力的复函》（2014年2月28日〔2014〕粤高法民复字第1号）："商业第三者险与交强险是有区别的，商业三者险属于投保人自愿购买的责任保险，虽然客观上也有及时填补受害人损失的作用，但其设立目的是减轻侵权人的赔偿负担，而非填补受害人的损失。审查商业三者险保险合同应坚持当事人意思自治原则，尊重当事人合法的意思表示。保险合同中保险人与被保险人的权利义务由双方协商确定，肇事后逃逸免赔的条款不违反我国法律规定，也有加大逃逸者的违法成本从而促使其遵章守法的导向作用，故即使逃逸行为并不加重保险人的赔偿责任，保险人也可依据合同条款免于赔偿。"

安徽高院《关于审理道路交通事故损害赔偿纠纷案件若干问题的指导意见》（2014年1月1日皖高法〔2013〕487号）第4条："认定驾驶人事故后逃逸、逃离事故现场、伪造现场、酒后驾驶、无证驾驶、证驾不符等商业三者险合同约定的免责情形的，应以《道路交通事故认定书》为依据，但有相反证据推翻事故认定书的除外。公安交警部门没有作出事故认定书，或者事故认定书未认定驾驶人存在上述情形的，由保险公司承担举证责任。"

江苏南通中院《关于处理交通事故损害赔偿案件中有关问题的座谈纪要》（2011年6月1日通中法〔2011〕85号）第26条："机动车发生交通事故致人损害的，不论机动车一方有无过错，由保险公司在交强险责任限额内予以赔偿。但交通事故的损失是由非机动车、行人故意碰撞机动车造成的除外。"

第29条："《机动车交通事故责任强制保险条例》第三条规定的'人身伤亡'所造成的损害包括财产损害和精神损害。精神损害赔偿与物质损害赔偿在交强险责任限额中的赔偿次序，请求权人有权进行选择。请求权人选择优先赔偿精神损害，应予支持。"

山东高院《关于印发审理保险合同纠纷案件若干问题意见（试行）的通知》（2011年3月17日）第27条："第三者责任保险中，被保险人允许的合法驾驶人在驾驶被保险车辆时发生交通事故致第三者人身伤亡和财产损失的，在承担损害赔偿责任后，有权要求保险人按照第三者责任保险合同约定赔付。"

江苏高院、省高检、省公安厅《关于办理交通肇事刑事案件适用法律若干问题的意见（试行）》（2011 年 3 月 15 日苏高法〔2011〕135 号）第 10 条："交通肇事后逃逸，是指行为人明知发生交通事故后，为了逃避法律追究而逃跑的行为。"

第 12 条："交通肇事行为人明知发生交通事故，驾驶车辆或者弃车逃离事故现场的行为一般应当认定为逃逸。具有下列情形之一的，一般应当认定为交通肇事后逃逸：（1）虽将被害人送至医院，但未报案或者无故离开医院，或者向被害人、被害人亲属、医务人员谎报虚假的身份信息和联系方式后离开医院的；（2）交通事故发生后，对相关事宜未能协商达成一致，或虽经协商但给付的赔偿费用明显不足，行为人未留下本人有效信息，而强行离开现场的；（3）交通事故发生后，行为人未及时向当地公安机关报警，离开现场后向异地县（市）的公安机关报警的；（4）其他依法应当认定为交通肇事后逃逸的情形。"

第 13 条："有下列情形之一的，一般不予认定为交通肇事后逃逸：（1）行为人驾车驶离现场，有充分证据证明其不知道或不能发现事故发生的；（2）行为人为及时抢救被害人而离开现场，并及时报警并接受调查的；（3）行为人将被害人送到医院后，确因筹措医疗费用需暂时离开医院，并经被害人、被害人亲属或医务人员同意，或者留下本人有效信息，在合理时间内及时返回的；（4）行为人因本人伤重需要到医院救治原因离开现场，无法及时报案的；（5）有证据证明行为人因可能受到人身伤害而被迫离开事故现场，并及时报案接受调查的；（6）行为人在被司法机关采取强制措施后逃跑的；（7）行为人虽未被司法机关采取强制措施，但已被公安机关询问、调查并如实交代个人情况和行为事实后逃跑的。"

第 16 条："交通肇事后逃逸，行为人主动或委托他人向司法机关或者其他相关部门投案，如实供述犯罪事实的，构成自首。但此种情况下对自首的认定，不影响对行为人交通肇事后逃逸的认定。"

山东东营中院《关于印发道路交通事故处理工作座谈会纪要的通知》（2010 年 6 月 2 日）第 12 条："机动车驾驶人发生交通事故后逃逸，肇事车辆确定后，该机动车参加强制责任保险的，由保险公司在机动车强制保险责任限额范围内予以赔偿。"

安徽合肥中院民一庭《关于审理道路交通事故损害赔偿案件适用法律若干问题的指导意见》（2009 年 11 月 16 日）第 61 条："道路交通事故的发生具有《机动车交通事故责任强制保险条例》第二十二条第一款规定的三种情形的，

保险公司拒绝赔偿受害人人身损害的，应不予支持。"

浙江高院《关于审理交通肇事刑事案件的若干意见》（2009年8月21日浙高法〔2009〕282号）第2条："交通肇事后报警并保护事故现场，是道路交通安全法规定的被告人交通肇事后必须履行的义务。人民法院依法不应将交通肇事后报警并在肇事现场等候处理的行为重复评价为自动投案，从而认定被告人自首。交通肇事逃逸后向有关机关投案，并如实供述犯罪事实的，可以认定自首，依法在三年以上七年以下有期徒刑的幅度内从轻处罚，一般不予减轻处罚。对于有致死亡一人或者重伤三人以上情节的，不适用缓刑。"

浙江杭州中院《关于道路交通事故损害赔偿纠纷案件相关问题的处理意见》（2008年6月19日）第3条："……（六）保险公司垫付抢救费的问题。'抢救费'的界定在《交强险条例》中并未明确，但按照一般理解，应属于医疗费用的范畴，且以'抢救'为前提，即以恢复生命体征及时救治为前提。故抢救费的垫付限额应参照医疗费的赔偿限额确定。"

广东深圳中院《道路交通事故损害赔偿案件研讨会纪要》（2005年9月26日）第7条："道路交通事故中交通事故肇事人弃车逃逸，经公安交通管理部门调查并公告，无法找到交通肇事逃逸人的，公安交通管理部门应受害人的要求出具交通事故认定书，赔偿权利人以此交通事故认定书中列明的'……车驾驶员''无名氏'为被告提起诉讼的，人民法院不予受理。"

上海高院《关于贯彻实施〈上海市机动车道路交通事故赔偿责任若干规定〉的意见》（2005年4月1日沪高法民一〔2005〕4号）第9条："交通事故中受伤人员的抢救费用超出强制保险责任限额的，或者发生交通事故的机动车未参加强制保险的，或者发生交通事故后机动车驾驶人逃逸的，由道路交通事故社会救助基金先行垫付部分或者全部抢救费用，道路交通事故社会救助基金管理机构有权向交通事故责任人追偿。"

广东高院、省公安厅《关于处理道路交通事故案件若干具体问题的通知》（1996年7月13日粤高法发〔1996〕15号）第11条："道路交通事故发生后，由于驾驶员弃车逃逸，交通事故车辆的号牌属伪造或者已被拆走，经过三十日仍无法查明机动车所有人的，公安交通管理部门可以对交通事故车辆作拍卖处理，所得价款优先抵偿受害人，抵偿后如有剩余的价款，由公安交通管理部门提存保管；如拍卖后所得价款不足以抵偿受害人的，受害人在法律规定的诉讼时效内有向侵害人追偿的权利。"

6. 最高人民法院审判业务意见

已购买交强险的肇事者在发生交通事故后逃逸，法院能否直接执行在保险公司的保险金？有无其他救济手段？

最高人民法院民一庭《民事审判实务问答》编写组："已购买第三者责任

强制保险的肇事者无力赔偿的，因其对保险公司享有赔偿请求权，受害人可依据《最高人民法院关于人民法院执行工作若干问题的规定（试行）》关于执行被执行人对第三人享有到期债权的规定，申请人民法院通知保险公司直接向受害人支付保险金。保险公司有异议的，则由肇事者另行向保险公司提起索赔之诉。若肇事者怠于向保险公司索赔的，受害人可依照《中华人民共和国合同法》第73条关于代位权的规定，向人民法院请求以自己的名义起诉保险公司，代位行使作为被保险人的肇事者对保险公司的赔偿请求权。另，根据《保险法》第50条的规定，保险人对责任保险的被保险人给第三者造成的损害，可以依照法律的规定或者合同的约定，直接向第三者赔偿保险金。"

第三节　法理分析

被保险人未对事故承担赔偿责任，未因事故遭受损失的情况下不能获得保险公司的保险补偿。

保险合同约定驾驶员肇事逃逸的免责条款，系法律禁止性规定在保险条款中的引用，具有广泛性和强制性，应为机动车驾驶人具备的常识性内容，投保人通过阅读免责条款即可理解，不会产生歧义，故不论保险公司是否明确说明，对投保人而言，应理解并加以遵守，保险公司履行提示投保人阅读义务即可推定投保人对该免责条款的理解，该免责条款生效。

交通事故事实的认定不等于交通事故责任的认定，交警部门未对关键事实作出认定的，法院可根据当事人陈述、现场勘验笔录，结合日常经验、逻辑和其他证据，对是否构成交通肇事逃逸事实进行综合认定。构成交通肇事逃逸须主观上明知发生交通事故，客观上为逃避法律追究而逃离事故现场。

肇事司机虽逃离现场，但车主并未离开现场且及时报警参与抢救，未造成事故损失的扩大也未加重保险公司义务的，不应以肇事逃逸对待。

驾驶员发生交通事故后，经目击证人提醒后仍驾车驶离事故现场，交警大队因成因无法查清未能作出逃逸的认定，但在保险理赔纠纷中对保险免责条款中"肇事逃逸"的认定不适用刑事标准，应当以行为人是否具有过错作为判断标准和归责原则。

第三十二章

道路交通事故中未投交强险赔偿责任探析

第一节　概　述

未依法投保交强险的机动车发生交通事故造成损害，当事人有权要求投保义务人在交强险责任限额范围内予以赔偿。投保义务人和侵权人不是同一人，当事人有权请求投保义务人和侵权人在交强险责任限额范围内承担连带责任。

多辆机动车发生交通事故造成第三人损害，其中部分机动车未投保交强险，当事人有权要求先由已承保交强险的保险公司在责任限额范围内予以赔偿。

保险公司在承担赔偿责任后，有权就超出其应承担的部分向未投保交强险的投保义务人或者侵权人行使追偿权。

第二节　责任表现及裁判依据

一、常见实务类型

2007 年 2 月 19 日，张某驾驶小客车与陈某驾驶未经车管部门登记的二轮摩托车相撞，致陈某受伤，二车损坏。交警部门认定：张某负事故主要责任，陈某负事故次要责任。事故发生后，陈某住院治疗 31 天，后经司法鉴定为十级伤残。张某的车辆投保了商业第三者保险，未投保交强险。2009 年 4 月 27

日，陈某诉至法院，要求张某赔偿医疗费、残疾赔偿金等共计 9 万余元，并要求张某在交强险责任限额内首先赔偿，超出部分由被告赔偿 70%。张某则辩称，其车辆投保了商业第三者险，无需在交强险范围内优先承担，全部赔偿金额均应按责任认定承担。

法院经审理认为，发生交通事故的两车均未投保交强险，应由机动车所有人在相当于强制保险责任限额范围内予以赔偿。超出交强险责任限额的部分，按照各自过错的比例分担赔偿责任。被告张某应在相当于交强险的分项责任限额内先予赔偿，对于超出部分张某承担 70%的赔偿责任。①

概括来讲，未投保交强险的机动车之间发生交通事故的，应在投保责任限额内按照实际损失承担赔偿责任，但应排除对事故造成车上乘员伤亡情形的适用。

二、裁判依据或参考

1. 法律规定

《侵权责任法》（2010 年 7 月 1 日）第五十三条："机动车驾驶人发生交通事故后逃逸，该机动车参加强制保险的，由保险公司在机动车强制保险责任限额范围内予以赔偿；机动车不明或者该机动车未参加强制保险，需要支付被侵权人人身伤亡的抢救、丧葬等费用的，由道路交通事故社会救助基金垫付。道路交通事故社会救助基金垫付后，其管理机构有权向交通事故责任人追偿。"

《道路交通安全法》（2004 年 5 月 1 日实施，2011 年 4 月 22 日修正）第十七条："国家实行机动车第三者责任强制保险制度，设立道路交通事故社会救助基金。具体办法由国务院规定。"

第七十六条："机动车发生交通事故造成人身伤亡、财产损失的，由保险公司在机动车第三者责任强制保险责任限额范围内予以赔偿；不足的部分，按照下列规定承担赔偿责任：（一）机动车之间发生交通事故的，由有过错的一方承担赔偿责任；双方都有过错的，按照各自过错的比例分担责任。（二）机动车与非机动车驾驶人、行人之间发生交通事故，非机动车驾驶人、行人没有过错的，由机动车一方承担赔偿责任；有证据证明非机动车驾驶人、行人有过错的，根据过错程度适当减轻机动车一方的赔偿责任；机动车一方没有过错的，承担不超过百分之十的赔偿责任。交通事故的损失是由非机动车驾驶人、行人故意碰撞机动车造成的，机动车一方不承担赔偿责任。"

---

① 案件引自《未投保交强险的机动车之间发生交通事故如何承担赔偿责任》，http://www.66law.cn/goodcase/24353.aspx。

2. 行政法规

《机动车交通事故责任强制保险条例》（2013 年 3 月 1 日修改施行）第二条："在中华人民共和国境内道路上行驶的机动车的所有人或者管理人，应当依照《中华人民共和国道路交通安全法》的规定投保机动车交通事故责任强制保险。"

第四条："……公安机关交通管理部门、农业（农业机械）主管部门（以下统称机动车管理部门）应当依法对机动车参加机动车交通事故责任强制保险的情况实施监督检查。对未参加机动车交通事故责任强制保险的机动车，机动车管理部门不得予以登记，机动车安全技术检验机构不得予以检验。公安机关交通管理部门及其交通警察在调查处理道路交通安全违法行为和道路交通事故时，应当依法检查机动车交通事故责任强制保险的保险标志。"

第十九条："机动车交通事故责任强制保险合同期满，投保人应当及时续保，并提供上一年度的保险单。"

第二十四条："国家设立道路交通事故社会救助基金（以下简称救助基金）。有下列情形之一时，道路交通事故中受害人人身伤亡的丧葬费用、部分或者全部抢救费用，由救助基金先行垫付，救助基金管理机构有权向道路交通事故责任人追偿：（一）抢救费用超过机动车交通事故责任强制保险责任限额的；（二）肇事机动车未参加机动车交通事故责任强制保险的；（三）机动车肇事后逃逸的。"

《道路交通安全法实施条例》（2004 年 5 月 1 日）第十七条："已注册登记的机动车进行安全技术检验时，机动车行驶证记载的登记内容与该机动车的有关情况不符，或者未按照规定提供机动车第三者责任强制保险凭证的，不予通过检验。"

3. 司法解释

最高人民法院《关于审理道路交通事故损害赔偿案件适用法律若干问题的解释》（2012 年 12 月 21 日法释〔2012〕19 号）第十九条："未依法投保交强险的机动车发生交通事故造成损害，当事人请求投保义务人在交强险责任限额范围内予以赔偿的，人民法院应予支持。投保义务人和侵权人不是同一人，当事人请求投保义务人和侵权人在交强险责任限额范围内承担连带责任的，人民法院应予支持。"

第二十一条："……多辆机动车发生交通事故造成第三人损害，其中部分机动车未投保交强险，当事人请求先由已承保交强险的保险公司在责任限额范围内予以赔偿的，人民法院应予支持。保险公司就超出其应承担的部分向未投保交强险的投保义务人或者侵权人行使追偿权的，人民法院应予支持。"

最高人民法院负责人《把握总基调找准结合点最大限度发挥民事审判在促

进经济稳中求进和社会和谐稳定中的积极作用——在全国高级法院民一庭庭长座谈会上的讲话》（2012 年 2 月 17 日）第二条："……对机动车主未投保情形的处理。为最大限度保护受害方合法权益，要首先明确机动车一方承担交强险限额内的赔偿责任，其余部分再按照侵权责任划分。"

最高人民法院《关于当前形势下加强民事审判切实保障民生若干问题的通知》（2012 年 2 月 15 日法〔2012〕40 号）第五条："……在醉酒驾驶、无证驾驶等违法情形的责任承担上，应当在确定保险公司承担相应的赔偿责任的同时，赋予保险公司追偿权；在未投保情形下的责任承担上，应当由机动车一方先承担交强险限额内的赔偿责任，其余部分按照侵权责任认定和划分。"

4. 部门规范性文件

中国保监会《关于运输公司涉嫌经营保险业务行为性质认定的复函》（2008 年 8 月 1 日保监厅函〔2008〕232 号）："……企业自保的本质特征在于，企业将自身可能面临的风险进行自我安排与承担，是一种自身风险管理方式。对来函所涉运输公司的行为，首先，应根据该行为所涉及的车辆以及相应的险种风险保障范围，分析判定风险是否属于运输企业自身，如风险与该企业没有关系，则不属于企业自保。其次，运输公司收取保险费用后，是否按照约定进行了理赔。如不属于企业自保，且又进行了理赔，则该行为符合商业保险的基本特征，应属于涉嫌非法从事保险业务活动；如并未理赔，则该行为可能涉嫌诈骗或者其他违法行为。"

中国保监会办公厅《关于机动车辆商品车投保交强险有关事宜的复函》（2008 年 4 月 15 日保监厅函〔2008〕89 号）第一条："机动车生产、销售单位投保运送过程中的商品车，可以按非营运车辆投保。"

第二条："根据现行交强险费率方案的规定，投保保险期间不足一年交强险的，按短期费率系数计收保险费，不足一个月按一个月计算。针对你公司反映的情况，可以根据《机动车交通事故责任强制保险条例》第十六、十七条的规定，商品车运送至目的地后办理停驶的，可以解除保险合同；合同解除时，保险公司可以收取自保险责任开始之日起至保险合同解除之日止的保险费，剩余部分的保险费退还投保人。"

5. 地方司法性文件

广东高院《关于印发〈全省民事审判工作会议纪要〉的通知》（2012 年 6 月 26 日粤高法〔2012〕240 号）第 47 条："未按照国家规定投保交强险的机动车，发生交通事故造成损害，赔偿权利人请求由该机动车的投保义务人在交强险责任限额范围内先予赔偿的，应予支持。投保义务人和侵权人不是同一人，赔偿权利人请求由投保义务人和侵权人在交强险限额内承担连带赔偿责任的，应予支持。不足部分，按照《道路交通安全法》第七十六条和《侵权责任法》的有关规定承担赔偿责任。"

山东淄博中院《全市法院人身损害赔偿案件研讨会纪要》（2012 年 2 月 1 日）第 20 条："……依照 2009 年 3 月 1 日施行的《山东省实施〈中华人民共和国道路交通安全法〉办法》第六十五条第二款的规定，机动车未参加交通事故责任强制保险发生交通事故造成人身伤亡、财产损失的，由机动车所有人或者管理人在相当于强制保险责任限额范围内按照伤情和实际损失先行赔偿。在国家道路交通事故社会救助基金制度实施后，按照国家有关规定办理。因此，即使机动车没有加入交强险，在具体案件中仍应按照已加入交强险的计算办法计算受害人损失，并由机动车所有人或管理人承担赔偿责任。"

上海高院民一庭《道路交通事故纠纷案件疑难问题研讨会会议纪要》（2011 年 12 月 31 日）第 3 条："投保义务人未投保交强险的责任承担。投保义务人未按照国家规定投保交强险，机动车发生交通事故造成损害的，如投保义务人与实际使用人不一致的，投保义务人应与实际使用人在交强险范围内承担连带责任。"

山东高院《关于印发〈全省民事审判工作会议纪要〉的通知》（2011 年 11 月 30 日鲁高法〔2011〕297 号）第 6 条："……（十二）关于机动车未参加机动车第三者责任强制保险的处理问题。机动车未依照道路交通安全法和国务院《机动车交通事故责任强制保险条例》的规定参加机动车第三者责任强制保险，发生道路交通事故致人损害的，参照适用《山东省实施〈道路交通安全法〉办法》第 65 条的规定，由赔偿义务人在相应的机动车交通事故责任强制保险限额范围内承担赔偿责任。不足部分，依照《道路交通安全法》第 76 条的规定确定赔偿责任。"

新疆高院《关于印发〈关于审理道路交通事故损害赔偿案件若干问题的指导意见（试行）〉的通知》（2011 年 9 月 29 日新高法〔2011〕155 号）第 10 条："未投保交强险的机动车发生交通事故的，由机动车一方承担相当于交强险责任限额内的赔偿责任；不足部分，按照《道路交通安全法》第七十六条第一款第（二）项之规定承担赔偿责任。"

贵州高院《关于印发〈关于审理涉及机动车交通事故责任强制保险案件若干问题的意见〉的通知》（2011 年 6 月 7 日黔高法〔2011〕124 号）第 9 条："机动车方未投保第三者责任强制保险的，由机动车方在该车应当投保的保险责任限额范围内承担无过错赔偿责任。机动车方在交通事故发生后补办第三者责任强制保险或补交保险费的，保险公司对该次交通事故造成的损失不承担赔偿责任。"

江苏南通中院《关于处理交通事故损害赔偿案件中有关问题的座谈纪要》（2011 年 6 月 1 日通中法〔2011〕85 号）第 31 条："事故一方为非机动车，

肇事机动车未按规定投保交强险的，应当根据交强险的赔付原则，先由投保义务人在交强险责任限额内承担赔偿责任。事故双方均为未投保交强险的机动车的，直接按照过错责任承担赔偿责任。"

安徽宣城中院《关于审理道路交通事故赔偿案件若干问题的意见（试行）》（2011年4月）第23条："未投交强险的车辆被盗窃、抢劫或抢夺期间发生交通事故致人损害的，由盗窃人、抢劫人、抢夺人承担赔偿责任，但未投交强险属投保义务人责任的，由投保义务人在交强险范围内承担补充赔偿责任。"

第26条："未投保机动车强制保险或机动车强制保险已失效的机动车发生交通事故的，由机动车所有人在相应的机动车强制险责任限额内先行赔偿，机动车所有人与使用人不是同一人的，使用人对机动车强制责任险限额内的损害承担连带赔偿责任。"

江西鹰潭中院《关于审理道路交通事故损害赔偿纠纷案件的指导意见》（2011年1月1日鹰中法〔2011〕143号）第7条："机动车发生交通事故造成人身伤亡、财产损失的，由保险公司在机动车第三者责任强制保险责任限额内予以赔偿。未参加机动车强制保险，发生道路交通事故人身损害的，由机动车所有人在相应的机动车强制保险责任限额范围内先行赔偿，机动车所有人与使用人不是同一人的，对机动车强制保险责任限额范围内的损害赔偿承担连带责任。"

山东淄博中院民三庭《关于审理道路交通事故损害赔偿案件若干问题的指导意见》（2011年1月1日）第九条："机动车未参加交强险发生交通事故的，由机动车所有人或者管理人先在相当于强制保险责任限额范围内，按照交强险的赔偿原则对受害人予以赔偿。"

第十条："两辆或两辆以上的机动车发生交通事故的，第三人的损失大于或等于各机动车已有或应有的交强险责任限额之和的，则各保险公司与应当承担交强险的赔偿义务主体均应按责任限额全额赔偿第三人的损失。第三人的损失额不超过各机动车已有或应有的交强险责任限额之和的，由各保险公司与应当承担交强险的赔偿义务主体按照各自交强险赔偿限额所占已有或应有交强险赔偿限额之和的比例赔偿；各交强险的赔偿义务主体在该车辆交强险的责任限额与按比例确定的赔偿额的差额范围内对其他交强险赔偿义务主体的按比例承担的赔偿份额承担连带赔偿责任，承担连带责任后享有追偿权。按照第九条的规定，未参加交强险的机动车所有人或管理人属于应当承担交强险责任的赔偿义务主体。"

河南郑州中院《审理交通事故损害赔偿案件指导意见》（2010年8月20日郑中法〔2010〕120号）第6条："未投保交强险或交强险已失效的机动车发

生交通事故的，由投保义务人在交强险责任限额内承担赔偿责任；投保义务人与行为人不一致的，由投保义务人与行为人在交强险责任限额内承担连带赔偿责任；如果该机动车投保商业三责险的，应由该机动车一方在交强险责任限额内承担赔偿责任，超出交强险限额的部分，按商业三责险的保险合同约定进行赔偿。"

第 19 条："未投交强险的机动车被盗窃、抢劫或抢夺期间发生交通事故的，由盗窃人、抢劫人或抢夺人承担赔偿责任，但未投交强险属投保义务人责任的，由投保义务人在交强险范围内承担补充赔偿责任。"

河南周口中院《关于侵权责任法实施中若干问题的座谈会纪要》（2010 年 8 月 23 日周中法〔2010〕130 号）第 10 条："……车辆所有人没有按照《机动车交通事故责任强制保险条例》的规定，为机动车投机动车强制保险，发生交通事故致他人损害的，应当首先按照根据道路交通安全法的规定，在强制保险的限额范围内，向受害人承担无过错赔偿责任，不足部分再根据责任大小承担其应当承担的赔偿责任。"

浙江高院民一庭《关于审理道路交通事故损害赔偿纠纷案件若干问题的意见（试行）》（2010 年 7 月 1 日）第 17 条："未参加机动车强制保险，发生道路交通事故致人损害的，由机动车所有人在相应的机动车强制保险责任限额范围内先行赔偿；机动车所有人与使用人不是同一人的，对机动车强制保险责任限额范围内的损害赔偿承担连带责任。"

山东东营中院《关于印发道路交通事故处理工作座谈会纪要的通知》（2010 年 6 月 2 日）第 11 条："应投保而未投保交强险的车辆发生事故时，致害人在交强险限额内先对受害人进行赔付，扣除交强险限额后的赔偿款项，按事故责任比例进行分担。"

山东临沂中院《民事审判工作座谈会纪要》（2009 年 11 月 10 日临中法〔2009〕109 号）第 1 条："……应投保强制险而未投保，事故责任如何分担的问题。根据道路交通安全法的规定，事故发生后，在交强险责任限额内，由保险公司全额赔偿，超出部分，按责任比例赔偿。如车主未投保强制险，全额按责任比例赔偿，将使受害人因肇事者违法行为进一步受到损失。为此，山东省《实施〈中华人民共和国道路交通安全法〉办法》第六十五条第二款、第六十六条规定，未投保强制险的，先由肇事人按照交强险限额承担全部赔偿责任，超出部分再按责任比例赔偿。该规定属于地方法规，与相关上位法的立法精神相符，应当作为类似案件的判决依据。"

江西九江中院《关于印发〈九江市中级人民法院关于审理道路交通事故人身损害赔偿案件若干问题的意见（试行）〉的通知》（2009 年 10 月 1 日九中法〔2009〕97 号）第 1 条："机动车发生交通事故造成人身伤亡、财产损失的，由机动车所投保的保险公司在机动车交通事故责任强制保险责任限额范围内予以赔偿；机动车未参加机动车交通事故责任强制保险的，由机动车方在相当于相应的强制保险责任限额范围内予以赔偿。"

湖南高院《关于审理涉及机动车交通事故责任强制保险案件适用法律问题的指导意见》（2008年12月11日）第5条："未参加交强险的机动车发生交通事故，由机动车一方在该车应当投保的最低保险责任限额内承担无过错赔偿责任。超过最低保险责任限额的部分，根据《中华人民共和国道路交通安全法》第七十六条关于不足部分赔偿的规定进行赔偿。"

第6条："因被保险机动车一方怠于或者拒绝提供强制保险理赔资料，导致受害第三者无法直接从保险人获得赔偿，受害第三者请求被保险机动车一方在强制保险责任限额范围内承担无过错赔付责任的，应予支持。"

福建高院民一庭《关于审理人身损害赔偿纠纷案件疑难问题的解答》（2008年8月22日）第13条："问：国务院《机动车交通事故责任强制保险条例》施行后，机动车一方没有根据该条例的规定投保机动车第三者责任强制保险的，发生交通事故时，应如何处理？答：依照《机动车交通事故责任强制保险条例》的规定，投保第三者责任强制险，是法律规定的一项强制义务。如果机动车一方实际未投保的，本应由保险公司承担的责任，转由机动车一方承担。"

浙江杭州中院《关于道路交通事故损害赔偿纠纷案件相关问题的处理意见》（2008年6月19日）第3条："……（三）应投保交强险而未投保的车辆发生事故时的赔偿问题。应投保交强险而未投保的车辆发生事故时，由致害人在交强险赔付限额内先行赔付。根据《浙江省实施〈中华人民共和国道路交通安全法〉办法》第五十九条第二项规定，机动车未参加第三者强制保险的，由机动车所有人或者管理人在相当于相应的强制保险予以赔偿。即由致害人在交强险赔付限额内先行赔付，超额部分再按份承担。交强险具有强制性和社会保障性，这是其与普通商业险的不同之处，该强制性体现在强制投保和强制承保两方面。强制投保既是为投保人或致害人分担风险，同时也是对受害人及时获得经济赔偿的保障。这就意味着若未投保交强险，不仅是对自身利益的损害，更是对受害人利益的侵害，对后者应由致害人承担相应的赔偿责任，该赔偿责任即应参照交强险'先行赔付'的原则，在法定额度内由致害人向受害人赔偿，对于超额部分，再按照过错责任分配。这样处理也有助于交强险在社会范围内的普遍推广。原告放弃主张按照交强险'先行赔付'的，系其对其实体权利的处分，且该权利处分并未侵犯被告权利，故应当支持。但是实践中，法官应向原告进行必要的诉讼引导，行使释明权。"

陕西高院《关于审理道路交通事故损害赔偿案件若干问题的指导意见

（试行）》（2008 年 1 月 1 日陕高法〔2008〕258 号）第 7 条："借用他人机动车发生道路交通事故致人损害的，由机动车借用人承担赔偿责任。但有下列情形之一的，出借人应承担连带赔偿责任：……（五）未投保机动车交通事故责任强制保险的……"

北京高院民一庭《北京市法院道路交通事故损害赔偿法律问题研讨会会议纪要》（2007 年 12 月 4 日）第 3 条："……（1）在 2006 年 7 月 1 日以后，机动车投保的商业性三者险已经到期，机动车未投保交强险而仍然投保商业性三者险的，该机动车如发生交通事故致他人损害，由机动车一方按照相当于交强险的责任限额予以赔偿，超出责任限额的部分按照《道路交通安全法》第七十六条的规定确定赔偿责任。（2）关于机动车在 2006 年 7 月 1 日以后既未投保商业性三者险，也未投保交强险，机动车发生交通事故致他人损害时，致害机动车一方的赔偿责任如何确定的问题。与会人员一致认为：因致害机动车应投保交强险而未投保，为保护受害人一方的合法权益，应由致害机动车一方按照交强险的责任限额予以赔偿，超出责任限额的部分在当事人之间依法确定赔偿责任。"

湖北十堰中院《关于审理机动车损害赔偿案件适用法律若干问题的意见（试行）》（2007 年 11 月 20 日）第 15 条："《机动车交通事故责任强制保险条例》施行后，发生交通事故的机动车没有按规定投保交强险的，由该机动车方按保监会公布的交强险责任限额对交通事故受害人承担赔偿责任。"

江西高院民一庭《关于审理道路交通事故人身损害赔偿案件适用法律若干问题的解答》（2006 年 12 月 31 日）第 14 条："《机动车交通事故责任强制保险条例》施行后发生的道路交通人身损害，事故车辆既未参加'交强险'，也未参加'商业三责险'的，道路交通事故社会救助基金管理机构应承担什么责任？答：根据《机动车交通事故责任强制保险条例》第二十四条的规定，道路交通事故社会救助基金管理机构仅对受害人人身伤亡的丧葬费、部分或者全部的抢救费用先行垫付。对于该法规规定范围以外的赔偿，道路交通事故社会救助基金管理机构不承担垫付责任，应当向该未投保车辆的责任人主张。道路交通事故社会救助基金管理机构在先行垫付后，可以按照该法规的规定，向相应的责任人另案追偿。"

江西赣州中院《关于审理道路交通事故人身损害赔偿案件的指导性意见》（2006 年 6 月 9 日）第 28 条："投保了交通事故责任强制保险的机动车发生交通事故致人损害，由承保的保险机构在机动车交通事故责任强制保险的责任限额内按照实际损害赔偿。《机动车交通事故责任强制保险条例》实施后，机动车应当投保而未投保机动车交通事故责任强制保险的，由其在应当投保的强制保险的责任限额内按照实际损失承担赔偿责任。交通事故的损失超出强制保险责任限额的部分，按照《道路交通安全法》第七十六条的规定承担责任。"

江苏无锡中院《全市民事审判疑难问题研讨会纪要》（2006 年 3 月 14 日）第 1 条："从 2004 年 5 月 1 日起，机动车所有人未投保机动车第三者责任险的，应在最低责任限额范围内，对事故造成的人身伤亡和财产损失首先承担赔偿责任。"

上海高院《关于贯彻实施〈上海市机动车道路交通事故赔偿责任若干规定〉的意见》（2005 年 4 月 1 日沪高法民一〔2005〕4 号）第 4 条："机动车之间发生交通事故的，按照各自的事故责任，由所投保的保险公司在强制保险的责任限额内按照实际损失赔付；机动车未投保强制保险的，由其在应当投保的责任限额内按照实际损失承担赔偿责任。机动车之间发生交通事故的损失超出强制保险责任限额的部分，由有事故责任的一方承担赔偿责任；双方都有事故责任的，按照各自事故责任的比例分担赔偿责任。"

第 5 条："机动车与非机动车驾驶人、行人发生交通事故的，由机动车投保的保险公司在强制保险的责任限额内按照实际损失赔付；机动车未投保强制保险的，由机动车一方在应当投保的责任限额内按照实际损失承担赔偿责任。"

上海高院《关于贯彻实施〈上海市机动车道路交通事故赔偿责任若干规定〉的意见》（2005 年 4 月 1 日沪高法民一〔2005〕4 号）第 9 条："交通事故中受伤人员的抢救费用超出强制保险责任限额的，或者发生交通事故的机动车未参加强制保险的，或者发生交通事故后机动车驾驶人逃逸的，由道路交通事故社会救助基金先行垫付部分或者全部抢救费用，道路交通事故社会救助基金管理机构有权向交通事故责任人追偿。"

广东高院、省公安厅《关于〈道路交通安全法〉施行后处理道路交通事故案件若干问题的意见》（2004 年 12 月 17 日粤高法发〔2004〕34 号）第 1 条："适用一般程序处理交通事故时，公安交通管理部门应当尽量查明机动车所有人、实际支配人、驾驶员的姓名、住所、联系方式以及肇事车辆是否参加机动车第三者责任强制保险、参保的保险公司和责任限额等有关情况。"

第 2 条："交通事故造成人员伤亡的，公安交通管理部门应依照《道路交通安全法》第七十五条、《道路交通安全法实施条例》第九十条等有关规定通知相关保险公司或社会救助基金管理机构支付抢救费用，也可通知机动车驾驶人、所有人、实际支配人支付抢救费用。交通事故造成人员死亡的，尸体处理费用的支付参照上款规定处理。保险公司、社会救助基金管理机构、机动车驾驶人、所有人、实际支配人不在规定的时间内支付的，公安交通管理部门应及时制作交通事故认定书送达当事人，并告知当事人可向人民法院起诉并申请先予执行。人民法院应及时立案，并裁定先予执行。"

天津高院《关于审理交通事故赔偿案件有关问题经验总结》（2004 年 5 月

18 日津高法〔2004〕64 号）第 8 条："买卖车辆未过户发生交通事故的，参照最高人民法院（2001）民一他字第 32 号复函的精神，出卖方不承担责任。但凡与保障第三人安全有关的保险，出卖人在过户前未经买受人同意退保的，出卖人应在保险理赔范围内承担连带责任。"

6. 地方规范性文件

山东省《道路交通事故社会救助基金管理暂行办法》（2012 年 7 月 1 日鲁政办发〔2012〕60 号）第 18 条："有下列情形之一，按属地原则，由事故发生地所在的救助基金管理机构及时垫付道路交通事故中受害人人身伤亡的丧葬费用、部分或全部抢救费用。（一）抢救费用超过交强险责任限额的，垫付差额部分抢救费用；（二）肇事机动车未参加交强险的，垫付全部抢救费用；（三）机动车肇事后逃逸的，垫付全部抢救费用。救助基金管理机构一般垫付受害人自接受抢救之时起 72 小时内的抢救费用；特殊情况下如需垫付超过 72 小时的抢救费用，应由医疗机构提出书面理由，救助基金管理机构根据机动车道路交通事故发生地物价部门核定的收费标准予以审核后，按照规定的程序予以拨付。"

上海市《机动车道路交通事故赔偿责任若干规定》（2005 年 4 月 1 日）第 4 条："机动车之间发生交通事故的，按照各自的事故责任，由所投保的保险公司在强制保险的责任限额内按照实际损失赔付；机动车未投保强制保险的，由其在应当投保的责任限额内按照实际损失承担赔偿责任。机动车之间发生交通事故的损失超出强制保险责任限额的部分，由有事故责任的一方承担赔偿责任；双方都有事故责任的，按照各自事故责任的比例分担赔偿责任。"

第 5 条："机动车与非机动车驾驶人、行人发生交通事故的，由机动车投保的保险公司在强制保险的责任限额内按照实际损失赔付；机动车未投保强制保险的，由机动车一方在应当投保的责任限额内按照实际损失承担赔偿责任。"

7. 最高人民法院审判业务意见

（1）机动车一方未投保交强险时，发生交通事故时责任应如何承担？

最高人民法院民一庭意见："未按照国家规定投保机动车第三者责任强制保险的机动车，发生交通事故造成损害的，由机动车第三者责任强制保险的投保义务人在机动车第三者责任强制保险责任限额范围内予以赔偿。不足的部分，由侵权人按照侵权责任法和道路交通安全法的规定向被侵权人承担侵权责任。"

（2）没有投保交强险的车辆，在与行人之间发生交通事故后，是否按照双方在交通事故中的责任承担赔偿责任？

《民事审判指导与参考》研究组："道路交通安全法第 17 条规定国家实行机动车第三者责任强制保险制度。这一规定表明，机动车的所有人具有法定的义务投保交强险，目的在于在发生交通事故后，承办交强险的保险公司能够依据保险合同的约定，及时赔付受害人所受到的人身、财产损失，保护受害第三者的权益。该法第76条的规定：'机动车发生交通事故造成人身伤亡、财产损失的，由保险公司在机动车第三者责任强制保险责任限额范围内予以赔偿；不足的部分，按照下列规定承担赔偿责任：……'该规定明确了机动车在已投保交强险的情形下的责任负担方式。即发生交通事故后，首先由承保交强险的保险公司在责任限额内承担赔偿责任。限额之外的损失按照交通事故双方当事人的责任程度负担相应的赔偿责任。如果车辆所有人未投保交强险即是违反了法定义务，要承担相应的法律责任。这种法律责任就是道路交通安全法规定的交强险限额内的赔偿责任。这种责任的承担与机动车是否具有过错无关的，只要事故发生，就要赔偿。对于限额之外的部分，则按照事故责任的认定确定赔偿数额。简而言之，就是在题述的情形下，先由肇事机动车一方承担本应由保险公司赔偿的限额，其余的损失再按交通事故双方当事人的责任程度分担赔偿数额。"

（3）未投保交强险的机动车之间发生交通事故造成车上人员伤亡应当如何承担赔偿责任？

最高人民法院民一庭意见："未参加交通事故责任强制保险的机动车发生交通事故应当如何承担责任，《道路交通安全法》没有作出明确规定。我们倾向于认为，未参加机动车第三者责任强制保险的，应参照《道路交通法》第76条的规定处理，但应排除对未投保交强险的机动车和机动车之间发生交通事故造成车上乘员伤亡的情形的适用。仅在机动车与非机动车、行人之间发生的交通事故才会要求未投保交强险的责任人在限额内全额赔付。"

第三节　法理分析

车主未投保交强险或交强险到期后未续保情况下，车辆被盗并发生交通事故致人死伤，机动车所有人应在交强险责任限额内对受害人的损失承担赔偿责任。

出借机动车发生交通事故，机动车所有人未投保交强险或拒不告知相关投保交强险情况的，机动车所有人的行为损害了交通事故受害人的合法利益，已构成侵权。该部分损失应由未尽法定投保义务或未尽告知义务的机动车所有人承担，即应比照交强险的相关规定，在交强险赔偿限额内先行承担赔偿责任。

该责任是按份责任而非连带责任。

发生交通事故后，未投保交强险的机动车所有人应首先在交强险限额范围内承担赔偿责任，余下的损失按照过错大小划分责任。

机动车所有人、管理人未按规定投保交强险，交警部门实施处罚时，应以同类型机动车交强险基础保险费数额为处罚基数。

参考文献

[1]　王利明.侵权行为法研究[M].北京:中国人民大学出版社,2004.

[2]　王利明.违约责任论[M].北京:中国政法大学出版社,1996.

[3]　杨立新.侵权法论[M].北京:人民法院出版社,2004.

[4]　杨立新,叶军,孔玲.财产损害赔偿[M].北京:人民法院出版社,1999.

[5]　陈兴良,龚培华,李奇路.法条竞合论[M].上海:复旦大学出版社,1993.

[6]　崔建元.合同责任研究[M].长春:吉林大学出版社,1992.

[7]　胡卫国.违约责任与侵权责任竞合研究[M].北京:人民法院出版社,2006.

[8]　陈枝辉.机动车与交通事故疑难案件裁判要点与依据[M].北京:法律出版社,2015.

[9]　王泽鉴.侵权行为法[M].北京:中国政法大学出版社,2003.

[10]　王竹.侵权责任分担论:侵权损害赔偿责任数人分担的一般理论[M].北京:中国人民大学出版社,2009.

[11]　王胜明.中华人民共和国侵权责任法解读[M].北京:中国法制出版社,2010.

[12]　全国人大常委会法制工作委员会民法室.《中华人民共和国侵权责任法》条文说明、立法理由及相关规定[M].北京:北京大学出版社,2010.

[13]　周友军.交往安全义务理论研究[M].北京:中国人民大学出版社,2008.

[14]　王利明,周友军,高圣平.中国侵权责任法教程[M].北京:人民法院出版社,2010.